Hybride Sinnsysteme in Informationsnetzwerken

Melanie Knijff

Hybride Sinnsysteme in Informationsnetzwerken

Moderne Identitätsbildung und Heilsuche über den menschlichen Körper

PETER LANG
Frankfurt am Main · Berlin · Bern · Bruxelles · New York · Oxford · Wien

Bibliografische Information der Deutschen Nationalbibliothek
Die Deutsche Nationalbibliothek verzeichnet diese Publikation in der Deutschen Nationalbibliografie; detaillierte bibliografische Daten sind im Internet über <http://www.d-nb.de> abrufbar.

Zugl.: Regensburg, Univ., Diss., 2006

Umschlagabbildung:
Thsuki no Hikari, Light of the Moon.
Bronzefigur (Maske) von Igor Mitoraj
am Eingang zum Beelden aan Zee Museum
am Deich in Scheveningen, Niederlande.

Foto von Christa Knijff.

D 355
ISBN 3-631-55796-5

www.peterlang.de

Meinem Mann Adrian,
meinem Bruder Rainer
und meinen Eltern Christa & Ted

Inhaltsverzeichnis

Gott ist vom Thron gestoßen,
und der Thron wird frei für Eroberer,
die sich ihren Mitmenschen als Götter geben.
Die Zeit dieser Fremdgötter ist offenbar abgelaufen,
nun kommt die Zeit der *Eigengötter*.
Peter Gross (1999: 250)

Einleitung: Von moralisch-religiösen Fremdgöttern zu technologisch-spiritueller Eigengöttlichkeit?

Individualisierung und Wertwandel, Subjektivität und Handlungsfreiheit erscheinen in einer Zeit der Eigengötter als Begriffe blass neben einer Theorie, die weiter geht, die über das „gängige“ Maß an Individualität hinausgeht, indem sie dem Individuum nicht nur eine Krone aufsetzt, sondern es gar zu einem Gott erhebt. Es scheint sich hierbei um eine hochgradig mikrosoziologische Herangehensweise an den modernen Menschen zu handeln. In Fakto, es ist nicht so wie es scheint. Denn es geht weniger um den einzelnen Eigengott, sondern vielmehr sollen in dieser Arbeit soziale Tendenzen untersucht werden, die Eigengöttlichkeit innerhalb einer sehr breiten Bewegung, eines Trends, um das moderne Wort zu benutzen, zum Ideal erheben. Diese ziehen sozusagen die quasi logische Konsequenz, eine besondere Art der Religion daraus zu entwickeln.

Nicht jedoch der Mensch an sich ist Inhalt oder Zentrum dieser neuartigen, auf den ersten Blick befremdlichen Religionsform, sondern der menschliche Körper. Körperkult, Schönheitswahn, Perfektionismus sind Begriffe, die häufig verwendet werden in Bezug auf den menschlichen Körper, die bisher jedoch meist nicht so genau untersucht wurden, um erstens schon allein der Semantik wegen festzustellen, dass „Wahn“, „Kult“ und dergleichen Worte sind, die zwar durchaus die bekannte Tatsache widerspiegeln, dass der Körper Angelpunkt für extreme Wünsche und Handlungen ist, aber die auch religiöse Charakterzüge beschreiben. Neben der semantischen Seite tut sich ein Feld auf, das enorme Ausmaße annimmt: Der Körper erfährt ein Stilisierungsausmaß, das auch inhaltlich einer Religion nahe kommt, wenn nicht gar auf dem Weg ist, eine solche darzustellen.

Jenes Körperthema muss unter hochmodernen Verhältnissen diskutiert werden, da der menschliche Körper und die stilisierenden Bewegungen rund um den Körper deutlich von den Entwicklungen der westlich-industrialisierten und technologisierten Welt geprägt sind. Nicht nur die Fortschritte in der kosmetischen Industrie sind hier anzuführen, sondern vor allem auch die Kommunikations- und Informationsnetzwerke, die als Voraussetzung sozusagen erst den Bedarf an Körpermanipulationen erwecken müssen und auch ihrerseits bereits so weit gehen, selbst *virtuelle* Ideale und auch *reale* neue Körper zu schaffen.

Die Wirkungen liegen keineswegs nur in schlaraffenlandartigen Verhältnissen, in denen sich der Mensch seinen Körper wie nach einem Bausatz frei zusammenstückeln kann, wenn er nur gut genug aufgepasst hat, um zu wissen, welche Ideale in oder out sind, und nebenbei einen guten Schönheitschirurgen kennt. Da industrialisierte spätmoderne Gesellschaften meist über eine Deckung der Grundbedürfnisse verfügen, die zum Überleben nötig sind, können sich die meisten Gesellschaftsmitglieder vermehrt um ihre Selbstentfaltung kümmern. Doch sie können nicht nur, sie müssen es sogar. Das Individuum steht also der Aufgabe als eigenverantwortlicher Gestalter seines Lebenslaufs gegenüber und ist mit einem Handlungsdruck konfrontiert, ständig und dauerhaft über seine Person zu reflektieren, sie mit anderen Personen zu vergleichen und auch die Ideale, Normen und Werte der Gesellschaft zu berücksichtigen. Diese Ideale tendieren in Bezug auf Körperlichkeit dazu, immer mehr Züge von Perfektion zu fordern. Vieles wird möglich, was früher als unmöglich galt. Tabus werden gebrochen und Innovationen reißen nicht ab. Der moderne Mensch muss lernen, mit diesen Entwicklungen umzugehen und sie in seinen eigenen Identitätsbildungsprozess einzubeziehen. Vor allem die Gestaltung seines Körpers gilt als das Stilelement schlechthin. Der Mensch wird zum Schöpfer seiner selbst.

Der Titel der Arbeit „Hybride Sinnsysteme in Informationsnetzwerken" soll auf den Menschen als eine Art Mischwesen aufmerksam machen, denn der moderne Mensch verschmilzt zu so einem hohen Grade mit der Technologie, dass teilweise nicht mehr erkennbar ist, ob der Mensch ein computererzeugtes Bild zu sein scheint, oder ob ein computererzeugtes Bild einen Menschen aus Fleisch und Blut darstellt. Doch nicht nur das, sondern auch der Mensch als „Cyborg" ist eine Mischform aus Mensch und Roboter, hervorgerufen von dem Glauben an und in die (vor allem Medizin-)Technik. Hybride Sinnsysteme lösen den traditionellen (und meist durch Kirchen institutionalisierten) Glauben ab, zumindest bei einem breiten Teil moderner Individuen. Oder hybride Sinnsysteme *ergänzen* traditionelle Glaubensformen, denn der Markt an Weltanschauungen ist plural geworden, so dass mehrere Glaubensrichtungen nebeneinander bestehen können. Auch Sinnsysteme sind hybrid geworden, indem sie Rationalität und Spiritualität zu einer logischen Harmonie erklären. Der moderne Gläubige glaubt also nicht mehr, sondern konsumiert Glauben als ein ausgewähltes Konsumgut auf einem pluralen Markt von Weltanschauungen. Die modernen Kommunikations- und Informationstechnologien spielen insofern eine bedeutende Rolle bei der Glaubensbildung moderner Akteure, dass sie solche Sinnstiftungsphänomene in Form von Idealen anbieten und verbreiten, ja sie sogar erschaffen. Der menschliche Körper ist eine Art Glaubenstrend, da über ihn die Möglichkeit zu gesellschaftlicher Anerkennung und Verehrung gegeben ist.

Der Untertitel verrät mehr von jenen Facetten, die diese Arbeit annehmen wird: „Moderne Identitätsbildung und Heilsuche über den menschlichen

Körper“. Der Körper wird zu einer (Ersatz-)Religion gemacht, da er als Heilfindungsobjekt definiert wird. Um jene auf den ersten Blick gewagte These analysieren zu können, müssen zunächst einige Konturen der Moderne untersucht werden, die solche Trends ermöglichen und hervorrufen.

Die Herangehensweise dieser Arbeit ist nicht eindeutig mikro- oder makrosoziologisch bestimmt. Auf einer Mesoebene sollen sowohl individuelle Tendenzen als auch gesellschaftliche Strukturen analysiert werden, die zu einer solchen (Ersatz-)Religion führen.

Nicht nur der Inhalt handelt von Hybriden, sondern auch die Arbeit an sich stellt eine Art Hybrid dar, denn es handelt sich hierbei um eine quasi interdisziplinäre Herangehensweise an ein Thema: den menschlichen Körper. Soziologie – und hierbei spielen insbesondere religionssoziologische Ansätze, diskurstheoretische Fragen, eine Analyse spezifisch moderner Phänomene, körpersoziologische als auch kommunikations- und kultursoziologische Interpretationen eine große Rolle – und Kommunikationswissenschaft bilden ein Hybrid, ohne dass eine eindeutige Einordnung des Themas in eine der Disziplinen oder Unterdisziplinen möglich wäre. Sie allein in die Sparte der Kommunikationswissenschaft zu stecken, würde der Soziologie nicht gerecht werden, allerdings handelt es sich auch nicht rein um eine soziologische Herangehensweise an das Thema. Der Schwerpunkt ist eindeutig soziologisch, nachdem innerhalb dieser Arbeit der gesellschaftliche Umgang mit dem menschlichen Körper, Identität, Religiosität und deren Verhältnis zueinander im Mittelpunkt stehen und die Rolle der Kommunikations- und Informationssysteme als weiterer wichtiger Faktor bei der Erzeugung von Körperbildern, Idealen und „neuen“ Religionen hinzugenommen wird.

Was mit Religion gemeint ist, welche Identitätskonzepte sich hinter dem Begriff der Identität verbergen, wird im Laufe der Arbeit erklärt werden. Es soll an dieser Stelle auch auf vorläufige Arbeitsdefinitionen verzichtet werden, da von einem Religionsbegriff ausgegangen wird, der nicht in ein paar Sätzen zusammenfassbar ist. Daher möge sich der Leser auf die Lesereise begeben und die Spuren des Religiösen in der modernen Gesellschaft erforschen. Wie Körperlichkeit und Religiosität zusammenhängen und welchen Einfluss moderne Kommunikations- und Informationssysteme auf das Verhältnis zwischen Körper und Religion und auch Identität haben, das wird sich im weiteren Verlauf zeigen.

Der Aufbau der Arbeit beginnt auf einer relativ allgemeinen Ebene, die im ersten großen Kapitel das Wesen der Moderne hauptsächlich in Bezug auf Identität und deren Genese beschreibt. Das zweite übergeordnete Kapitel geht einen Schritt weiter, indem der Komplex der modernen Körperlichkeit eingeführt wird. Innerhalb dieses Kapitels sollen verschiedene Herangehensweisen an das Konzept der Körperlichkeit diskutiert und dargestellt werden. An dieser Stelle erscheint bereits ein leichtes Augenmerk auf technisierende Mechanismen, die moderne Körperlichkeit bestimmen.

Das dritte Kapitel ist das Hauptkapitel, in dem die These vom menschlichen Körper als (Ersatz-)Religion untersucht wird. Kann der moderne „Durchschnittsmensch“ tatsächlich als Eigengott unter vielen gleichgesinnten Eigengöttern betrachtet werden?

Das vierte Kapitel behandelt die Einflüsse der modernen Technologie auf die Identitäts- und vor allem Körperentwicklung moderner Menschen.

Jedes Kapitel wäre zweifellos eine eigene Arbeit in der gleichen oder gar größeren Größenordnung der vorliegenden Arbeit wert. Aus diesem Grund wurden manche interessante und wichtige Aspekte nur angesprochen und nicht ins Detail ausgearbeitet. In mancher Hinsicht hätten Details den Umfang nicht nur gesprengt, sondern ins Unermessliche erweitert. Es konnte nicht auf jede einzelne Facette eingegangen werden, so dass der Leser sich an mancher Stelle in seinem Lesefluss entweder durch Verweise auf weiterführende Literatur oder durch den Vermerk, dass aus Platzgründen nicht weiter auf bestimmte Themen eingegangen werden kann, gestört fühlen könnte. Es wird gebeten, dieses scheinbar typische Dilemma in der Soziologie – die Komplexität sozialer Phänomene oft nur in einer oder nur ein paar bestimmten Richtungen analysieren und darstellen zu können, um die Hauptthese nicht aus den Augen zu verlieren, natürlich nicht ohne den „verlorengegangenen“ Nebenzweigen verzweifelte Blicke hinterher zu werfen – zu entschuldigen und sich mit den Verweisen diesbezüglich zufriedenzugeben.

An dieser Stelle soll nun ein bereits aufkeimender Einwand vorweggenommen werden: Stimmt es tatsächlich, dass der in Deutschland (bzw. der westlich industrialisierten Welt) institutionalisierte christliche Glaube schwindet? Erlebt er nicht sogar eine Renaissance, was sich beispielsweise am aktuellen Papstbesuch Benedikt XVI. auf dem Weltjugendtag in Köln 2005 und den zu diesem Anlass über 800.000 angereisten Pilgern und Gläubigen festmachen lässt? Der Spiegel (Nr. 33, vom 15.8.2005: 136 ff.) schreibt dazu folgendes: „In Köln wird dem Papst zugejubelt werden. Aber die deutschen Kirchen werden deshalb im Herbst keine zusätzlichen Stühle bereithalten müssen. [...] Die meisten Deutschen haben sich in einer privaten Glaubenswelt eingerichtet. Der Urknall taugt ihnen als Gründungsmythos, die Klimakatastrophe als Ersatz für die Apokalypse. Für das eigene Leben und das nötige Quäntchen Ekstase gibt es, je nach Lebensphase, Sex & Drugs & Rock'n'Roll oder ein Konzertabonnement für zwei. Gebetet wird höchstens mittwochs und samstags, wenn die Lottokugeln rollen. Gebeichtet wird im Chat-Forum. Die Antwort auf die Sinnfrage wird selbst gebastelt: ein bisschen Jesus, viel Karriere und im Zweifel ein Blick in die Augen der eigenen Kinder“. Glaube besteht also, aber vor allem in sich selbst. Und Glaube ist deutlich gekennzeichnet von Konsum, besser gesagt von Konsumentscheidungen. Denn eine Religion wird beinahe ebenso konsumiert wie andere Konsumgüter auch. Volksreligion ist zur Entscheidungsreligion geworden. „Wer heute noch dazugehört, hat sich bewusst entschieden. Und wer nicht hingeht, auch" (ebd.: 151). An anderer Stelle heißt es (ebd.: 143): „Heute müssen sich Kirchen gefallen lassen, genauso auf ihre Brauchbarkeit geprüft zu werden wie Outfits von Benetton oder H&M". Oder: „Der Grundbedarf an spiritueller Feierlichkeit lässt sich heute decken, ohne dass man dafür jemals eine Kirche betreten müsste. Im Fußballstadion singen die Menschen inbrünstiger als in der Kirche, und wer sich einen Volkswagen kauft und den in der Autostadt Wolfsburg selbst abholt, für den wird eine schlichte Schlüsselübergabe in Szene gesetzt wie der biblische Schöpfungsakt" (ebd.: 147). Nachdem Glaube heutzutage vor allem zusammenhängt mit Symbolhaftigkeit, Konsum und Individualität (im Sinne einer individuell spürbaren Spiritualität), liegt es nahe, im eigenen Körper einen „heiligen" Gegenstand zu sehen, der stilisiert und verehrt werden kann und somit zum Glück führt. Der Gedanke an ein Jenseits wird abgelöst von der Erlösung im Diesseits. Papst Benedikt XVI. wurde eher gefeiert wie ein Rockstar als ein Geistlicher. Der Weltjugendtag war mit Sicherheit ein wunderbares soziales Ereignis. Es ändert jedoch nichts an den Veränderungen, denen die institutionalisierten Religionen in (spät-)modernen Zeiten unterworfen sind, denn im Zeitalter des Konsums zählt vor allem eines: „So muss Religion sein: sinnlich und mit Selbstbedienung" (ebd.: 149).

I. Identität und Moderne

An dieser Stelle muss bereits eine kurze Begriffserklärung vorangestellt werden: Im Zusammenhang mit der Moderne treten viele Begriffe auf, um die Moderne näher zu kennzeichnen. Da die Moderne von einigen Autoren nun bereits als überholtes Modell gilt, werden ihrem Begriff zahlreiche Präpositionen und Differenzierungen angehängt. So ist nicht nur die Rede von der „Postmoderne", sondern auch von der ersten, zweiten, dritten Moderne. Vor allem der Begriff der „Postmoderne" wird in der Soziologie mit Vorsicht verwendet und oft kontrovers diskutiert. In diesem Rahmen soll diese Debatte ausgeklammert werden, da es hier um den Aspekt der Rückbesinnung auf ursprünglich religiöse Werte - in der Moderne besitzen diese ihren spezifischen Charakter, die sich von ihrem „Urcharakter" entfernen, jedoch deutliche Züge des Religiösen tragen - geht, die in einer „späten Phase" der Moderne ihren Ursprung haben. Ob diese nun „Postmoderne", „Spätmoderne" oder „Hypermoderne"[1] oder auch nur Moderne (denn es ist nicht klar, ob die Moderne tatsächlich bereits vorbei ist und daher abgelöst werden kann) genannt wird, ist für den Kontext dieser Arbeit nicht primär von Bedeutung. Der zeitliche Rahmen, in dem sich diese Debatte an dieser Stelle abspielt, ist insofern eindeutig, dass er seinen Platz findet in der gegenwärtigen modernen, zivilisierten, industrialisierten westlichen Welt. Im Folgenden wird von der Moderne die Rede sein, insbesondere von ihrer späten Phase. Auf das jeweilige Anhängsel (Spät-)Moderne soll daher verzichtet werden, es sei denn es dient der besonderen Klarheit oder bedarf der Hervorhebung an spezifischer Stelle. Beziehen sich die Textstellen auf Autoren, die andere Begriffe dafür finden, so werden die Zusatzbegriffe zur Moderne in Klammern dargestellt, um eine Wertung oder Identifizierung mit einer die Moderne begrifflich klassifizierenden Sichtweise zu vermeiden.

Ebenso soll aus Platzgründen auf eine Darstellung einzelner Definitionskonzepte der Moderne verzichtet werden. So stellen verschiedene Autoren unterschiedliche Aspekte einer Modernisierungstheorie in den Vordergrund (vgl. Hietzge 2002: 73 ff.): Die Moderne überwiegend durch den Prozess der Individualisierung beschreibende Herangehensweise wird vor allem durch Ulrich Beck vertreten. Niklas Luhmann beschreibt Modernisierung in erster Linie über funktionale Systemdifferenzierung, wohingegen Jürgen Habermas eher Wert legt auf eine vermehrte Rationalisierung. Wolf Lepenies stellt Verweltlichung, Verwissenschaftlichung, Industrialisierung und Demokratisierung in das Blickfeld einer Modernisierungstheorie. Derer Ansätze gibt es viele.

---

[1] Begriffe wie „Postmoderne" oder „Spätmoderne" werden von vielen Autoren benutzt; der Begriff der „Hypermoderne" findet sich bei Ivan Varga (2005), der mit seinem Wort „Hypermodernity" vor allem darauf hinweisen möchte, dass moderne Technologien dermaßen einschneidend im Leben moderner Menschen sind, so dass sie alltagsallgegenwärtig werden.

Hier soll eine kleine Auswahl an Hauptcharakteristika genügen, die als verantwortlich für die Entwicklung der aufgestellten These der Stilisierung des menschlichen Körpers zu einer (Ersatz-)Religion angesehen werden. Die Moderne ist also gekennzeichnet von folgenden im Vordergrund dieser Arbeit stehenden Phänomenen: hoher Grad an Differenzierung (ganz allgemein gelassen), Verwissenschaftlichung, Industrialisierung, Rationalisierung und Technisierung. Des Weiteren besteht in der Moderne der westlich-industrialisierten Gesellschaften ein ausgeprägter demokratischer Sozialstaat mit einem Wohlfahrtssystem, das den Menschen in erster Linie Sicherheit und Mitgestaltungsrecht bietet. Individualisierung ist ein Grundpfeiler geworden, der die Lebenswelt der Individuen grundlegend bestimmt. Jene Auswahl ist unvollständig, soll für diesen Rahmen jedoch genügen, da keine Exegese der Moderne betrieben werden soll[2]. Das Ziel besteht vielmehr darin, ein breites Phänomen herauszuarbeiten, das durch die modernen Entwicklungen westlich-industrialisierter Gesellschaften entstanden ist. Es handelt sich hierbei um ein Wertebewusstsein, das sich grundlegend von einem allumfassenden und allgemein verbindlichen Wertesystem zu individuell bestimmbaren Wertebereichen, die sich in subjektiven Sinnbereichen niederschlagen, herauskristallisiert hat. Es gelangt jedoch aus dem individualistischen Kontext wiederum zu breiter Anerkennung und baut sich darüber hinaus zu einem Wertesystem auf, das eine Quasi-Allgemeinverbindlichkeit aufweisen kann. Den eigenen Körper in das Zentrum seiner Religiosität zu stellen, ist nämlich ein Trend der Moderne, der klassischen religiösen Mustern zugeordnet werden kann. „Die Besonderheit der Moderne besteht in diesem Zusammenhang darin, dass die Identität an den Körper gebunden wird“ (Hietzge 2002: 40).

Im weiteren Verlauf dieser Arbeit sollen jeweils verschiedene Aspekte jener (Ersatz-) Religion diskutiert werden. Es handelt sich jedenfalls um ein (spät-) modernes Phänomen, das aufgrund der oben genannten Einflussfaktoren entstanden ist und nun seinen festen Platz bei der Identitätsentwicklung hat, nicht nur bei der personalen, individuellen Identität, sondern auch als soziale und kulturelle Identität. Der Körper spielte zwar immer schon eine Rolle bei der Bildung von Identität, jedoch ist der zentrierte Fokus auf die Äußerlichkeit, vor allem also die Wirkung des menschlichen Körpers durch die Darstellung dessen auf andere, neu. Körperlichkeit ist nichts rein persönliches, das sich in der personalen Identität niederschlägt, sondern Körperlichkeit wird zu einem Phänomen, das kulturübergreifend diskutiert wird. Schönheit wird kulturell und sozial hochgeschätzt, so sehr, dass eine (Ersatz-)Religion daraus entsteht.

---

2 Einen kleinen Ausblick in die Beschaffenheit und die Umstände der Modernisierung soll das Kapitel III. 3. geben, da unter dem Stichwort der Ent- bzw. Wiederverzauberung der Welt die Grundzüge der Modernität – zwar unter dem speziellen Blickwinkel moderner Religiosität, der aber durchaus Einblick gibt in umfassendere gesellschaftliche Entwicklungen außerhalb der Religiosität - dargestellt werden.

1. Fremdzwänge und Selbstzwänge/ soziale und personale Identität

Identität und die Umstände ihrer Erlangung haben sich im Laufe der Geschichte maßgeblich verändert. Die Kulturgeschichte in Bezug auf Identität soll im Folgenden kurz aufgezeigt werden, um einen Überblick über die wichtigsten Veränderungen für die moderne Identität zu schaffen. Es lässt sich im Übergang von segmentierten, über stratifizierte hin zu funktionell differenzierten Gesellschaften auch ein Wechsel verschiedener Identitätsformen betrachten. Segmentierte Gesellschaften sind durchzogen von einer einheitlichen kollektiven Werteordnung, die sich auf Mythen zur Erklärung der Welt beziehen. Individualität ist hier kein Thema. Religiöse Identität beschreibt das vorherrschende Glaubenssystem, „denn die Frage, wer bin ich, wird mit der mythisch-religiösen Beschreibung der Welt erklärt" (IKK 2000: Kap. I.3.). Stratifizierte Gesellschaften verkörpern hingegen soziale und kulturelle Identität, da es innerhalb dieser Gesellschaften Schichten bzw. soziale Ungleichheiten gibt, die als Erklärungsgrundlage für die Frage nach der eigenen Herkunft und dem Lebenssinn dienen. Durch die zunehmende Bevölkerungszahl und die Expansion dieser Art von Gesellschaften entsteht ein Abgrenzungsbedürfnis von den anderen, so dass sich auch eine kulturelle Identität herausbildet. Funktional differenzierte Gesellschaften weisen nun persönliche Identitäten auf. Individuen sind nicht mehr nur Mitglied eines Kollektivs, sondern agieren innerhalb vieler Subsysteme der Gesellschaft. „Dies erfordert eine besondere Art von Identität, die wir *persönliche Identität* nennen, da die persona – ursprünglich die Maske eines Schauspielers – viele Rollen spielen muss" (IKK 2000: Kap. I.3.). Der moderne Mensch, der innerhalb einer funktional differenzierten Gesellschaftsordnung lebt, vereint daher mehrere Identitätsformen in sich (so besitzt er gleichzeitig ein Bewusstsein für kulturelle, soziale und religiöse Identitäten), aber am bedeutendsten für ihn ist seine persönliche Identität. In der Erklärung der Welt und seiner eigenen Rolle innerhalb dieser ist er auf sich selbst zurückgeworfen.

Die personale oder persönliche Identität (so wie sie unter Bezugnahme auf Goffman (1982: 256) genannt wird) erfährt also in der Moderne eine besondere Bedeutung. Die soziale Identität spielt zwar auch eine bedeutende Rolle, weil personale Identität nur unter Rückgriff auf soziale Situationen, in denen sich der Mensch mit anderen vergleicht, gebildet werden kann, im Vordergrund steht jedoch der Mensch selbst, also das jeweilige Individuum. Es wird zum Zentrum der Klärung von Daseins- und Sinnfragen. Bindungen an Institutionen zur Klärung solcher Fragen verlieren an Verbindlichkeit, so dass der Mensch für seine Stellung und Aufgabe in der Gesellschaft selbst sorgen muss.

Ebenso wie Identität nur durch Differenz, durch Distinktion entstehen kann, baut Religion auf einer Differenz auf. Nur in der Abgrenzung des Heiligen vom

Profanen ergibt sich das Wesen des Religiösen und auch die profane Welt. „Die Differenz erschliesst die Identität der Welt. Ohne sie gäbe es die Welt nicht, denn die Welt wäre undifferenziert, d.h. nicht von irgendwas anderem unterschieden und somit als das identifizierbar, was sie ist" (IKK 2000: Kap. II.2.). In Differenzen zeigen sich also die Wesenheiten der Dinge bzw. Identitäten.

Um an dieser Stelle bereits in die Körperthematik einzugreifen und einen kleinen Teil vorwegzunehmen: Im Hinblick auf den menschlichen Körper zeichnet sich die Moderne durch eine Ambivalenz aus, die hier jedoch als eine logische und den Verlauf des Diskurses nicht störende Paradoxie betrachtet wird. Auf der einen Seite nämlich verschieben sich, wie am Prozess der Zivilisation von Norbert Elias aufgezeigt wird, Fremdzwänge zunehmend zu Selbstzwängen. In Bezug auf den menschlichen Körper bedeutet dies, dass ein hohes Maß an moderner Rationalität zur Disziplinierung des Körpers führt[3]. Christoph Lumme bezeichnet jenes Phänomen als eine „Abwertung des Leibes durch seine beginnende Disziplinierung, Instrumentalisierung und Verdrängung" (Lumme 1996: 10). Gleichzeitig jedoch erfährt die Moderne eine Genusswelle, die mitunter in einer verstärkten Hinwendung zur Körperlichkeit ihren Ausdruck findet, es findet also eine „Aufwertung des Leibes als Lebensgrundlage eines zunehmend am Diesseits orientierten Abendlandes" statt (Lumme 1996: 10) (Hervorhebungen M.K.). Der menschliche Körper stilisiert sich demnach zu einem Zentrum der Sinnfrage moderner Individuen. Die Sinnfrage richtet sich also nicht mehr auf das Jenseits, sondern vollzieht sich im Diesseits. Mehr hierzu jedoch an späterer Stelle. Auf der einen Seite erfährt der menschliche Körper – und gleichzeitig das individuelle Subjekt - in der Spätmoderne eine große Aufmerksamkeit, auf der anderen Seite wird er mehr und mehr zu einer Art Objekt, das verändert, umgestaltet und zu einem gewissen Grad sogar erschaffen werden kann. „Einerseits würde der Körper als Ort leibhaftiger Authentizität für die aktuelle Subjekt-Konstruktion mehr Bedeutung verdienen, andererseits stellt er sich als zunehmends manipulierbar, in naher Zukunft möglicherweise auch clonbar dar, gewissermaßen als Ersatzteillager für materielle Defekte und Unzulänglichkeiten unserer zeitlich-irdischen Existenz" (Huber 2000: 9).

Wie sich im weiteren Verlauf zeigen wird, handelt es sich hierbei um ein zwar ambivalentes Verhältnis, das aber nicht aus Gegenpolen besteht, sich vielmehr ergänzt. Denn gerade aus der Disziplinierung und Rationalisierung des Körpers entsteht das Bedürfnis zu einer Körperaufwertung, die im extremen, jedoch nicht seltenen Falle zu einer (Ersatz-)Religion heranreift. Die Stilisierung des Körpers an sich wäre noch keine (Ersatz-)Religion, aber in der Abgrenzung

---

3 Aus Platzgründen soll nicht näher auf Elias' Zivilisationstheorie eingegangen werden. Es soll genügen, zusammenfassend festzustellen, dass das Subjekt selbst zur Kontrollinstanz seiner Triebe wird und daher ein hohes Maß an Disziplin vor allem über seinen Körper besitzt. Für weiterführende Informationen zu diesem Thema siehe Elias (1999).

vom Profanen zeigt sich der religiöse Charakter. Bezeichnungen lassen sich leichter treffen, wenn eine Abgrenzung erfolgt ist: „Eine Unterscheidung als solche ist dann gleichsam unvollständig, operativ imperfekt, wenn sie nicht zugleich die eine Seite, die unterschieden wird, bezeichnet (Luhmann 1988: 49). Die Aufforderung "draw a distinction!" führt zur Bestimmbarkeit der beiden Seiten, da erst durch die Abgrenzung voneinander das Wesen der einzelnen Parteien offenkundig wird. Identität entsteht durch Differenz. Ebenso verhält es sich mit Religiosität. Heilige Gegenstände zeichnen sich durch etwas aus, das den profanen Dingen fehlt, eine Differenz ist also entweder äußerlich sichtbar (durch Ornamente, besonderen Schmuck oder dergleichen) oder implizit bzw. symbolisch „sichtbar". Geweihtes Wasser beispielsweise wäre äußerlich nicht von gewöhnlichem Wasser zu unterscheiden, aber in der Aufbewahrung und Handhabung zeigen sich die Unterschiede. In Bezug auf moderne Körperstilisierungen werden ebenso Differenzlinien zwischen dem Heiligen und dem Profanen vorgenommen. Der moderne Mensch lebt in einem gespaltenen Verhältnis zu seinem Körper. Es gilt ihn zu perfektionieren. Einerseits besteht also eine Art Aggressionspotential in Bezug auf den eigenen Körper und andererseits beschert ein gestalteter Körper erlösende Glücksmomente. Der ungestaltete Körper kann also als profan angesehen werden, wohingegen ein perfektionierter Körper Heiligkeit zugesprochen bekommt. Diese Differenz zwischen Profanität und Heiligkeit mischt sich mit der Differenz in Bezug auf Identitätsbildung, denn in Bezug auf die Gestaltung des Körpers ist der Vergleich mit anderen unerlässlich. Zu weiteren religiösen Merkmalen einer Körperstilisierung möge dem weiteren Verlauf der Arbeit gefolgt werden.

2. Zur Subjektivität der modernen Lebensführung

Das moderne Individuum besitzt deutlich mehr Möglichkeiten als noch zu vormodernen Zeiten, die eigene Biographie zu entwerfen, aufzubauen und laufend weiterzuentwickeln. Jedoch besteht auf der anderen Seite auch der Druck, sich dauerhaft mit der eigenen Identitätskonstruktion zu beschäftigen. „Für die Zeitdiagnose der Entscheidungsabhängigkeit unseres Daseins ist es im übrigen gleichgültig, ob uns das Leben in Wirklichkeit doch eher geschieht, statt eine Kette von Wahlakten zu sein. Dies ändert nichts daran, daß in der reflexiven Moderne dem Individuum alle Ereignisse seiner Biographie als subjektive Entscheidungen zugerechnet werden. Allein nämlich, daß jeder weiß, daß es bei anderen anders ist, stellt den eigenen Lebensverlauf unter Begründungspflicht und gebiert den Handlungszwang, sich als Person selber erfinden zu müssen. Individualisierung stellt wesentlich einen Zurechnungsmechanismus dar, einen Verweisungszusammenhang auf das eigene Selbst. Dies stiftet eine symbolische Realität, hinter der der einzelne nicht zurück kann" (Neckel 2000: 40). Die moderne Lebensführung weist daher zwei Seiten auf, die gewissermaßen polarisierend wirken: Einerseits besitzt das Individuum zahlreiche Möglichkeiten und Freiheiten in Bezug auf die eigene Lebensgestaltung. Andererseits bestehen durchaus soziale Zwänge, Vorgaben, Sanktionen und Unsicherheiten. Denn das Vorhandensein vieler Wahl- und Gestaltungsmöglichkeiten bedeutet nicht nur die „Qual der Wahl", sondern gleichzeitig hat dies auch zur Folge, dass der Lebenslauf den gesellschaftlichen Veränderungen laufend angepasst werden muss.

Es geht in diesem Kontext jedoch nicht „nur" um Identität, sondern auch um Sinnkonstruktionen. Identität und Lebenssinn sind zwar untrennbar miteinander verwoben, und doch muss hier gesondert auf das Thema Sinn hingewiesen werden. Denn Sinnfindung im Sinne einer religiösen oder ersatzreligiösen Praxis trägt zum Identitätsbildungsprozess nicht nur bei, sondern kann auch als eine Art Stilelement so weit „missbraucht" werden, dass der Gegenstand der Sinnfindung zum Gradmesser für Identität schlechthin wird. Das Selbst steht im Mittelpunkt der Sinn- und Identitätsproduktion, und mit ihm der eigene Körper. Es besteht unter spätmodernen Bedingungen eine besondere Tendenz zur Stilisierung des Körpers, die durch eine weitere Tendenz genährt wird: die Stilisierung und Zentralisierung des Selbst an sich. Eine auf einen oder mehrere Götter gerichtete Religion fungiert immer weniger als Sinnstifter. An die Stelle von Gott „hat sich in der Moderne ein Selbst etabliert, das sich als eigentümliche Quelle allen Sinns, als Stifterfigur ohne Konkurrenz vermeint" (Meyer-Drawe 2002: 362). Die Identität aufzubauen, gestaltet sich daher als schwierig und komplex, denn ein Sinnstiftungsorgan, wie es durch beispielsweise die Kirche vorgegeben würde, fällt als Orientierungshilfe zunehmend weg, so dass mehr und mehr Eigeninitiative gefragt ist, um Herr des eigenen Sinns zu werden.

2.1. Die Medaille: Plurale Möglichkeiten

Die Moderne, insbesondere die Spätmoderne und spätmoderne Identitätskonzepte werden mit vielerlei Attributen versehen. Begriffe wie beispielsweise „Bastelexistenz", „Multioptionsgesellschaft", „reflexive Moderne", „Statusgruppen", „Wertwandel", „Individualisierung", Patchwork Identity", „Transitorische Idenitität"[4], „virtuelle (Cyber-) Identität", etc. weisen auf eine vermehrte Handlungskompetenz des Einzelnen hin. Jedes Individuum kann, soll und muss sich sogar seinen eigenen Lebenslauf „basteln" und dabei verschiedene Rollen miteinander koordinieren, so dass seine Identität wie ein Flickenteppich aussieht. Soziale Zwänge existieren nach wie vor und bestimmen auch die

[4] Der Begriff der transitorischen Identität geht zurück auf Joachim Renn und Jürgen Straub, die „auf die Momente der Beweglichkeit, der Zeit, des Handelns und der sozialen Prägung jener notorisch vorläufigen, immer noch ausstehenden, aufgegebenen Identität" (Renn/ Straub 2002: 13) verweisen und damit eine Tendenz zum prozesshaften und „ungewissen", stets sich verändernden Verlauf von Identität in der Moderne betonen.

Identitätsbildung des modernen Menschen, jedoch werden Zwänge, die von außen auf das Individuum einwirken, zunehmend schwächer, so dass - wie bereits erwähnt - Selbstzwänge stärker ausgeprägt werden müssen, um ein gewisses Maß an sozialer Ordnung beizubehalten. Insgesamt kann aber eine Verschiebung beobachtet werden, die eine Kompetenzsteigerung des Einzelnen bezeichnet. Das Individuum besitzt im Gegensatz zu vormodernen Zeiten mehr Möglichkeiten zur Selbstentfaltung, was auf viele Faktoren zurückzuführen ist. Einige dieser sollen in Kap. III genauer dargestellt werden. An dieser Stelle soll der Hinweis genügen, dass die Möglichkeiten zur Bildung einer individuellen Identität zum einen in einem veränderten Ungleichheitsbewusstsein liegen, denn wurden früher soziale Ungleichheiten bereits durch Geburt, das heißt, soziale Herkunft, und vor allem über den Beruf eines Menschen gebildet, liegen neue Ungleichheiten meist auf differenzierterer und subjektiverer Ebene. So wurde gesellschaftliche Ungleichheit in vormodernen Gesellschaftsformen noch über Klassen oder Schichten, die mehr oder minder auf der sozialen Herkunft basierten, zumindest jedoch auf die Verfügbarkeit über objektiv ungleich verteilte Güter und Ressourcen zurückzuführen war, definiert. Da Ungleichheit ein dauerhaftes Problem ist, das sich durch alle geschichtlichen Epochen bis in die Gegenwart zieht, die Gesellschaften sich jedoch im Laufe der Zeit in ihrer Struktur deutlich verändern, treten neue Erscheinungen dieses Phänomens in den Vordergrund. Kennzeichen moderner Ungleichheit sind nun vermehrt individuelle und subjektive Faktoren wie Lebensstile, die in „sozialen Milieus" anstatt in Klassen oder Schichten ihren Ausdruck finden. Ungleichheit ist also in der Moderne ein zunehmend individuelleres Problem geworden. Zum anderen bestehen mehr Möglichkeiten zur individuellen Selbstfindung aufgrund von einem allgemein höheren materiellen Standard. Ulrich Beck beschreibt dieses Phänomen mit dem Begriff des „Fahrstuhleffekts" (Beck 2003: 122), weil alle Gesellschaftsmitglieder eine Aufwertung ihrer sozialen Stellung erhalten haben. Da eine Wohlstandsaufwertung in der Phase zunehmender Prosperität in den entwickelten Ländern nach dem zweiten Weltkrieg möglich war, konnte sich eine Orientierung auf höhere Bedürfnisse - im Sinne von Selbstentfaltungswünschen entgegen einer reinen Konsumorientierung zur Deckung des Überlebensbedarfs[5] - einstellen. Daraus entsteht ein Wertwandel, „der vor allem das Verlangen nach Selbstentfaltung, Demokratie und Ästhetik, kurz, nach postmaterialistischen Inhalten fokussiert" (Georg 1998: 28). Auch Gerhard Schulze spricht von einer Verschiebung der „existentiellen Problemperspektive vom *Über*leben aufs *Er*leben" (Schulze 1988: 73). Sozioökonomische Mittel tragen weniger dazu bei, die Stellung der Individuen in der Gesellschaft festzulegen, vielmehr stellt sich eine Genusswelle ein, deren Folgen in der Generierung individueller Unterschiede liegen.

---

[5] Hier wird Bezug genommen auf die Bedürfnishierarchie A.H. Maslows, auf die an späterer Stelle (Kap. III. 2b) noch genauer eingegangen werden soll.

Durch diesen Wertwandel verlagern sich die Bedürfnisse von Menschen im Sinne einer Konzentration auf das einzelne Individuum, das nun deutlich mehr Möglichkeiten besitzt als früher, um sich seinen Lebenslauf in individueller Weise und aktiv selbst zu gestalten.

Anthony Giddens bezeichnet dies als eine „Politik der Lebensführung". „Bei dieser und den mit ihr verbundenen Auseinandersetzungen und Kämpfen geht es darum, wie wir in einer Welt leben sollten, in der alles, was früher naturbedingt (oder traditionsgebunden) war, nunmehr in gewissem Sinne gewählt oder entschieden werden muß" (Giddens 1997: 132). Vor allem in Bezug auf die Identität ergeben sich dabei neue Problemfelder, denn der moderne Mensch kann sich stets weniger an gesellschaftlichen festen Strukturen orientieren, sondern muss neue Lebensweisen ausprobieren. Im Falle von Ehescheidungen und dergleichen beispielsweise wird von den getrennten Partnern erwartet, dass sie ihr neues Leben selbst organisieren anstatt zur Familie zurückzukehren. Allerdings steht nicht nur die persönlich gewachsene Autonomie im Mittelpunkt der Aufmerksamkeit, sondern auch die gesamtgesellschaftlichen Veränderungen, die eine (Spät-)Moderne nach sich zieht, sind von Belang bei einer Analyse der Moderne. „In der Politik der Lebensführung geht es nicht bloß um die Art und Weise, wie sich die einzelnen entscheiden sollten, sobald sie mehr Alternativen vor sich haben als früher, sondern es geht um die Herausforderungen, denen die Menschheit insgesamt gegenübersteht" (Giddens 1997: 134). Jene Herausforderungen bestehen auch darin, dass das Individuum die Alternativen anwenden muss. Es wird also gesellschaftlich vorausgesetzt, dass Individuen damit umzugehen und jene einzusetzen wissen. Ökologische Probleme sind ein weiteres Beispiel für gesamtgesellschaftliche Folgen des Fortschritts. Aus Platzgründen soll hier nicht weiter darauf eingegangen werden. Vielmehr sollen jene Handlungserwartungen und sogar Handlungszwänge, die aus der Gegenüberstellung des modernen Menschen mit zahlreichen Handlungsalternativen resultieren, genauer betrachtet werden.

2.2. Die Kehrseite: Handlungszwänge und anomische Zustände

Der Pluralismus, der Kennzeichen der Moderne ist, sorgt nicht nur für viele Handlungsmöglichkeiten, sondern auch für die Notwendigkeit, sich permanent mit jenen Optionen auseinanderzusetzen, abzuwägen und Entscheidungen zu treffen. Vermehrte Möglichkeiten bestehen nicht nur auf ökonomischer bzw. rationaler Ebene, sie zeichnen sich ebenso im Innenleben der Menschen ab. Wertsysteme können auch selbst definiert und unter Rückgriff auf differenzierte Vorgaben gebildet werden. „Statt eines einzigen allumfassenden Weltverständnisses gibt es hier verschiedene Glaubens- und Wertesysteme, die miteinander konkurrieren. Diese Situation verlangt den Menschen in der Regel zwar ein gewisses Maß an Toleranz ab, sie verschärft aber auch die kognitiven Dissonanzen und führt so ein Element des Fanatismus in den Streit um die Wahrheit ein" (Berger 1999: 15). Dissonanzen ergeben sich also automatisch aufgrund von Differenzierungen, da es jedem Individuum selbst obliegt, die einzelnen Vorstellungen und eigenen Systeme aufeinander abzustimmen. Nicht jeder Glaube passt auf den anderen Glauben, nicht jedes Wertsystem stimmt mit dem anderen überein. Soziale Netzwerke sind manchmal unvereinbar. Das moderne Individuum jongliert zwischen und innerhalb der Lebensbereiche mit seinen Handlungsoptionen. „Es ist – kurz, möglicherweise verkürzt gesagt – der zur Wahlfreiheit verdammte Inszenator seines Lebenslaufs. In der individualisierten Gesellschaft muß der einzelne bei Strafe seiner permanenten Benachteiligung lernen, sich selbst als Handlungszentrum, als Planungsbüro in bezug auf die Möglichkeiten und Zwänge seines Lebenslaufes zu sehen" (Beck/ Beck-Gernsheim 1990: 58/59).

Besonders bei Jugendlichen zeigen sich in der Moderne Konflikte durch den Verlust einheitlicher Glaubenssysteme auf der einen Seite und den eigenverantwortlichen „Zwang" zur Identitätsbildung auf der anderen Seite. Dem Körper kommt eine große Bedeutung vor allem bei der Darstellung der Identität (die aufgrund der Reaktionen durch andere stets erneuert und weitergebildet wird) zu. Die Expressivität des Körpers und die äußerliche Darstellung des Körpers dienen daher als Mittel, symbolisch Bedeutungen zu vermitteln und auch um Protest an der Gesellschaft zu üben. Besonders bei Jugendlichen ist ein solches Verhalten auffällig. „Es scheint, als wollten Jugendliche nicht mehr durch besondere Symbole auffallen, sondern durch Kostümierung schlechthin" (Hein 1984: 26). Peter Hein führt die Protestkulturen der Jugend vor allem auf Störungen der Identität aufgrund des Wertwandels moderner Gesellschaften zurück. Daraus entsteht ein Generationskonflikt, der in Protestbewegungen mündet. Der moderne Jugendliche wird zunehmend narzisstischer vor allem durch den Einfluss moderner Massenmedien und zeigt ein hohes Maß an Gleichgültigkeit gegenüber der Gesellschaft im Allgemeinen und auch in Bezug auf Subkulturen (wie beispielsweise der Punks), „indem er auf Inhalte verzichtet und sich in der Variation von Formen erschöpft" (Hein 1984: 26). Die Art, sich zu (ver-)kleiden, stellt eine Kompetenz dar, die noch vom Individuum selbst getragen wird und durch die er Autonomie verspüren kann (vgl. Hein 1984: 35). Fühlt sich ein Mensch durch die Ordnung der Gesellschaft eingeengt und determiniert, bleibt ihm die Darstellung seines Körpers als einzig autonomes Mittel übrig, um Protest zu signalisieren. Je radikaler er sich in der Gestaltung seines Äußeren dabei darstellt, desto mehr vermag er sich von der Normalität abzugrenzen. Dies ist oft sogar mit wenigen finanziellen Mitteln möglich. Auch Ulrich Beck verweist auf die Verschiebung des Konkurrenzverhaltens innerhalb von Jugendgemeinschaften. Es werden „Konkurrenzbeziehungen (und die mit ihnen verbundenen Zwänge zur individuellen Abschottung und Vereinzelung) in zeitlicher und sozialer Hinsicht ausgeweitet, d.h. lebenszeitlich früher und in mehr sozialen Beziehungen erfahren“ (Beck 1983: 39). Durch Bildungsexpansionen entsteht stets mehr Druck im Hinblick auf Noten und Ausbildungsplätze, so dass der allgemeine Drang nach Individualisierung und Konkurrenz gefördert wird. Dies äußert sich nicht nur in der Ausbildungsstätte an sich, sondern weitet sich auf das gesamte soziale Umfeld der Jugendlichen aus.

Anomische Zustände bei der Identitätsbildung sind daher bei Jugendlichen besonders auffallend, wenngleich diese Konfliktsituationen ebenso in anderen Alterskategorien auftreten.

„Die panische Mobilmachung, der wir gewahr werden, und in der wir selbst mittreiben, ist panisch aus Angst, der aufgeblendeten Möglichkeiten nicht Herr werden zu können. Es ist *Versagensangst*“ (Gross 1994: 182). Denn der moderne Mensch hat mit einer Fülle an Wahlmöglichkeiten zu hantieren, um seine Identität zu bilden. Eine Identität ergibt sich unter hochmodernen Bedingungen nicht allein aufgrund der sozialen Herkunft, des Berufs, der Bildung, vermischt mit einem festen Stamm sozialer Kontakte und einem Hobby, sondern die moderne Biographie ist durchzogen von Präferenzen, die der Wahl des Individuums anheimfallen. Beispielsweise das Netz sozialer Beziehungen ist hochgradig differenziert, allein schon da die Möglichkeit zur Überwindung räumlicher und zeitlicher Grenzen gegeben ist. So verhält es sich mit allen Lebensbereichen. Sie zeichnen sich durch feine Differenzierungen und weite Verzweigungen aus. Das Individuum ist also gezwungen, sich mit der Fülle an Möglichkeiten und Differenzierungen auseinanderzusetzen, es sieht sich ständigen Entscheidungen ausgesetzt. „Wenn es sich reflexiv über sich selbst beugt, [...] findet es weder ein Ich noch gar sich, sondern etwas Flüchtiges, Verletzliches, Bewegliches; ein Repertoire von Selbstmodellen und eine Ich-Gestalt, die in jeder Abteilung der Ich-Wissenschaft ein anderes Aussehen annimmt; ein Vokabular von Begriffen und Behauptungen von Zuständigkeiten“ (Gross 1999: 14). Versagensangst, Aggressivität[6] (vor allem in Bezug auf sich selbst) und Müdigkeit können als Folgen jenes Drucks auftreten, der auf dem Einzelnen lastet. “The heroes of consumption are tired“ (Baudrillard 2003: 182). Jene Müdigkeit hat nicht viel mit körperlicher Müdigkeit oder Energiemangel zu tun, sondern liegt in der Auseinandersetzung mit einem Überangebot und ständigem Drang zu Konsum begründet. Jene Auseinandersetzung kostet ein permanentes Maß an Aufmerksamkeit.

Es wird deutlich, dass nicht nur die pluralen Möglichkeiten, aus denen der Mensch seine Identität zusammenzusetzen vermag, zum dauerhaften Problemfeld werden, sondern auch die Geschwindigkeit, mit der sich jene Möglichkeiten ändern. Die Flüchtigkeit der Moderne ist ein weiteres Problem, da Sinnbezüge sich laufend und schnell ändern, mit Modeerscheinungen gleichzusetzen sind, die einem höchst unstetigen Verlauf folgen. Das Subjekt muss sich also laufend

[6] Hiervon soll in Kap. IV unter dem Punkt 1c genauer die Rede sein.

an die neuen Gegebenheiten und Änderungen anpassen, um mit der Welt mitzukommen. Biographiegestaltung ist aus diesen Gründen von einer Ambivalenz gekennzeichnet: Auf der einen Seite ist das Individuum so frei wie noch nie, es kann eigenverantwortlich mit sich und seinem Leben umgehen. Auf der anderen Seite wirken zahlreiche Zwänge auf den Menschen ein, da er erstens die Verantwortung für eine sinnvolle Lebensgestaltung trägt, das heißt, es lastet der Druck auf ihm, seinen Lebenssinn zu definieren, und zweitens hat er diesen den allgemeinen Norm- und Wertvorstellungen der Gesellschaft anzupassen, die sich schnell ändern. Diese Mischung aus Autonomie und Zwang begleitet das Individuum auf seinem Weg durch die moderne Welt. Jene Mischung hat auch spezifische Konsequenzen für seine Körperlichkeit, auf die an späterer Stelle eingegangen werden soll.

3. Sinnproduktion und Biographiegestaltung

„Das scheinbare Jenseits der Institutionen wird zum Diesseits der herzustellenden Wahlbiographie. So wird gerade die individualisierte Privatexistenz immer nachdrücklicher und offensichtlicher von Verhältnissen und Entscheidungen abhängig, die sich ihrem Zugriff vollständig entziehen. Es entstehen Risiko-, Konflikt- und Problemlagen, die sich ihrem Ursprung und Zuschnitt nach gegen jede individuelle Bearbeitung sperren“ (Beck/ Beck-Gernsheim 1990: 59/60). Einerseits nämlich besitzt das moderne Individuum zwar die Möglichkeiten, ja sogar den Zwang zur eigenverantwortlichen Gestaltung seines Lebenslaufs, andererseits offenbart sich ihm die modere Welt als eine durch und durch standardisierte Gesellschaft. Aus dieser Sicht besteht (noch immer) eine deutliche Abhängigkeit von Institutionen und gesellschaftlichen Vorgaben (die vor allem durch die Medien verbreitet werden). Die Biographiegestaltung in der Moderne erweist sich daher als ein Problemfeld, das von Paradoxien (Handlungs“freiheit“ auf der einen und Gestaltungsdetermination durch Standardisierung auf der anderen Seite) und daraus resultierenden Konflikten geprägt ist. Ulrich Beck spricht daher von einer hohen „*Krisenanfälligkeit* der Biographie“ (Beck/ Beck-Gernsheim 1990: 60).

Sinn ist ein Gut, das in modernen Zeiten nicht durch eine monopolisierte Sinn-Institution (wie beispielsweise der Kirche oder in anderen Ländern durch andere Glaubenseinrichtungen, je nach vorherrschender Volksreligion – beispielsweise die institutionalisierte Form des Buddhismus, Islam, etc.) vorgegeben wird bzw. hegen derartige Institutionen durchaus noch den Anspruch, einen solchen allgemeingültigen Sinn vorgeben zu können, jedoch verlieren sie an Verbindlichkeit für den Großteil der Bevölkerung. Die Gründe hierfür sollen in einem anderen Zusammenhang im III. Kapitel dargestellt werden. „Und wenn das Sinnloch des modernen Menschen beklagt wird und allenthalben Seminarteilnehmer, bis hinauf in die obersten Führungsebenen, den

Marschbefehl zur Sinnsuche erhalten, muß dieser keineswegs wie eine Stecknadel im Heuhaufen gesucht werden. Er liegt in tausend Versionen auf der Straße" (Gross 1994: 67). Ein bestimmter Sinn muss also nicht im Heuhaufen gesucht, auch nicht das Sinnangebot bestimmter (meist religiöser) Institutionen übernommen werden, sondern Sinn gestaltet sich entweder als ein rein individuell definiertes Gut, oder Sinn kann unter vielen Sinnangeboten ausgewählt werden, das von einem breiten Markt vorgegeben wird. Jener Markt soll ebenfalls im III. Kapitel näher beschrieben werden, vor allem unter dem Punkt „Zur Popularisierung von Religiosität: Religion als Konsumobjekt auf dem Markt der Weltanschauungen". Denn jedes Angebot, sonst ist es keines, schließt ein, daß man es wählen, haben, kaufen kann" (Gross 1994: 61).

Worin der Sinn des Daseins für den modernen Menschen liegt und wie er seine Biographie interpretiert und aufbaut, ist dem modernen Individuum selbst unterworfen, unter Rückgriff auf eine Vielzahl an Orientierungsmöglichkeiten, die jedoch nicht immer orientierend wirken, da sie der subjektiven Interpretation und Gestaltung des Einzelnen bedürfen. Das heißt, Sinn kann nicht eindeutig übernommen werden, sondern verlangt nach der Mitwirkung durch den Einzelnen. Es gibt durchaus Sinnangebote, die eindeutig vorgeben, worin Sinn zu verstehen ist, jedoch bedürfen auch sie der Subjektivität des Individuums, da das Individuum grundsätzlich frei ist in seiner Wahl. Das heißt, prinzipiell könnte der Mensch sich seinen Sinn selbst gestalten, ihn zusammensetzen aus vielen Sinnangeboten. Manche Sekten verlangen eine völlige Hingabe des Einzelnen an einen gemeinsamen Sinn. In diesem Kontext soll eine solche Sinnvorgabe jedoch nicht weiter diskutiert werden, da sie nur eine *Möglichkeit* unter vielen darstellt, Sinn individuell zu gestalten, auch wenn zweifelhaft ist, wie viel Wahlmöglichkeit noch gelassen wird. Es geht hier darum, dass eine prinzipielle Freiheit besteht, sich einer solchen Organisation anzuschließen oder nicht. Diese Freiheit ist Kennzeichen der Moderne, auch wenn es Organisationen gibt, die sie beschränken, wenn Individuen sich ihr anschließen.

Wichtig ist, dass der einzelne moderne Mensch individuell und eigenverantwortlich mit seiner Biographie und der dazugehörigen Sinnabdeckung umgehen kann bzw. muss. So entsteht eine Subjekt-Zentrierung, die nicht unbedingt aus einem narzisstischen Wunsch heraus entstehen muss, sondern die eine notwendige moderne Erscheinung ist, da der Mensch sich gezwungen fühlen muss, eine Identität eigenverantwortlich aufzubauen und auch mit den Folgen davon zu leben.

3.1. Ich-Zentrierung in der modernen Welt

Identität ist also eine Aufgabe, der sich der moderne Mensch zu stellen hat, dauerhaft und differenziert. Er besitzt viele Möglichkeiten, sein Leben und dessen Sinn zusammenzusetzen. „Das Ich wird zum *Jäger* des eigenen Ichs, die Heilsgeschichte schrumpft zur *individualisierten* Ich-Jagd. Sie ist der Versuch, durch Ichverschmelzung und –verwirklichung die einzige noch verbleibende Vollendung, die Selbstvollendung, zu erreichen" (Gross 1999: 79). Vollendung liegt nicht mehr in Gottes Hand, sondern zunehmend in der des Menschen, des Einzelnen Hand. Er definiert Vollendung und auch vollzieht er die Durchführung selbst. Das Ich ist wenig durch die Geburt bestimmt, da sich alte Schichtungsmodelle, die vornehmlich auf Herkunft gründen, immer mehr auflösen, zugunsten von individualistisch orientierten Distinktionsmodellen. Selbstvollendung stellt den Menschen selbst in das Zentrum des Lebens. Vor allem der Körper dient als Medium für die Präsentation der Identität, da der Körper ein deutliches Zeichen - für alle Gesellschaftsmitglieder wahrnehmbar - darstellt. Doch hiervon soll vermehrt im zweiten Kapitel die Rede sein.

Nicht nur die Lebensbedingungen (relativ unabhängig von Schichtung, mit einem durchschnittlich höheren Niveau an ökonomischer Sicherheit als früher, etc.), in denen das Individuum lebt, verändern sich in Zeiten der (Spät-) Moderne. Auch im Hinblick auf die Gesellschaftsstruktur gibt es gravierende Veränderungen. So hat sich das Verhältnis an Ein- bis Fünfpersonen (und mehr)-Haushalten fast vollständig umgekehrt (vgl. Stat. Bundesamt 2004: 40). Lebten um 1900 noch die meisten Menschen in Haushalten mit fünf Personen und mehr, so gilt heute das Gegenteil. Am stärksten sind Haushalte mit einer Person vertreten.

Abbildung I - 1: Haushaltsgrößen in Prozent der Haushalte

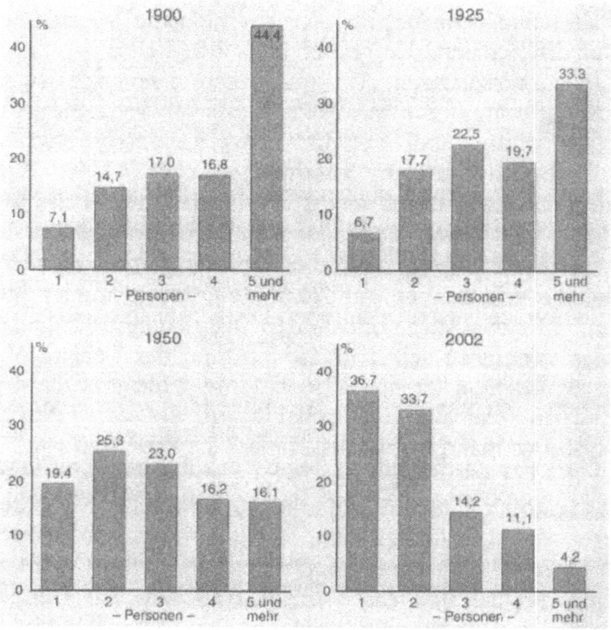

Quelle: Stat. Bundesamt 2004: 40

Individualisierung geschieht also nicht nur im Wohlstand und Bewusstsein der Menschen, sondern auch schon allein aufgrund der veränderten Lebensformen. Alleine zu leben, ist die häufigste Form des Wohnens, so dass moderne Individuen auch deshalb vermehrt mit sich selbst zu tun haben. Der Alltag ist also zunehmend von Vereinzelung gekennzeichnet, selbst wenn der Freizeitbereich mit sozialen Aktivitäten ausgefüllt ist. „Gefordert ist ein aktives Handlungsmodell des Alltags, das das Ich zum Zentrum hat, ihm Handlungschancen zuweist und eröffnet und auf diese Weise erlaubt, die aufbrechenden Gestaltungszwänge und Entscheidungsmöglichkeiten in bezug auf den eigenen Lebenslauf sinnvoll zu kontrollieren. Das bedeutet, daß sich hier unter der Oberfläche intellektueller Spiegelfechtereien für die Zwecke des eigenen Überlebens ein ichzentriertes Weltbild entwickelt, das das Verhältnis von Ich und Gesellschaft sozusagen auf den Kopf stellt und für die Zwecke der individuellen Lebenslaufgestaltung handhabbar denkt und macht“ (Beck/ Beck-Gernsheim 1990: 59). Das moderne Individuum wird demnach weniger durch die Gesellschaft geformt als umgekehrt, der Mensch formt sich seine Wirklichkeit selbst und passt sie den Gegebenheiten der Gesellschaft individuell an. Das bedeutet nicht, dass er unabhängig von der Gesellschaft funktioniert, sondern dass er eigenverantwortlicher Gestalter der sozialen Wirklichkeit ist. Er steht der Welt nicht hilflos gegenüber, vielmehr fungiert er als sinnproduzierendes aktives Gesellschaftsmitglied, das eigenverantwortlich mit der Welt und seinen Möglichkeiten umgehen kann und muss.

„Aus diesen Erfahrungen entstehen auch Ansätze einer *neuen Ethik*, die auf dem Prinzip der »Pflichten gegenüber sich selbst« beruht [...]. An die Stelle der bislang vorherrschenden festen Menschenbilder tritt ein offenes, auch in Abhängigkeit von der Selbstveränderung des Menschen *veränderbares* Menschenbild (Beck/ Beck-Gernsheim 1990: 63). Diese „neue Ethik“ beinhaltet die *Aufgabe*, nicht nur die Möglichkeit zur Auseinandersetzung mit sich selbst. Sie geht sogar so weit, dass der Mensch nicht nur als Zentrum für sich selbst steht, sondern dass er sich selbst so weit stilisiert und hoch bewertet, dass eine (Ersatz-)Religion daraus entsteht. Die „Ich-Ethik“ stellt die Vorstufe dafür dar.

3.2. Sinnsuche als individuelle Lebensaufgabe

Der (spät-)moderne Mensch fungiert also als Gestalter seines eigenen Lebensweges und seines Lebensglückes. Durch schwindende Bezüge zu festen Wertsystemen, wie sie in vormodernen Zeiten als Orientierung von der Kirche angeboten und genutzt wurden, fällt der Mensch automatisch auf sich selbst zurück. Im Zuge folgender Kapitel (v.a. Kap. III) sollen der historische Verlauf und die Gründe für jenen genauer dargestellt werden. An dieser Stelle soll genügen, auf eine zunehmende Orientierungslosigkeit, auch wie sie bereits in den vorangegangenen Unterpunkten diskutiert wurde, hinzuweisen, mit der sich der (spät-)moderne Mensch konfrontiert sieht. Sinnbezüge müssen also durch ihn selbst hergestellt werden. „*Man will sich finden*. Man macht sich selber zur Aufgabe“ (Gross 1999: 9). Die Biographie erweist sich als ein komplexes Phänomen, das es zu gestalten gilt, individuell, und weitgehend unabhängig von sozialer Herkunft und weiteren vertikalen Einteilungskriterien. Horizontale Distinktionscharakteristika finden zunehmend ausgeprägter den Weg in eine individuelle Wahlbiographie. Damit sind kulturelle wie subjektive Kriterien gemeint, die sich meist in bestimmten Präferenzen niederschlagen. Aus der Möglichkeit, das eigene Leben selbst zu entwerfen folgt logischerweise die Aufgabe, den Lebenssinn aus sich selbst heraus zu definieren. Denn so wenig wie der Mensch sich an objektiven Schichtungskriterien (im Sinne des sozialen Kapitals, des kulturellen und ökonomischen Kapitals nach Pierre Bourdieu) zu orientieren hat, so wenig orientiert er sich an den Sinnangeboten übergeordneter Institutionen (wie beispielsweise durch die Kirche angeboten).

Um Orientierung und Sicherheit zu finden und sich darüber hinaus nicht permanent mit der Frage nach einem Sinn des Lebens beschäftigen zu müssen, definiert sich das moderne Individuum selbst seinen Lebenssinn. Die rationale

Welt ist durchsetzt von vielen eindeutigen Erklärungs- und Deutungsmustern, und dennoch besteht ein Teil der Welt, der nicht logisch erklärt werden kann. Dieser Teil liefert in der Regel die Auffüllung mit spirituellen Lebensinhalten, die für Orientierung jenseits logischer Erklärungsansätze sorgen. Als verantwortungsvoller und mündiger Lebensgestalter obliegt es auch hier dem Menschen selbst, mit seiner subjektiven Spiritualität umzugehen. „Man definiert ein spirituelles *Inseits*, welches das Jenseits und das Jenseits im Diesseits ersetzt und verdrängt. *Inner Space* statt Outer Space, *Intopie* statt Utopie, ein Paradies im Innern!" (Gross 1999: 9) Im Sinne einer Ich-Zentrierung, einer Besinnung auf das Ich innerhalb der großen weiten Welt, kann jener Aussage zugestimmt werden. Im Sinne einer Hinwendung zur subjektiven Innerlichkeit bedarf es einer Ergänzung: Es kann zwar zugestimmt werden, dass das Individuum in einer hochmodernen Welt sein eigenes spirituelles Inseits definiert, jedoch bedarf der Deutungsansatz der Moderne im Hinblick auf moderne Individuen von Peter Gross einer Erweiterung: Es geht nicht nur um das Innenleben, das der Mensch selbst zu gestalten sucht, sondern vor allem auch um das Außenleben. Das Jenseits mag ersetzt werden, nicht aber das Jenseits im Diesseits. Sinn soll im Diesseits gebildet und gelebt werden. Das Paradies wird erstrebt, nicht nur innerlich, auch äußerlich. Durch die eigene Darstellung. Der Mensch besinnt sich nicht nur wieder mehr auf sein Innenleben, da er sich durch die Modernisierung der Welt in einer stets rationaleren Umwelt wiederfindet und diese Technisierung zu kompensieren versucht, sondern er wendet sein Bedürfnis nach Orientierung und Sinn (sein transzendentales Bewusstsein, worauf an späterer Stelle noch genauer eingegangen werden soll) auf sein spirituelles Innen- und Außenleben an. Spiritualität läuft also nicht nur im Innern ab, sie findet zu einem großen Teil auch in der Hinwendung zur Äußerlichkeit statt. Wie der Mensch seinen Körper darstellt und behandelt zeugt von mystischer Besetzung, da Sinn über den Körper produziert werden soll. Die Hinwendung zur Körperlichkeit ist ein modernes Phänomen, das einem allgemeinen Trend zur Körperstilisierung und eigenen Vervollkommnung folgt.

4. Vom Streben des modernen Menschen nach Vervollkommnung

„In der jüngsten Vergangenheit hat sich das Streben nach Vervollkommnung verstärkt dem menschlichen Körper zugewandt" (Plake 1992: 179).

Das Streben des modernen Menschen nach Vervollkommnung soll hier weniger anthropologisch oder biologisch diskutiert werden als der Titel dieses Kapitel vermuten lässt[7]. Vielmehr soll es hier um die sozialen Phänomene und

---

[7] Es gibt durchaus Forschungen darüber, das Streben des Menschen nach etwas Speziellem und den Sinn für Ästhetik als eine Art biologische Funktion zu betrachten. Demnach ist es ein tief verwurzeltes menschliches Bedürfnis, etwas Besonderes darzustellen, das so weit geht, dass es auf die gleiche Stufe anderer natürlicher biologischer Bedürfnisse gestellt

Umstände gehen, die jenen „Wahn" nach Schönheit und Perfektion, besonders in Bezug auf den menschlichen Körper, bedingen. Dieses Kapitel ist sozusagen nur ein Hinweis auf weitere Kapitel, eine Vorwegnahme der Bedeutung eines modernen Perfektions- und Körperwahns. Denn das Streben nach Perfektion wird entweder vor allem von der Psychologie[8] analysiert, oder tritt in anthropologischen oder auch philosophischen Untersuchungen auf. Dies ist jedoch nicht das Ziel in diesem Kontext. Eine soziologische Herangehensweise beinhaltet viele Phänomene rund um den menschlichen Körper und in diesem Zusammenhang soll vor allem auch die Rolle der modernen Religiosität in Bezug auf den Körper herausgearbeitet werden. Perfektion oder Vervollkommnung können daher nicht als ein „natürliches" Streben an sich bezeichnet werden, da die sozialen Umstände die treibenden Faktoren sind. Diese können nicht in einem einzigen Unterkapitel behandelt werden. Dieses Unterkapitel dient nur als Hinweis, dass Perfektion und Vervollkommnung Wünsche sind, die sich als Trend im Hinblick auf die eigene Körperlichkeit in modernen westlichen Industriegesellschaften manifestieren.

In modernen westlich-industrialisierten Gesellschaften herrschen weitgehend einheitliche Schönheitsideale. Der Trend geht zu mehr und mehr Perfektion. Als Perfektion wird von der Gesellschaft definiert, was als erstrebenswert gelten soll. Dies ist in der Regel ein schlanker, durchtrainierter, also sportlicher und

---

werden kann. Einen Überblick über jene Sichtweise gibt Dissanayake (1992). Auch Studien, die belegen können, dass der Entzug von Ästhetik aus dem Leben der Versuchsobjekte jene regelrecht krank mache oder im Gegenteil Ästhetik wesentlich zur Gesundung kranker Menschen beitragen könne, Ästhetik also als eine essentielles Bedürfnis des Menschen angesehen wird, heben die sogar biologische Bedeutung von Schönheit hervor. Genaueres hierzu findet sich bei Maslow: Abraham H. Maslow verweist auf das Vorhandensein eines ästhetischen Bedürfnisses bei *manchen* Menschen. Empirisch beweisen lässt sich dieses Bedürfnis nicht, denn die Forschung ist auf diesem Gebiet auf der einen Seite sehr kompliziert und komplex und auf der anderen Seite noch nicht sehr weit fortgeschritten. Maslow jedoch testete auf klinisch-psychologischer Basis Individuen im Hinblick auf ästhetische Bedürfnisse und fand heraus, dass manche von ihnen durch Hässlichkeit regelrecht krank wurden und in ästhetisch wunderschönen Umgebungen aufblühten und *nur* aufgrund dessen gesund wurden. Vor allem gesunde Kinder zeichnen sich durch harmonisch gestaltete Umwelten aus. Diese Phänomene lassen sich in jeder Art von Kultur und unabhängig vom Alter der Personen beobachten und können bis weit in die Geschichte der Menschheit zurückverfolgt werden (vgl. Maslow 1970: 51). Jene anthropologisch-biologische Sichtweise soll hier nicht bewusst vermieden, sondern nur aus Platzgründen vernachlässigt werden, ohne dadurch andeuten zu wollen, dass inhaltlich Abstand von dieser genommen wird. Hier soll genügen, die soziale Bedeutung von Ästhetik im Leben moderner Menschen zu analysieren, da innerhalb dieser Arbeit die soziologische Herangehensweise der biologischen (wenn auch vielleicht soziobiologischen) und anthropologischen vorgezogen wird.

8 Ein anschauliches Beispiel für eine psychologische Untersuchung des menschlichen Strebens nach Ruhm findet sich beispielsweise bei Giles (2000).

relativ großer Körper. Das Körperbild unterscheidet sich zwischen Mann und Frau, denn Männer werden in der Regel muskulös als ideal dargestellt, wohingegen Frauen möglichst schlank sein sollen. Moderne Kommunikations- und Informationsmedien lassen den Durchschnittsmenschen glauben, dass das Streben nach Perfektion notwendig und wünschenswert ist. Doch nicht nur Medien und technische Entwicklungen sind „schuld" an dem modernen Körperstilisierungswahn, sondern auch das Individuum trägt zu einem solchen Trend bei. Menschen beeinflussen sich gegenseitig in ihrem Rollenverhalten und so entstehen nicht nur Wünsche in Bezug auf Körperlichkeit und Schönheit aus dem Rollenverhalten zwischen Mann und Frau, sondern auch zwischen Kindern, Jugendlichen und gleichgeschlechtlichen Freundschaften. Im weiteren Verlauf der Arbeit sollen jene Umstände und Phänomene gesondert diskutiert werden. An dieser Stelle sei jedoch vorweggenommen, dass die westliche Welt von einer permanenten Suche nach Perfektion gekennzeichnet ist. Perfektion kann jedoch nie erreicht werden, denn die Ideale ändern sich schnell und sind trotz ihres relativ universalen Charakters noch subjektiv verschieden, und des Weiteren ist der Körper nie wirklich vollkommen, da er einerseits altert und andererseits stets neu verändert werden kann. Jene Tendenz allerdings trägt religiöse Züge, da sie zu einem Kult wird. Denn "[the] pursuit of thinness and beauty has many parallels to a religious cult. In both cases a group of individuals is committed to a life defined by a rigid set of values and rules. [...] They seem obsessed with the path to perfection, which, though unattainable, holds out compelling promises" (Hesse-Biber 1996: 9) (Hervorhebungen M.K.). Die Abgrenzung zwischen Kult und Religion soll im III. Kapitel vorgenommen werden.

II. Körperlichkeit in der Moderne

Zunächst soll an dieser Stelle eine kurze Begriffsbestimmung vorweg gehen. Der Begriff „Körper" wird oftmals mehrdeutig gebraucht. Man kann damit den lebendigen menschlichen Körper meinen, jedoch kann durch ihn auch ein Ding bezeichnet werden (etwa ein bestimmter mathematischer Körper). Aus diesem Grunde bedienen sich vor allem die Phänomenologie und die Medizin des Begriffs des „Leibes", da jener im Allgemeinen mit etwas Lebenden gleichgesetzt wird (vgl. Waldenfels 2000: 15)[9]. Es soll genügen, darauf hinzuweisen, dass, wenn hier vom Körper die Rede ist, der lebendige menschliche Körper gemeint ist, der nicht abgelöst ist von der menschlichen Seele oder dem Geist. Der Leib taucht in wissenschaftlichen Abhandlungen häufig in Verbindung mit der Seele auf. Besonders oft geschieht dies in einer Polarität, die die Zweispaltung des Leibes von der Seele beschreibt. So finden sich häufig in der Literatur Titel, die das „Leib-Seele-Problem" betreffen. Um erstens Abstand von jenen Spaltungen zu nehmen und zweitens um der Einfachheit willen soll hier nur die Rede vom Körper sein, es sei denn, es wird Bezug auf Autoren genommen, die ihre eigenen Begriffe zu diesem Thema verwenden. Natürlich existiert auch eine „Körper-Geist-Spaltung", die jedoch mit einer weniger großen philosophischen Dringlichkeit behandelt wurde wie das „Leib-Seele-Problem". Der Körper wird in diesem Zusammenhang keinesfalls als ein Ding betrachtet, das abgespalten von der jeweiligen Seele bzw. von dieser instrumentalisiert gebraucht werden kann wie ein Werkzeug. Der Körper ist hingegen nur als Konglomerat aus „Leiblichkeit" und einem denkenden menschlichen Geist zu verstehen. Der Körper (oder der Leib) wird nicht als Träger der Seele oder des Geistes angesehen, also als Gefäß oder mehr oder minder bedeutungslose Hülle. Inwieweit der Mensch durch seinen Geist, Willen oder Verstand seinen Körper beherrschen kann, spielt in diesem Zusammenhang auch keine Rolle. Denn hier werden Körper und Geist als Partner angesehen, die sich wechselseitig beeinflussen.

Ein weiterer Hinweis soll an dieser Stelle noch eingefügt werden: Denn obgleich im Folgenden vom ‚Körper' die Rede sein soll anstatt vom ‚Leib', genügt der Verweis auf den lebendigen und menschlichen Körper noch nicht, um dem Verhältnis zwischen Körper und Leib gerecht zu werden. Die Verwendung des Begriffes ‚Leib' wird von einigen Autoren vorgezogen, da der Leib

---

9 Eine ausführliche Analyse des Verhältnisses von „Körper" und „Leib" und die Abgrenzung dieser beiden Begriffe voneinander findet sich beispielsweise bei Lindemann (1996) oder bei Gugutzer (2002 und 2004). Unter Bezugnahme auf H. Schmitz beschreibt Björn Haneberg eine Phänomenologie des Leibes, die sich von einer Beschreibung des Körpers ablöst, jedoch letztlich als „zwei Erscheinungsformen ein und derselben Sache" (Haneberg 1995: 15) angesehen werden können. Eine solche Analyse des Verhältnisses zwischen Leib und Körper findet sich bei Haneberg (1995).

das subjektive Empfinden des Individuums widerspiegelt, der Körper hingegen wird von außen wahrgenommen (vgl. Gugutzer 2004: 152 ff.). Der hier verwendete Körperbegriff fasst Leib und Körper sozusagen zusammen, da davon ausgegangen wird, dass in Bezug auf die körperreligiöse Praxis Personen ihren Körper bewusst einsetzen, ihn stilisieren, um Anerkennung zu erhalten, und gleichzeitig Gefühle der „Erlösung" oder Glück leibhaft spüren. Wenn also von spürbaren leiblich-religiösen Erfahrungen die Rede ist, so geschieht das unter dem Begriff des Körpers, auch wenn korrekterweise in diesem Falle vom Leib die Rede sein müsste. Der Körper wird allerdings nicht nur als äußerlicher Erfahrungshorizont angesehen, sondern wie gesagt als Konglomerat aus leiblicher, also innerer und unteilbarer Erfahrbarkeit, und körperlichem, also äußerlichem und teilbarem – der Körper ist in bestimmte Körperteile unterteilbar, wohingegen der Leib in seinen Empfindungen unaufteilbar ist (vgl. Gugutzer 2004: 154) - Instrument angesehen.

Da in diesem Zusammenhang aus soziologischer Perspektive vor allem der soziale Gebrauch des Körpers von Bedeutung ist, wird jener philosophisch oder auch medizinisch angehauchte Diskurs über das Verhältnis zwischen Körper bzw. Leib und Geist bzw. Seele weitgehend außer Acht gelassen. Auch wenn im weiteren Verlauf die religiöse Komponente in Bezug auf Körperlichkeit von großer Bedeutung sein wird, stellt die Behandlung des Körpers und des Geistes (oder der Seele) als Einheit keine eindeutig säkularisierte Sicht der Dinge dar. Viele klassische Religionen weisen dem Körper allein die Funktion als Träger der Seele zu, so dass die Betrachtung einer Körper-Seele-Einheit als säkularisierte Praxis erscheinen mag. Dieses Argument wird jedoch aus folgendem Grund vernachlässigt: Trotz einer „Unterdrückung" des Körpers innerhalb einiger klassischer Religionen wird dieser auch als heilig angesehen und mit Zeremonien bedacht. Religion ist immer auch körperlich, in der Praxis (durch Riten und dergleichen) oder auf Metaebene (indem Körperlichkeit diskutiert und diskursiviert wird). Dem Körper auch religiöse Relevanz zuzusprechen, mag, wenn überhaupt, dann nur zu einem gewissen Grad eine säkularisierte Praxis darstellen. Wie sich an späterer Stelle aber zeigen wird, sind säkularisierte Religionsformen oft nicht weniger religiös als klassische Religionspraktiken. Die Diskussion um Religiosität und Körperlichkeit wird im III. Kapitel erfolgen.

Folgender soziale Aspekt des Körpers steht in dieser Diskussion im Vordergrund: Der Körper kann vom Menschen gestaltet werden, wodurch er mit Bedeutung versehen wird. Auf diese Weise vermittelt er einen Eindruck. Der Körper an sich jedoch kann diese „Manipulation" nicht vornehmen, dazu bedarf es der Ausstattung dessen. „Als »Informant« kann der Körper nicht lügen, wohl aber falsch gedeutet werden [...]. Wenn wir direkt Einsicht hätten in die Seele unserer Partner, wären wir nicht auf die Wahrnehmung ihres Leibes angewiesen" (Hahn/ Jacob 1994: 153). Körper und Seele lassen sich nie völlig als Einheit betrachten noch als zwei voneinander getrennte Größen. Uns selbst ist der Körper zu einem gewissen Teil fremd, da wir ihn nicht von außen wahrnehmen können. Dennoch ist er mit unserer Seele untrennbar verbunden (vgl. Hahn/ Jacob 1994: 146 ff.). Der Körper an sich kann also nicht lügen, in ihm kommt immer auch zu einem Teil zum Ausdruck, was der Mensch uns nicht mitteilen möchte und nicht nur das, was er direkt sagt. Der Körper ist der symbolische Ausdruck der Seele. In sozialen Interaktionen kann der Körper falsch gedeutet werden, was sich durch die Wahl der äußerlichen Darstellung initiieren und manipulieren lässt. Der Körper selbst dient nicht als Manipulator, sondern im übertragenen Sinne die soziale Interaktion bzw. die Bedeutungszumessung durch den sozialen Akteur. Der Körper produziert daher laufend Bedeutungen, besser gesagt, durch dessen Darstellung produzieren die sozialen Akteure Bedeutungen von Wirklichkeit. Damit kommt dem Körper mit seiner Darstellung eine sehr große Bedeutung bei dem Erleben der Menschen ihrer Wirklichkeiten zu.

Waltraud Posch stellt sogar folgende Behauptung auf: „Das Sprichwort „Kleider machen Leute“ müsste längst „Körper machen Leute“ heißen“ (Posch 1999: 33). Sie führt es auf die zunehmende Freizügigkeit der Bekleidungsmode zurück, in der weniger Kleidung mehr ist. Historisch lässt sich dies folgendermaßen erklären: bevor Medien der breiten Bevölkerung zugänglich waren, konnten sich die Menschen nicht an Idealen, die diese hervorhoben, orientieren. Sogar Kunstwerke waren meist ein Privileg von wenigen Privatbesitzern. Erst als Medien weit verbreitet waren, erlaubten sie den Menschen, Ideale zu bezeichnen und diese nachzuahmen. Das Wort „ideal“ macht eine Veränderung von seiner ursprünglichen Bedeutung „gedacht, in der Vorstellung, der Idee entsprechend“ (Duden - Fremdwörterbuch 1982) zur heutigen Bestimmung von „Vorbild, Perfektion“ durch. „Die Vorstellung von Schönheit ist so erschreckend einheitlich wie noch nie zuvor in der Geschichte der Menschheit. Die geballte mediale Verbreitung von Bildern von schönen Menschen hat zu einer weltweiten Homogenisierung aller Körperideale geführt“ (Posch 1999: 74).

Die Sozialisation eines modernen Menschen in westlichen Industriegesellschaften erfolgt zunehmend mehr in eine Welt, in der die Grundbedürfnisse der Menschen weitgehend gedeckt sind. „Im auslaufenden 20. Jahrhundert hat der eigene Körper im Leben westlicher Menschen einen enorm hohen Stellenwert. Er ist heute zum Maßstab für den Wert eines Menschen geworden, zum Gradmesser dafür, welchen Platz eine Person in der Gesellschaft einnimmt“ (Posch 1999: 95). Doch wie kam es zu diesen Veränderungen in der Geschichte des Körpers?

Folgende Thesen liegen nahe: Einerseits bleibt den Menschen im Vergleich zu früheren Zeiten mehr Zeit, sich um ihre Körper zu kümmern, da wie bereits gesagt, ihre Grundbedürfnisse gedeckt sind. Des Weiteren stehen die Mittel zur Perfektion von Körpern durch technische Wandlungsprozesse dem Bürger immer mehr zur Verfügung. So bietet der Markt eine große Reihe von Schönheitsprodukten an und auch die plastische Chirurgie gilt als Lösung ungewollter Körperprobleme. Vor allem Geld macht dies möglich. Da sich klar trennbare Schichten oder Klassen in modernen Gesellschaftsformen auflösen und vielmehr in verschiedenen Milieus zusammengefasst werden, die sich durch unterschiedliche Gewohnheiten auszeichnen, die nicht deutlich hierarchisch dargestellt werden können, liegt es nahe, Finanzkapital nicht als wichtigstes Einteilungskriterium heranzuziehen. Es ist nicht mehr möglich, zu bestimmen, dass die Elite der Gesellschaft am besten gekleidet ist, denn Milieus zeichnen sich durch Andersartigkeit ohne eine A-priori-Wertigkeit aus.

Andererseits vollzieht sich in modernen Industriegesellschaften nicht nur eine Änderung im Hinblick auf eine Anhebung des Lebensstandards für die meisten Bevölkerungsschichten, sondern auch die Rolle des Körpers als „Funktionsmittel" oder „Kapital" (siehe auch Punkt II.2) ändert sich. Diente der Körper früher meist als funktionales Mittel zur Sicherung des Lebens, so ist er heute zunehmend weniger in diesen Kontext des körperlichen Arbeitens eingebunden. Dies erfolgt auf der einen Seite über die Technisierung der modernen Welt, die dem Menschen Arbeit erleichtert oder gar völlig abnimmt, und auf der anderen Seite über Auflösungs- oder Marginalisierungsprozesse von traditionellen Berufen, wie beispielsweise der Landarbeit aufgrund vieler Faktoren (Import- und Exportmöglichkeiten, Konkurrenz durch die chemische Industrie etc.). Aufgrund dessen erscheint der Körper immer mehr anstatt in einem funktionalen in einem ästhetischen und bedeutungsproduzierenden Licht. Damit erfüllt der Körper zwar auch eine Funktion, ist also ebenso eine Art Funktionsmittel, allerdings spielt sich dies auf einer abstrakteren Ebene ab. War der Körper früher das Kapital des Menschen, da meist über körperlichen Einsatz das Überleben gesichert wurde, so wird der Körper heute auch noch als Kapital eingesetzt, um gewisse Vorteile zu erlangen. Diese Praxis dient nicht mehr primär der Lebenserhaltung, allerdings bewirkt sie eine Anhebung des Lebensstandards bzw. des Lebenswertgefühls.

Ein weiterer Grund liegt darin, dass der Moderne keine dominante Kleiderordnung wie in anderen Epochen zugeschrieben werden kann. Die Moderne ist in erster Linie von der schnell wechselnden Mode gekennzeichnet. Dadurch ändern sich Körperinszenierungen sehr viel schneller im Vergleich zu früher. Um stets wieder Neuartigkeit hervorzubringen, ist es nur logisch, dass die Mode auch ab und zu ein sehr körperorientiertes, freizügiges Bild vorzeichnet, das also nicht von einer charakteristischen Bekleidungsform hervorgehoben wird, sondern dessen Augenmerk stärker im Körper- als im Kleidungsbezug liegt.

Doch im Grunde genommen ist diese „neue" Fixierung auf den vor allem weiblichen Körper nicht neu. Denn beispielsweise in der Barockzeit galt üppige Weiblichkeit als Schönheitsideal. Zwar änderte sich dies bis hin zu einem extrem schlankheitsbewussten Ideal, immer stand aber die Betonung der Weiblichkeit im Licht der Aufmerksamkeit. Doch auch Männlichkeit soll in der heutigen Mode hervorgehoben werden. In manchen Kulturen oder Situationen übertreffen Männer die Frauen sogar in ihrem Modebewusstsein.

Indem man sich also zeigt und Reaktionen der anderen dafür erhält, gelangt man zu Identität und Selbstbewusstsein. Der Körper dient sowohl Frau als auch Mann als Schauplatz für die Darstellung der eigenen Persönlichkeit. Daher strebt der Mensch danach, sich möglichst positiv nach außen zu zeigen. Doch der Körper an sich ist dem Menschen durch die Natur gegeben. Die Veränderung des Körpers durch Schönheitsoperationen oder dergleichen bietet eine Möglichkeit zum Ausbruch aus der Gegebenheit des ursprünglichen Körpers. So erhält der Mensch Macht über sich selbst. „Freiwillige Tätowierung stellt eine Art 'Autopoiesis' der eigenen physischen Erscheinung dar, insofern man die pure Zufälligkeit und folglich 'Alterität' der eigenen Gestalt leugnet oder überwindet. Was jenseits unseres Wissens zu sein schien, unser Aussehen, wird dessen Manifestation“ (Hahn 1993: 209). Diese freiwillig gewählte Exklusion ist „stolze Demonstration der Andersheit des Selbst“ und wird als „Form zutiefst empfundener Exklusivität“ erlebt (Hahn 1993: 212 f.).

In modernen Gesellschaften zeigt sich eine „verstärkte Hinwendung zur eigenen Körperlichkeit, die ihren Ausdruck findet in verstärkter Körperaufmerksamkeit, -wahrnehmung und -ausdruck [...]. Die Rückbesinnung auf den eigenen Körper, seine Inszenierung und Gestaltung sowie der Glaube an die Machbarkeit des schönen Körpers werden somit anscheinend konsequent in die Identitätsentwicklung einbezogen“ (Kluge u.a. 1999: 11).

Daher entsteht die Tendenz zum Streben nach „Jugend“ und „Fitness“; der Körper erscheint als Instrument, über das gesellschaftliche Anerkennung erworben werden kann.

Natürliche Schönheit gibt es in der modernen westlichen Welt nicht mehr, da jeder Mensch unter den Bedingungen seiner Gesellschaft aufwächst, und diese ist dominiert von der Schönheitsindustrie und den Möglichkeiten, die in ihr stecken. „Auch die „Naturschönheit“ wird auf die vielfältigen Hilfen, die Chemie, Medizin und Ingenieurwesen bereithalten, nicht verzichten wollen“ (Plake 1992: 195). Der Körper ist ein Gut geworden, das gestaltbar ist, über die Grenzen hinaus, die die Natur ihm ursprünglich zugewiesen hätte. Trotz der Möglichkeiten zu extremer Manipulation neigt der Körperkanon dazu, einen Körper zu schaffen, der natürlich aussieht. Denn es soll nicht erkennbar sein, ob der Körper ein natürlicher oder ein (teilweise) künstlich geschaffener ist. „Man wird Extreme schon allein deswegen vermeiden, weil man sich nicht dem Verdacht aussetzen möchte, „nur“ durch medizinisch-technische Manipulation zu diesem Merkmal gekommen zu sein“ (Plake 1992: 200). In der Gegenwart liegen die Schönheitsideale in einem als natürlich wirkendem Bereich künstlicher Schönheit. Dabei vereinheitlichen sich nicht nur die Meinungen über Ideale innerhalb einer Gesellschaft, sondern es greift eine Vereinheitlichung von

Schönheitsidealen auf globaler Ebene um sich[10]. Moderne Informations- und Kommunikationstechnologien leisten hierzu einen wichtigen Beitrag. An späterer Stelle soll auf jenes Phänomen näher eingegangen werden (siehe Kap. IV).

1. Der Körper als Kommunikationsmittel und Gegenstand von Kommunikation

Der Körper und dessen äußerliche Präsentation stellt ein Kommunikationsmittel dar, das im Alltag unverzichtbare Dienste zur Orientierung und dem Umgang mit anderen Akteuren leistet. Die äußerliche Erscheinung wirkt noch vor dem ersten gesprochenen Wort oder der ersten Geste auf das Gegenüber ein. Und auch während einer Kommunikationssituation besteht der Einfluss des Aussehens eines Menschen auf den anderen. Dies zeigt sich darin, dass Menschen sich Situationen entsprechend kleiden, um „angemessen" zu erscheinen. In dieser Handlung vollzieht sich offensichtlich der Gedanke, dass die Gestaltung des Körpers wesentlich zum Erfolg sozialer Ereignisse beiträgt. Mit dem Kleidungsstil wird die Achtung und Wertschätzung eines Ereignisses oder von Personen symbolisiert, das heißt kommunikativ - wenn auch implizit - zum Ausdruck gebracht.

„Die soziale Struktur des Leibes wird möglich, durch eine von Anfang an bestehende Fähigkeit zur zwischenmenschlichen Kommunikation, die sich nicht als erlernte Körpersprache vollzieht, sondern in seiner elementarsten Form als direktes „Gespräch von Leib zu Leib", wobei die Interaktionspartner den Ausdruck des Anderen gleichsam an den feinen Resonanzen ihres leiblichen

---

[10] Das Argument, dass durch eine erhöhte Aufmerksamkeit, die dem Individuum in der Moderne zukommt, eher eine Individualisierung und Auflösung von allgemeinen Schönheitsnormen stattfinde, ist durchaus ein berechtigter Einwand. Denn: „Der operative Eingriff verschafft heute wunschgemäß und umfassend Abhilfe vom natürlichen Makel, um die synthetische Schönheit wie Natur aussehen zu lassen. Im Vordergrund steht dabei die Perfektionierung der Persönlichkeit, die Verbesserung des individuellen Typs, nach dem Motto, daß jedes Individuum eine potentielle Schönheitsikone darstelle. Diese Entwicklung deutet darauf hin, daß sich mit der umfänglichen Durchsetzung der kommerziellen Verschönerung allgemeingültige Attraktivitätsstandards lockern – ohne allerdings beliebig zu werden" (Penz 2001: 8). Individualisierungstendenzen unterstreichen tatsächlich in Bezug auf den menschlichen Körper, dass das Subjekt autonom und eigenbestimmt das „Beste aus seinem Typ" machen sollte. Jeder möchte etwas Besonderes und Exklusives darstellen, allerdings innerhalb der Norm. An späterer Stelle wird jene Paradoxie ausführlicher dargestellt. An dieser Stelle soll vorweg gesagt sein, dass eine solche Paradoxie existiert, allerdings kann durchaus von einer Vereinheitlichung von Schönheitsidealen gesprochen werden, da der individuelle Wunsch nach Exklusivität und Distinktion einer allgemeinen Tendenz folgt, die wiederum stark an den homogenisierten Idealen orientiert ist.

Empfindens spüren" (Haneberg 1995: 8). Kommunikation hat daher immer auch mit dem Körper zu tun, selbst wenn die Kommunikationspartner nicht direkt anwesend sind. Denn auch telephonisch sind Menschen empfänglich für Mimiken und Gesten. So werden gewisse Laute beispielsweise als Lächeln oder Stirnrunzeln interpretiert. Im Internet finden häufig Beschreibungen des Aussehens statt, damit sich die Interaktionspartner zumindest vor ihrem „inneren Auge" ein Bild machen können. Allein die Redewendung, „sich von etwas ein Bild machen können" legt ein beredtes Zeugnis über die Wichtigkeit visueller Eindrücke, besonders in Bezug auf den menschlichen Kommunikationsaustausch, ab. Im elektronischen Austausch finden sich häufig Symbole, die körperliche Reaktionen quasi ersetzen sollen, wie beispielsweise die folgenden: :-) symbolisiert Freude, :-(lässt auf eine Betrübung schließen, sogar ein Augenzwinkern kann durch jenes Zeichen ;-) simuliert werden. Die Gesichter müssen nur 90° gedreht werden, und schon sehen sie aus wie: ☺ und ☹. Wäre der körperliche Bezug zum Kommunikationspartner über das elektronische Netz nicht wichtig, so bestünden derartige Zeichen, derer es noch viele mehr gibt, nicht.

Am deutlichsten jedoch zeigt sich die Bedeutung des Körpers bei direkten Kontakten. „Wo immer Menschen sich aus gegebenem sozialen Anlaß zusammenfinden, sind sie auch körperlich anwesend. [...] Unsere Körperlichkeit bestimmt das räumliche und zeitliche Arrangement unserer Begegnungen, begrenzt von vornherein den uns zur Verfügung stehenden Handlungsspielraum, nagelt uns auf das Hier-und-Jetzt der Situation fest, wie sehr wir auch geistig deren Horizonte überschreiten mögen" (Dreitzel 1983: 179). Der Körper ist also ein wichtiges Medium zur Bedeutungsgenerierung in menschlichen Kommunikationssituationen. Vor allem Erving Goffman hat sich intensiv mit dem Körper als Träger von Bedeutungen auseinandergesetzt. Goffman macht dabei deutlich, dass der Mensch seinen Körper auch dann als Kommunikationsmittel einsetzt, wenn es ihm teilweise selbst nicht bewusst ist. Mit seiner Interaktionsforschung hat Goffman einen überaus bedeutenden Beitrag zur Erklärung sozialer Ordnung geliefert. Aus Platzgründen soll an dieser Stelle nur auf weitere Literatur verwiesen werden[11].

Dennoch besteht in der Moderne die Möglichkeit der Kommunikation auch ohne die körperliche Anwesenheit von Akteuren zu einem gewissen Zeitpunkt an einem bestimmten Ort. Kommunikation ist dank moderner technischer Kommunikationstechnologien und durch abstrakte Symbolsysteme auch auf globaler Ebene, mit nur wenigen räumlichen und zeitlichen Einschränkungen möglich. Und doch leistet der Körper wichtige Kommunikationsarbeit, sogar wenn er nicht unmittelbar an Kommunikationssituationen beteiligt ist. Indirekt nämlich besteht immer ein gewisser – und sei es ein noch so kleiner – Kontakt

[11] Siehe vor allem Goffman (1975), Goffman (1981), Goffman (1982) und Goffman (2003).

der Körperlichkeit zwischen den Interaktionspartnern. Dies zeigt die Einschätzung der Qualität von Kommunikationssituationen. Wenn die Interaktionspartner wissen, wie der jeweils andere aussieht (durch vorangegangene Kontakte oder durch Photographien), gewinnt die folgende (nicht unmittelbar durch körperliche Anwesenheit bestimmte) Kommunikation in der Regel an Qualität und Bedeutung. So stellt auch Hans Peter Dreitzel fest, „daß es kein Symbolsystem und kein Medium geben kann, das eine derartige Fülle an Informationen tragen und übermitteln könnte, wie sie im aktuellen Moment des kommunikativen Austausches unseren Sinnen zur Verfügung steht“ (Dreitzel 1983: 179).

Doch auch auf Metaebene wird viel über den Körper kommuniziert. Die Medien beschäftigen sich äußerst intensiv mit dem menschlichen Körper, da dieser für jeden Menschen mehr oder minder diskursive Bedeutung hat. Jeder Mensch beschäftigt sich in irgendeiner Form mit seinem eigenen Körper. So erfreuen sich Körperpflegemittel und andere Accessoires rund um den Körper eines regen Absatzes. Die Bedeutung, die moderne Kommunikations- und Informationsmittel jedoch wirklich bei der Erschaffung und Verbreitung von Körperbildern tragen, wird oft unterschätzt. Eine Mode ist ohne Kommunikation beispielsweise nicht denkbar. So sehr wie der Körper also zur Kommunikationssituation beiträgt, so sehr ist er auch Inhalt oder Gegenstand von Kommunikation. Diese doppelseitige Bedeutung zeigt die Relevanz einer soziologischen Analyse des Umgangs mit dem menschlichen Körper in der Moderne auf.

2. Der Körper als „Kapital“ (symbolische Ressource)

Der Körper und dessen äußerliche Präsentation stellt in der Moderne nicht nur ein Kommunikationsmittel dar, das im Alltag unverzichtbare Dienste zur Orientierung und dem Umgang mit anderen Akteuren leistet, sondern gestaltet sich zunehmend als „Kapital“ für ein glückliches Leben. „Kapital“ meint hier den Körper als soziale symbolische Ressource im Sinne Pierre Bourdieus, die dem Menschen zu einer bestimmten mit einem spezifischen Grad an Prestige ausgestatteten Position innerhalb der Gesellschaft verhilft.

Pierre Bourdieu gilt als erster Soziologe, der eine körperorientierte und symbolische Ebene zur Erklärung sozialer Ungleichheiten einbezieht, jedoch soll Bourdieus Erklärungsansatz an dieser Stelle insofern vernachlässigt werden, als dies zu weit führen würde, das Habitus- wie Kapital-Konzept vollständig zu erklären. Es muss genügen, darauf hinzuweisen, dass Bourdieu dem symbolischen Kapital neben dem ökonomischen, kulturellen und sozialen Kapital einen bedeutenden Wert beimisst, da es die Ausdrucksform der anderen Kapitalarten darstellt. Der Körper spielt in Bourdieus Theorien ebenso eine bedeutende Rolle, da Bourdieu auf die Inkorporiertheit von Kapital hindeutet. Der Aspekt der Inkorporiertheit verweist auf die Verinnerlichung von Geschmacksnormen auf ästhetischer Ebene und auf die Bedeutung des körperlichen Ausdrucks des

Habitus im Allgemeinen. Die Wahrnehmungs-, Denk- und Handlungsschemata, die der Habitus erfasst, treten in inkorporierter Form, also dem Körper verinnerlicht, auf, und werden über einen langen Sozialisationsprozess erworben (vgl. Bourdieu 1999). Der Habitus ist also nicht nur eine Art des Menschen, erworbene Schemata zu repräsentieren, sondern der Mensch ist durchdrungen von jenen und kann nicht anders handeln als über die äußerliche Präsentation seines Habitus. So zeigt das Individuum also seine Verfügbarkeit über Kapital über eine symbolische Darstellung, allerdings verhält es sich auch quasi umgekehrt. Der Körper an sich ist ebenso Kapital, nicht nur Mittel zur Darstellung dieses. Indem Menschen nämlich ihren Status symbolisch zeigen, setzen sie ihren Körper als Instrument und gleichzeitig als Gegenstand ein. Denn der Körper kann in pluralisierten und individualisierten Gesellschaften als ein Spiegelbild für die Position eines Menschen innerhalb der Gesellschaft angesehen werden. Die meisten Menschen möchten soviel Prestige wie möglich erwerben und Prestige birgt quasi per se einen hohen Symbolwert, da es mit Anerkennung verbunden ist, das meist in Form von äußerlich sichtbaren Merkmalen gezeigt wird. So erhält der erfolgreiche Sportler eine Medaille oder ein Abzeichen, ebenso wie Anerkennungen im Allgemeinen mit Urkunden und dergleichen symbolisch und deutlich wahrnehmbar bescheinigt werden.

Den menschlichen Körper in bestimmter Weise, für eine Person möglichst positiv oder den eigenen Intentionen entsprechend einzusetzen, soll demnach Prestige einbringen und Erfolg symbolisieren. Sich für bestimmte Situationen entsprechend zu kleiden, heißt nichts anderes als symbolisch Bedeutungen zu produzieren. Schöne Körper werden als erfolgreich und angenehm bewertet. Auf diese Weise wird der menschliche Körper Gegenstand einer „neuen Religion" für das moderne Individuum, das Erlösung im Sinne eines Schlüssels zu einer zufriedenen Lebensgestaltung sucht.

„Tendenziell werden Körper unter industrialisierbare Technologien subsumiert und den damit verbundenen Verwertungsinteressen unterworfen. Die Körper werden dadurch nicht nur industrialisiert, sie werden nicht nur von einem individuellen Gebrauchswert zu einem gesellschaftlichen Tauschwert, sondern sie werden von der Ware zu einem Kapital" (Caysa 2003: 6). Der eigene Körper wird also ebenso instrumentell und intentional eingesetzt wie Bekleidungs- und Schmuckstücke. Dies ist nicht zuletzt durch die moderne Technologie möglich, da Körper neben Kleidern nach Maß „geschneidert" werden können. Der plastische Chirurg vermag einen Wunschkörper zu formen, so dass jene Warenförmigkeit des menschlichen Körpers dazu übergeht, dass dieser als Kapital im Sinne eines Instruments wie andere Accessoires auch eingesetzt werden kann[12].

---

[12] Das wohl extremste Beispiel, den Körper als Kapital im Sinne eines Materials oder einer Ware zur Prestigegewinnung und Statusgenerierung einzusetzen, stellt „Body Art" dar. Hierbei handelt es sich um eine besondere Art der Eigenkunst, der Kunst mit dem eigenen

Den Körper als Kapital anzusehen, lässt auf einen starken Bezug zur Funktionalität des Körpers schließen. So dient er nicht nur als symbolisches, sondern auch als biologisches Kapital: „Analog zu den Bourdieuschen Kapitalsorten – dem ökonomischen, sozialen und kulturellen Kapital – kommt dem Körper als biologisches Kapital eine große Bedeutung zu. [...] Im Streben nach einer optimalen Ausnutzung der biologischen Ressource Körper haben kranke und deformierte als nicht genormte Körper keinen Platz mehr“ (Seifert 2004: 355). Erlangt der Körper seine Funktionsfähigkeit nicht mehr in befriedigendem Maße, so ist er krank und kann als Ressource nicht hinreichend eingesetzt werden. Dank der modernen (Medizin-)Technologie kann der kranke, aber auch deformierte Körper geheilt oder umgestaltet und verändert werden. Kranke und deformierte Körper mögen wenig Platz in der Gesellschaft haben, im Sinne einer geringen Anerkennung, aber sie können mit Behandlungen versehen werden, um sich einen Platz zu erkämpfen. Ressourcen sind eine Art Rohstoff, der optimiert, gepflegt und abgeändert werden kann, so dass der Wert der Funktion steigt. Moderne Körper sind hiervon, vor allem unter (spät-)modernen Bedingungen, keine Ausnahme.

Den Körper als Ware oder Kapital zu bezeichnen, schließt nicht automatisch eine Entzauberung bzw. eine Rationalisierung des Körpers mit ein. Denn die Funktionalität und die symbolische Aussagekraft des Körpers zu betonen, meint nicht, dass keine Emotionen mit ihm verbunden werden. “What we want to show is that the current structures of production/ consumption induce in the subject a dual practice, linked to a split (but profoundly interdependent) representation of his/ her own body: the representation of the body as capital and as fetish (or consumer object). In both cases, it is important that, far from the body being denied or left out of account, there is deliberate *investment in* it (in the two senses, economic and physical, of the term)” (Baudrillard 2003: 129). Der Körper fungiert also auf der einen Seite als Kapital, das heißt, der Mensch

Körper. Oftmals ist das Praktizieren von Body Art mit einem hohen Maß an Aggressivität und Brutalität gegenüber dem eigenen Körper gekennzeichnet. Menschen lassen sich an Seilen aufhängen oder in Käfige einsperren, die Haut oder andere Körperteile verletzen, um Kunstwerke zu schaffen. „Die ersten (meist männlichen) Vertreter von Body Art zeigten ein merkwürdig distanziertes Verhältnis zu ihrem Arbeitsmaterial, dem eigenen Körper“ (Dery 1996: 180). Der Körper ist also Arbeitsmaterial bzw. Kapital. Obwohl solche Inszenierungen oft mit Brutalität einhergehen oder einhergingen (die Hochphase der Body Art lag in den 70er Jahren), so haftete ihnen auch ein Zauber an. Besonders innerhalb feministischer Bewegungen wurde Body Art häufig als göttlich dargestellt. Frauenkörper nahmen die Gestalt von Göttinnen an und wurden von anderen verehrt (vgl. Dery 1996: 181). Der Körper ist hier Sinnbild einerseits für die „Objektbeziehung“ des Menschen zu seinem Körper als Kapital und andererseits für die Symbolisierung, das heißt, die besondere Sprache des Körpers, der verzaubern (im Sinne der Kunst) und daher eine Botschaft präsentieren soll und dadurch wiederum den Status des darstellenden Individuums oder einer ganzen Gruppe (wie beispielsweise die der Frauen) zu erhöhen.

investiert Geld und Mühe (Sport, Zeitaufwand, etc.), um ihn gemäß seinen Vorstellungen zu gestalten und um durch ihn wiederum Anerkennung zu erhalten. Sein Investitionsobjekt wirkt also als Kapital, das für eine sorgenfreie Zukunft sorgen soll. Gleichzeitig ist der Körper ein Fetisch, denn er wird stilisiert und er soll der Schlüssel zu Befriedigung und Glück sein, was wiederum bedeutet, dass in ihn investiert werden muss, um laufend Befriedigung produzieren zu können. Baudrillard spricht von "functional beauty", "productive force", "modern strategy of the body", "the medical cult: 'fitness'", "the obsession with slimness", das heißt, er verwendet dramatische Worte in Bezug auf den modernen menschlichen Körper: Zwang, Funktionalität, Besessenheit, Kult usw. Auf der einen Seite besteht ein hohes Maß an Rationalisierung und Funktionalisierung des Körpers, auf der anderen Seite wirkt er als Kultobjekt und spirituelle Größe. Der soziale Druck, den Körper in gewisser Weise zu gestalten, scheint enorm zu sein. So wird der Körper offenbar zu einer „sozialen Tatsache", von der im nächsten Unterkapitel die Rede sein soll.

3. Der Körper als „soziale Tatsache"

Durch die Verdrängung traditioneller Wertesysteme zugunsten von abstrakten Zeichensystemen in der Moderne, die darauf ausgerichtet sind, anders zu sein als der Andere, erfährt der Körper eine Wandlung, die sich von funktionalen Aspekten absetzt und individuelle Ziele einer Stilisierung des Körpers in den Vordergrund rückt. Die Bedeutung des Körpers erhält in der Moderne einen Aufschwung, der sich durch alle Bevölkerungsschichten zieht, das heißt, losgelöst von bestimmten Gruppen existiert. Er wird zum Symbolträger des Selbst, über den sich der Mensch als Individuum erfährt.

Aufgrund der Schichtunabhängigkeit der Körperbetonung (empirische Untersuchungen belegen das Streben nach der distinktiven Gestaltung der eigenen Körperlichkeit innerhalb der Bevölkerung, abgespalten von objektiven Einteilungscharakteristiken (wie Einkommen, Bildung, etc.)) wirkt der Körper als soziale Tatsache (im Sinne Emile Durkheims), da die vier Kriterien einer sozialen Tatsache erfüllt sind[13]: Er wirkt äußerlich, das heißt, der Körper wird vom Individuum zwar selbst gestaltet, der Druck zum Entwurf eines Körperbilds wie auch bestimmte Konformitäts- und Gestaltungsregeln aber werden von der Gesellschaft vorgegeben. An anderer Stelle soll weiterhin auf die Folgen des „Zwangs" zur Bildung der eigenen Biographie hingewiesen werden. Das zweite

[13] Die folgenden Erläuterungen stützen sich auf die Definition sozialer Tatbestände durch Durkheim: „Ein soziologischer Tatbestand ist jede mehr oder minder festgelegte Art des Handelns, die die Fähigkeit besitzt, auf den Einzelnen einen äußeren Zwang auszuüben; oder auch, die im Bereiche einer gegebenen Gesellschaft allgemein auftritt, wobei sie ein von ihren individuellen Äußerungen unabhängiges Eigenleben besitzt" (Durkheim 1976: 114).

Kriterium ist hieran eng angeknüpft, denn es bezeichnet den Zwangscharakter sozialer Tatbestände. In Bezug auf den Körper bedeutet dies, dass der Mensch, der seinen Körper abweichend gestaltet oder einsetzt, mit gesellschaftlichen Sanktionen zu rechnen hat. Drittens besitzt der Körper Dingcharakter, indem er sich dem Menschen als gegeben zeigt, er wirkt also allgemein. Der Mensch kann sich seines Körpers nicht entledigen, auch nicht kraft seines Willens. Soziale Tatsachen besitzen viertens eine Realität eigener Art, die unabhängig von den jeweiligen Individuen fortbesteht. Mit dem Tod von Menschen sterben soziale Tatbestände nicht, sondern sie existieren weiter. In der Moderne erweist sich die Gestaltung des Körpers als soziale Tatsache, da diese als äußerer Zwang erlebt wird, allgemein auftritt und unabhängig von individuellen Äußerungen auf diese einwirkt. In diesem Sinne steht der Mensch seinem Körper als Gestalter dessen gegenüber und ist gezwungen, ihm einen Sinn und eine Form zu verleihen.

„Körper sterben und wir mit ihnen. Aber das Wahrnehmen, Vorstellen und Handeln von Menschen in konkreten historischen Situationen formt den Körper in einer je spezifischen Weise als soziale Tatsache: Sie »prägen« der Natur, die wir sind eine gesellschaftliche »Form« auf oder »schreiben« ihr einen kulturellen »Text« ein (Sarasin 2001: 12). Der Körper ist also durchaus ein historisches Element. Er existiert zwar als „Körper an sich“, doch ist er im Laufe der Geschichte zahlreichen Veränderungen und Entwicklungen unterworfen. Der menschliche Körper ist also nicht nur eine soziale, sondern auch eine historische bzw. kulturelle Tatsache (vgl. Sarasin 2001: 13). Dieses Wissen um den menschlichen Körper birgt die „Legitimation“ zu der Annahme, dass der Körper des Menschen in der Zukunft noch dramatischer verändert werden kann und wird. Da er ebenso ein „Objekt“ ist, das der Entwicklung unterliegt wie die Gesellschaft an sich der Entwicklung der Technik unterliegt, besteht Anlass zur Spekulation über weitere Veränderungen des Körpers.

4. Der Körper als technologisiertes Objekt und als technologisierendes Subjekt

Der Körper wird vor allem in der Moderne – hier ist die industrielle westliche Welt gemeint – mit einem technischen Instrument verglichen. Diskurse über den Körper und eine hochgradige Auseinandersetzung mit dem Körper haben in modernen Zeiten ein starkes Maß an Kontrolle und Disziplinierung des Körpers hervorgebracht. Diese Rationalisierung des Körpers bezeichnet Volker Caysa als „Volkskultur“, die durch „Gesundheits-, Hygiene- und Sportbewegungen des 19. Jahrhunderts“ entstanden ist (Caysa 2003: 5). „Denn es kommt in dieser Körper-Volkskultur als Form der Körperrationalisierung in der Vermittlung durch Wissenschaft und Körpertechniken zu einer Körpertechnologisierung, die für industrielle Kulturen typisch ist. Mit wesentlichen Formen der Volkskultur des industriellen Menschen, mit der Werbung wie auch mit dem Sport ist der kollektive Traum der Verbesserung des Lebens in Form der Herstellung eines gesunden, schönen und möglichst perfekten Körpers verbunden" (Caysa 2003: 5). Diese Rationalisierung des Körpers bedingt als eine Art „Gegenbewegung" wiederum eine Wiederverzauberung der Welt, in die der Körper in hohem Maße eingebunden ist. Weiteres hierzu soll im folgenden Kapitel (Kap. III.3) ausführlicher dargestellt werden. Da der Körper hochgradig veränderbar ist durch modernste (vor allem Medizin-)Technik, kann er als strategisches Mittel zur Prestigegewinnung gezielt eingesetzt werden.

Den Körper als ein Instrument einzusetzen, ist kein neues und ausschließlich modernes Phänomen. So war der Körper immer schon ein Mittel, um Prestige und Anerkennung und somit Erfolg zu gewinnen. Das Neuartige am Körpereinsatz ist nun die starke Technisierung, die dazu führt, dass der Körper nicht nur rationaler eingesetzt wird, sondern dass er zu diesem Zweck auch technologisch manipuliert werden kann. Perfektionierung ist in Zeiten hochgradiger Technologisierung und Industrialisierung möglich und sogar recht gängig. Nicht immer ist jedoch die industrielle oder medizinische Technik gemeint, wenn von Körpertechniken oder Körpertechnologien die Rede ist. Denn der Einsatz des Körpers ist immer in irgendeiner Art eine Technik, da das körperliche Auftreten bestimmt ist von erlernten Verhaltensweisen, an Situationen angepasst ist, soziale Regeln berücksichtigt und gewisse Ziele verfolgt. Der Verlauf von Interaktionssituationen wird von den Interaktionstechniken der Interaktionspartner beeinflusst, und körperliche Verhaltensschemata in Form von Körpertechniken spielen hierbei eine bedeutende Rolle. In den folgenden Unterkapiteln sollen jene „alltäglichen" Körpertechniken beschrieben, als auch Einblicke in eine Technologisierung von außen gegeben werden.

4.1. Körpertechniken

"The body is man's first and most natural instrument. Or more accurately, not to speak of instruments, man's first and most natural technical object, and at the same time technical means, is his body" (Mauss 1979: 104). Körpertechniken tragen also folgende Hauptkennzeichen: Erstens sind sie technisch, wobei technisch nicht automatisch bedeutet, dass ein Instrument vorhanden sein muss. Sie sind also technisch im Sinne eines bestimmten Arrangements von Handlungen ("[...] pursued in a series of assembled actions" (Mauss 1979: 105)). Zweitens sind solche Techniken anerzogen bzw. traditional vermittelt, das heißt, sie werden von der gesamten Gesellschaft, in der ein Individuum lebt, erkannt, geteilt und weitergegeben. Drittens sind Körpertechniken effizient, sie folgen daher einem bestimmten Zweck oder Ziel oder erfüllen eine zielgerichtete Funktion.

Mauss' Konzept von Körpertechniken geht also dem Habitus-Konzept von Bourdieu in einigen Punkten voruas: Demnach sind sowohl für Mauss als auch für Bourdieu Menschen abhängig von ihrem Habitus in der Art, wie sie ihren Körper einsetzen. "These 'habits' do not vary just with individuals and their imitations; they vary especially between societies, educations, proprieties and fashions, prestiges" (Mauss 1979: 101).

Mauss kann aufgrund mehrerer Faktoren seines Konzepts der Körpertechniken kritisiert werden (vgl. Williams/ Bendelow 1998: 51). Einerseits lässt er den Menschen – ebenso wie Bourdieu – zu determiniert erscheinen. Determiniert durch den eigenen Körper, der wiederum von kulturellen und anderen Einflüssen abhängig ist. Des Weiteren beschreibt Mauss jene Körpertechniken anhand seiner eigenen Erfahrungen und entbehrt daher eine stabile Theoriegrundlage. Drittens vernachlässigt Mauss die Rolle von Emotionen, und viertens erweckt das Konzept der Körpertechniken den Anschein als ob es sich hierbei um abstrakte Größen handle, die unabhängig von konkreten politischen und sozialen Einflüssen existieren.

Obwohl jenen Kritikpunkten durchaus zugestimmt werden kann, erweist sich der Grundgedanke von Körpertechniken als durchaus brauchbar, denn der Körper ist – wie Mauss feststellte – des Menschen erstes und natürlichstes Instrument. Und der Mensch gebraucht seinen Körper als eine Technik, als eine erlernte Verhaltensweise nach einem bestimmten Muster, das sich als effizient erwiesen hat. Es ist also kaum ein Handeln möglich ohne den Einsatz von Körpertechniken. Diese Bedeutung des Körpers verstärkt sich im technologischen Zeitalter – obwohl Mauss nicht die Technologisierung der Welt gemeint hat, als er von Körpertechniken sprach. Denn das moderne Individuum geht sozusagen mehr und mehr in das Extrem der angesprochenen Körpertechniken, indem der eigene Körper nicht nur als erstes und natürlichstes Werkzeug eingesetzt, sondern auch noch aktiv und auch technologisch verändert und gestaltet wird. Den Körper nicht als eine Technik, sondern als Technologie zu bezeichnen, stellt einen Unterschied dar, der im Folgenden skizziert werden soll.

4.2. Der Körper als „Technologie des Selbst"

Der Begriff der „Technologie des Selbst" geht zurück auf Michel Foucault, der darunter Mechanismen versteht, „die es dem Einzelnen ermöglichen, aus eigener Kraft oder mit Hilfe anderer eine Reihe von Operationen an seinem Körper oder seiner Seele, seinem Denken, seinem Verhalten und seiner Existenzweise vorzunehmen, mit dem Ziel, sich so zu verändern, daß er einen gewissen Zustand des Glücks, der Reinheit, der Weisheit, der Vollkommenheit oder der Unsterblichkeit erlangt" (Foucault 1993: 26). Er beschreibt jene Technologien an den Beispielen der Philosophie und der christlichen Spiritualität, insbesondere in Bezug auf das Mönchsleben. Wichtig für diesen Kontext ist jedoch nicht das Beispiel der Buße innerhalb des Christentums, auch nicht die Rolle von Selbsttechnologien in der Philosophie, sondern die Anwendung derer auf moderne Religiosität und Körperlichkeit. Denn auch der moderne Mensch strebt danach, einen „höheren" Zustand zu erreichen. Den eigenen Körper zu stilisieren und so zu perfektionieren, soll ihm nicht nur Glück und Vollkommenheit bescheren, sondern auch eine Art Unsterblichkeit, denn er besiegt mit einer gelungenen Manipulation an seinem Körper (durch ihn selbst oder mit Hilfe anderer) den natürlichen Alterungsprozess oder natürliche Mängel entweder ganz, teilweise oder auf Zeit (im Falle des Alterungsprozesses). Dies ruft nicht nur ein Glücksgefühl hervor, sondern beeinflusst seine Existenzweise. Somit erhält die Körperpflege und -stilisierung einen dauerhaften Platz im Sinnsystem, indem immer wieder Glückszustände ausgelöst und ausgekostet werden können. Die moderne (vor allem Medizin-)Technologie macht es möglich, Operationen vorzunehmen, die in der Tat sehr starke Veränderungen herbeizurufen vermögen. Der Gang zum Chirurgen jedoch ist eine Technologie des Selbst, da das Individuum nur die Hilfe des Chirurgen in Anspruch nimmt, die Veränderung an sich geschieht dem eigenen Wunsch entsprechend und wird nach den eigenen Vorgaben ausgeführt. Foucault beschreibt (anhand des Frühchristentums) den Akt der *Selbstfindung* als zentral innerhalb der Technologien des Selbst. Der Weg hierzu führt über Selbsterkenntnis und Reflexion. Das heißt, das Individuum steht im Mittelpunkt zur Glücksfindung, es liegt also in der eigenen Verantwortung, im Handeln und Denken den Pfad zur Selbstfindung und zum Glück einzuschlagen. Auch im modernen Lebensalltag ist diese Art von Eigenverantwortlichkeit gefragt und sogar gefordert. Das typisch Moderne besteht demnach vor allem in den zahlreichen Möglichkeiten, die jene Eigenverantwortlichkeit brisanter und fordernder in das Blickfeld des Einzelnen rücken.

In Foucault's sozialer Philosophie stehen vor allem zwei Themen im Vordergrund, besonders im Hinblick auf Körperlichkeit (vgl. Turner 1991: 157): Zum einen ist dies der Aspekt der *Macht* und zum anderen rückt er Phänomene wie *Disziplin* und *Kontrolle* in ein verstärktes Blickfeld. Disziplin, Kontrolle und Macht stehen in enger Beziehung zueinander. Deutlich wird dies vor allem unter dem Blickwinkel der Körperlichkeit, denn einerseits erlaubt die Entwicklung der Medizintechnologie ein verstärktes Maß an Kontrolle, die wiederum zu mehr Disziplin und Macht über den Körper führt. Andererseits besteht ein hohes Maß an Kontrolle durch die kriminologische Überwachung des Körpers. Wiederum spielen Disziplin und Macht eine große Rolle bei einem Diskurs über Körperlichkeit. Auch in Bezug auf Sexualität oder innerhalb eines Diskurses über Hygiene werden Techniken deutlich, die auf eine verstärkte Kontrolle und Disziplinierung des Körpers hindeuten und somit bei der Generierung von Macht nicht unwesentlich sind. Unter spätmodernen Bedingungen besteht jenes Maß an Kontrolle ebenso. Eine Disziplinierung des Körpers und eine Art Kontrollzwang über den eigenen Körper lassen sich aber in immer größerem Ausmaß bei einer Vielzahl von Menschen beobachten, die diese Phänomene als Alltagstechnologien gebrauchen. Diäten sind ein Beispiel derartiger Kontrolle und Disziplinierung des Körpers, die nicht nur Macht über die eigene Körperlichkeit erzeugen, sondern auch Machtstrukturen hervorbringen, die sich im Umgang mit anderen Menschen einsetzen lassen. Selbstbewusstsein, das über eine solche Alltagstechnologie erworben wurde und weiterhin erworben wird, führt zu einem Auftreten, das für sich mehr Macht beansprucht als dies bei einem Menschen mit einem geringen Körperbewusstsein der Fall wäre.

Körpertechnologien oder Körpertechniken sind also nicht nur ein Mittel, um zu größerer Zufriedenheit mit sich selbst zu gelangen und um zufriedenstellend Kommunikation betreiben zu können, sondern sie dienen auch als Werkzeuge zur Generierung von Macht. So setzen Menschen ihre Körper bewusst und unbewusst als Instrumente ein, um Anerkennung zu erhalten und zu Prestige zu kommen.

Auf der einen Seite steht in der (Spät-)Moderne also die Disziplin und Kontrolle über den Körper, auf der anderen Seite jedoch bestehen die Tendenz und auch in der Regel die Möglichkeiten zum Hedonismus. Wie verhalten sich jene Größen nun zueinander? Sie sind nicht – wie auf den ersten Blick scheinen könnte – inkompatibel (vgl. Featherstone 1982 bzw. 1991: 170), denn sie bestehen nebeneinander und bedingen sich sogar gegenseitig. Am besten lässt sich dies an einem Beispiel verdeutlichen: Im Rahmen einer Diät wird der Körper mit starker Kontrolle und Disziplin belegt. Glückt dies, so darf sich der Diät-Haltende in der Regel ab und an selbst belohnen und dem Genuss in Maßen frönen. So sehen die meisten Diätpläne regelmäßige Belohnungen vor oder versprechen sogar von Anfang an den Erfolg der Diät, ohne auf Genuss verzichten zu müssen. Verstärkte Körperaufmerksamkeit und eine Zunahme an Eigenkontrolle sind also Teil eines modernen Hedonismus, denn Disziplin und Kontrolle dienen dem Eigenerfolg und werden teils bewusst, teil unbewusst und oft auch mit Genuss eingesetzt.

Ein eng mit Macht und Technologien des Selbst in Kontakt stehender Begriff ist der der Selbstsorge. Foucault beschreibt das Verhältnis des Individuums zu sich selbst als höchst wandelbar. „Nicht mehr Selbst*verwirklichung*, sondern die nietzscheanisch inspirierte Idee der Selbst*erfindung* steht im Mittelpunkt dieses Subjektbegriffs“ (Schroer 1996: 157). Dem Menschen kommt also bei der Identitätsentwicklung ein bedeutender Faktor an Eigeninitiative zu, so dass aus der Sorge um sich selbst eine Lebenskunst wird. Das Verhältnis zwischen dem Individuum und Macht gestaltet sich nun als kompliziert. „Denn dieses sich nicht gleichbleibende, sondern sich permanent neu hervorbringende, *multiple Selbst* trägt dazu bei, so hat es den Anschein, den Herrschaftstechnologien den Zugriff auf das Individuum zu erschweren. Nur was sich beständig in Bewegung befindet, sich permanent neu erfindet, entkommt den zahlreichen Einschließungs- und Ausschließungsprozeduren, die das Abendland zur Disziplinierung des Individuums erfunden hat“ (Schroer 1996: 157). Es geht also nicht nur um die Kontrolle und Disziplinierung des eigenen Selbst in Bezug auf sich selbst, sondern die Disziplinierung und der Machteinfluss von außen sind ebenso wichtig bei der Identitätsentwicklung und der Lebenskunst moderner Individuen. In Bezug auf den menschlichen Körper lässt sich die Sorge um sich selbst als Selbsterfindung, Lebenskunst und Technologie des Selbst, unter Bezugname der Macht, Kontrolle und Disziplin, nun folgendermaßen anwenden: Das Individuum wendet ununterbrochen ein relativ großes Maß an Eigenkontrolle und Selbstdisziplin auf seinen Körper an. Es unterliegt allerdings den gesellschaftlichen Veränderungsprozessen. Durch die eigene Wandelbarkeit entkommt es gewissen Zwängen und befindet sich in einem permanenten Wechselspiel zwischen Einschließung und Ausschließung, Integration und Distinktion. Der Macht an sich kann es nicht dauerhaft entkommen, da Machtstrukturen sehr diffizil verteilt sind und sich neue Machtstrukturen auftun, wo der Mensch sich solchen entkommen fühlt. Ein paradoxer Kreislauf entsteht: Anpassung auf der einen Seite erzeugt Exklusivität auf der anderen Seite, jedoch nur für kurze Dauer, so dass das Selbst sich wiederum wandeln muss, um erneut exklusiv sein zu können und im Glauben bestehen zu bleiben, Machtmechanismen entkommen zu können. Körpersoziologisch betrachtet heißt dies, dass die Angleichung an Körperideale zu einer Exklusivität führt, die jedoch bald zu einem Massenphänomen verkommt, so dass sich das Subjekt wiederum verändern muss, will es wieder exklusiv sein. So entkommt es immer wieder dem Druck der Medien und der Gesellschaft, die Schönheitsideale vorgeben. Das Subjekt fühlt sich stets wieder individuell und exklusiv und doch entkommt es dem Druck der Anpassung kaum. Denn das Individuum mag zwar gesellschaftlicher Disziplinierung zu einem gewissen Grad entkommen, indem es sich permanent wandelt und sich so quasi an der Macht vorbeiwindet, aber der eigenen Disziplinierung (durch den Willen zur Anpassung, etc.) vermag es nicht zu entkommen.

5. Körper und Identität: Moderne Sinnstiftung über den menschlichen Körper

Wie die vorangegangenen Punkte bereits gezeigt haben, ist der Körper ein maßgeblich beteiligtes Element bei der Selbstsuche und –findung. Denn „der eigene Körper ist der materielle, biologisch determinierte Teil des Selbst, dessen Funktionstüchtigkeit und Wohlbefinden zugleich eine wichtige Voraussetzung für das Selbst- und Lebensgefühl ist und jegliches Verhalten beeinflußt“ (Dittmann-Kohli 1995: 268). Diese psychologische Sichtweise lässt sich auf die Soziologie übertragen, jedoch mit folgendem Hinweis: In Anlehnung an Max Weber sollte hier nicht allein vom Verhalten, sondern vor allem auch vom Handeln gesprochen werden, bezieht der Mensch doch den Körper immer auf eine spezifische Weise in sein Verhalten wie auch Handeln mit ein. Anselm Strauss macht in diesem Zusammenhang die „Bemerkung, daß der „normal“ arbeitende Körper eine Voraussetzung für jede menschliche Handlung, auch die

„geistiger“ Art, ist“ (Strauss 1988: 93). So unterstreicht auch Bernhard Waldenfels den Leib als „Gesichtspunkt der Gesichtspunkte“. Ihm zufolge „stellt der Leib ein Grundphänomen dar, das heißt ein Phänomen, das an der Konstitution anderer Phänomene immerzu beteiligt ist“ (Waldenfels 2000: 9). Ebenso ist nach Freya Dittmann-Kohli der Körper „die Voraussetzung der geistigen Aktivität und des allgemeinen körperlich-seelischen Wohlbefindens“ (Dittmann-Kohli 1995: 273) (Hervorhebungen M.K.). Gestützt wird diese Aussage von zahlreichen empirischen Untersuchungen rund um den Körper. Jene besagen, dass – um einige der Beispiele zu nennen - geistige Gesundheit nicht zu trennen ist von körperlicher Gesundheit, die Erhaltung eines funktionstüchtigen Körpers zentral vor allem für das Leben und die Identität älterer Menschen ist, dass das Aussehen sowohl für junge als auch ältere Menschen eine große Bedeutung innehat (wenngleich die Inhaltskategorien für das Aussehen jeweils verschieden besetzt sind), und dass das Altern grundsätzlich als eine Einschränkung der allgemeinen Lebensqualität angesehen werden kann (vgl. Dittmann-Kohli 1995: 268 ff.).

Waldenfels entwickelt in Bezug auf den menschlichen Leib eine „Mehrdimensionalität dreifacher Art“. Er unterscheidet „*Weltbezug, Selbstbezug und Fremdbezug*“ (Waldenfels 2000: 11). Die Leiblichkeit in der Welt liefert in allen Empfindungsäußerungen des Menschen eine Interpretation und einen Bezug zur Welt, die über die eigene Empfindung hinausgeht, mit, sie besitzt demnach einen Weltbezug. Zweitens schwingt in jeder Empfindungsäußerung, so neutral sie auch sein mag, ein Bezug zu sich selbst mit, denn der eigene Körper dient sozusagen als Richtmaß für Empfindungen, das über das bloße „Registrieren vorhandener Qualitäten“ hinausgeht (Waldenfels 2000: 11). Letztlich obliegt dem Diskurs über den Körper ein Fremdbezug. Selbst die Wahrnehmung bestimmter körpereigener Empfindungen wird erst durch den Bezug zu anderen Menschen relevant: „Ich bin nicht einfach zu Hause in meinem Leib, ich bin zwar immer dabei, doch in einer gewissen Ferne zu mir selbst“ (Waldenfels 2000: 12). Wie sehr die Bildung einer eigenen Identität demnach vom eigenen Körperempfinden auf der einen Seite und von der sozialen Umwelt auf der anderen Seite beeinflusst wird, unterstreicht dieses Kapitel.

Das bedeutet, dass Identität ein zum einen subjektiv und ganz privat und zum anderen ein sozial geschaffenes Produkt ist. Das Prinzip der intersubjektiven Spiegelung von Peter Berger und Thomas Luckmann verdeutlicht dieses Phänomen (vgl. Berger/ Luckmann 1999). Identität wird demnach durch die Sicht der eigenen Person über sich selbst in Kombination mit den Reaktionen der anderen auf das eigene Ich gebildet. Auch George Herbert Mead verweist auf die Bedeutung der sozialen Eingliederung in eine Gruppe, um Identität erlangen zu können (vgl. Mead 1998). Um Reaktionen bei anderen Personen hervorzurufen, die ihm bei seiner Identitätsbildung helfen, bedient sich der Mensch der Distinktion oder der Affiliation (vgl. Lüdtke 1989: 39). Die äußerlich sichtbare Hervorhebung der Persönlichkeit erfolgt daher in erster Linie über den menschlichen Körper, um Reaktionen hervorzurufen, die zur weiteren Identitätspflege benötigt werden. Auch die Vorstufe zu einer gefestigten Identität wird über die Expressivität des Körpers dargestellt, beispielsweise wechseln Jugendliche ihren Stil sehr häufig, was Zeichen für das Stadium des Moratoriums auf dem Weg zu einer Identität ist (vgl. Erikson 1997).

In diesem Zusammenhang ist vor allem die Rolle des Körpers bei der Identitätsbildung von Bedeutung. Dies bedeutet nicht, dass die Identitätsentwicklung einen rein körperlichen Prozess darstellt. Vielmehr umfasst eine Identität verschieden- und vielgestaltige Elemente auf körperlicher wie geistiger, ebenso wie auf kultureller und sozialer Ebene. In diesem Rahmen jedoch soll verstärktes Augenmerk auf die Bedeutung, die der Körper bei der Entwicklung und Gestaltung der Identität innehat, gelegt werden: „Wenn wir uns mit der Bildung von Identität beschäftigen, ist es sinnvoll, die Entwicklung des *„Selbsterlebens“* in den Mittelpunkt zu rücken. Dieses Selbsterleben des Individuums ist zu jeder Zeit leibliches Erleben“ (Haneberg 1995: 23).

Wie sehr der menschliche Körper als Kommunikationsmittel dient, zeigt die körperliche Genese der Identität bei Säuglingen. Die Kommunikation eines Säuglings mit der Umwelt erfolgt zunächst über körperlich bestimmte Signale. Lernt der Säugling, dass auf jene Signale eine wiederkehrende Reaktion folgt, so entwickeln sich „signifikante Symbole“ (Haneberg 1995: 43). Diese Art der ursprünglich körperlich-basierten Kommunikation lässt sich auch auf erwachsene Menschen übertragen. Nach Mead (1998) besteht eine Entwicklung der Identität in der Fähigkeit des Menschen, die Reaktionen der Anderen angemessen vorauszusehen und das eigene Verhalten bzw. Handeln darauf auszurichten. So werden signifikante Symbole zum Maß von Kommunikation. Jene Symbole wurden zunächst körperlich erlernt, was zu der Annahme führt, dass die körperliche Ebene somit mit einem hohen Grad an Bedeutung versehen wird und dadurch auch weiterhin konsequent in die Identitätsentwicklung einbezogen wird. Aus diesem Mechanismus lässt sich nicht nur das Wissen um die Wichtigkeit der signifikanten Symbole der Anderen für die Bildung der eigenen Reaktions- und Handlungsweisen ableiten, sondern auch das Wissen um die Relevanz der eigenen Verwendung signifikanter Symbole für die Identitätsentwicklung der Anderen. So etabliert sich im Laufe der menschlichen Entwicklung die Kompetenz, den Körper als Kommunikationsmittel bewusst und unbewusst einzusetzen.

Da die moderne Welt nun stets vielschichtiger, differenzierter und auch komplexer wird, erfährt es der Mensch als zunehmend schwierig, sich im Überangebot an Orientierungsweisen zur Bildung der Identität eine solche herauszubilden. Der menschliche Körper wird als „das einzige wirkliche Besitztum“ (Plake 1992: 14) erlebt, denn es „besteht weitgehend Einigkeit darüber, daß Veränderungen am Körper nur mit der Zustimmung des Betroffenen vorgenommen werden dürfen, während im psychischen und sozialen Bereich keineswegs die Vorstellung vorherrscht, daß Veränderungen dessen, was als eigen erlebt wird, einer solchen Zustimmung bedarf" (Plake 1992: 14). Aus diesem Grund ist der Körper für die Bildung der Identität von einer herausragenden Bedeutung. Plake spricht in diesem Zusammenhang vom Körper als dem „wichtigsten Identitätsaufhänger" (Plake 1992: 14). Jene Sichtweise ist aus folgenden Gründen eine problematische: Erstens ist die ‚Seele' oder die ‚Psyche' des Menschen innerhalb dieser Definition nicht automatisch ein „unfreies" Gut, das durch die Umwelt manipuliert werden kann, da der psychische Bereich des Menschen zu einem gewissen Grad ebenso der eigenen Kontrolle unterliegt wie der menschliche Körper. Das Ausmaß zwischen diesen beiden Größen mag variieren, jedoch soll hier darauf hingewiesen werden, dass Veränderungen am Geist des Menschen durchaus gang und gäbe sind (allein durch die Schulbildung), doch dass der Geist dadurch nicht als besitzlos erlebt werden kann. Sich etwas eigenes Geistiges zu bewahren, liegt durchaus im Bereich des Möglichen. Zweitens ist auch der Körper nicht gänzlich das Besitztum des Individuums. Auch er wird sozial geformt. Denn die Orientierung an den Idealen der Gesellschaft wirkt von Geburt an auf einen Menschen ein. Der Mensch kann zwar in der Regel entscheiden, was mit seinem Körper geschieht und wie er ihn gestalten möchte, diesem Geschehen sind jedoch die Grenzen der Gesellschaft gesetzt. Abweichendes Verhalten, wie es beispielsweise in der Punk-Bewegung auftaucht, das sich zu einem großen Teil über die Darstellungskraft des Körpers offenbart, ist ebenso eine gesellschaftliche Formung des Körpers, die mit körperlicher Selbstbestimmung des Individuums Hand in Hand geht. Die Handlungsfreiheit des Menschen muss also immer in Relation zu den gesellschaftlichen Restriktionen gesehen werden. Dennoch kann Plake unter dieser Einschränkung Recht gegeben werden. Denn der Körper ist eine unmittelbare Quelle für jedes Individuum, mit Macht zu agieren und relativ eigenbestimmt damit umzugehen. Körperliche Unversehrtheit ist ein Gut, das sich leichter messen lässt als geistige Unversehrtheit. Somit mag der Körper tatsächlich als kontrollierbarerer Besitz angesehen werden.

Heinrich Popitz vereint dieses schwierige Verhältnis zwischen dem Subjektiven und dem Sozialen, indem er „Typen *sozialer Subjektivität*" definiert (Popitz 1987: 637). Jene entstehen aufgrund eines dem Menschen eigenen Bedürfnisses nach Anerkennung. Den ersten Typus formt das Bedürfnis der Anerkennung „als *Zugehöriger* zu einer Gruppe", gefolgt vom zweiten Typus, der „Anerkennung in einer *zugeschriebenen Rolle*", dem dritten Typus der „Anerkennung in einer *erworbenen Rolle*", dem vierten Typus des Strebens nach Anerkennung „in einer *öffentlichen Rolle*" und letztlich dem fünften Typus, dem „Streben nach sozialer Anerkennung der *eigenen Individualität*" (Popitz 1987: 637 ff.). Letzterer Typus ist hier von entscheidender Bedeutung. Denn die Individualität spielt in der Moderne eine Rolle, die die Bedeutung der anderen Typen noch weit übertrifft (ohne die anderen Typen zu verdrängen, denn die Pluralität von sozialen Subjektivitäten ist eine generelle Tendenz moderner Gesellschaften). Popitz selbst nennt dies eine „sukzessive Individualisierung sozialer Subjektivität" (Popitz 1987: 643). So stellt auch Anton Sterbling fest: „Indes, egozentrische Happenings und öffentliche Ego-Trips sind – nicht zuletzt durch die Diffusion der Massenmedien weitläufig popularisiert – durchaus keine Exklusivitäten der Künstlermilieus. Sie sind zu nahezu banalen Verhaltensfiguren der Alltagskultur geworden" (Sterbling 1992: 91). Weiterhin beschreibt Sterbling die Bedeutung von „Sehen, Gesehenwerden und Nichtgesehenwerden", um indirekt auf den bereits angesprochenen Machtaspekt über den Körper hinzuweisen. Der Art nämlich, wie sich der Mensch in Interaktionsprozessen (vor allem äußerlich) darstellt, liegen spezifische Prozesse der „sozialen Kontrolle", des „Sozialprestiges", der „Geltungs- und Autoritätsbedürfnisse" und der „sozialen Distanz" zugrunde (Sterbling 1992: 76). All jene Aspekte spielen auf die Kontrolle bzw. Beeinflussbarkeit sozialer Interaktionen und somit auf Macht an. In erster Linie werden diese Mechanismen des Sehens und (Nicht-) Gesehenwerdens über den Körper dargestellt. Auch hier ist jedoch immer ein Wechselspiel zwischen der Expressivität des Körpers und der geistigen Steuerung gemeint. Aus jenen Verhaltensweisen, mit der Macht des Körpers umzugehen, baut sich der Mensch eine Identität auf. Sie ist personal und sozial bestimmt. Personal durch die eigenverantwortliche Koordinierung der eigenen Expressivität, und sozial durch die Abstimmung der Äußerlichkeit auf den Interaktionszusammenhang und den bzw. die Interaktionspartner. „Das letztlich im Mittelpunkt der Betrachtungen stehende Sehen und Nichtgesehenwerden als spezifisches Zusammenspiel von Erwartungen, expressivem Verhalten und intentional unterlassenen Reaktionen in sozialen Interaktionsprozessen ist ein Phänomen, das in der modernen Gegenwartsgesellschaft häufiger als in traditionalen Gesellschaften aufzutreten scheint" (Sterbling 1992: 77) (Hervorhebungen M.K.). In vormodernen Gesellschaften wurde die Bildung der Identität stärker über vertikale Einteilungskriterien wie durch die soziale Herkunft, bestimmt. Die Moderne hingegen kennzeichnet sich durch ein hohes Ausmaß an horizontalen Identitätsbildungsmöglichkeiten, die zunehmend subjektiv gewählt werden können. Der Körper bietet sich bei der Gestaltung der Identität in der Moderne deshalb als ein Hauptkriterium an, weil sich vertikale Schichtungskriterien zunehmend auflösen und der Körper – wie bereits dargestellt – als weitestgehend subjektiver Besitz behandelt wird.

Da der Körper in der Moderne also zu einem hohen Maß an Identitätsbildungsprozessen beteiligt ist, dient der menschliche Körper auch als Vergesellschaftungsmoment. Denn indem über die Darstellung des Körpers Exklusivität, also etwas Eigenes, Besonderes, Distinktives präsentiert wird, findet Vergesellschaftung statt. Der Mensch findet seinen Platz in der Gesellschaft unter anderem über die Art, sich seinen Status zu erwerben. Dies geschieht in stets höherem Maße über den eigenen Körper. Anhand von Kommunikation vergesellschaftet sich der Mensch. An einer solchen ist immer auch der Körper beteiligt, wenn er nicht sogar Inhalt der Kommunikation ist. Den Körper als Kapital einsetzend leistet er ebenfalls einen Vergesellschaftungsbeitrag, da – wie gesagt – Prestige und Status erreicht werden können, wenn der Körper entsprechend gestaltet und präsentiert wird. Denn ohne das Messen des jeweils eigenen Körperbildes an den anderen wäre eine Stilisierung nicht nötig und Identitätsbildung könnte nicht stattfinden. Da der Körper aber auch als soziale Tatsache wirkt, besteht der Druck zum aktiven Umgang mit ihm, der von den Gesellschaftsmitgliedern weitestgehend geteilt wird. Der Körpergestaltung kann sich kaum einer entziehen. Daher ist eine Auseinandersetzung mit sich, das heißt, im Besonderen mit seinem Körper und den anderen Akteuren bzw. den Körpern derer von großer Bedeutung für die Vergesellschaftung. Den Körper als ein technisiertes, strategisches Machtmittel einzusetzen, wirkt ebenfalls mit beim Prozess der Vergesellschaftung.

Die Bedeutung des Körpers im Rahmen der Identitätsbildung kann also nur zu dem Schluss führen: "[...] We don't merely "have" bodies; we *are* bodies" (Aho 2002: 1)[14], denn der Körper ist nicht nur kurzfristiger Beteiligter am Prozess der Identitätsbildung, sondern er ist immerzu vorhanden und beeinflusst nicht nur die Identität, sondern die gesamten Lebensumstände, ja das ganze Leben eines Menschen.

6. Exkurs in die Welt der Literatur: Das neue Genre der literarischen Comics

Der menschliche Körper spielt nicht nur in sozialen oder auch virtuellen Situationen eine Rolle, sondern neuerdings erhält er auch in der Literaturszene eine neue Bedeutung, denn der Trend zum literarischen Comic, das sich durch eine Mischung von literarischem Text und gezeichneten Figuren auszeichnet,

[14] Dass wir nicht nur Körper haben, sondern Körper sind, verdeutlicht ein Beispiel aus der modernen Medizintechnologie. Die Folgen der Transplantationsmedizin haben gezeigt, dass Spenderorgane vom Empfängerkörper abgestoßen werden, wenn nicht Medikamente eingenommen werden, die jenen Abstoßungsmechanismus verhindern sollen. Jeder menschliche Körper ist daher einzigartig und hat eine ganz eigene genetische Identität inne (vgl. Hauser-Schäublin et al. 2001: 257 ff.); Identität wird somit nicht nur in Wechselwirkung mit der eigenen Körperlichkeit in Verbindung mit sozialen, kulturellen und weiteren Prozessen gebildet, sondern auch biologisch gesehen stehen Identitätsbildung und Körperlichkeit in einem engen Zusammenhang. Um einen wichtigen Aspekt an dieser Stelle vorwegzunehmen: Auch theologisch gesehen ist der Mensch (und daher auch sein Körper) einzigartig; Die These der Einzigartigkeit von Individuen entspricht also auch religiösen Grundüberlegungen, es liegt daher nahe, dass Identität, Körperlichkeit und Religiosität miteinander verknüpft werden, was sich im weiteren Verlauf der Arbeit noch genauer zeigen wird.

weitet sich nicht nur aus, er erfährt sogar eine Welle der Begeisterung, die so weit geht, dass Comics bereits Literaturpreise gewinnen.

Literarische Comics dienen ebenso dem puren Lesevergnügen wie in vielen Fällen auch der Weiterbildung, denn oft beinhalten solche aktuelle politische Debatten, die von vielen Lesern der Zeitung oder Fachzeitschrift vorgezogen werden. „Als Bezeichnung für solche ernsthaften Projekte klingt das Wort „Comic“ fast zynisch. Natürlich gibt es weiterhin lustige Bildfolgen wie bei Lewis Trondheim oder Mawil. Doch immer öfter zeigt der „Comic“, daß er auch ein „Earnest“ sein kann. Statt Funny Animals oder Superhelden präsentiert er den Alltag normaler Menschen“ (Preissler 2005: 6). Leser können sich also meist mit den Comicfiguren identifizieren, weil sie einen Bezug zur Wirklichkeit, zur Lebenswelt vieler Individuen bieten.

Körperlichkeit kann zwar auch rein literarisch sehr blumig und bildhaft beschrieben werden, aber offenbar besteht die Tendenz zur tatsächlichen bildlichen Darstellung, um Körperlichkeit und damit einen verstärkten Identifikationsmechanismus und einen erhöhten Lebensweltbezug herzustellen. Die Nachfrage ist groß und der Markt wächst stetig. Ein Grund für die wachsende Nachfrage mag eine Zunahme an abstrakter Kommunikation zwischen (spät-)modernen Menschen sein. Denn es besteht die Möglichkeit, raum- und zeitübergreifend und virtuell zu kommunizieren, wobei Körperlichkeit zwar nicht verloren geht, aber dennoch abstrakter wird. Durch den Comic wird der Körper nun wieder vermehrt nähergebracht, der Leser möchte also die zunehmende Abstraktheit der modernen Welt ausgleichen und bedient sich lieber der Comics als dem Buch (das durch seine Schriftsprache abstrakter ist als der bildhafte Comic). Auch wird Körperlichkeit ein wenig „unsicherer“, da virtuelle Kommunikationspartner Masken annehmen können, ohne dass das Gegenüber eine Authentizitätsprüfung vornehmen kann. Mehr hierzu jedoch im IV. Kapitel dieser Arbeit. Im Comic muss man sich die Figuren nicht vorstellen, sondern sie sind bereits vorgezeichnet. Es mag also sein, dass der stets abnehmende bzw. unsichere Realitätsbezug in der alltäglichen Kommunikation eine verstärkte Hinwendung zur bildlichen und direkten körperlichen Darstellung in der Literatur nach sich zieht. Denn Literatur und vor allem das (literarische) Comic ist wohl ein Medium, das hauptsächlich in der Freizeit und als Ausgleich zum Arbeitsalltag benutzt wird und so dient es als Ausgleich zu einem vor allem im Beruf oft deutlich virtuell gefärbten Alltag.

Bilder zu einem schriftlichen Text engen die Wahlmöglichkeiten ein, der Leser erhält mehr Informationen über die Figuren und die Umwelt, in der sich das Geschehen abspielt. Auch Ambivalenzen werden relativ klar angezeigt. Das Gute ist meist deutlich anders gezeichnet als das Böse, das Böse ist in den meisten Fällen entweder besonders hässlich oder besonders schön dargestellt. Die diabolische Schöne beispielsweise fällt durch ihre extreme Schönheit auf, ihre Macht wird also vor allem auch über ihre körperliche Attraktivität hervorgehoben. Es ist also ein Spiel mit Bedeutungen, die der Leser jedoch einfach verstehen kann. Es findet ein Brückenschlag zwischen Autor und Leser statt, der stärker ist als dies in der Welt der Literatur, die in der Regel ohne Bilder auskommt, passieren könnte. Der Leser hat einen unmittelbareren Zugang zu den Gedankengängen und Intentionen des Autors, da der Spielraum für Eigeninterpretationen durch die Bilder eingeschränkt wird.

In literarischen Comics mögen zwar nicht immer Superhelden dargestellt werden, aber dennoch besteht die Tendenz auch bei literarischen Comics, dass Körperlichkeit idealisiert wird. So tragen nicht nur moderne Kommunikations- und Informationssysteme wie die digitalen Medien dazu bei, Körperbilder zu formen, sondern auch die Literaturszene formt ihr body image nach gewissen Schönheitsidealen. Auf diese Weise werden Durchschnittsmenschen zu Superhelden des Alltags und somit erstrebens- und nachahmenswert für Jedermann.

Die Welle der Begeisterung, die die sogenannten „Mangas" nach sich zogen, hält auch weiterhin an. In solchen (überwiegend japanischen[15]) Comics besteht eine extreme Körperdarstellung, denn vor allem Frauen werden übermäßig idealisiert dargestellt. Sie sind von den Zeichnern als sehr schlank konzipiert, wozu die übermäßig große Darstellung der Oberweite der Damen in natürlicher Hinsicht nicht passt. Solche Manga-Frauen sind immer jung, sportlich und strotzen vor Kraft und Selbstbewusstsein. Jene Comics sind nicht „literarisch", sie bezeichnen aber einen Trend, der Anerkennung bei einem globalen Publikum erfährt. Körperlichkeit und die erotische Darstellung der (meist Frauen-)Körper bewirken eine Faszination, die Bücher in der (spät-)modernen Zeit meist nicht leisten können. Nachdem sich jene Comics und literarische Comics einer breiten Leserschaft erfreuen, verwundert es nicht, dass die idealisierte Darstellung der Körper zu einer Globalisierung von Schönheitsidealen führt, Nachahmungswünsche nach sich zieht und noch als Verstärker der auf idealisierte und stilisierte Körperlichkeit ausgerichteten Medien (vor allem im Hinblick auf die Werbeindustrie) wirkt. Mehr hierzu jedoch in den nachfolgenden Kapiteln.

Die folgende Abbildung, die idealtypisch für Mangas anzusehen ist, zeigt vor allem Mädchen in idealisierter Weise: Übermäßig große Augen, eine extrem schmale Taille, eine kaum vorhandene Nase. Die Kleidung ist sehr weiblich geschnitten, das heißt, figurbetonte Blazer, kurze Röcke, aber mädchenhaft eine Schleife um den Hals und teilweise im Haar. Schuluniformen und Uniformen generell (Sport, Militär und andere) werden häufig verwendet, sie dienen der Untermalung des Weiblichen oder Männlichen, des Unschuldigen (im Falle von Schulmädchen) wie der Macht (im Falle von Männern beim Militär). Der Mann in der Abbildung hat einen dunkleren Teint als die Mädchen. Dies soll offenbar

15 Es wäre überaus interessant, auf kulturelle Besonderheiten einzugehen und zu analysieren, warum gerade in der japanischen Gesellschaft Mangas einen solchen Zuspruch erleben, doch muss aus Platzgründen eine Kulturbetrachtung ausgeklammert werden.

Verwegenheit darstellen. Eine dunkle Sonnenbrille und eine dunkle Jacke sowie Hose stellen den Kontrast zu den Mädchen dar. Die Gesichtszüge verraten Härte und Aggression. Die Augen des kurzhaarigen Mädchen weiter hinten links lässt auf Missmut schließen, es ist also eindeutig vorgegeben, wer als gut und wer als böse erscheint. Vor allem über die Augen erhalten Mangas ihre charakteristische Handlung, da an den Augen viel über die Stimmungen der Figuren ausgesagt wird.

Abbildung II - 1: Eine Zeichnung, wie sie in Mangas häufig zu finden ist

Quelle: Animania 05/ 2005: 50

Moderne Körperlichkeit erfährt in der (Spät-)Moderne also nicht nur Veränderungen auf kommunikativer, technologischer, kultureller (beispielsweise durch Globalisierung von Schönheitsidealen, was an späterer Stelle diskutiert werden soll), rationaler oder politischer (vor allem im Sinne einer individuellen Körperpolitik) Ebene, sondern auch im Bereich der literarischen Kultur erhält Körperlichkeit einen Aufschwung.

III. Religiosität und Körperlichkeit: Moderne Heilsuche über den menschlichen Körper

Religiosität spielt im Leben der modernen Menschen durchaus eine große Rolle, wenn auch ihre Ausdrucksformen und Inhalte spezifischen Veränderungen unterworfen sind. So stellt auch Thomas Luckmann fest, „daß sich Religion nicht aus der modernen Gesellschaft verflüchtigt hat, und daß sie alles andere als im Schrumpfen begriffen ist. Geschrumpft ist allerdings die Spanne der Transzendenz, mit der moderne Religionen vornehmlich befasst sind“ (Luckmann 2002: 139). Auffallend ist bereits hier die Anwendung der Begriffe „Religion“ und „Religionen“. Die Religion an sich hat sich nicht verflüchtigt. Gemeint ist also offenbar eine universalistische „klassische“ Religion im Sinne einer Erlösungsreligion. Wenn im Folgenden von einer „klassischen“ Religion die Rede ist, so sind hiermit die „großen“ Religionen, also die weitestgehend institutionalisierten, bekannten und etablierten Weltreligionen gemeint, also jene Religionen, die im Englischen mit dem Wort “mainstream“ bezeichnet werden. Im Zusammenhang mit der Moderne verwendet Luckmann den Plural, er spricht von Religionen. Dies lässt an dieser Stelle bereits auf eine Pluralisierung auch im Bereich der Religion schließen, die Luckmann im Verlauf seiner Ausführungen aufgreift. Denn „Gesellschaften, die sich über ein gewisses Niveau der Komplexität hinaus entwickelt und einen größeren Grad an funktionaler Differenzierung erlangt haben, können die gesellschaftliche Universalität einer essentiell religiösen Weltsicht, die von dem Vorrang der Erlösungsreligiosität ausgeht, schwerlich aufrechterhalten“ (Luckmann 2002: 146). Aus diesem Grund spricht er auch von einer „Privatisierung von Religion“ (vgl. Luckmann 2002: 140 ff.). War in vormodernen Gesellschaften Religion nicht nur die Quelle der individuellen Heilsfindung, sondern auch das den Alltag durchdringende und ordnende Element des Großteils der Bevölkerung, so verliert die institutionalisierte Form von Religion in der Moderne an Allgemeinverbindlichkeit[16]. Religion war in vormodernen Zeiten noch das vorherrschende Mittel der Orientierung und Ordnung, vor allem weil das Raum-Zeit-Gefüge einer Gesellschaft durch jene dominiert wurde; in der Moderne löst sich diese enge

---

[16] Es gehört zwar immer noch der Großteil der deutschen Bevölkerung einer der beiden christlichen Volkskirchen an, „und zwar je zu knapp einem Drittel der katholischen und der evangelischen Konfession“ (Stat. Bundesamt 2004: 184), aber beispielsweise die Teilnahme an sonntäglichen Eucharistiefeiern der katholischen Kirche ging im früheren Bundesgebiet zwischen 1960 und 1989 um fast 49% zurück, die Tendenz ist weiter steigend; auch die evangelische Kirche ist von derartigen Tendenzen betroffen. So sind die evangelischen Kirchen vor allem ab 1970 besonders stark von Kirchenaustritten gezeichnet; die Zahlen steigen zwar immer wieder an und nehmen dann wieder ab, die allgemeine Tendenz geht in Richtung einer Einschränkung der kirchlichen Mitwirkung sowohl bei Katholiken als auch bei Protestanten (vgl. Stat. Bundesamt 2004: 186 ff.).

Verknüpfung von Raum und Zeit zusehends auf. Anthony Giddens beschreibt diesen Prozess und insbesondere „Religion als etwas, was ein Gefühl der Zuverlässigkeit von sozialen und natürlichen Ereignissen erzeugt und so zur Verklammerung der Raum-Zeit beiträgt“ (Giddens 1996: 131). Durch die Differenzierung der Gesellschaft bzw. ihre „Entbettung“, um mit Giddens Worten zu sprechen (vgl. Giddens 1996: 33 ff.), also die Herauslösung sozialer Prozesse aus ihren orts- und zeitgebundenen Kontexten, ergibt sich ein Sozialgefüge, das aus vielen Institutionen besteht, welche sich wechselseitig durchdringen und gleichzeitig eigenständig funktionieren.

Im Folgenden durchmischen sich die Begriffe ‚Religion' und ‚Religiosität'. Da in dem hier diskutierten Zusammenhang ein religiöses Verhalten bzw. Handeln gemeint ist und die Spuren des Religiösen in der Moderne untersucht werden sollen, wird vor allem von Religiosität die Rede sein. Religion ist zu sehr mit der Vorstellung einer bestimmten universalen Glaubensrichtung behaftet. Ebenso verhält es sich mit der Verwendung des Begriffes ‚(Ersatz-) Religion'. Ein Ersatz ist hier nicht im Sinne einer funktionalen Ersetzung eines bestimmten Phänomens gemeint, sondern der Begriff ‚Ersatz' richtet sich in erster Linie auf einen quasi-religiösen Charakter. Es sollen im Folgenden die Elemente und Umstände einer modernen (Ersatz-)Religion diskutiert werden, die in diesem Sinne noch nicht diskutiert wurde. Da die Vorstellungen von Religion meist (noch) universalistischer Natur sind, auch innerhalb der wissenschaftlichen Forschung, soll hier von einer Ersatz- oder Quasi-Religion gesprochen werden, jedoch nur als Zusatz in Klammern gesetzt, da durchaus die These von einer Religion des Körpers vertreten wird, mit der Einschränkung, dass diese (noch) keine universalistisch etablierte Religion ist, die den klassischen (Erlösungs-)Religionen der westlichen Welt gleichkommt. Die Züge des Religiösen spiegeln sich in ihr wider, und dennoch soll nicht so weit gegangen werden, das Massenphänomen der Körperreligion als eine Reinform der Religion zu bezeichnen, da der Charakter der körperlichen (Ersatz-)Religion ein neuartiger ist.

Da sich die Sozialstruktur differenzierter Gesellschaften nun in selbstreferentielle Systeme eigenständiger Art (inklusive einer eigenständigen Moral und Sinnproduktionsweise) gliedert, erweist sich eine einheitliche Logik einer transzendentalen Wirklichkeit als nicht mehr möglich. Dennoch besteht der Alltag der Individuen aus den sogenannten „kleinen Transzendenzen“, da jede Sinneserfahrung einen offenen Teil enthält, also nie in sich selbst geschlossen ist. Jede Erfahrung muss in einen Kontext eingeordnet und interpretiert werden. Die „großen“ (beispielsweise die Weltreligionen) oder „mittleren Transzendenzen“ (beispielsweise das >Innenleben< eines Menschen, das der unmittelbaren Erfahrbarkeit durch andere Menschen entzogen ist) sind nicht aus der Welt verdrängt worden, sie besitzen nur einen stetig abnehmenden Stellenwert gegenüber den „kleinen Transzendenzen“, die zunehmen: „Aber in den letzten

Jahrzehnten hat die Beschäftigung mit den >kleinen< Transzendenzen, wie sie etwa in der Vorstellung der Selbstverwirklichung zum Ausdruck kommt, eine weite Verbreitung erfahren, wenn nicht gar die Vorherrschaft errungen“ (Luckmann 2002: 150) (Hervorhebungen M.K.). Die „kleinen Transzendenzen“ bezeichnen die nicht-offensichtlichen und nicht-unmittelbaren Erfahrungen (das offen gelassene), die jedoch grundsätzlich ebenso erfahrbar sind wie das „gegenwärtig Erfahrene“ (Luckmann 2002: 142). Diese Vormachtstellung der kleinen räumlichen und zeitlichen Transzendenzen hat mit der Pluralisierung und Privatisierung von Religion(en) zu tun. Je mehr Möglichkeiten in der Moderne bestehen, desto mehr kleine Ausprägungen von Religion können etabliert werden. Gemeint ist Religiosität an sich, denn auch innerhalb moderner industrialisierter Gesellschaften besteht ein wesentlicher Lebensbereich aus Religiosität. Da sich diese oft nicht mehr in klassischen Religionsformen abspielt, wird häufig angenommen, das Religiöse verflüchtige sich aus der modernen Gesellschaft. Doch dies ist nicht in diesem Ausmaß der Fall. Religiosität durchmischt den Alltag noch stets, nur sind die Formen der Religiosität subtiler geworden. Objekte der Verehrung müssen keine abstrakten Götter mehr sein, sondern sie können sich auf die profane Welt beziehen. Teilweise stellt dies einen „Rückfall“ in ursprüngliche Stammeskulturen dar, da innerhalb dieser oft Gegenstände der Natur oder ein Totem verehrt wurden, das heißt, ein eigentlich profaner Gegenstand wurde zum Objekt des Heiligen gemacht. Heute geschieht dies auf anderer Ebene, wenn beispielsweise Sportler dermaßen zu Starkult gelangen, dass sie Heiligenstatus einnehmen und in ritualisierten Zeremonien verehrt werden. Da sich in der modernen Welt die Ausdrucksformen ritueller Handlungen gänzlich anders abspielen als zu Zeiten, die Durckheim als Vorformen der Religion anhand des Totemismus beschrieben hat, werden jene oft nicht als religiös eingestuft. Dennoch sollen im Rahmen dieser Arbeit die Spuren des Religiösen in der modernen westlichen Welt untersucht und beschrieben werden.

Die Ersatzformen von Religiosität in modernen Gesellschaften entziehen sich meist nicht gänzlich der Erfahrbarkeit, da sie keine direkte transzendentale Ebene besitzen. Dennoch sind auch sie durchzogen von Transzendenzen, wenn auch in geringerem Ausmaß als klassische Religionen. Sie sind nicht direkt auf das Jenseits gerichtet, sondern spielen sich zum größten Teil im Diesseits ab. Selbstverwirklichung spielt hierbei eine wichtige Rolle. Denn der Privatbereich der Individuen gewinnt durch die Abnahme einer einheitlichen Logik der transzendentalen Wirklichkeit für alle an Bedeutung. Dies liegt zu einem großen Teil an den gesättigten Grundbedürfnissen[17], zu einem anderen bedeutenden Teil

[17] Hier wird Bezug genommen auf die von Maslow (1987) aufgestellte Theorie der Bedürfnishierarchie.

jedoch auch am Wandel des Berufsbildes[18]. Identitätsbildung vollzieht sich nun in der Moderne zwar noch stets unter Rückgriff auf soziale Prozesse, obliegt daher nicht gänzlich dem Einzelnen selbst, doch verlagert sich die Gestaltung der Identität dennoch stets mehr in das Subjekt, da diesem mehr Möglichkeiten zur freien Gestaltung offen stehen als früher. Determinanten wie soziale Herkunft wirken sich daher weniger restriktiv auf die Identität des Einzelnen aus. Wurde der Mensch in klar geschichteten Gesellschaftsformen noch hauptsächlich über seinen Beruf als Mitglied einer bestimmten Klasse oder Schicht definiert, so ist dies in der (Spät-)Moderne nicht mehr eindeutig möglich, vor allem „weil der Bedeutungsschwund der Berufsrollen es dem Menschen nahe legt, seine berufliche Existenz eben als den „uneigentlichen" Teil seines Daseins zu verstehen. Der Raum, in dem der einzelne nunmehr seine Identität zu gewinnen sucht, verengt sich auf sein Privatleben" (Hahn 1974: 49). Sinnkonstruktion spielt sich demnach vor allem im Privatleben des Menschen ab. Freizeit außerhalb des Berufslebens wird zunehmend wichtiger. Der Mensch definiert sich weniger über seinen Beruf als über den privaten Bereich, der aufgewertet wird. Der private Freizeitbereich gestaltet sich als individualistisch gestaltbar und äußerst heterogen. Auch Anthony Giddens - er bezieht sich dabei auf die Ausführungen Peter L. Bergers (1987) - beschreibt jenen Prozess der »Überinstitutionalisierung« der Sphäre des öffentlichen Lebens und die gleichzeitige »Entinstitutionalisierung« der Privatsphäre, aufgrund dessen Orientierungslosigkeit des Privatlebens die Folge sei: „Es komme zu einer Wendung nach innen, hin zur Subjektivität des Menschen, wobei Sinn und Stabilität im inneren Selbst gesucht werden" (Giddens 1996: 145). Die Besinnung des Menschen auf sich selbst, vor allem innerhalb seiner Privatsphäre, ist das Ergebnis der schwindenden institutionellen Bindungen und Vorgaben übergeordneter Organisationen (wie der Kirche). Das pluralistische Angebot an Sinnstiftungstechniken trägt zu jenem Prozess bei, da sich der moderne Mensch einer breiten Palette an Möglichkeiten gegenübersteht, anhand derer er seinen Lebenssinn gestalten kann.

Das moderne Individuum kann aus einem breiten Spektrum an Freizeitmöglichkeiten wählen und bildet anhand dessen einen großen Teil seiner Identität und darüber auch seines Lebenssinns: „Der einzelne begreift sich und seine Handeln – wenn überhaupt - als sinnvoll, insofern er sich als autonomer Freizeitkonsument erfaßt" (Hahn 1974: 50). Orientierung über zentrale und die Lebenswelt des Individuums dominierende Organisationen, die den Bereich außerhalb der Arbeit auffüllen, gibt es in der Moderne zwar noch, derartige Institutionen spielen aber bei der Freizeitgestaltung in der Regel eine untergeordnete Rolle. In vormodernen Zeiten bewegte sich die Alltagswelt der meisten

---

[18] Nur um hier zwei Kernpunkte des sozialen Wandels in Bezug auf Deutungsmuster für die Alltagswelt der Individuen zu nennen. Neben diesen Punkten existiert eine Vielzahl an Einflussfaktoren, die hier nicht alle genannt werden sollen.

Menschen zwischen zwei Größen: dem Beruf und der (institutionalisierten) Religion. Der Freizeitbereich und sogar der berufliche Bereich waren also angefüllt mit religiösen Pflichten. Der Mensch konnte daher nicht selbst bestimmen, woher er seinen Sinn für das eigene Leben nahm. Diese Frage wurde direkt von der Kirche und dem Druck, den Lebensunterhalt zu verdienen, beantwortet. Heute stellt sich diese Frage mit einer Brisanz, die stets zunimmt, da auch die Orientierungslosigkeit mit dem Verfall übergreifender Institutionen zur Sinnstiftung auf der einen Seite zunimmt und auf der anderen Seite das Angebot an alternativen Sinnstiftungstechniken wächst. Es entsteht ein Markt, der viel- und verschiedengestaltige Sinnangebote aufweisen kann.

Subjektive und private Zugänge zum Bereich der Sinneswelten werden zu Subinstitutionen auf einem konkurrierenden Markt von Weltanschauungen. „Die Kirchen sind zu Institutionen unter anderen Institutionen geworden, genauso wie traditionelle religiöse Orientierungen mit Orientierungen konkurrieren, die ausschließlich mit diesseitigen Transzendenzen auf unterschiedlichen Ebenen zu tun haben: Nation (Nationalismus), soziale Klasse (soziale Mobilität, Lebensstil oder die klassenlose Gesellschaft), Familie (>Familialismus<), andere Menschen (>Zusammengehörigkeit<) und das >heilige< Selbst (Selbsterfüllung)" (Luckmann 2002: 150) (Hervorhebungen M.K.).

In den folgenden Unterpunkten dieses Kapitels soll der zuletzt genannte Aspekt einer neuartigen Institution auf dem Markt der Weltanschauungen unter verschiedenen Gesichtspunkten diskutiert werden. Es soll demnach um das menschliche Individuum unter dem Einfluss der modernen Alltagsbedingungen und die sich daraus ergebenden Folgen für dessen Weltsicht gehen. Wie ist die Art der menschlichen Identitäts-, Lebens- und Glaubensgestaltung in der Moderne beschaffen? In welchem Verhältnis stehen sich Subjekt und Werte gegenüber und welchen Stellenwert besitzen (quasi-)religiöse Werte? Zudem sollen jene Fragen in ihren alltagspraktischen Ausdrucksformen beleuchtet und untersucht werden.

Im Mittelpunkt der Diskussion steht also folgende These: Die ursprünglich religiös (im Sinne eines Gottesglaubens) bestimmte Heilssuche der Menschen (um Heil im Jenseits durch eine moralisch-gute Lebensführung zu erlangen) wird in der Moderne durch die individuelle Suche nach Sinn, Heil und Erlösung über die Subjektivität des Körpers (als Kapital) im Diesseits ersetzt. Dies geschieht zum einen anhand des pluralisierten Angebots an alternativen Körpertechniken und Gestaltungsmöglichkeiten, jedoch zum anderen aufgrund eines „Zwangs" zur Selbstfindung. Dieser Zwang beschreibt einen Druck, den die Gesellschaft auf den Einzelnen ausübt, vor allem in Bezug auf die äußerliche Darstellung des Subjekts. Der Druck, den Körper in gewisser Weise zu gestalten, die sich nach gesellschaftlichen Idealen richtet, ufert leicht zu einem Zwang aus, da sich in der Moderne vor allem eine bestimmte deutliche

Verschiebung abzeichnet: Körperstilisierungen werden lebenszeitlich früher und massiver in die Identitätsbildung einbezogen als in vormodernen Zeiten.

Denn „moderne religiöse Themen, wie etwa >Selbstverwirklichung<, persönliche Autonomie und Selbstentfaltung sind dominant geworden" (Luckmann 2002: 154). Moral im Sinne eines richtigen Umgangs „mit der eigenen Person, Mensch und Natur" (Luckmann 1998: 27) liefert eine Orientierung für den Menschen im Alltag. In vormodernen Gesellschaftsformen wie in traditionellen Hochkulturen bildeten Moral, Religion und Recht einen gemeinsamen Nenner innerhalb der Institution Kirche. Unter modernen Verhältnissen kristallisieren sich Subsysteme heraus, die eigenständig arbeiten und somit nicht mehr unter dem direkten Einfluss der Institution Kirche stehen. Das Rechtliche verabschiedete sich zuerst von der Kirche. Doch auch Moral und Religion gehören in der Moderne nicht mehr unbedingt zusammen, denn „beide wurden zur Privatsache: Religion verinnerlicht zum subjektiven Glauben, Moral verinnerlicht zum autonomen individuellen Gewissen" (Luckmann 1998: 29). Moral, das heißt also eine Bewertung über Gut und Böse, die zur Sinnvermittlung dient (vgl. Luckmann 1998: 33), unterliegt ebenso der pluralistischen Lebensauffassung wie die Religion. Eindeutigkeit kann nicht mehr vorherrschen, da sich die Bewertungen zunehmend subjektiv gestalten.

1. Religiosität und Körperlichkeit in historischer Betrachtung

Um sich mit dem Phänomen der Religiosität zu beschäftigen, muss eine Begriffs- bzw. Gegenstandsbestimmung vorweg gehen. Religiosität äußert sich im Glauben an etwas oder jemanden. Glaube in diesem Kontext ist gekennzeichnet von folgenden Grundüberlegungen:

1.) Sinnsystem: Ein Glaube liefert den Sinn für die eigene menschliche Existenz.

2.) Symbolsystem: Ein Glaube ist begleitet von einer bestimmten Art, ihn zu zelebrieren bzw. ihn nach außen deutlich erkennbar werden zu lassen.

3.) Regelsystem: Er ist verbunden mit einem Regelwerk, das normativ auf die Gläubigen wirkt.

4.) Erlösung: Eine regelkonforme Verhaltensweise bedingt die Erlösung vom Leid des Lebens (es sei dahingestellt, ob im Diesseits oder Jenseits).

5.) Stilisierung bzw. Heiligkeit: Verehrung ist wesentlicher Bestandteil einer Glaubensrichtung; es können Götter, Menschen oder Dinge verehrt und heilig gesprochen werden.

6.) Wirklichkeitsanspruch: Die religiösen Vorstellungen erheben keinen Anspruch auf eine Beweisgrundlage, sie sind „fiktiv", erhalten jedoch durch die praktizierte Allgemeingültigkeit ihre Nachdrücklichkeit und gelten daher als wahr und wirklich (vgl. Geertz 1983: 48).

7.) Gruppencharakter: Religiosität spielt sich innerhalb einer Gemeinde ab. Auch wenn Glaube individuell zelebriert und erlebt wird, hat der soziale

Charakter einer Religion Bedeutung für den Gläubigen, da ansonsten ein Symbolsystem keinen Sinn ergeben würde. Das Mitteilen eines Glaubens ist ein zentrales Phänomen von Religiosität. Als achter Punkt soll hier noch der Sündenbegriff eingefügt werden. Denn Religionen definieren in der Regel, was als Sünde angesehen wird und welche Sanktionen dies mit sich bringt. In anderen Definitionen mag dieser Begriff in einem der genannten sieben Punkte enthalten sein, in diesem Zusammenhang wird er jedoch als separater Punkt aufgeführt, da er für die in diesem Rahmen durchzuführende Analyse moderner religiöser Phänomene unerlässlich und von eigenständiger Bedeutung ist. Demnach ist 8.) der Sündenbegriff.

Ein wesentlicher allgemeiner über die acht Charakteristika von Religiosität herausgehender Punkt ist der Verweis auf den praktischen Vollzug einer Religion, der bedeutender ist, um die Spuren des Religiösen zu entdecken als schlüssige Argumente für eine Religion. „Der Sinn christlicher Verkündung z.B. zeigt sich im Lebensvollzug einer christlichen Existenz und nicht, indem man Argumente für die Existenz Gottes anzuführen weiss“ (IKK 2000: Kap.III.2.). Jener Punkt ist deshalb so wichtig, weil innerhalb dieser Arbeit weder eine Art Gottesbeweis noch ein Beweis für bestimmte (Ersatz-)Religionen geführt werden soll, sondern die Spuren des Religiösen in der modernen Gesellschaft beschrieben werden sollen, so wie sie in ihrer lebenspraktischen Ausprägung zelebriert werden. Auf theoretische Grundlagen wird dabei keineswegs verzichtet. Sie stellen die Grundlage für die Deutung und das Aufspüren des Religiösen im Alltag des modernen Menschen dar.

Doch soll in dieser Arbeit auf die Definition von Begriffen wie Kult, Sekte oder Ideologie verzichtet werden. Folgender Hinweis möge für die weiterführenden Ausführungen genügen: Die Abgrenzung von Religion und Ideologie oder Religion und Kults oder Sekten ist oft schwierig zu vollziehen. Dass es sich bei der These der Körperreligion als eine (spät-)moderne (Ersatz-)Religion um eine Ideologie anstelle einer Religion, oder um einen Kult oder eine Sekte handeln könnte, mag ein berechtigter Einwand sein, der allerdings dennoch vernachlässigt werden soll. Im folgenden Kapitel werden die religiösen Kennzeichen der (Ersatz-)Religion des menschlichen Körpers definiert, was diese nicht automatisch zur Religion erhebt. In ihr sind durchaus ideologische Spuren enthalten. Kultische Charakterzüge lassen sich ebenso erkennen wie sektenähnliche Züge in manchen Kontexten unterstellt werden könnten. Eine Abgrenzung soll aus folgenden Gründen nicht vorgenommen werden: Es geht hier nicht darum, eine neue institutionalisierte Religion zu entwerfen und zu beschreiben. Wäre dies eine Absicht, so bedürfte es jener begrifflichen Abgrenzung. Es soll in dieser Arbeit allerdings um Religiosität gehen, das heißt, um alltagspraktische Ausprägungen von religiösen Zügen im Leben von Individuen. Diese mögen kultische, sektenähnliche oder ideologische Muster in sich tragen, sie sind dennoch religiös bestimmt, da sie an die Charakteristika von

Religiosität angelehnt sind. Daher soll im weiteren Verlauf von Religiosität und weniger von Religion die Rede sein, da mit Religion der institutionelle Charakter überbetont wird, um den es hier aber nicht in erster Linie geht. Genau genommen müsste also von (Ersatz-)Religiosität anstelle von (Ersatz-)Religion gesprochen werden. Der Hinweis darauf soll genügen, um im Folgenden von der Beschaffenheit als nicht unbedingt institutionell bestimmte Religion zu wissen und daher den Begriff „Religion" zu „verzeihen". Der Begriff der Religion wird dennoch verwendet, weil die Theorie vom Körper als eine (Ersatz-)Religion auf diese Weise deutlicher formuliert werden kann, jedoch unter Berücksichtigung der eben erwähnten Prämisse.

1.1. Die religiöse Bedeutung des Körpers innerhalb verschiedener exemplarisch ausgewählter klassischer Religionsformen und der Übergang zur modernen Religiosität

Innerhalb der christlich-orthodoxen Religionen stellt der Körper ein Phänomen dar, das es zu überwinden gilt. Der menschliche Körper ist in diesem Kontext sündhaft, indem er triebhafte Züge hat. Die Aufgabe des christlichen Menschen liegt also darin, vom unreinen Körper zu einem reinen Körper zu gelangen, um geistige Reinheit erfahren zu können.

Aber auch in anderen Religionsformen existiert jene Vorstellung von der Rein- bzw. Unreinheit des Körpers im Sinne einer Körperfeindlichkeit mit rituellem Charakter. In Zeremonien wird der Körper symbolisch reingewaschen (beispielsweise innerhalb der Abendmahlzeremonie, während der reine und gesegnete Gaben verzehrt werden). Der Hinduismus vertritt ebenfalls eine Körperfeindlichkeit, die nicht so radikal körperfeindlich ist wie die christliche, aber dennoch den Körper als Übel ansieht, das bereinigt werden muss. Asketische Handlungen, vor allem in Bezug auf den Körper, stellen einen wichtigen Bestandteil vieler Religionen dar. Verzicht und Enthaltsamkeit bezeichnen religiöse Ideale, die der Reinheit des Körpers dienen.

Dennoch ist der Körper ein heiliges Objekt, denn er ist in religiöser Hinsicht ein von Gott geschaffenes Produkt, nach christlichem Glauben sogar nach seinem Ebenbild geformt. Auch der Körper des Gottes, mehrerer Götter oder dem Göttlichen im Allgemeinen ist nicht unwesentlich, denn nur in der Verkörperlichung dieser können sich die Menschen vorstellen, was sie gedanklich und emotional erleben (vgl. Wulf 1989: 11). Um Göttliches erfahren zu können, müssen gewisse bildliche Verknüpfungen hergestellt werden, denn: „Keine Religion kommt ohne derartige *Verkörperungen* des Göttlichen aus, da die meisten Menschen nur über sie einen Bezug zu Gott herstellen können" (Wulf 1989: 11). Glaube und Körperlichkeit hängen also nicht nur im Praktizieren (über rituelle Zeremonien, in denen der Körper eingesetzt wird, Handhaltungen beim Beten, etc.) der Religion zusammen, sondern werden auch über die

Gestalt des Anzubetenden hergestellt. Dabei stellen sich die Menschen jene göttliche Gestalt (auch wenn es die Gestalt eine Tieres ist) durchweg perfekt und wunderschön vor. So liegt es nahe, jenem Ideal nachfolgen zu wollen, wenn nicht durch Angleichung des eigenen Körperbildes an das imaginierte Götterbild, dann durch das abstrakte Gefühl der Schönheit des Göttlichen an sich (wenn die Göttlichkeit ein Tier ist, so kann sich der Mensch dennoch wünschen, ebenso göttlich und vollkommen sein zu wollen).

Viele Religionen betrachten den menschlichen Körper als etwas Heiliges oder Göttliches. Oft geschieht dies nicht in direkter Weise, sondern indem der Körper mit heiligen Dingen oder Plätzen in Verbindung gebracht oder als eine Art „Tempel" angesehen wird. Homologien, in denen der Körper eine wichtige Rolle spielt, kommen beispielsweise in der religiösen Praxis Indiens vor: „Der Körper ist wie der Kosmos letzten Endes eine »Situation«, ein Befindlichkeitssystem, das man auf sich nimmt. Die Wirbelsäule wird der Weltsäule (*skambha*) oder dem Berg Meru gleichgesetzt, die Atemzüge den Winden, der Nabel oder das Herz dem »Zentrum der Welt« usw. (Eliade 1985: 151). Derartige Parallelen zwischen dem Körper und der Natur oder dem Göttlichen finden sich in vielen Religionsformen. Auch die Umkehrung, also Gegenstände aus der Natur oder Göttliches als körperlich zu bezeichnen, findet statt. „Das »Auge« der Kuppel ist ein häufig gebrauchter Terminus verschiedener Architekturüberlieferungen" (Eliade 1985: 152)[19]. Auch wenn der menschliche Körper also innerhalb vieler Religionen als sündhaft angesehen wird, wird er dennoch häufig als ein Ort göttlichen Handelns und als eine Art Mittler zwischen Mensch, Natur und Gott angesehen.

Heute ist der Körper heilig, weil der Mensch ihn als „stellvertretender Schöpfer" schaffen kann. Der Mensch versieht den Körper mit Verehrung, weil er das Mittel zu gesellschaftlichem Erfolg darstellt. Die Heiligkeit des Körpers erfährt also eine massive Bedeutungsverschiebung. Jenseitige Heilserwartungen werden von diesseitigen Sinnerfüllungen abgelöst. „Das bipolare christliche Körperbild wurde auf dem Weg über die Askesefabrikation in der Mönchszelle durch die Reformation in die patriarchale bürgerliche Familie verlegt, die der funktionale Kern kapitalistischer Wirtschaftsweise ist. Im Spätkapitalismus ist an die Stelle der protestantischen Ethik der innerweltlichen Askese das Modell eines kalkulierten Hedonismus getreten; zum Beispiel wird Diät nicht mehr als religiöse Passion gelebt, sondern dient der präsentativen Körpergestaltung" (Hietzge 2002: 39). Es wird also deutlich, dass der Körper innerhalb des christlichen Glaubens einem Zwang zur Askese unterlag, wohingegen heute immer noch ein Druck zur asketischen Körperbehandlung besteht, jedoch liegen die Ausgangspunkte auf einer völlig unterschiedlichen Ebene: Diente die Askese früher der Überwindung des unreinen Körpers, um ein glückliches Leben im

[19] Eliade beruft sich hier auf folgende Quelle: Coomaraswamy, A.K.: »Symbolism of the Dome«. In: Indian Historical Quarterly 14, 1938: 34 f.

Jenseits führen zu dürfen, so besteht die Körperaskese der Moderne in einer Manier, den Körper ästhetisch zu gestalten, um eine glückliches Leben im Diesseits führen zu können. Auch die Stilisierung des eigenen Körpers bis hin zu einer (Ersatz-)Religion beinhaltet asketische Züge. Diät zu halten ist ein Beispiel für eine Art Askese, denn die Enthaltsamkeit in Bezug auf Nahrung schafft auch hier eine Form der Spiritualität. "The reward for ascetic body work ceases to be spiritual salvation or even improved health, but becomes an enhanced appearance and more marketable self" (Featherstone 1982: 170/171). Es geht in diesem Fall nicht mehr um eine Spiritualität, die den Menschen näher zu Gott bringt, sondern das Individuum soll sich besser verkaufen können und zu sich selbst finden. Inhalt der Körperreligion ist das Individuum und vor allem dessen Körper.

Das Körpererleben erlangt also in der Moderne einen hohen Stellenwert, der nicht nur in der Wahrnehmung des Körpers als identitätsstiftendes Moment seinen Ausdruck findet, sondern auch auf einer spirituellen Ebene stattfindet. Die Theologin Julia Kroll spricht von „der Dimension *kontinuierlicher* Suche nach spiritueller Erfahrung“ (Kroll 2004: 253). „An die Stelle programmatisch oder dogmatisch gefüllter religiöser Identität tritt eine spürend-körperliche Suchbewegung“ (Kroll 2004: 253). Religiöse Spiritualität spielt sich nicht mehr allein auf geistiger Ebene ab, sondern bezeichnet ein Erleben, bei dem der menschliche Körper eine wichtige Rolle spielt. Der moderne religionsbewusste Mensch legt in der Regel größeren Wert auf Riten und Zeremonien (wie beispielsweise kirchliche Trauungen), die mit Feierlichkeiten einhergehen, bei denen die körperliche Erfahrung von Bedeutung ist, als auf rein geistig-spirituelle Erfahrungen. „Der Begriff der *Spiritualität* adressiert also nicht nur die praktische, sondern vor allem die spürbare Dimension von Religion“ (Kroll 2004: 252). Denn die Frage, ob man Gott spüren kann, kann wie folgt beantwortet werden: „Nach gängiger Einschätzung der christlichen Tradition als leib- und sinnenfeindlich muss diese Frage verneint werden: Nein, diesen Gott sicher nicht. Nimmt man dagegen gegenwärtige Erscheinungsformen christlicher Religiosität in den Blick, so ergibt sich ein anderes Bild: Körperbewusste Praktiken werden wiederentdeckt und neu erfunden, vom Pilgern und Fasten bis hin zu Tanz und Meditation“ (Kroll 2004: 249). In diesem Zusammenhang sollen jene Techniken zum Spüren spiritueller Erfahrungen losgelöst von institutionalisierten Religionsformen betrachtet werden. Es geht nämlich um das allgemeine Bedürfnis nach spürbaren spirituellen Erlebnissen. Was nicht heißt, dass Körperlichkeit innerhalb institutionalisierter Religionen keine bedeutende Rolle spielt. Im Gegenteil, auch hier findet sich ein hohes Maß an Körperlichkeit. Robert Gugutzer hat Nonnen und Mönche nach ihren körperlich spürbaren religiösen Erfahrungen gefragt und dabei festgestellt, dass der Körperbezug sehr wichtig ist, vor allem während des Betens oder beim Tragen des Habits (vgl. Gugutzer 2002: 146 ff.). Der eigene Körper ist unter modernen Verhältnissen also besonders wichtig für spirituelles Empfinden. Der Körper wird sogar oft zum Zentrum von Religiosität. Im weiteren Verlauf soll jene (Ersatz-)Religion, die den Körper als Zentrum betrachtet, näher untersucht werden. An dieser Stelle genügt noch der Verweis auf das Bedürfnis des modernen Menschen nach Spiritualität, das sich allerdings auf einer körperorientierteren Erlebnisebene abzeichnet als dies innerhalb traditioneller institutionalisierter Religionen der Fall war.

Es zeichnet sich summa summarum ein Übergang ab, von einer körper- und individualismusverachtenden Herangehensweise an den Menschen hin zu einer körperzentrierten und individualistisch orientierten Religiosität. „Das Wort *persona* wird von Kirchvätern wie dem heiligen Hieronymus als Synonym für Gott verwandt und ist in der Patristik in der Anwendung auf den Menschen eine Konkretion und Erscheinungsform Gottes. Mit dem Verschwinden oder dem Tod Gottes bleiben Person, Individuum und auch das Selbst als zunächst nicht klar voneinander geschiedene, aber miteinander aufkommende Begriffe wie leere Hülsen zurück. Aus eigener Kraft, ohne Hilfe des himmelwärts ziehenden Gottes muß das Ich sich einen Platz suchen, nicht mehr im Himmel – sondern im Vorwärts" (Gross 1999: 84/85). Besteht das Vorwärts nun in einer säkularisierten und rationalisierten Gesellschaft?

1.2. Religiosität und Körperlichkeit innerhalb einer säkularisierten Gesellschaft?

Religionsgeschichte wurde in vormodernen Zeiten anhand eines allgemeingültigen Systems verkündet: in Form einer einzigen Geschichte. „Gemessen am Maßstab der episteme als des wahren Wissens ist heute die doxa kein religiöser Glaube mehr, sondern es verbirgt sich in ihr eine endlose und beliebig interpretierbare Fülle von semi-industriell erzeugten Geschichten, deren Verschleiß schon eingeplant ist" (Gross 1994: 68). Das heißt, in modernen Zeiten nun lösen Meinungen andere Meinungen ständig ab, es gibt also zahlreiche Geschichten, vorrangig durch die Medien verbreitet, also quasi Mediengeschichten. Wie man sich früher auf die Richtigkeit der einen Geschichte aufgrund Überlieferung gestützt hat, stützt man sich heute auf die Wahrheit der Medien, die Geschichte/n überliefern. Auch der Bereich der individuellen Sinnstiftung wird von den Medien beeinflusst, die eigene Lebensgeschichte schreibt der Mensch also in Verbindung mit den Medien. Denn Medien teilen sich mit den modernen Individuen die Sinnstiftungsindustrie und spielen sich die aktuellsten Ergebnisse zu. Religiosität spielt sich auf individueller Ebene ab, weniger beeinflusst von kirchlichen Institutionen als von technologisierten Medien. Dies liegt an der Wertevermittlung, die in vormodernen Zeiten in erster Linie durch höhere kirchliche Institutionen geleitet wurde. Heute gelangt der Mensch zu Wertvorstellungen auf vielerlei Weise. Medien beeinflussen die Art der Wirklichkeitsauffassung (und daher auch der Wertevermittlung, da die Wirklichkeit aus zahlreichen Werten und Normen besteht) stets früher und intensiver. Körperlichkeit spielt hierbei eine ebenso veränderte wie verstärkte Rolle.

Der menschliche Körper erfährt im Vergleich zu klassischen Religionen einen Bedeutungswandel, von einem unterdrückten Objekt, den es zu überwinden gilt, um Heil zu erfahren, hin zum Objekt über den Heil erreicht werden kann. Der Körper als Forschungsobjekt hat in den Anfängen der soziologischen Theoriebildung eine Marginalisierung erfahren. Vor allem John H. Simpson beschreibt diese Vernachlässigung und bezieht sich dabei vor allem auf Max Weber, Sigmund Freud und Karl Marx. In deren Studien spiele der Körper nur insofern eine Rolle, als dass er als bedeutende Größe innerhalb einer sich abzeichnenden Industrialisierung angesehen wurde. In modernen Zeiten hingegen wachse ein neues Bewusstsein um den Körper, denn "things have changed in a direction that encourages the embodiment of human actors in sociological theory. Religion, in particular, is implicated in those changes" (Simpson 1993: 154). Nach Simpson (vgl. Simpson 1993: 155 ff.) rückte der Kapitalismus im 19. und frühen 20. Jahrhundert den Körper in ein Licht, das geprägt war von zunehmender Kontrolle, die aufkam durch medizinische wie technische Neuerungen. Der physische Körper wurde Gegenstand der Forschung und des Interesses. Seit den 60er Jahren ist das westliche Europa und Nordamerika stets unabhängiger von den Verpflichtungen des industriellen Kapitalismus und der modernen Kultur. Der (post-)moderne Körper unterscheidet sich in dieser Phase entscheidend vom Körperbild der Moderne. Der (post-)moderne Spätkapitalismus kann nach Simpson anhand dreier einschneidender Veränderungen charakterisiert werden: Erstens verlagerte sich die Bedeutung von Produktion zugunsten von Konsum (Güterakkumulation während des Kapitalismus unterdrückte den menschlichen Körper und dessen Wünsche, wohingegen der Spätkapitalismus den Körper in das Zentrum der Bemühungen rückt, den Körper sozusagen als Träger von Konsum und Bedürfnissen ansieht). Der „Held" des Spätkapitalismus ist nicht der Arbeiter, sondern der Konsument.

Zweitens verändert sich das wissenschaftliche Blickfeld in Bezug auf den Körper. Während zu Zeiten des Kapitalismus der Körper „repariert" werden konnte im Falle einiger Krankheiten, steigt er in der (Post-)Moderne auf zu einem wissenschaftlichen Objekt der Manipulation und des medizinisch-wissenschaftlichen Interesses besonderer Art.

Drittens erfährt der Körper innerhalb des Spätkapitalismus eine Wandlung von einem Familienbild über den männlichen und weiblichen Körper als Träger bestimmter Aufgaben, die die Produktion und Reproduktion der Familie sichern, zu einem Familienbild, das nicht im Sinne der Produktion, sondern der Sozialisation und des Konsums bedeutend ist.

Simpson stellt sich nun die Frage, ob Religion ebenso in diesem Übergang vom industriellen Kapitalismus zum Spätkapitalismus begriffen ist. Er beantwortet die Frage in Anlehnung an die aufgezeigten drei wesentlichen Veränderungen während des (post-)modernen Spätkapitalismus: Es finden sich Zeichen, dass die (post-)moderne Religion erstens Bedürfnisse und Wünsche produziert, zweitens die Ansicht unterstützt, der Körper sei mehr als ein medizinisches Objekt und drittens den Wegfall eines klar definierten Rollenbildes von Mann und Frau unterstreicht, also den patriarchalischen Körper verdrängt. Einerseits ist dies richtig, denn Simpson nennt das Beispiel der unterhaltsamen Fernseh-Religionen, das Beispiel der die alternative Medizin betonende religiös-orientierten Richtung und das Beispiel der homosexuellen Kirchenbewegung, die den patriarchalischen Körper zu verbannen sucht. Doch er weist ebenso darauf hin, dass es Zeichen der (Post-)Moderne ist, wenn sich viele teilweise entgegenlaufende soziale Bewegungen entwickeln, weswegen keine klare Linie in eine bestimmte Richtung gezogen werden kann. Das heißt: die angesprochenen Veränderungen, die den Körper und die Religion betreffen, sind beobachtbare Tatsachen. Es gibt auch andere Richtungen neben der körperbetonenden, die hier jedoch ausgeklammert werden sollen.

Vor allem in Bezug auf den Körper kommen (post)moderne Religionen wieder verstärkt zum Tragen. Denn der Körper ist nicht mehr nur medizinischer Fall, wenn er krank ist, sondern er kann sich alternativer Medizin bedienen. Wunderheiler und andere Heilungsrituale erfreuen sich – einst durch die Medizin verdrängt – wieder erhöhter Beliebtheit. Ebenso verhält sich dies mit Esoterik, Meditation und anderen alternativen Glaubensrichtungen. Der Körper erlangt in der Moderne also auch innerhalb der Religion neue Bedeutung und Nachdruck. Der Körper ist demnach Gegenstand einer Verdrängung des Rationalismus[20] der Moderne, indem er stilisiert wird, nicht nur als wissenschaftlich äußerst weit erfasstes Objekt, sondern auch wieder als Medium für alternative Heil- und Glaubensrichtungen. Auf der anderen Seite bedient sich

[20] Hier soll auf eine breite Definition von Rationalismus weitgehend verzichtet werden. Es soll genügen, Rationalität im Zusammenhang mit moderner Religiosität als folgende Eigenschaft des modernen Menschen zu bestimmen: "Thus, we focus on subjective rationality and define subjectively rational behaviour as behaviour for which, from the actor's point of view, there appear to be good reasons. This kind of rationality can only be assessed from the "inside" of the actor, from the way he or she defines the situation" (Hamberg/ Pettersson 2002: 94). Jene relativ vage Definition lässt viele soziologische Rationalitäts-Überlegungen außer Acht. Dennoch soll jene subjekt-basierte Beschreibung für diese Zwecke genügen, da der Focus der Arbeit auf den Charakteristiken religiösen individuellen Verhaltens und Handelns liegt und jene Definition dafür ausreichen sollte. Das moderne Individuum vermag also innerhalb einer (spät-)modernen Gesellschaft seine religiösen Präferenzen rational zu beeinflussen. Mit der Rationalität der Moderne sind natürlich nicht nur individuelle Präferenzen und Abwägungen gemeint, sondern vor allem und unter anderem technologischer Fortschritt, Pluralismus und Effektivität. Jene Kennzeichen moderner Rationalität werden aber als bekannt vorausgesetzt und bedürfen daher an dieser Stelle keiner weiteren Darstellung.

der Mensch radikaler rationaler Methoden, um den eigenen Körper zu gestalten (z.B. in Bezug auf Schönheitsoperationen). Die Möglichkeiten der (Post-) Moderne sind also vielfältiger Art. Diese zwei gegenläufigen, sich aber doch wieder ergänzenden Richtungen des Körperdiskurses sind Zeichen einer neuen, modernen Welt. Körperperfektionismus, gepaart mit alternativer Körpertechnik, zwei scheinbare Gegensätze. Und doch sind diese Pole so gegensätzlich nicht, denn: In beiden Fällen kommt dem Körper Macht zu. Ein perfekter Körper wird mit dem Glauben an Macht verbunden. Die sogenannte „alternative Medizin"[21] glaubt ebenfalls an die Macht des Körpers, die so stark ist, dass der Mensch unter Einfluss bestimmter Körpertechniken (wie Meditation) Krankheiten zu besiegen scheint oder tatsächlich besiegt. Beide Richtungen erheben Glück zum Gegenstand der Sinnfindung. Der Sinn der Körpertechnik ist in beiden Fällen durch das Ziel der Glückseligkeit gekennzeichnet. Beide tragen auch Spuren einer Religion. Sie besitzen jeweils ein deutlich definiertes Sinnsystem: Sinn stiftet sich durch den Zustand von Vollkommenheit, Erlösung und Heilung. Das Symbolsystem gestaltet sich durch die Präsentation des Körpers oder durch eine meditative Haltung, etc. Ein Regelsystem wird durch die Gesellschaft definiert: Körperperfektionismus kennt klare Regeln der Schönheit und auch alternative Körpertechniken sind von einem festen Regelwerk gekennzeichnet. Man suche nur nach Literatur über alternative Körpertechniken, man wird entdecken, dass es zahlreiche Bücher über die Inhalte und Regeln dieser gibt. Erlösung wird in beiden Fällen über den Körper bzw. über die Art des Umgangs mit ihm erreicht. Stilisiert wird ebenfalls in beiden Fällen der Körper und die Macht dessen. Er ist Objekt der Anbetung, der Mittelpunkt und dient der Erlösung der Seele über den Körper. Dies mag nicht bei allen alternativen Körpertechniken der Fall sein, denn es gibt einige dieser, deren eigentlicher Mittelpunkt die Seele, der Geist des Menschen ist. Der Körper ist jedoch immer Medium, über den ein veränderter Zustand der Seele erreicht werden soll. Daher werden diese Glaubensrichtungen nicht ausgeschlossen, da sie im Großen und Ganzen gesehen, durchaus in das hier diskutierte Körperbild passen. Des Weiteren erheben sie ihren Wirklichkeitsanspruch über die „Beherrschung" des Körpers, selbst wenn er nicht beherrscht werden soll. Der Körper ist das Objekt der Aufmerksamkeit, er soll in einer dienlichen Form gestaltet werden. Gelingt dies und der Mensch

[21] Unter „Alternativer Medizin" werden hier die Akupunktur, die chiropraktische Therapie, die Homöopathie, die Kräutermedizin und die Osteopathie zusammengefasst (vgl. Mills et al. 1994); wenn im Folgenden von „Naturheilverfahren" die Rede ist, dann ist damit vor allem die Kräutermedizin gemeint, aber auch andere Verfahren, die unter die eben genannten Therapie- und Medizintechniken fallen; Das Wort „alternativ" soll nicht heißen, dass jene Verfahren nur unter Ausschluss der Schulmedizin angewandt werden: „Obgleich die unorthodoxen Therapien von der Schulmedizin als »alternativ« bezeichnet werden, gelten sie doch zunehmend als »ergänzende« Möglichkeiten, die neben den herkömmlichen Methoden eingesetzt werden" (Mills 1994: 6).

findet sein Glück, wird die Glaubenstechnik als wahr erklärt. Letztendlich vollzieht sich dies im Rahmen einer Gruppenhandlung bzw. eines Gruppenverhaltens (da Vieles unbewusst abläuft), denn immer dienen die jeweils anderen als Bezugspunkt, von dem es sich abzugrenzen und es gleichzeitig durch das Teilen von Idealen und Leitsätzen ihnen anzugleichen gilt. Jene Einordnung des Körpers in die bereits definierten Kennzeichen des Glaubens soll im weiteren Verlauf noch ausführlicher erfolgen (vor allem im Kap. III.3a). Diese Vorwegnahme an dieser Stelle soll einen Einblick geben in die Grundtendenzen moderner Religiosität in Verbindung mit moderner Körperlichkeit.

Auch Bryan S. Turner weist deutlich auf die Veränderungen der Bedeutung des menschlichen Körpers unter den Entwicklungen des Kapitalismus hin. Er spricht von einer Tendenz der "awareness of the changing symbolic significance of the body in relation to capitalist development", die dazu führt, dass "diet, jogging, fasting, slimming and exercise are not merely essential aids to sexual fulfillment, but necessary features of self-development in a society grounded in personalized consumption" (Turner 1996: 60). Er stimmt darin den Ausführungen von Simpson überein, auch in dem Punkt, dass er die Notwendigkeit einer soziologischen Forschung in Bezug auf den menschlichen Körper unterstreicht, indem er den Mangel einer solchen in der zeitgenössischen soziologischen Theoriebildung benennt. Vor allem in der Beziehung zwischen Religion und moderner Körperlichkeit sind nach Turner einschneidende Änderungen zu beobachten. Auch Turner verweist auf eine Richtung in der Religionsforschung, die sich stets deutlicher abzeichnet: die Verknüpfung von Religion mit der medizinischen Soziologie. Emile Durkheim erfasst Religion vor allem durch die Analyse der Interaktion von Heiligem und Profanem. Turner verweist nun darauf, dass – historisch gesehen - der menschliche Körper als das stärkste Symbol der profanen Welt angesehen werden kann, sowohl zu vormodernen, als auch in modernen und spätmodernen Zeiten. Der Körper und insbesondere dessen Absonderungen müssen durch Rituale und Tabus geschützt werden, um die soziale Ordnung aufrecht zu erhalten. Doch der Körper ist auch heilig: „Yet, at the same time, the body is sacred. The charisma of holy individuals typically flows through their physical secretion, being stored up in blood and sweat. The concept of 'salvation' itself is intimately bound up with the health of the body as the verbs 'to save' (the soul) and 'to salve' (the body) indicate" (Turner 1996: 101) (Hervorhebungen M.K.). Diese Verbindung zwischen Gesundheit, die Turner mit dem anschaulicheren Wort „well-being" beschreibt, und Religion wurde bislang in der Soziologie vernachlässigt. Wohlergehen wurde in der Geschichte meist durch die Kirche institutionalisiert, da sie Heil(ung) versprach („the healing ministry of the sacraments under the institutionalized monopoly of the universal church" (Turner 1996: 101)). Wohlergehen ist also die treibende Kraft der Religion. Mit anderen Worten: Religion soll dem Menschen zu Wohlergehen verhelfen. Dies geschieht in erheblichem Maße über den Körper.

Ein Beispiel hierfür ist die heilige Kommunion. Brot und Wein stehen symbolisch für Wohlbefinden und Gesundheit.

Religion und Medizin haben nach Turner das gleiche Forschungsobjekt: Gesundheit und menschliches Leid bzw. Krankheit. Menschliche Bedürfnisse und Wünsche stehen somit im Mittelpunkt beider modernen Disziplinen. Glück ist dementsprechend wesentlich verbunden mit Wohlergehen, welches wiederum eng verbunden ist mit körperlicher Gesundheit, die zu geistiger Zufriedenheit führt, das heißt: Heil erlangt der Mensch vor allem über Heilung, sprich Wohlergehen.

Wie ist die moderne Welt im Allgemeinen nun in Bezug auf ihre religiösen Lebens- und Ausdrucksformen beschaffen? Ein Begriff, der in die zeitgenössischen Diskussionen regen Einzug gehalten hat, ist die Säkularisierung. Oft wird der langsame Bedeutungsschwund der breiten (in der westlichen Welt meist Erlösungs-)Religionen mit einer Säkularisierung – entstanden und vorangetrieben durch das Fortschreiten der *modernen* Wissenschaft, die zu einer Rationalisierung aller Lebensbereiche und somit zu einer Verdrängung geistig-spiritueller Werte geführt hat (vgl. Berger 1999: 32) - gleichgesetzt. Diese Sichtweise lässt jedoch jene „kleinen“ Religionen außer Acht, die oben angesprochen wurden. Nach Thomas Luckmann „verweist Säkularisierung auf einen stärker begrenzten Prozeß sozialen Wandels: auf den schwindenden Einfluß der Kirchen und der Religion [...]. Ergebnisse aus jüngsten Forschungen innerhalb der Religionssoziologie stützen die generelle Beobachtung, daß das alltägliche Verhalten breiter Bevölkerungsschichten in Industriegesellschaften keine – oder nur sehr schwache – Verbindung mit der Religion etablierter Kirchen hat“ (Luckmann 1980: 162). Es geht hier um einen Großteil der Bevölkerung und um die kirchlich institutionalisierte Religion. Neben dieser Erscheinung, die unter dem Stichwort der Säkularisierung subsummiert wird, fallen religiöse Strömungen, die sich nicht in der breiten Masse beobachten lassen, und die sich nicht innerhalb der kirchlichen Religion bewegen, leicht unter den Tisch, da der Begriff der Säkularisierung bereits wie ein Stempel auch das Kleingedruckte verschlungen hat. Die Forderung an die Kirche, dass jene sich weltoffener - im Sinne von einerseits weniger streng und determinierend auf die Menschen wirkend und andererseits im Sinne von toleranter und weniger traditionsgebunden - geben müsse, um von der Moderne nicht zurückgedrängt zu werden, schiebt die Kirche von sich, indem sie gerade auf die Säkularisierung verweist, die in die Gesellschaft Einzug gehalten habe, als ein nicht aufzuhaltender Prozess.

Säkularisierung jedoch bedeutet keinesfalls ein völliges Zurückweisen von Religion an sich. „Man kann das gegenwärtige Spannungsfeld Religion-Gesellschaft als Ergebnis eines Modernisierungsprozesses interpretieren, der zu einer umfassenden Säkularisierung von Bewußtseins- und Organisationsstrukturen geführt hat. Dies hat jedoch den „religiösen Faktor“ (Lenski) weder in seiner individuellen noch in seiner konfessionellen Ausprägung verdrängt. Er hat lediglich die Sozialform seiner Wirklichkeit verändert" (Fürstenberg 1999: 9). Der Säkularisierungsprozess wird vielerorts übertrieben und einseitig dargestellt als ein Prozess, der religiöses Leben vertreibt. Die Veränderungen, die er mit sich gebracht hat, liegen jedoch auf diffiziler Ebene, die nicht anhand einer einzigen dominanten Charakteristik beschrieben werden können, da sich viele Veränderungen im Bereich des Glaubens und der Weltauffassung vollziehen. Es wäre zu einfach und würde die tatsächlichen Entwicklungen der modernen Gesellschaft verfehlen, wenn von einem generellen Schwund an Religiosität in der modernen Gesellschaft gesprochen würde. Religiöses Bewusstsein ist noch weit verbreitet. Religiosität (im Sinne der individuellen Ausprägung) existiert noch innerhalb einer breiten Masse der Gesellschaft. Dass jedoch auch die konfessionelle Ausprägung nicht verdrängt wurde, kann hier nicht bestätigt werden. Vielmehr zeichnet sich eine entinstitutionalisierte Form von Religion in der Moderne ab. Eine Vielzahl an Menschen lebt in der Gegenwart konfessionslos (was nicht bedeutet, dass dieser Personenkreis nicht religiös lebt), des Weiteren besteht die Möglichkeit, die Konfession in unproblematischer Manier zu wechseln, was früher nicht der Fall war. Konfessionelle Religion hat sich durchaus verändert. Individuelles religiöses Bewusstsein jedoch kaum. Denn Menschen suchen noch immer nach einem Sinn, den sie ihrem Leben geben können. Jeder Mensch interpretiert die Welt auf seine eigene Weise und im Zuge dessen muss jedem Einzelnen klar werden, dass die Wirklichkeit auch Bereiche beinhaltet, die nicht rational (naturwissenschaftlich) erklärt werden können bzw. die sich der menschlichen Erfahrbarkeit entziehen. Nicht jeder entwickelt diese offenen Lebensfragen zu einer Religiosität, jedoch besitzen alle Menschen religiöse Züge, ob sie diese nun in institutionalisierter Form ausleben oder nicht. Denn die Interpretation der Welt und des individuellen Lebenssinns und –glücks ist bereits eine Form des „Praktizierens" (ob bewusst oder unbewusst) von Religiosität. Säkularisierung trifft daher nur auf eine Tendenz in eine bestimmte Richtung zu (in Richtung der institutionalisierten Religion), der Begriff verfehlt aber seinen Zweck, nämlich ein spezielles gesellschaftliches Phänomen zu umschreiben, dem angeblich der Großteil der Bevölkerung anheim fällt und das sich auf Religiosität im Allgemeinen bezieht.

Allein der Begriff der Säkularisierung dient dazu, „die eigentliche Natur der Religion in unserer Gesellschaft zu verbergen" (Luckmann 1980: 164). So wie die Kirche den Prozess der Säkularisierung vorschiebt, um Verantwortlichkeit von sich zu schieben, wird jener Prozess auch von der Wissenschaft gebraucht, um grobe Phänomene auf ihrer Oberfläche beschreiben zu können, ohne hierbei jedoch den Erscheinungen unterhalb des Wasserspiegels Rechnung zu tragen. Die empirische Forschung nämlich liefert ihre Ergebnisse anhand von Untersuchungen des spezifisch religiösen Verhaltens, „das nach den Normen religiöser Institutionen ausgerichtet ist" (Luckmann 1980: 165). Um religiöses Verhalten jedoch adäquat beschreiben zu können, muss mehr geleistet werden als eine Untersuchung kirchlicher Gebräuche. Hier soll genügen, festzustellen, dass Säkularisierung oft fälschlicherweise mit einem generellen Schwund der Religion aus der Gesellschaft gleichgesetzt wird. Zweckmäßiger beschreibt Säkularisierung aber einen Prozess, „der zur zunehmenden Autonomie verschiedener Segmente der sozialen Struktur geführt hat" (Luckmann 1980: 168) (Hervorhebungen M.K.). Autonomie ist ein Schlüsselbegriff der modernen Gesellschaft. Nicht nur Institutionen segmentieren sich in zunehmende autonome Subsysteme mit Eigenverantwortung, sondern auch das moderne Individuum gewinnt an Autonomie. Denn „die Sozialstruktur ist säkularisiert – nicht aber das Individuum; an dieser Erkenntnis geht der Mythos der Säkularisierung vorbei" (Luckmann 1980: 172). „Verkannt wurde aus dieser Sicht gerade auch religiös induzierte Freisetzung des Individuums zur Eigenverantwortlichkeit in innerweltlicher Glaubensbindung [...]" (Fürstenberg 1999: 10).

Von einem Wegbruch von Religiosität in der (spät-)modernen Gesellschaft kann also keine Rede sein. Allerdings zeichnet sich innerhalb von Religiosität durchaus ein Wegbruch ab: Jenseitsorientierung bricht weg. Religiosität richtet sich in der Moderne zunehmend auf das Diesseits. Das Leben an sich gewinnt an Bedeutung und soll mit Sinn ausgefüllt werden, nicht mehr um im Jenseits erlöst zu werden, sondern um die Früchte eines sinnvollen Lebens im Diesseits genießen zu können. Der Übergang von einer jenseitig orientierten Transzendenz zu einer am Diesseits ausgerichteten Immanenz soll Gegenstand eines Unterkapitels sein.

Religiöse Praktiken bestimmen daher nicht mehr in universalistischer, durch die Kirche institutionalisierter Form den Alltag des Menschen, sondern der Alltag ist durchzogen von Sinnstiftung, die unter dem Zugriff auf verschiedene (plurale!) Bereiche der Sozialstruktur vollzogen wird. Sinn ergibt sich also nicht mehr quasi automatisch durch die Religion an sich, sondern versteht sich in der Moderne als komplexer Prozess, der von vielen Bereichen des Lebens gesteuert wird. Sinn wird dem Menschen nicht mehr so eindeutig von der Kirche vorgegeben bzw. angenommen, vielmehr versucht der Mensch selbst, ihn zu bestimmen und individuell zusammenzusetzen[22]. „Die Mehrheit der Bevölkerung moderner Industriegesellschaften sieht sich nicht mehr streng und ausschließlich an die eine oder andere offiziell etablierte religiöse Gemeinschaft mit ihren verpflichtenden Dogmas und Ritualen gebunden. [...] So sehr sich aber die Menschen in den modernen Gesellschaften in der Lebensart von anderen Kulturen unterscheiden mögen, die grundlegend religiöse Verfassung ihres Lebens ist nicht verloren gegangen (Luckmann 1991: 164). Religion tritt in der Moderne vielmehr in privatisierter Form auf. Der zunehmend individuelle und

[22] Der Prozess der modernen Sinnbildung soll in einem der folgenden Kapitel ausführlicher dargestellt werden.

privatisierte Charakter von Religion in modernen Zeiten soll Gegenstand des folgenden Kapitels sein.

2. Religiosität und Körperlichkeit im Licht der modernen Lebensführung

Die westlich-industrialisierte moderne Welt zeichnet sich durch ein hohes Maß an Rationalität aus. Werte scheinen zu schwinden, Johannes Berger spricht sogar von einer „konturlos gewordenen Gesellschaft" (Berger 1996: 232).

Dass es in der Moderne jedoch durchaus noch Wertsysteme gibt - in anderer Form als früher und weniger bindend und objektiv nachvollziehbar, sondern in höherem Maße subjektiv gestaltbar - bestätigen vor allem die Studien von Emile Durkheim als auch Thomas Luckmann.

Konturenlosigkeit gilt in Bezug auf ein einheitliches Wertsystem der westlich-industrialisierten Gesellschaften und im Zusammenhang mit Grenzen. Unterlagen Menschen früher natürlichen Grenzen - wie sie beispielsweise am deutlichsten durch Raum und Zeit zu beschreiben sind - so versucht das moderne Individuum heute, einige dieser zu durchbrechen. In Modernitätsdebatten fällt die Vernachlässigung zweier Begriffe auf: Es handelt sich hierbei um den Raum und den Körper (vgl. Schroer 2003). Im Zusammenhang mit Modernisierung spricht man immer wieder von einer Überwindung räumlicher und zeitlicher Grenzen. Ebenso wird der Körper „überwunden", da er für gestaltbar und durch den Geist bezwingbar gehalten wird. Jene Größen werden durch eine solche Sichtweise irrelevant. Doch genau betrachtet verlieren sie nicht an Farbe, sie ändern sie nur. Es ist zwar durchaus richtig, dass eine Öffnung in dem Sinne stattfindet, dass Körper und Raum durch die Technisierung der Welt ihre Grenzen verlieren. Andererseits finden Schließungen statt, indem ein Bewusstsein für das Eigene entsteht, das es zu schützen gilt. In Bezug auf den Körper bedeutet dies folgendes: „Er wird so sehr als eigenes inszeniert, weil von überall her die Enteignung droht, gegen die man sich mit allerlei am Körper angebrachten Grenzverstärkungen zu schützen können hofft" (Schroer 2003: 414). Vor allem die Technisierung bedingt eine Grenzöffnung, die jedoch nicht einseitig verläuft. Es entsteht auf der anderen Seite ein Schließungsprozess. Der Körper ist davon in doppelter Weise betroffen. Er steht zahlreichen Möglichkeiten gegenüber, sei es durch die Medizin oder sei es durch Distanzüberwindung. Er steht jedoch auch relativ ungeschützt der Welt gegenüber, weil er bis auf das kleinste Detail erfasst ist. Da der menschliche Körper kein Geheimnis mehr ist, hat der Mensch nur noch wenige „natürliche" Geheimnisse. Diesen Mangel am Geheimen, Spirituellen, Magischen versucht er nun auszugleichen, indem er etwas Besonderes, etwas Eigenes darzustellen sucht, indem er seinen eigenen Körper konstruiert. Gleichzeitig trachtet er, ihn abzugrenzen, abzuschirmen von der Welt. Er braucht die Umwelt zwar zum

Vergleichen, aber dennoch grenzt er sich von ihr ab. Diese Verbindung zwischen einer Öffnung und einem Schließungsvorgang in Bezug auf den menschlichen Körper stellen die Voraussetzung für weitere Körperdebatten dar. Der Kontext, in dem sich der moderne Körper also bewegt, ist kein eindeutig festgelegter, sondern befindet sich immer im Wechselspiel zwischen dem Wunsch nach Transparenz (durch Öffnung) und dem Wunsch nach Einigelung (das Abschließen). Beiden Richtungen ist ein wichtiges Charakteristikum gemeinsam: Sie sind Ausdruck des Strebens des modernen Menschen nach Individualität und Einzigartigkeit.

Jene Öffnung bedingt nicht eine Abschottung, sondern im Gegenteil ein Herausheben des eigenen Körpers zu Zwecken der Abgrenzung. In Zeiten der Öffnung entsteht auch wieder verstärkt das Bedürfnis nach einer Ordnung, nach einem Vergleich, einem Austausch mit anderen Menschen. Nach einer Wertorientierung. Dies lässt sich noch immer in der Religion finden, die jedoch auch ihre Farbe gewechselt hat.

Raum und Zeit können also überwunden werden durch die komplexer werdenden Systeme einer Gesellschaft, die sich vor allem darin zeigen, dass sich Technik und Wissenschaft in einer Weise entwickeln, so dass beispielsweise durch Kommunikationssysteme sowohl Raum als auch Zeit als den Menschen einschränkende Konstanten an Bedeutung verlieren, indem netzwerkartige Strukturen auf oft elektronische Weise für eine Verbindung sorgen, die früher nicht möglich gewesen wären (man denke nur an die weltweit verbreitete Art, über elektronische Post zu kommunizieren, die es möglich macht, körperlich nicht anwesend zu sein, jedoch durchaus an Konferenzen o.ä. teilzunehmen). Vor allem auf körperlicher Ebene zeichnet sich hier ein Wandel ab: Durch Manipulation des Körpers können Grenzen durchaus verschoben werden (beispielsweise verschiebt sich die Altersgrenze durch verjüngende Schönheitsoperationen zumindest äußerlich deutlich; und auch innerlich entsteht ein verjüngtes Gefühl durch den aktiven Eingriff in das eigene Lebensalter, das zwar objektiv nur scheinbar (also äußerlich) verschoben werden kann, aber durchaus den gewünschten Effekt erreicht und somit Objektivitätscharakter erhält: Der Mensch fühlt sich jünger und *ist* dadurch auch tatsächlich jünger). Da die Natur und die moderne Welt in Bezug auf den menschlichen Körper deutlich weniger Grenzen vorgeben bzw. da diese Grenzen unter modernen Bedingungen relativ leicht manipuliert oder gar aufgehoben werden können, verlagert sich das Streben nach Konturen in das Individuum hinein und findet seinen Ausdruck durch „eine künstliche Erprobung von Grenzerfahrungen. [...] Der sportgestählte Körper besiegt den Tod auf Zeit, ohne ihm am Ende entkommen zu können. Zugleich findet der Körper durch den Sport auch immer wieder Wege zum Eros, indem sich der Körper annimmt und durch das Sporttreiben beglückt“ (Prahl 2002: 214/215). Der Umgang mit dem Körper ist in der Moderne also sehr ausgeprägt sowohl mit Handlungsfähigkeit als auch mit Selbstzwängen verknüpft, da sich natürliche wie fremdgestaltete Grenzen im Laufe des Zivilisationsprozesses zunehmend verflüchtigen. So kann beispielweise ein missgestalteter Körperteil operativ behandelt werden, so dass keine Spuren der Missgestaltung zurückbleiben. Eine solche natürliche Grenze ist in der Moderne keine Grenze mehr, sondern eine Variable wie viele andere auch. „Das anstehende gigantische neue Emanzipationsobjekt ist die Optionierung des Körpers und seiner natürlichen Ungleichheiten“ (Gross 1994: 129).

Eine weitere Grenzverschiebung lässt sich im Zusammenhang mit Verantwortlichkeit beobachten. Konnte „in einer determinierten, kosmologischen Weltordnung, über die ein Schöpfer wacht, die Verantwortung externalisiert werden“ (Gross 1994: 89), das heißt, Gott oder andere übernatürliche Kräfte für bestimmte Ereignisse verantwortlich gemacht werden, so verlieren nicht nur die Sinnbezüge und Orientierungsmöglichkeiten in der Moderne an Verbindlichkeit, sondern auch jene Zurechnungsmechanismen der Verantwortung. Da nun kaum mehr Verantwortung an das Übersinnliche abgegeben werden kann, wird das Individuum konsequenterweise für sein Schicksal selbst verantwortlich gemacht. „Diese *Auflösung* der Grenze zwischen einem Handeln, für das man verantwortlich ist, und einem Verhalten, für das andere schuldig erklärt werden können“ stellt eine Grenzverschiebung dar, die in der Moderne natürlicherweise auf dem Einzelnen lastet (Gross 1994: 89). Unzurechnungsfähigkeit kann nur noch in Bezug auf den eigenen geistigen Zustand geltend gemacht werden, wenn psychosomatische oder medizinische Untersuchungen dies belegen können. Transzendente Götter jedoch vermögen diese Lasten nicht mehr zu tragen.

Dieser Umgang mit Grenzen, also das ständige Streben nach Durchbrechen einer Grenze, stellt eine moderne Transzendenzerfahrung dar, aus einem einfachen Grunde: *„Die Transzendenzerfahrung ist eine Differenzierung“* (Gross 1994: 162/163). Der Bereich nämlich, der außerhalb des Erfahrenshorizonts eines Menschen liegt, ist anders als das, was er bereits kennt. Daher ist das Außergewöhnliche, das Unerfahrene (das Transzendente) etwas Verschiedenartiges (das Differente) im Vergleich zum Bekannten. Jenes Streben nach Durchbrechung bekannter Eindrücke stellt ein Transzendieren dar, das auf den ersten Blick nicht viel mit dem Transzendieren klassischer Religionen gemeinsam hat. Aber bei näherem Hinsehen lassen sich Parallelen bemerken: Es geht hier zwar nicht um das Erreichen eines jenseitigen erlösten Zustands, aber es geht immerhin um das Erreichen eines Zustands jenseitig von Grenzen, die vor einiger Zeit noch als undurchdringbar galten. Das Verschieben beispielsweise einer natürlichen Sterbegrenze auf bis zu über 100 Lebensjahre galt vor einiger Zeit noch als unmöglich. So greift der Mensch (repräsentiert durch ‚*die* Medizin’ oder ‚*die* Technik’) also in eine Welt ein, die zuvor als gänzlich in den Händen eines Gottes (oder Götter) lag. Auf diesem Wege erreicht er einen Status, der gottähnliche Züge trägt.

Natürliche Grenzen verschieben sich also zu sozialstrukturellen Grenzen, denn auch unter modernen Bedingungen gelingt es nicht jedem Individuum, von der Grenzerprobung Gebrauch zu machen. Finanzielle Mittel sind nur ein sozialstrukturelles Kriterium, das Menschen voneinander abhebt. Weitere und subtilere liegen in der Beschaffenheit der Umwelt. So differieren die Normen und Werte von Gesellschaft zu Gesellschaft und auch von Gruppe zu Gruppe (auch innerhalb einer Gesellschaft). Was für die eine Gruppe als Ideal gelten mag, kann durchaus bei der anderen Gruppe auf Ablehnung stoßen. Dies ist ebenso eine sozialstrukturelle Grenze wie das Einkommen oder die berufliche Stellung. Summa summarum aber zeichnet sich eine einheitliche Veränderung ab: Diese bezeichnet den zunehmenden Schwund an natürlichen (vor allem im Sinne biologischer) Grenzen, die sich zu neuen, sozialstrukturell und bis zu einem gewissen Grade bewusst geformten Grenzen zusammensetzen. Nicht alle Normen, Werte und Regeln unterliegen der bewussten Gestaltung und Kontrolle. Auch unbewusste Anteile bestimmen das Verhalten von Gruppen. Konturenlosigkeit gilt nicht im Sinne eines Wegfalls an Orientierungen, wie sie mitunter durch Grenzen und universalistische Systeme (wie beispielweise der Religion) vorgegeben wurden, sondern nur im Sinne eines Übergangs zu subtileren Formen an Konturen, die erst definiert werden müssen und der ständigen Reflektion und Erneuerung durch die jeweilige Gruppe unterliegen.

Jene Konturenlosigkeit kann jedoch nur auf zwei umfassenden gesellschaftlichen Ebenen festgestellt werden; im Sinne von Grenzerfahrungen und im Sinne des Verlusts eines allgemeinverbindlichen Wertsystems, wie es in vormodernen Gesellschaftsformen meist durch eine Erlösungsreligion[23] vorgegeben wurde. Diese Konturen haben nicht nur Risse davongetragen, sondern befinden sich im Zerfall; nicht jedoch, um zu verstauben, sondern um wieder in kleine Glaubensbereiche aufgebaut zu werden. Die breiten „Massenreligionen" liefern das Vorbild für neuartige (Ersatz-)Religionen. Das Glaubensgerüst wird in vielen Fällen zumindest teilweise übernommen, die Inhalte verschieben sich oft jedoch hin zu äußerst subjektivistisch orientierten Formen. Im Rahmen einer Debatte um die Wiederverzauberung der Welt soll deutlich gemacht werden, was unter einem modernen Glauben zu verstehen ist und welche Elemente einer traditionellen Definition (siehe hierzu Kap. III.1a) in moderne Formen von Religiosität übertragen werden können. Eine Existenz

[23] Dieser Begriff geht zurück auf Max Weber, der damit Formen des Glaubens umschreibt, die sich auf einen spezifischen Zusammenhang zwischen Sünde und Erlösung im Jenseits stützen; allerdings sei darauf hingewiesen, dass auch Weber sich in seiner Analyse dieses Begriffes auf andere Autoren und Theorien stützt und diese teilweise kritisiert und erweitert, wie beispielsweise Hermann Siebecks „Lehrbuch der Religionsphilosophie" von 1893 oder auch Cornelius Petrus Tieles Entwicklungsgesetz über Weltreligionen, sowie andere Religionswissenschaftler, um seinen Begriff der Erlösungsreligion zu begründen; Hierzu siehe vor allem Weber (2001).

klassischer Religiosität und moderner (Ersatz-)Religiosität nebeneinander ist durch den pluralen Charakter industrialisierter Gesellschaftsformen durchaus möglich, ja sogar gängig.

Wie bereits anhand von Luckmanns Studien (2002) aufgezeigt wurde, besteht die westliche Moderne überwiegend aus vielen kleinen Religionen. Neuartige Religionen tauchen auf und Begriffe wie „Feierabendreligion" und „Warenreligion" (Bühler 1973: 12/13) verwundern nicht. Nach Bühler sind jene Religionsformen Abbild der Erzeugung einer „künstlich-heilen Welt" (Bühler 1973: 10). Religion soll in diesem Sinne einen Ausgleich zum durchschnittlichen Arbeitsalltag bieten: „Eins ist sicher: Die Warenreligion bietet automatische Erlösung für alle Kaufwilligen. Der ehemals dornenreiche Weg zur Seligkeit wird gut betoniert präsentiert" (Bühler 1973: 13). Religion ist also spezifischen Veränderungen unterworfen. Jene Entwicklungen sollen in den folgenden Kapiteln unter bestimmten Gesichtspunkten diskutiert werden.

2.1. Subjektivität und Religiosität: Religion als „Opfer" der Individualisierung?

Der Begriff der Individualisierung wird in der einschlägigen Literatur zu diesem Thema meist in Bezug auf die moderne westliche industrialisierte Welt gebraucht, des Weiteren taucht jene Tendenz vor allem in den Beschreibungen des subjektiven Weltbildes des Menschen auf. Hier jedoch muss eine wichtige Unterscheidung getroffen werden. Es gibt zwei verschiedene Arten von Weltbildern. Nach Fritz Stolz (vgl. Stolz 2001: 1 ff.) spalten sich Weltbilder einerseits in ein naturwissenschaftlich dominiertes, rational ausgerichtetes Weltbild (hier geht es um Wissensakkumulation, die zu einer „Welt" formiert wird) und ein Weltbild, das auf Werte ausgerichtet ist. Letzteres bezeichnet Stolz als „lebenspraktische Orientierung" (Stolz 2001: 2). In der Moderne klaffen diese beiden Richtungen oft auseinander, beispielsweise in der Gentechnologie. Hier entsteht ein rasch anwachsender Bestand an Wissen, eine „neue" Welt entsteht. Jedoch zeigen aktuelle Diskussionen, dass die damit verbundenen Werte zweifelhafter Natur sind. Das Weltbild der naturwissenschaftlichen Seite verläuft in diesem Falle sehr positiv, das wertorientierte Weltbild hingegen verweist auf moralische Schwierigkeiten. „Das Gegenüber zweier Weltbildtypen und der Pluralismus von Weltbildern gewähren dem einzelnen eine gewisse Wahlmöglichkeit: Man kann sein Weltbild selbst gestalten; es kommt also zu einer Individualisierung der Weltbildformung. Allerdings führt diese Individualisierung nicht in die völlige Beliebigkeit, gewisse Determinanten begrenzen die Wahl" (Stolz 2001: 3). Im Zusammenhang mit moderner Religiosität bedeutet dies folgendes: Der Mensch kann sich seine Wertorientierung (auf subjektiver Basis) selbst aussuchen und deren Ausdrucksformen individuell gestalten, er ist jedoch durch die von der

Gesellschaft festgelegten Normen in gewisser Weise begrenzt (dies stellt den von Stolz genannten objektiven Wissenstypus eines Weltbildes dar). Die Gesellschaft definiert die jeweiligen Bedingungen und Regeln, die mit Weltbildern und Lebensstilen einhergehen, wie beispielsweise die Ausdrucksformen oder die Art und Weise, wie ein gewisser Lebensstil oder eine Glaubensrichtung zu erreichen bzw. aufzubauen ist. Darüber hinaus ist der Mensch bei der Wahl und Gestaltung seiner Religion an Faktoren wie Historizität (die sein Handeln bewusst wie unbewusst beeinflusst, da der Mensch immer auf seinen vorhandenen Wissensbestand zurückgreift), das jeweilige Rechtssystem einer Gesellschaft (ein Mensch kann beispielsweise zwar eine neue moderne Religion gründen, die Kreuzzüge vorsieht, er wird diese aber nicht führen können) oder wie bereits angesprochen durch das jeweilige Werte- und Normsystem der Gesellschaft (beispielsweise die Mode leitet sich daraus ab) gebunden. Individualisierung im Folgenden stützt sich daher hauptsächlich auf die subjektive wertorientierte Seite des Aufbaus eines Weltbildes, beinhaltet aber auch Züge naturwissenschaftlich-rationaler Weltbildproduktion, da der moderne Mensch seinen Lebensstil und seine Glaubensrichtung auch unter Zurückgreifen auf einen wissenschaftlichen Wissensvorrat aufbaut. Traditionelle Religionen sind dagegen der subjektiven Seite eines Weltbildtypus zugeordnet: „Die subjektive Seite der Welt ist demgegenüber beliebig, sie ist eine Frage des Geschmacks, der Ästhetik. Ethik und Religion gehören dazu; diese Elemente sind Privatsache, spielen sich im subjektiven Binnenraum des einzelnen ab, ohne Relevanz für den objektiven Bereich der Natur und Technologie“ (Stolz 2001: 229). Auf traditionelle Religionen trifft dies zu, denn sie stützen sich auf jenseitige Orientierungen, die der erfahrbaren Natur fern sind.

Moderne (Ersatz-)Religionen hingegen zeichnen sich durch eine vermehrte Diesseitigkeit und daher durch eine größere Nähe zur Natur aus. Am Beispiel der (Ersatz-)Religion des menschlichen Körpers bedeutet dies, dass der Körper zwar als „übernatürliches“, heiliges Element wahrgenommen wird, jedoch gestaltet sich dieser auch als eine Technologie, mit Foucaults Worten, der Körper wird zum Träger einer „Technologie des Selbst“ (vgl. Foucault et al. 1993, zu näheren Erläuterung des Begriffs siehe auch Kap. II.4b).

In dem hier diskutierten Zusammenhang nähern sich die zwei Weltbildtypen demnach einander an, da in Bezug auf Religion in der modernen Gesellschaft vermehrte Handlungsfreiheit besteht, auf wissenschaftlich-rationaler wie auf wertbasierter Ebene. Den Körper als (Ersatz-)Religion ins Auge fassend bedeutet dies, dass der Mensch über das Wissen und die Erfahrung verfügt, dass ein perfektionierter Körper Macht verleiht und Anerkennung findet, indem Erfolgserlebnisse in vielen Situationen mit einem äußerlich wohl gestalteten Körper in Verbindung gebracht werden. So belegen viele psychologische Untersuchungen, dass schöne Personen von anderen Menschen mit weiteren positiven Merkmalen bedacht werden, auch wenn sich diese nicht mehr auf das körperliche Erscheinungsbild beziehen (vgl. Penz 2001: 8). Hiermit ist ebenso der vorangeschrittene medizinische Fortschritt verbunden, der es möglich macht, den menschlichen Körper bewusst zu gestalten und zu ändern.

Daneben baut sich der Mensch ein Wertesystem auf, das das eigene (und vor allem das körperliche) Selbst in das Zentrum der Glaubensvorstellung (als „anzubetendes“ Objekt) rückt. Hier kommt der Faktor der Mystik und der Übersinnlichkeit hinzu. Die Vorstellung von einem perfekten Körper ist behaftet mit einer Assoziation von Allmächtigkeit, einer Gottähnlichkeit, die Heil bringt und daher magisch ist. Der Mensch glaubt an sich bzw. an den Erfolg seines Aussehens. Er versucht, sich von anderen Menschen äußerlich abzusetzen, indem er seinen Körper stilisiert, um etwas Besonderes darzustellen.

Individualisierung besteht hier demnach in doppeltem Zusammenhang, auf rationaler wie auf wertsystemischer Ebene. Der Mensch baut sich ein rationales Weltbild auf, verbunden mit einem Wertsystem. Beide machen den Körper zu einem individuellen Schauplatz für die eigene menschliche Überlegenheit gegenüber anderen Menschen. Wären alle Menschen perfekt, so bestünde kein Bedarf an einer (Ersatz-)Religion, die den Körper als Heilsobjekt betrachtet. Würde es allen Menschen gelingen, ihren Körper vollkommen im Sinne eines idealisierten und perfektionierten makellosen Vorbildes zu gestalten, entstünde kein Glauben mit religiösen Kennzeichen. Die Abgrenzung gegenüber dem „normalen“, nicht-perfektionierten Menschen bedingt erst den Sinn der Glaubensvorstellung. So schreibt Martin Gregor-Dellin folgendes: „Erst der Feind erlaubt die Abgrenzung einer Gruppe und gibt ihr rituellen Halt [...]: die Heilslehre braucht den Impuls, sich an feindlichen Systemen zu reiben oder die gesamte Umwelt als ein solches feindliches System zu dämonisieren“ (Gregor-Dellin 1988: 8). Im Falle der körperlich bestimmten (Ersatz-)Religion wird beispielsweise das Altern, Fettleibigkeit oder Unsportlichkeit dämonisiert. Individualisierung bedeutet daher auch eine Abgrenzung und ein gleichzeitiges Messen an anderen.

Individualisierung geht einher mit einem generellen Wertwandel in der westlich industrialisierten Welt. Im folgenden Unterpunkt soll näher auf jenen Wertwandel eingegangen werden, mit besonderer Berücksichtigung der spezifischen Änderungen des Konsumverhaltens moderner Menschen (Kap. III.2b). Religion ist in diesem Wandel besonders deutlich betroffen. Denn die Industrialisierung der westlichen Welt hat einen Wertwandel ausgelöst, der eine „Ablösung traditional überkommener Wertsysteme durch Übernahme industriegesellschaftlich geprägter Wertorientierungen“ (Hillmann 1989: 169) zur Folge hat. Wie bereits im ersten Kapitel erläutert, individualisiert sich der moderne Mensch stets in höherem Maße. Hillmann beschreibt als eine allgemeine Tendenz des Wertwandels „im Zusammenhang mit Prozessen der Verwissenschaftlichung und Industrialisierung eine Schwerpunktverlagerung von der Gesinnungs- zur Verantwortungsethik“ (Hillmann 1989: 171). Diese beiden auf

Max Weber zurückgehenden Begriffe unterstreichen den Unterschied zwischen einem moralischen Handeln und einem Handeln, das auf die Folgen des Handelns gerichtet ist. Daher „erlebt sich der einzelne – tendenziell gesehen – immer mehr als zentralen Bezugspunkt für ein zweckrationales Handeln, das vorrangig auf Steigerung des individuellen Nutzens und Lebensglückes [...] ausgerichtet ist“ (Hillmann 1989 172/173) (Hervorhebungen M.K.).

Der moderne Mensch muss sich daher durch ein erhöhtes Maß an Reflexionsfähigkeit auszeichnen, da er Rationalisierungsmechanismen unterworfen ist, die diese Anforderung mit sich bringen. Der Mensch selbst unterliegt ebenfalls der Reflexion. Diese bezieht sich keineswegs nur auf die veränderte industriell bestimmte Umwelt (sozusagen die „Außenwelt“). Technisierung und Rationalisierung verlangen auch ein perfektionierteres Körperbild („Innenwelt“) des Menschen, um die neuen Werte zu erfüllen. Der moderne Mensch denkt kritisch und tritt nicht nur seiner Alltagswelt kritisch gegenüber, sondern auch seiner Geisteswelt. Hans-Georg Soeffner stellt nun die Frage, die die Moderne kennzeichnet: „Was geschieht, wenn der einzelne in seiner Selbstbeobachtung und Selbstauslegung, im Gebet und im >Hineinhorchen in sich selbst< keine göttliche Antwort findet [...], wenn auf das Fragen nur das Echo des Fragers antwortet -, wenn schließlich auch die Gemeinde den einzelnen nicht mehr im Glauben stützen, nicht mehr von der Leere des >Innen< und den Gefahren des >Außen<, der Welt, schützen kann?“ (Soeffner 1994: 293). Seine Antwort hierauf bestätigt die These von der individuell (und körperlich) bezogenen (Ersatz-)Religion vieler moderner Menschen. Denn: „Fand der Glaube an jenes andere, größere Subjekt nun keinen Boden mehr im Individuum selbst, so traten andere – Ideen oder Weltanschauungen – die Erbfolge des >alten Gottes< an. Behielt jedoch gleichzeitig die Selbstreflexivität des einzelnen die einmal erlangte Macht, letzte Instanz jeder Entscheidung über Glauben, Weltanschauung, Zuordnung oder Mitgliedschaft zu sein, so wurde das Individuum letztlich >reichsunmittelbar< nur noch zu sich selbst“ (Soeffner 1994: 293). Einen reflexiven Zugang, der Fragen beantworten kann, hat der Mensch daher hauptsächlich zu sich selbst. Soeffner spricht in diesem Zusammenhang auch von einer „Selbstüberhöhung des Individuums“ und vom Individuum als „Architekten seiner Person“ (Soeffner 1994: 293/294). Individualisierung wird von modernen Gesellschaften „funktional verlangt. Wir haben zum Ideal erhoben, wozu wir gezwungen waren: das strukturell Notwendige ideell vergoldet, die Individualisierung der Religion in eine innerweltlich orientierte >Religion< vom Individuum überführt“ (Soeffner 1994: 295). Aus diesen Entwicklungen geht der moderne Mensch nicht nur als autonomes Subjekt heraus, sondern unterwirft sich in seiner angestrebten Einzigartigkeit auch der Vereinsamung, da der Kampf um die Einzigartigkeit bzw. um das Übertreffen der anderen Gesellschaftsmitglieder immer ein Einzelkampf ist, so sehr er auch in einer gemeinsamen großen Gruppe gekämpft wird, die ein Vorbild oder Ideal teilt. Das Ideal anzustreben bedeutet nicht nur ein abstraktes übergeordnetes Ziel für den Einzelnen, sondern es bedeutet auch, sich schrittweise in der Praxis anzunähern (immer weiter der Perfektion entgegen), und um den Fortschritt überprüfen zu können, bedarf es einem Vergleich mit den anderen. Fällt der Vergleich positiv für den Einzelnen aus, so wird der Körper weiter überhöht, es wird weiter gekämpft, um noch weiter zu gelangen. Im negativen individuellen Falle wird verstärkt gekämpft. Es ist ein dauerhafter Kampf „jeder gegen jeden".

Werte liegen in der modernen westlich-industrialisierten Gesellschaft daher weniger auf gemeinschaftlicher („moralischer") Ebene, sondern vermehrt auf individualistischer Ebene, was nicht heißt, dass religiöse Werte und gemeinschaftliche verdrängt werden; Religiosität ist einem Individualisierungsprozess unterworfen, ebenso wie andere Werte des Alltags. Dennoch drücken sich religiöse Orientierungen – in welcher Form auch immer – in und durch Gemeinschaften aus, da jede Religion ein Symbolsystem beinhaltet, das der Darstellung der Glaubensinhalte dient. Auf dieses Element soll im weiteren Verlauf noch näher eingegangen werden.

Ein Kennzeichen jenes individualistischen Denkens moderner Menschen ist die Kontrolle vor allem über das eigene Leben. Herwig Büchele beschreibt in seinem Werk „Sehnsucht nach der schönen neuen Welt" (1993) in Anlehnung an Huxleys „Schöne neue Welt" das Streben des Menschen nach der völligen Beherrschung der Geschichte, der Zukunft, des Lebens. Demnach versucht der Mensch, ein Leben zu entwerfen, das der direkten und ständigen Kontrolle durch sich selbst unterliegt. Dies bezeichnet Büchele als einen Anfang: „Beim Anfang anfangen heißt beim Brutofen anfangen. Der Anfang ist physiologisch produziert [...], fixiert und genormt" (Büchele 1993: 20/21). Der Körper spielt in Huxleys wie Bücheles Schriften eine große Rolle, da er das Medium, der Anfang aller Manipulation der Welt ist. Er wird produziert, gezielt reproduziert, in verschiedene Lebenszustände eingeteilt und bedarf der immerwährenden Kontrolle und Planung. Diese fiktive Vorstellung von der Zukunft ist so unauthentisch jedoch nicht. In einigen Punkten nähern sich gegenwärtige Tendenzen der westlichen Industriegesellschaften tatsächlich der von Huxley künstlich geschaffenen Welt an. Planung, Rationalität und Kontrolle sind Begriffe, die in der Moderne an Bedeutung zunehmen. Denn „nichts vermag sich aus dem Bann des genormten Anfangs zu befreien" (Büchele 1993: 21). Weiterhin heißt es an dieser Stelle bei Büchele: „Der Mensch tritt sich in diesem Anfang als Herr seiner selbst gegenüber, als einer, der über die Bedingungen des Daseins verfügt. Er hat die Herrschaft über sich selbst und die Voraussetzungen dieses Anfangs gewonnen und kann so „beim Anfang anfangen", den „Garten Eden" einrichten, in dem die Menschen endlich heil und happy sind: die Neu-Schöpfung des Menschen durch den Menschen" (Hervorhebungen M.K.).

Da sich in der Moderne Fremdzwänge zunehmend auflösen bzw. sich in abstrakteren, differenzierteren und oft subtileren Facetten zeigen als zu vormodernen Zeiten und mehr und mehr in Selbstzwänge übergehen, so wie es Norbert Elias in seinem „Prozeß der Zivilisation" (1999) beschreibt, drückt sich die Kontrolle des eigenen Lebens vor allem über den Körper aus. Denn „das Selbst wird mit dem eigenen Körper gleichgesetzt, den es zu beherrschen, zu kontrollieren, zu gestalten gilt. Wenn aus Fremdzwang Selbstzwang wird, dann projizieren sich die Kontrollinteressen immer stärker auf den Körper, den es zu disziplinieren gilt" (Prahl 2002: 214). Da jedoch moderne Schönheitsideale zunehmend stärker an einer einheitlichen Ordnung – die dadurch entsteht, dass nicht nur aufgrund von Massenmedien die Schönheitsideale von Kultur zu Kultur verglichen und angeglichen werden können, sondern auch aus dem Grund, dass die Technik und vor allem die Medizin diese Ideale dann auch durch plastische Chirurgie, Kurse, etc. zu verwirklichen vermögen - ausgerichtet werden, die vor allem durch die Medien vorgegeben werden, der Körper also zunehmend standardisiert (verglichen, abgestimmt und medizinisch-technisch behandelt) wird, erweist sich die Individualisierung der Moderne als eine Quasi-Individualisierung, die nur scheinbar individualistisch verläuft. Was als schön gilt, wird von einem Überangebot von modernen Kommunikations- und Informationstechnologien vorgegeben. „Doch da sich diese Biopolitisierung der Körper auf der Basis der Freiwilligkeit vollzieht, erscheint sie den Individuen als Realisierung von Wahlmöglichkeiten und nicht als Fremdzwang, erscheint sie als Realisierung von Freiheit, obwohl es sich de facto um die freiwillige Realisierung normierter Verhaltenserwartungen, um die Stilisierung eines Fremdzwanges als Selbstzwang handelt" (Caysa 2003: 9). Der Mensch diszipliniert seinen Körper zwar selbst, doch geschieht dies aus dem sozialen Druck heraus, sich dem normierten Durchschnitts-Alltagsverständnis von Schönheit und dem damit verbundenen und erwarteten Erfolg anzunähern. Der Druck (also durchaus Fremdzwang, jedoch auf subtiler Ebene), der auf der Darstellung des Körpers liegt, wird in modernen Zeiten stets stärker, da - wie bereits an anderer Stelle erörtert – die Orientierungsmöglichkeiten über allgemeinverbindliche Wertesysteme (wie es zum Beispiel am System der Kirche vorgegeben ist) schwächer werden. Der Körper jedoch ist eine Größe, die stets Orientierung erlaubt. Dieser Zwang bzw. Druck erscheint als ein Selbstzwang, er wirkt auch wie ein solcher, doch liegen die Wurzeln des Zwanges zu einem großen Teil in fremdbestimmter Hand durch die Norm- und Wertvorstellungen der Gesellschaft bzw. der Gruppe/ den Gruppen, der/ denen das Individuum sich zugehörig fühlt. Denn „die Normalität besteht im beständigen Anders-sein-Wollen, und gerade dadurch ist man konform" (Caysa 2003: 9).

Der „Garten Eden" wird also nicht erreicht oder verdient, sondern konkret eingerichtet, das heißt, vom Menschen selbst gestaltet, manipuliert, geschaffen. Die Erlangung von Heil unterliegt daher ebenfalls dem Menschen selbst. Er ist nicht nur der Herrscher seines eigenen Reiches, sondern er ist auch verantwortlich für sein eigenes Glück und Heil. Religion wird daher in der Moderne individualistisch geprägt, auch wenn dies einen Widerspruch zu den klassischen, auf Selbstlosigkeit gerichteten Religionen bedeutet. Die Inhalte der Religion lösen sich ab, nicht jedoch die äußere Gestalt, sozusagen das Gerüst dieser. Innerhalb der beiden nächsten Punkte sollen jene Charakteristika ausführlicher dargestellt werden.

Auch Franz-Xaver Kaufmann und Friedrich Fürstenberg betonen den verstärkten individualistischen Aspekt der modernen Religionen: „Heute ist dagegen überwiegend von einer Individualisierung oder Privatisierung von Religion die Rede [...]" (Kaufmann 1989: 278). „Das gleichsam verbraucherorientierte Individuum trifft eine Auswahl aus dem Angebot religiöser Deutungsmuster" (Fürstenberg 1999: 14).

Der Einfluss der Kirchen sinkt in Zeiten zunehmender Individualisierungsprozesse deutlich, vor allem in Bezug auf die Lebensführung des Einzelnen (vgl. Kaufmann 1989: 279). Denn das moderne Individuum besitzt die Möglichkeit, frei über „das Ausmaß seiner Teilnahme an den unterschiedlichen religiösen und sozialen Gruppen, Organisationen und Bereichen" zu entscheiden, und dann kommt es dazu, dass „es selbst, seine Vorlieben und Interessen zur letzten determinierenden Instanz der Biographie" werden (Knoblauch 2000: 205). Auch Thomas Luckmann beschreibt die Privatisierung der Religion als „das Kernstück der umfassenden Privatisierung des Lebens in modernen Gesellschaften" (Luckmann 1991: 179). Das Subjekt wird zum Zentrum seiner eigenen Weltsicht. „Nichts wird in der modernen Kultur so durchgängig zelebriert wie das schein-autonome Subjekt" (Luckmann 1991: 181). Darüber existieren die durch Kirchen institutionalisierten Religionen weiterhin, jedoch verlieren sie an Bandbreite. Das Subjekt ist deshalb nur schein-autonom, weil es zwar autonomer gegenüber institutionalisierten Kirchen auftreten kann, jedoch ist es dennoch den gesellschaftlichen Normen und Regeln unterworfen. In Bezug auf die Religion bedeutet dies: der Mensch erlangt ein neues hohes Maß an Autonomie, indem er sich auf dem Markt der Religionen (mehr zum Marktcharakter von Religion unter dem folgenden Unterpunkt III. 2.b.) freier zu bewegen vermag. Er kann unter den pluralen Angeboten wählen. Jenes Angebot weist in der Moderne auch im religiösen Bereich ein breites Spektrum auf. „Religion hat sich also aus allen Teilbereichen der Gesellschaft ausserhalb des eigenen zurückgezogen, sie ist selbst der Pluralisierung und Individualisierung anheimgefallen" (Stolz 2001: 232). Religion ist daher nur mehr ein Subsystem unter vielen Systemen innerhalb der Sozialstruktur einer Gesellschaft, sie stellt nicht mehr das dominante Organ eines Staates dar, das heißt, „sie hat ihre grundlegende Bedeutung für die Gesellschaft insgesamt verloren" (Stolz 2001: 232).

Eine Individualisierung geht also einher mit einer Pluralisierung aller Lebensbereiche. Das Individuum entscheidet selbst über die Art und Form seiner Religion. Dies liegt nicht zuletzt auch daran, dass in der Moderne eine kulturelle gesellschaftliche Heterogenität herrscht. Menschen vieler verschiedener Kulturen und Glaubensrichtungen leben – vor allem in den Städten – eng aufeinander (vgl. Berger 1999: 44 f.). Dadurch entsteht eine gegenseitige Durchdringung der Glaubensvorstellungen, das heißt, Menschen mit unterschiedlichen Glaubensformen leben in westlichen Industriegesellschaften oft in einer kulturellen Heterogenität nebeneinander, so dass die Menschen wechselseitig mit den Glaubensvorstellungen der Menschen in ihrer Umgebung in Berührung kommen. Der moderne Pluralismus ist daher vor allem gekennzeichnet von vermehrten Möglichkeiten, denen das Individuum gegenübersteht.

Knoblauch unterscheidet drei Formen der Individualisierung in Bezug auf Religion: „Religiöser Synkretismus" meint eine individuell zusammengestellte Religion aus bereits etablierten Religionen. „Suchende" springen immer wieder von Religion zu Religion. „Proteische Religiosität" betreiben solche, die je nach ihren situativen Lebensumständen neben ihrer Religion (z. B. katholische Kirchengänger) auch Esoterik oder Yoga oder anderen „nichtalltäglichen" Glaubensrichtungen anhängen (vgl. Knoblauch 2000: 213/214). Die zuletzt genannte Kategorie der proteischen Religion ist in diesem Rahmen von besonderer Bedeutung. Denn die These von der (Ersatz-)Religion des Körpers, das heißt, die den eigenen Körper in das Zentrum der Anbetung stellende „Religion" der Moderne schließt nicht aus, dass Menschen dennoch eine klassische „Hauptreligion" haben und die (Ersatz-)Religion gewissermaßen als „Nebenreligion" betreiben oder umgekehrt. Individualisierung bedeutet eben einen Zuwachs an Handlungs- und Wahlmöglichkeiten, auch in Bezug auf Religionen. Denn auch die Religion muss sich dem gesellschaftlichen Wandel und der Differenzierung der Lebensbereiche unterordnen. Friedrich Fürstenberg stellt daher fest, „daß die modernen Lebensbedingungen und mit ihnen die sozialen Lebensformen so mannigfaltig sind , daß eine religiöse Durchdringung im Sinne einer engen Verbindung aller Verhaltensweisen mit religiöser Sitte nicht mehr möglich ist" (Fürstenberg 1999: 30). Somit ist Religiosität der Individualisierung zwar unterworfen, aber nicht zum Opfer gefallen, da sich lediglich ihre Ausdrucksformen verlagert bzw. verändert haben und sie an allgemeinverbindlichem Charakter verloren hat. Religiosität gibt es in modernen Gesellschaften durchaus und sogar in einer breiten Masse, jedoch liegen die Inhalte und Ausdrucksformen auf einer subjektiveren und differenzierteren Ebene als zu vormodernen Zeiten.

2.2. Zur Popularisierung von Religiosität: Religion als Konsumobjekt auf dem Markt der Weltanschauungen

Neue Werte liegen im Zuge eines generellen Wertwandels der Moderne zunehmend auf postmaterialistischer Ebene. Eine Vielzahl an Autoren, wie beispielsweise David Riesman oder Heiner Meulemann, die den Wertwandel anhand des amerikanischen Charakters (vgl. Riesman et al. 1967) sowie in der Bundesrepublik Deutschland (vgl. Meulemann 1996) herausgearbeitet haben, beschäftigt sich mit der Tendenz eines generalisierten Wandels, dem Werte in Gesellschaften seit der Nachkriegszeit ausgesetzt sind. Auch der Ansatz Ronald Ingleharts liefert Ergebnisse, die jedoch internationaler Natur sind und sehr stark an Materialismus-Theorien geknüpft sind. Dabei stützt sich Inglehart auf die Bedürfnishierarchie Abraham H. Maslows, die innerhalb der Sozialisation eines jeden Menschen entsteht. Derzufolge stehen physiologische und Sicherheitsbedürfnisse an erster Stelle, gefolgt von den sogenannten "higher needs" (Maslow 1970: 38) der sozialen Zugehörigkeit und Liebe, der persönlichen Wertschätzung und der Selbstentfaltung (vgl. Maslow 1970: 43 ff.). In einer soziologischen Sichtweise sind Bedürfnisse „eigenindividuell fundiert, gleichwohl in der Regel durch ein bestimmtes Symbol-Programm soziabilisiert" (Wiehn 1975: 123). Das heißt, in ihrer Entstehung beziehen sie sich auf eigene Interessen, die von fremdbestimmten Werten abhängen, welche wiederum eigenindividuell interpretiert werden. Der Sozialisation kommt hierbei eine bedeutende Rolle zu. Höhere Bedürfnisse können nur entfaltet werden, wenn sie in der prägenden Phase der Kindheit und Jugend erfüllt wurden, doch erst die Grundbedürfnisse müssen ausreichend befriedigt worden sein, bevor der Wunsch nach den höheren Bedürfnissen erwachen kann. Durch diesen Wertwandel verlagern sich die Bedürfnisse von Menschen im Sinne einer Konzentration auf das einzelne Individuum, das nun deutlich mehr Möglichkeiten besitzt als früher, um sich seinen Lebenslauf in individueller Weise und aktiv selbst zu gestalten. Das Interesse der Gesellschaft verschiebt sich mit zunehmender Sättigung von materiellen Konsumgütern hin zu immateriellen Bedürfnissen, das bedeutet, das Interesse an Konsumgütern, die zum Überleben notwendig sind, verliert sich, sobald diese in ausreichendem Maße vorhanden sind. Somit kann sich der Mensch auf Dinge jenseits der essentiellen Grundbedürfnisse einlassen, die auf diesem höheren Niveau meist auf immaterieller Ebene liegen, da sie nicht mehr der Deckung des Überlebensbedarfs entsprechen müssen. Diese auf Maslow zurückgehende Sicht ist jedoch in folgender Hinsicht problematisch: Es entsteht der Eindruck als ob sich eine Konsumorientierung nur auf der Ebene einer Deckung der Grundbedürfnisse ergibt, jedoch auf höherer Ebene von ideellen Werten abgelöst wird. Dies kann so jedoch nicht stattfinden, da die Sättigung mit Konsumobjekten die *Voraussetzung* für die Orientierung nach höheren immateriellen Bedürfnissen ist. Ohne die Deckung der Grundbedürfnisse bis hin zur Deckung eines hohen Maßes an materiellen Gütern, die über die zentralen Grundbedürfnisse hinausgehen, könnten sich keine höheren Bedürfnisse entfalten. Diese sind wiederum deutlich abhängig von materiellen Gütern. Selbstentfaltung beispielsweise geschieht immer im Rückgriff auf Materielles, auch wenn der Mittelpunkt des Bedürfnisses ein geistiger ist (beispielsweise entsteht das Bedürfnis zur Selbstentfaltung über Meditation: auch hier müssen ein Kurs oder Bücher bezahlt werden, also materielle Güter in Anspruch genommen werden, die einem Menschen, der seine Grundbedürfnisse noch nicht gedeckt hätte, nicht zur Verfügung stehen könnten). Somit ist der Postmaterialismus der Moderne so postmaterialistisch nicht wie auf den ersten Blick vermutet werden könnte. Auch geistige oder spirituelle Güter werden in der (Post-)Moderne zum großen Teil in einem materiellen Sinne konsumiert. So findet sich auf dem Markt der Weltanschauungen ebenso wie im Supermarkt eine breite Palette an Angeboten, die gewählt und konsumiert werden können. Jene Orientierung am Materialismus ist kennzeichnend für die Moderne und soll hiermit als Voraussetzung für alle weiteren Analysen dienen. Auch wenn von postmateriellen Sinnbezügen die Rede ist, lässt sich die materialistische Komponente nicht vernachlässigen.

Vormoderne Gesellschaften weisen in der Regel einen relativ immateriellen Charakter auf. Religion ist das bindende Element und auch das Regelsystem ist auf Religion aufgebaut. Diese ist zentral. Materialistische Züge sind auch hier vorhanden, aber sie bilden nicht den Mittelpunkt der Werteordnung. Mit Einsetzen einer kapitalistischen Warenökonomie als Folge der zunehmenden Industrialisierung lässt sich eine Verschiebung im Umgang mit materiellen und immateriellen Gütern feststellen. Materialismus wird zum zentralen Mittelpunkt der Gesellschaftsordnung. In der Moderne bzw. (Post-) oder (Spät-)Moderne hingegen kann von einer Art „Rückkehr" zu einem immateriellen (oder „postmateriellen") System gesprochen werden. Dieses System liegt auf einer anderen Symbolebene als beide anderen Systeme, daher ist es keine Rückkehr im eigentlichen Sinne. Geistige Werte rücken zwar wieder verstärkt in den Vordergrund, dies kann jedoch nur geschehen aufgrund des durchschnittlichen materiellen Sättigungsgrades der Gesellschaft. Religion und Glaubenssysteme im Allgemeinen gewinnen verstärkt an Bedeutung. Die Inhalte und Ausdrucksformen hingegen unterliegen großen Veränderungen. Eine dieser Veränderungen stellt der Umgang mit materiellen Gütern dar. Die Religionen der Moderne sind gekennzeichnet von Konsum, Religion wird somit zur Ware. Die Wiederverzauberung (die Gegenstand des folgenden Kapitels sein soll) der Welt geschieht demnach unter den Bedingungen eines hochrangigen, differenzierten materiellen Niveaus einer industriellen Gesellschaft. Denn auch die Glaubensrichtungen werden auf einem pluralistisch orientierten Markt angeboten.

Aus diesem Grunde kann sich der Konsumcharakter nicht auflösen, er wird vielmehr beibehalten und *zusätzlich* werden nun noch höhere Bedürfnisse angestrebt, die auf immaterieller Ebene liegen mögen. Selbstentfaltung beispielsweise unterliegt in hohem Maße dem Konsum. Der (post)moderne Mensch zeichnet sich dadurch aus, auch immaterielle Bedürfnisse konsumabhängig zu gestalten. So ist ein historischer Strang zu sehen, der seinen Ausgangspunkt in vormodernen Gesellschaften hat, die noch keinen Konsumcharakter aufweisen im Sinne einer kapitalistischen Warenökonomie, sondern vor allem durch ihr religiöses Gesellschaftssystem auffallen. Weiter geht der Strang über die moderne Gesellschaft, die konsumorientiert ist und mit der Deckung der Grundbedürfnisse beschäftigt ist, worüber aber der Wunsch nach postmateriellen Bedürfnissen entsteht, sobald die Deckung der Grundbedürfnisse zu einem zufriedenstellenden Maße gelungen ist und der Mensch es sich daher leisten kann, immateriell zu sein, das heißt, sich selbst zu entfalten. Es geht weiter zu den (spät-) oder (post-)modernen Gesellschaften, die in einem Prozess der Wiederverzauberung begriffen sind (mehr hierzu im folgenden Kapitel III.3), das heißt, die den Fokus von einer Konsumorientierung zugunsten ideeller, geistig-spiritueller Werte abgeben, sich sozusagen wieder verzaubern lassen. (Spät-)moderne Menschen streben also wieder vermehrt nach einer orientierungsstiftenden und daseinserklärenden, also sinnstiftenden Werteordnung, wie sie einst für alle verbindlich von den Kirchen vorgegeben wurde. Die Art der Spiritualisierung aber liegt auf individualisierterer Ebene, das heißt, dass Glaubenssysteme weniger allgemeinverbindlichen Charakter, sondern subjektiv praktizierten Charakter haben. Denn Glaubenssysteme haben sich differenziert und das Angebot ist breiter als je zuvor, so dass die spirituelle oder religiöse Praxis zunehmend individuelle Züge trägt. Man könnte meinen, dass auch hier die Tendenz zur Immaterialität besteht, doch keineswegs ist dem so, denn der (post)moderne Mensch verbindet nun seine „wiederverzauberte Seele“ mit seiner industrialisierten Rationalität und Kosumorientierung, so dass er diese Bereiche durchmischt, was zur Folge hat, dass er sogar seine Religiosität konsumiert wie andere Bereiche des Lebens auch. Dieses höhere Bedürfnis nach Selbstentfaltung (das sich in der Moderne oft durch eine Hinwendung zur Mystik oder Spiritualität auszeichnet) ist zu einem hohen Grade materiell bestimmt, da das Bedürfnis erstens nur unter Rückgriff auf ein materielles Polster verwirklicht werden kann, und zweitens gestaltet sich auch die Umsetzung und das Praktizieren der Selbstentfaltung materiell im Sinne eines Konsumenten, der bewusst auswählt, welche Art und Weise der Selbstentfaltung er vorzieht. Sogar Religiosität besitzt also Warencharakter. Das Bedürfnis nach Selbstentfaltung wurde aus der von Maslow deklarierten Hierarchie herausgehoben, da es in diesem Zusammenhang von besonderer Bedeutung ist. Die anderen erwähnten höheren Bedürfnisse hegen jedoch den gleichen Anspruch, sie sind ebenfalls nicht rein auf immaterieller Ebene zu betrachten, da sie unter hochmodernen Bedingungen ebenso unter konsumorientierten Gesichtspunkten stehen wie die Grundbedürfnisse.

Der Mensch fungiert unter modernen (westlichen) Verhältnissen daher als individueller Gestalter seines Lebenslaufs, mit der Tendenz, in der Moderne zunehmend dem Anspruch auf Perfektion standhalten zu können. Diese Gestaltbarkeit des eigenen Lebens ist in der Moderne eine Lebenskarriere. Die Bedeutung, die das Subjekt in der Gesellschaft innehat, misst sich also nicht mehr nach objektiven Kriterien (wie beispielsweise dem Beruf oder der sozialen

Herkunft), sondern nach dem jeweiligen Grad und Erfolg des Karriereplans. Niklas Luhmann beschreibt dies mit folgenden Worten: „Die Integration von Individuum und Gesellschaft kennt keine konsensfähigen Prinzipien mehr; sie ist von Herkunft (und, dadurch bestimmt, von *éthos*) auf Karriere umgestellt worden, das heißt auf prozessierte Kontingenz“ (Luhmann 1996: 229).

Jene Karriere wird vom Individuum selbst gewählt und gestaltet. Sogar seine religiösen Anschauungen sind in dieser Karriereorientierung enthalten. Nicht nur gängige und materielle Konsumgüter sind dem Prinzip der modernen Pluralität unterworfen. Religiosität erweist sich ebenfalls als plural und diversifiziert. Pluralität muss jedoch weiter ausdifferenziert werden, vor allem im Hinblick auf Religiosität. Denn ein großes Angebot an religiösen Institutionen durch viele verschiedenartige Kirchen und andere Organisationen ist nicht die einzige Art der Pluralität, es ist lediglich Pluralität auf einem organisatorischen Level (vgl. Hamberg/ Pettersson 2002: 95 f.). Der Pluralitätscharakter, der für diese Arbeit von größerer Bedeutung ist, stellt Pluralität auf einem individuellen Level dar (vgl. Hamberg/ Pettersson 2002: 96). Jene individuelle Ebene bezieht sich auf persönliche Anschauungen und Einstellungen gegenüber privaten Sinnsystemen. Es zeichnet sich in modernen Zeiten also nicht nur eine größere Bandbreite an institutionellen religiösen Angeboten ab, sondern auch individuelle religiöse Präferenzen ändern sich und definieren sich neu. Religiöser Konsumcharakter zeigt sich ebenso auf einem Markt wie andere Konsumgüter auch. Denn beide Arten von Pluralismus in Bezug auf moderne Religiosität sind von einem hohen Grad an Rationalität und Effektivität beeinflusst. Religiöse Institutionen müssen schon seit längerer Zeit auf einem Markt konkurrieren, der höchst technisch-rational bestimmt ist. Kirchen kämpfen ebenso um Macht und Anerkennung wir andere Institutionen auch. Sie müssen daher gute Gründe nennen können, um Mitglieder für sich gewinnen zu können. Individuelle religiöse Präferenzen werden auch von rationalen Entscheidungen geleitet. Eine religiöse Anschauung wird nach ihrem Grad an Sinnstiftung und Erlösung bzw. Orientierungscharakter gemessen.

Jene kosumorientierte Sichtweise scheint kaum noch Platz für Spiritualität zu lassen. Allerdings zeichnet sich in spätmodernen Zeiten eine Art Rückbesinnung auf geistig-spirituelle Werte ab.

3. Wertverlust und „Ent- bzw. Wiederverzauberung“ der Welt

Die moderne westliche, hochgradig industrialisierte Welt wird oft anhand dessen beschrieben, was sie gewonnen oder verloren hat. So gewinnt die Moderne an Möglichkeiten, an Ausdifferenzierungen und Funktionen. Und verliert an Allgemeinverbindlichkeit und Übersichtlichkeit. Grenzen lassen sich nicht mehr eindeutig ziehen. Ein ebenso sehr in Verbindung mit der Moderne gebrachter Diskurs richtet sich auf das Öffnen bzw. Integrieren und auf das Sich-

Abgrenzen. Globalisierung, Lokalisierung oder gar Glokalisierung zeugen von einem neuen Verständnis von der Welt, das sich zwischen jenen Begriffen hin und her wendet.

Religiosität spielt im Leben des modernen Menschen durchaus eine wichtige Rolle[24]. Auf den ersten Blick erscheint es auch hier, als ob der Bereich des Religiösen den (post)modernen Alltag mit zunehmender Industrialisierung, Technisierung und Rationalisierung stets weniger durchzieht. Doch auf den zweiten Blick erheben sich Anzeichen für moderne Religiosität über die menschliche Lebenswelt, die nur latent als Quasi- oder „Ersatz"-Religionen erkannt werden können. Die Spuren des Religiösen in der modernen Welt sind also schwer zu finden, da sie auf den ersten Blick oft nicht als Religionen erkannt werden, und doch sind die Spuren vorhanden. Stilisierungen verschiedenster Art, Esoterik, alternative Medizin, Sport oder andere moderne Phänomene werden in vielen Fällen nicht in die Kategorie des Religiösen eingeordnet. Es gibt jedoch viele moderne Sinnsysteme, die den Charakter des Religiösen in sich tragen. Sobald der Mensch nach Sinn für sein Leben sucht, begibt er sich auf die Spuren des Religiösen, oft auch ohne es zu wissen.

Zygmut Bauman beschreibt einen Prozess, der in der Moderne Einzug gehalten hat, als eine Entzauberung der Welt, der von der (Post-)Moderne durch eine Wiederverzauberung abgelöst wurde. Die Moderne führte noch einen „Krieg gegen Mystik und Magie" als einen „Befreiungskrieg", denn die Welt musste „*entspiritualisiert*, entseelt werden, es musste ihr die *Subjekt*fähigkeit abgesprochen werden (Bauman 1995: 9). Diese Reaktion lag in der Erkenntnis, dass sich die Welt von Grund auf in einem Zustand der Unordnung befinde. Eine stabile Ordnung bedarf eines Apparats aus menschlichen Bemühungen und Regeln, der Naturzustand der Welt muss geformt und manipuliert werden. Als Folge dieser Weltsicht folgte die Welt einer rationalisierten Formung durch den Menschen, die einer Instrumentalisierung des Menschen gleichkam, denn auch die Menschen „wurden wie Holz und Wasserwege, statt wie Wälder und Seen" (Bauman 1995: 9). Diese deutliche Strukturiertheit des Lebens führte zu einer (post-)modernen „Wieder-verzauberung" (vgl. Bauman 1995: 10), „eine „postmoderne Religion" entsteht, die Säkularisierung befindet sich selbst in einer Krise der „Entsäkularisierung", die – vereint mit dem vor sich gehenden Wertwandel – eine postmaterialistische Weltanschauung, ein „postmodernes" oder gar ein „Neues Zeitalter" einläutet" (Knoblauch 1989: 504, zitiert nach CISR (Hg.): Secularization and Religion: The Persisting Tension. Acts of the XIXth Conference at Tübingen 1987; Lausanne o.J. (1988): 5).

Da mit dem Voranschreiten des modernen sozialen Wandels die Bindung an Gemeinschaften geringer und lockerer wird, der gemeinschaftliche Charakter also an Bindekraft verliert, indem das Subjekt an Bedeutung gewinnt (siehe

---

24 Siehe Ausführungen unter Punkt III.1, wie sie vor allem unter Bezugnahme auf Durkheim und Luckmann diskutiert wurden.

Kap. I), zeigt sich eine Tendenz der Menschen nach einer Suche: die Suche nach der verlorenen Gemeinschaft, die Suche nach einer Wertorientierung.

Die Moderne muss sich mit dem Problem des Ordnungsverlustes, den die Pluralisierung aller Lebensbereiche mit sich bringt, beschäftigen und dem entgegenwirken. Die Prophezeiungen der klassischen Religionen im Sinne von Wiedergeburt oder dem ewigen Leben im Jenseits und die Drohung der Bestrafung im Jenseits bewirken eine moralische Ordnung des Alltags. Dieser Mechanismus verliert in der Moderne an Bedeutung. Um Ordnung zu erzeugen, müssen neue Werte oder orientierungsstiftende Regeln an die Stelle eines allgemein „verbindlichen" (im Sinne eines moralisch verpflichtenden) Wertesystems treten, um die Welt nicht aus den Fugen geraten zu lassen. Ein moderner Staatsapparat mit entsprechenden Sanktionen in Bezug auf Verstöße fängt die Loslösung von traditionellen Moralsystemen nur teilweise auf. Denn der Gedanke an eine mögliche höhere Bestrafung im Jenseits bewirkt zudem gesellschaftliche Ordnung, vor allem weil ein Entkommen vor dem jüngsten Gericht als unmöglich vorausgesetzt wird. Ein rein diesseitig funktionierender Staatsapparat kann eine solche grenzüberschreitende Allmacht nicht glaubhaft darstellen, da der Staat bzw. Regelsysteme prinzipiell hintergangen werden können, wohingegen der Glaube besteht bzw. von den kirchlichen Institutionen geschaffen wird, dass es Kennzeichen von Göttlichkeit ist, alles und jeden zu sehen und somit nicht hintergangen werden zu können. Daher sind ideelle Wertesysteme von großer Bedeutung für das Funktionieren einer Gesellschaft. In der Moderne stellt sich dem Menschen zwar ein pluralisiertes Angebot an Wertorientierungen dar, das einen weniger universalen Charakter als klassische Religionen aufweist, doch die Wertevermittlung ist dennoch in allen Formen der (Ersatz-)Religion zentral. Der Staat allein vermag nur ein gewisses Maß an Orientierung und Verbindlichkeit zu erzeugen, moralische Werte jedoch bilden die ideale Ergänzung, um generelle Ordnung zu erzeugen. Verlieren kirchliche Institutionen an Verbindlichkeit, werden andere gemeinschaftliche Werte produziert. Beispielsweise geben Eltern ihren Kindern in der Regel den Wert mit auf den Weg, dass das Töten von anderen Menschen schlecht und verabscheuenswürdig ist. Jener Wert wirkt im Bewusstsein neben oder anstelle von kirchlichen Geboten oder staatlichen Regeln. Denn eine Gesellschaft lebt mit ihren Werten, die orientierungsstiftend wirken. Gemeinschaftlichkeit ist ein Wert, der Ordnung stiften soll und der dem Grundbedürfnis des Menschen entspricht. An die Stelle einer Gemeinschaft, in die der Mensch hineingeboren wird (über Religionszugehörigkeit entscheidet überwiegend noch der größte der Teil der Menschen nicht selbst, sondern wird in der frühen Kindheit durch die Eltern entschieden), treten viele Gemeinschaften, die frei gewählt werden können. In der Moderne besitzen viele Menschen noch jene „zugeteilte" Religionszugehörigkeit, sie verliert in der Praxis jedoch ihren verbindlichen Charakter. Da Gruppen Wertorientierungen bieten und daher Ordnung und

Sicherheit geben können, vermag der Mensch sich innerhalb dieser seinem Bedürfnis nach Gemeinschaft hinzugeben. Selbst wenn die einzelnen Interessen, Bedürfnisse und Erwartungen an ein Wertesystem höchst individualistischer Natur sind, so werden sie doch von einem Konsens geteilt und durch ihn definiert. Denn es „können sich Individuen – so wie wir dies gegenwärtig in unserer eigenen Gesellschaft vorgeführt bekommen – mit großem Eifer darum bemühen, >einzigartig< oder im Vokabular der Aktualität: >authentisch< zu sein und zu erscheinen. Dann sind sie – im Kreise der vielen, die sich der Einzigartigkeit verpflichtet fühlen – für einen Außenbeobachter die gruppenkonformen Mitglieder einer Gruppe von Nonkonformisten" (Soeffner 1992: 79/80). Der Aspekt der Gemeinschaftlichkeit spielt also immer eine Rolle, ob bewusst oder unbewusst. Religiosität spielt sich in Gemeinschaften ab und orientiert sich an der Gruppe. In der Moderne gestalten sich Gemeinschaften in einer differenzierteren Art als früher in traditionalen religiös bestimmten Gesellschaftsformen. Moderne Gemeinschaften sind „lockerer", das heißt, sie besitzen nicht mehr eine generelle Allgemeinverbindlichkeit, indem meist nicht mehr eine einzige dominante Gemeinschaft das Leben eines Individuums bestimmt (wie beispielsweise eine kirchliche Gemeinde innerhalb eines Dorfes), sondern der Mensch eine Vielzahl an verschiedenen und sich teilweise überschneidenden Gruppen angehört, die alle mehr oder weniger verbindlichen oder bedeutenden Charakter für dessen Lebenswelt haben. Gemeinschaften können gewählt werden und nebeneinander existieren. So kann jeder Mensch Mitglied mehrerer Gemeinschaften und Glaubensgruppen sein. Es gibt zwar durchaus Gruppen, die exklusiven Charakter besitzen, das heißt, die andere Menschen ausschließen, aber das Angebot an Gemeinschaften und Glaubensgruppen ist so vielfältig, dass die unterschiedlichsten Bedürfnisse nach Mitgliedschaft in der Regel befriedigt werden können. Die Regelsysteme sind in manchen Gruppen nicht eindeutig und in bestimmter Form festgesetzt. Markwart Herzog bezeichnet also beispielsweise Fußball als moderne Religion, vor allem aufgrund des gemeinschaftlichen Charakters, der zelebriert und symbolisiert wird. „Schon durch die temporale Ordnung des Lebens, die ein geregelter Spielbetrieb stiftet, und die Identifikation mit dem Verein und seinen Stars leistet Fußball einen grundlegenden Beitrag zur Befriedigung des Sinn- und Orientierungsbedürfnisses und zur Ritualisierung des Alltags" (Herzog 2002: 25). Die Orientierung an und Ordnung durch Gemeinschaften ist ein wichtiger Faktor von Religion. Im Falle der (Ersatz-)Religion des menschlichen Körpers findet ebenso eine Ritualisierung des Alltags statt. Viele Menschen beschäftigen sich in hohem Maße mit ihrem Körper, messen ihn an anderen und fühlen sich der Gruppe der Gleichgesinnten zugehörig. Auch verehren sie ihre Vorbilder (die ihnen die Medien in zahlreicher Form vorführen) und somit auch sich selbst, wenn sie ihren Zielen nahe kommen. Aufgrund dieser Identifikation mit bestimmten Zeremonien, die außeralltäglich (idealisiert) sind und einem Rausch ähneln spricht Herzog davon, dass sie „an kirchliche Symbolsprache“ erinnern (Herzog 2002: 25).

Bauman nennt die Gemeinschaften, die daraus entstehen „*vorgestellte* Gemeinschaften“ (vgl. Bauman 1995: 19)[25]. Sie sind imaginiert, weil ihre Mitglieder an ihr Bestehen glauben. Dieser Glauben stellt die einzige „Rechtsgrundlage“ der Gemeinschaft dar. „Das von einer vorgestellten Gemeinschaft erworbene Recht zu billigen oder zu mißbilligen ist die *Folge* einer Entscheidung des Billigung suchenden Individuums [...]“ (Bauman 1995: 19). Der Mensch strebt demnach offenbar danach, eine Rechtfertigung für sein Handeln, ja für seine ganze Lebensweise zu erhalten. Er ist bemüht um eine Orientierung an einer Denk- und Lebensweise, an die er glauben kann. Diese „Suche nach kommunalen Zufluchtsorten“ (Bauman 1995: 21) spiegelt diesen Wunsch nach einer Orientierungsweise des Menschen wider. Aufgrund der Vielschichtigkeit der (Post-)Moderne und des Schwindens traditioneller religiöser Wertesysteme suchen die Menschen andere Zufluchtsorte. Diese können individualistischer Natur sein, immer jedoch tragen sie einen sozialen Charakter, da hinter der Suche nach einem Zufluchtsort immer der Wunsch nach Anerkennung bzw. Rechtfertigung steht. Die Orte selbst werden nicht vom Individuum, sondern von der Gesellschaft geschaffen. Sie folgen einer Mode, die stets neu definiert wird. Die Zuflucht zu einer (Ersatz-)Religion oder beispielsweise einer spirituellen Gemeinschaft ist individualistischer und gleichzeitig gesellschaftlicher Natur, denn einerseits sucht das Individuum einen subjektiven Ausbruch aus dem „normalen“ Leben (den das moderne Individuum sich selbst zu schaffen vermag), und andererseits unterliegt die Flucht Vorgaben der Gesellschaft, denn es existieren kaum Glaubensrichtungen, die andere Menschen nicht teilen würden. Sie unterliegen sehr stark der Mode. Um auszubrechen, sich zu unterscheiden, schließt sich das Individuum wiederum einer Gruppe an, die das gleiche Ziel verfolgt. Daher sind Individualismus und gesellschaftlich bestimmte Zufluchtsorte keine Widersprüche.

Vorgestellte Gemeinschaften sichern sich ihre Existenz in erster Linie über ihre Symbolträchtigkeit. Ihre äußere Darstellung und somit der Effekt, den diese Darstellung auf ihr Publikum ausübt und auf sie zurückwirkt, schafft das Gefühl ihrer Gemeinschaftlichkeit. „In der Welt der vorgestellten Gemeinschaften ist

---

[25] Der Begriff der „vorgestellten Gemeinschaften“ bzw. “imagined communities“ geht zurück auf Benedict Anderson (2003). Sein Konzept gründet sich in der Analyse von Nationen, deren Grundlage eine vorgestellte politische Gemeinschaft ist, die höchst „limitiert“ (mit Grenzen versehen) und gleichzeitig souverän ist (vgl. Anderson 2003: 6). Die Bürger einer Nation glauben an dieses Gemeinschaftsgeflecht und definieren sich als Nationalität, indem sie sich und gewisse Strukturen *vorstellen*. Bauman übernimmt jene Vorstellung der vorgestellten Gemeinschaft. Nachdem sich Baumans Ausführungen auf die Postmoderne beziehen und allgemeiner formuliert sind als Andersions komplexes Konzept der Nation, ist hier von Baumans Konzept der vorgestellten Gemeinschaft die Rede, auch wenn es sich urspünglich um ein Konstrukt von Anderson handelt.

der Kampf ums Überleben ein Kampf um den Zugang zur menschlichen Phantasie“ (Bauman 1995: 20). Dies bedeutet, dass der Glaube an das gemeinschaftliche Gefühl einerseits und die symbolhafte Darstellung zur Existenzgrundlage schlechthin werden. Diese Verknüpfung - Glaube und symbolische Darstellung - soll im Folgenden ausführlicher diskutiert werden.

Der Glaube erhält in (post)modernen gesellschaftlichen Verhältnissen wieder einen Aufschwung. Moral und Ethik wurden nach Bauman in der Moderne bekämpft, zugunsten der Rationalisierung aller Lebensbereiche (vgl. Bauman 1995: 23 ff.). In der (Post-)Moderne hingegen gewinnen diese Werte zunehmend an Bedeutung, sie kehren in das Alltagsleben der Menschen zurück, jedoch in modularisierter Form: „Die Entthronung der universellen Vernunft hat nicht wieder einen universellen Gott auf den Thron gebracht. Statt dessen wurde die Moral *privatisiert*; wie alles übrige, das dieses Schicksal teilt, ist Ethik eine Sache individuellen Ermessens geworden [...]“ (Bauman 1995: 23/24).

Die symbolische Darstellung der eigenen Wertorientierungen ist deshalb so bedeutend für das Individuum, gerade weil es auf der Suche ist nach Billigung, wie Bauman dies ausgedrückt hat. Es strebt nach einer Grundlage, an die es glauben kann und die sein Auftreten rechtfertigt. Die Sinnhaftigkeit des Glaubens erneuert sich immer wieder über die symbolhafte Darstellung und Bekräftigung dessen. Ohne die Möglichkeit, einen Glauben in bestimmter äußerlich erkennbarer Form zu zelebrieren bzw. zu zeigen würden die Glaubensinhalte Gefahr laufen, schwächer zu werden bis hin zur Auflösung des Glaubenssinngehalts für das jeweilige Individuum. Nach Clifford Geertz beinhaltet diese symbolhafte Darstellung einer Glaubensrichtung zwei Funktionen: Zum einen erzeugt eine Objektivierung des eigenen Glaubens (durch den äußerlichen symbolischen Ausdruck) wiederum den Glauben, dass die Wertvorstellungen „notwendige Lebensbedingungen“ seien, „als reiner *Common sense* angesichts der unveränderlichen Gestalt der Wirklichkeit“ (vgl. Geertz 1983: 47). Zum anderen liefern religiöse Darstellungsmuster ihre Existenz-Rechtfertigung durch den Verweis auf eine transzendente historisch bestimmte Wurzel, denn „religiöse Symbole behaupten eine Grundübereinstimmung zwischen einem bestimmten Lebensstil und einer bestimmten (wenn auch meist impliziten) Metaphysik und stützen so jede Seite mit der Autorität der jeweils anderen“ (Geertz 1983: 47/48). Die Zeichenhaftigkeit, die Menschen ihrem Glauben schenken, validiert in diesem Sinne dessen Existenzberechtigung.

Da in der Moderne klassische religiöse Werte – hiermit sind solche gemeint, die sich auf den Glauben an einen Gott stützen - an Bedeutung und Relevanz für die individuellen Lebenswelten der Menschen verlieren, zeichnet sich eine Entwicklung in eine quasireligiöse Richtung ab. Die Mehrheit der Menschen kann nicht völlig frei von einem Glauben leben. Werte und Normen sind für die menschliche Existenz unentbehrlich. Der Mensch braucht eine Überzeugung, die seinem Leben einen Sinn verleiht. Diese Glaubensrichtung muss ebenso zelebriert werden wie eine Religion, wie sie unter dem Verweis auf Geertz geschildert wurde. Ob sich der Glaube nun auf einen Gott stützt oder lebensweltliche Sinnstiftungsorgane zum Inhalt hat, ein bedeutendes Merkmal ist diesen Denkweisen gemeinsam: Sie können nicht ohne ihre jeweilige Ausdrucksform existieren.

Im Zuge der Wiederverzauberung der Welt wird also deutlich, dass Religion ein Gut ist, das nicht im Begriff ist, auszusterben, sondern im Gegenteil in (post)modernen Zeiten wieder verstärkt an Bedeutung gewinnt. Franz-Xaver Kaufmann spricht von einer „*Wiederkehr von Religion*, es gibt auch viele Symptome für das individuelle Bedürfnis, den behaupteten oder tatsächlichen Zwängen der Moderne mithilfe religiöser Hilfe zu entkommen: von den lila Halstüchern der evangelischen Friedensbewegung bis zum Interesse an Esoterik“ (Kaufmann 1989: 278).

Der Wertverlust, der sich im Hinblick auf traditionelle Religionen feststellen lässt, ist also nur eine Veränderung traditionaler Werte. Werte verschwinden nicht in modernen Zeiten, sie verlagern sich. „Dieser ‚Modernisierungsprozeß' führte deutlich wahrnehmbar zu einem Auseinandertreten von Kirchlichkeit und subjektiver Religiosität. Auf die Gegenwart bezogen lässt sich letztere nicht mehr mit statisch nachweisbarer Kirchentreue gleichsetzen. Dies erschwert auch den Nachweis von Indifferenzzonen religiösen Verhaltens, die oft vorschnell als ‚Glaubenslosigkeit' bzw. ‚reine Diesseitigkeit' charakterisiert werden“ (Fürstenberg 1999: 19). Dies stellt ein Problem dar, das sich nicht leicht lösen lässt. Die Individualisierung bringt differenzierte „Privatreligionen“ hervor, die sich nicht empirisch an der Zahl der Kirchengänge etc. messen lassen. Religiöse Werte sind aber nicht aus dem Denken der modernen Individuen verschwunden. „Als Folge der sozialstrukturellen Entwicklung der Gesellschaft, der Ausdifferenzierung relativ eigenlogischer Subsysteme, ergibt sich eine neue Sozialform der Religion, die wesentlich „privater“ Natur und um das „autonome“ Individuum zentriert ist, relativ abgekoppelt von ausdifferenzierten religiösen, insbesondere kirchlichen Institutionen“ (Seyfarth 1984: 25). Im Folgenden soll nun ein spezifischer Fall einer solchen „Privatreligion“ skizziert werden. Den eigenen menschlichen Körper in einer gottähnlichen Gestalt zu gestalten und ihn somit als einen Gott zu verehren, stellt zwar eine neuartige und individualistische Sonderform von Religion dar, kann jedoch als weitläufige Tendenz innerhalb moderner westlicher Industriegesellschaften gesehen werden, da viele Anzeichen für eine großflächige Ausbreitung dieser sprechen. Dies ist Thema der nächsten Kapitel.

3.1. Religiosität und Körperlichkeit bzw.: Der Körper als (Ersatz-)Religion

Erlösung und Heilssuche erfolgen unter klassischen religiösen Bedingungen ausschließlich im Jenseits. Dieser Gedanke wird in der Moderne zurückgedrängt, da sich viele Glaubensinhalte von imaginären, mystischen Inhalten zu lebensweltlicheren Inhalten verschieben. Unter diesem Gesichtspunkt ist eine göttliche Gestalt nicht mehr zwingend das Zentrum der gläubigen Verehrung, sondern in vielen modernen menschlichen Lebensbereichen stellt dieser Mittelpunkt ein Mensch dar bzw. vielmehr der menschliche Körper an sich. Dieser Punkt soll an späterer Stelle ausführlicher diskutiert werden (Kap. III.5). Wenn im Folgenden von „quasi-religiösen Anschauungen" die Rede ist, so ist die Diskussion um den Körper bzw. das Menschliche an sich als moderne (Ersatz-)Religion gemeint. „Quasi" bedeutet hier nicht, dass diese Art der Religion weniger religiös ist als klassische moralisch-bestimmte Religionen (mit einem Gott als Verehrungsobjekt), sondern bezieht sich nur auf die abstrakte, ungewohnte Zentrierung des menschlichen Körpers innerhalb einer Religion.

Alle in Kap. III.1 genannten acht Grundüberlegungen des Glaubens treffen auf klassische religiöse Glaubensvorstellungen ebenso zu wie auf den hier entworfenen Ansatz, der von einer (Ersatz-)Religion handelt, die in modernen westlichen Industriegesellschaften weite Verbreitung findet: dem menschlichen Körper als religiöses Stilisierungselement.

Der Glaube an die Machbarkeit des eigenen Körpers stellt für das jeweilige Individuum ein persönliches Sinnsystem dar. Personen finden den Sinn ihres Daseins, indem sie sich ihrem Körper widmen. Auf diese Weise wird Erfüllung erfahren.

Zweitens wird der Körper in einer bestimmten Weise nach außen sichtbar dargestellt (durch bestimmte Wahl der Kleidung oder Schmuck oder anderes), er erhält also Symbolcharakter.

Das Regelsystem in Bezug auf den menschlichen Körper zeigt sich am besten anhand eines Beispiels: der Mode. Die Mode wirkt direktiv auf Individuen. Sie zielt darauf ab, den Menschen den Glauben zu vermitteln, ihre Konformität sei normativ erwünscht. Konformes Verhalten scheint nicht nur erwünscht zu sein, sondern mit der normativen Aufforderung behaftet zu werden, eine Identifikation mit ihr sei unumgänglich, wenn das Individuum nach Anerkennung strebt. Sanktion gegen die Ablehnung dieses regelkonformen Verhaltens wäre der Ausschluss aus der Gemeinschaft der Modeanhänger. Denn „heute bietet sich die Mode an, um aus dem gewöhnlichen Menschen einen besonderen, einen aktuellen, einen erfolgreichen Typ zu machen" (Bühler 1973: 10).

An diesem Beispiel zeigt sich, dass auch ein individuell-weltlich orientierter Glaube ein Regelwerk besitzt. Liegt dieses nicht in der Mode, so sind die Regeln in anderer Weise festgelegt. Da diese Glaubensrichtung sehr subjektiv verankert ist, lässt sich hier eine große Bandbreite an verschiedenen Regelsystemen feststellen. Ein Punkt ist jedoch allen gleich: das Regelwerk wird von „der Gesellschaft" oder von Kollektiven gemacht und stets neu validiert bzw. reproduziert. Ohne die Anerkennung des Regelwerks durch die Mitglieder kann eine Glaubensgemeinschaft nicht existieren. Das Streben nach körperlicher Vollkommenheit ist ein Wunsch, der einem von einer breiten Masse herbeigesehntem Ideal gleichkommt. Schönheit, Jugend, Fitness, etc. sind Ideale, die von der Gesellschaft anerkannt und mit Bewunderung versehen werden. Die zugrundeliegenden Regeln besagen, dass zwar erlaubt ist, was schön und vollkommen macht, jedoch nur in bestimmten Grenzen. Oberste Regel ist hierbei, dass „schön" ein Begriff ist, der gesellschaftlich definiert wird. Modekonformes Verhalten gehört in diese Sparte. Meist sind die Regeln im Umgang mit dem eigenen Körper sehr subtil: eine Schönheitsoperation beispielsweise ist „erlaubt", aber man spricht nicht darüber oder verleugnet jene. Ein anderes Beispiel: Zu bestimmten Anlässen erscheinen die Herren in Anzug und Krawatte, die Damen in Abendgarderobe, ohne dass dies auf einer Einladungskarte oder dergleichen besonders gekennzeichnet werden müsste. Derer Regeln gibt es viele, die an dieser Stelle nicht einzeln angesprochen werden sollen. Es soll genügen, auf ihre Beschaffenheit hingewiesen zu haben, um feststellen zu können, dass sie den Regelsystemen der traditionellen Religionen durchaus folgen können; wenn auch in anderer, meist subtiler Gestalt und Intensität.

Viertens bedingt das mit dem Glauben einhergehende konforme Verhalten in der Vorstellung der Menschen die dahinter stehende Erlösung, sozusagen die Belohnung für die Treue an der Religion. Auf diesen Punkt soll im folgenden Kapitel gesondert eingegangen werden (Kap. III.4).

Der Glaube an etwas oder jemand birgt eine Stilisierung des anzubetenden Objekts oder Subjekts. Der Gegenstand oder Mensch im Zentrum der Aufmerksamkeit wird mit Verehrung bedacht. Ein Konstrukt wird geschaffen, das mit Verehrung einhergeht. Über jenes muss ständig reflektiert werden, denn nur am Messen mit anderen kann der Grad der Verehrungswürdigkeit bestimmt werden. Im Falle unseres menschlichen Körpers folgt diese Stilisierung dem Bild der Vollkommenheit menschlicher Schönheit. Mit Schönheit gesegnete – oder sich künstlich schön geschaffene - Menschen erhalten Macht und Ansehen. Der Gedanke erstens an die Machbarkeit im Sinne einer eigenverantwortlichen Gestaltbarkeit des menschlichen Körpers und zweitens an die Macht, die daraus resultiert, liefert die Grundlage für die Stilisierungsarbeit am Körper. Zwei Grundgedanken bewegen sich hinter dieser Sichtweise: Macht über sich selbst und daraus folgend Macht über andere. Der erste Schritt beinhaltet die Manipulation bzw. weniger scharf ausgedrückt die Gestaltung des eigenen Körpers. Dies verleiht Macht über den Körper, der durch das menschliche Bewusstsein geformt und somit unterworfen wird (wiederum am Beispiel der Schönheitsoperation erläutert: den Körper nach den eigenen Wünschen verändern zu können, ist mitunter auf die Fortschritte der Technik und Kompetenz der Mediziner zurückzuführen; dadurch entsteht die Möglichkeit, den Körper nach einem vorher zurechtgelegten Plan zu verändern. Diese Macht war früher nicht möglich und konnte daher nicht zum Zentrum eines egozentrierten Weltbildes werden). Macht über andere folgt aus dem Gedanken, dass denjenigen die Welt zu Füßen liegt, die schön (oder jung, fit, oder in welcher Form auch immer überlegen) sind. Wiederum an einem Beispiel erklärt: Stars – im Musikgeschäft wie im Sinne von Schauspielerei (oder auch in anderen medial vermittelten Bereichen des Lebens); beide Kategorien werden durch Medien optisch vermittelt – erhalten Anerkennung in erster Linie aufgrund ihres Aussehens. Je schöner, desto bedeutender. Kunst wird oft deshalb als brotlos angesehen, weil ihre Künstler nicht sich selbst, sondern ihre Kunst in den Mittelpunkt rücken. Und auch hier gilt: Passt die Kunst in das ästhetische Empfinden der Menschen, findet sie Anerkennung. „Bei den Ausbauten der Religion, denen der Geist spontan frönt, darf das ästhetische Motiv nie vergessen werden", denn „die Rolle, die das ästhetische Leben für die Bestimmung der Wahl einer Religion spielt" (James 1979: 426), ist enorm. „Nach dem endgültigen Schiffbruch der politischen Utopien setzt unsere Kultur resolut auf Ästhetik. Man kann es auch so sagen: Nach der »Erlösung durch Gesellschaft« kommt jetzt die Selbsterlösung durch *Self-Fashioning*" (Bolz 1997: 225). Man könnte auch so sagen: Statt der Erlösung durch Gott bzw. eine religiöse Lebensweise erlöst sich der Mensch selbst. Ein hohes Maß an Eigenverantwortlichkeit und Selbstüberhöhung, kombiniert mit einer hohen gesellschaftlichen Bedeutung und Anerkennung von Äsethik ergibt ein Produkt, das ideal auf die Ansprüche der Moderne zu passen scheint, da es das narzisstische Selbst zum Mittelpunkt erhebt und gleichzeitig der Ästhetik frönt: der menschliche Körper. Eine Überhöhung des Körpers trägt also den Trends der Zeit gebührend Rechnung. Dies ist ein Prozess, der meist lange dauert. Veränderungen können in der Mehrzahl der Fälle nicht über Nacht stattfinden. Die Arbeit am eigenen Körper ist nie abgeschlossen, mitunter auch, weil der Körper altert und jenem Prozess dauerhaft entgegengesetzt werden soll. Ebenso wie Machtakkumulation nimmt Schönheitsakkumulation nur prozesshaft zu und ist mit einem hohen Maß an Reflexion und Arbeit verbunden.

Um jedoch den wichtigsten Aspekt nicht aus der Sicht zu verlieren: Es geht um Macht und Körperlichkeit. Der Glaube existiert in der Moderne zusehends mehr, dass Dinge erreicht werden können, wenn das Aussehen stimmt. Menschen glauben an Erfolg aufgrund ihres Aussehens. Dies soll in diesem Rahmen noch anhand eines Exkurses in die Werbung verdeutlicht werden. Der Körper ist dem Menschen „heilig". Dies trifft in der Moderne stets mehr zu. Denn Personen bevollmächtigen sich selbst dazu, in ihre natürliche Körperlichkeit einzugreifen und sich somit zu mehr Ansehen zu verhelfen. William James spricht in diesem Zusammenhang von einer „fühlbaren Überzeugung von der

Existenz einer idealen Macht. Im Falle christlicher Heiligkeit ist diese Macht stets personifiziert als Gott; aber abstrakte moralische Ideale, bürgerliche oder patriotische Utopien oder innere Vorstellungen von Heiligkeit oder Recht können ebenso als die wahren Herren und Vergrößerer unseres Lebens geführt werden“ (James 1979: 258). Eine Alltags-Utopie stellt die Verehrung des eigenen menschlichen Körpers dar, der der moderne Mensch zunehmend anheim fällt. Denn: „Das wirkliche Leben hat einen *utopischen Einschlag*. [...] Es herrscht schlaraffenlandartige Fülle“ (Gross 1994: 62). Die Utopie des Schlaraffenlandes ist also quasi Wirklichkeit geworden. Der Gedanke an das Alles-ist-möglich schafft Utopien, die vom Einzelnen selbst geschaffen werden, denn prinzipiell scheint alles möglich zu sein. Der Mensch stößt nur noch selten an Grenzen und selbst diese verschieben sich zusehends. So verschiebt sich beispielsweise der Alterungsprozess immer weiter hinaus, dank moderner Medizintechnik und eines breiten Körperpflegeangebots.

Die tatsächliche Überprüfung der machtvollen Wirkung des Körpers gestaltet sich als schwierig, sie ist nicht gänzlich beweisbar, sondern sie ist – wie eben erwähnt wurde – eine Utopie. Rationale Beweisbarkeit innerhalb eines Glaubenssystems spielt jedoch eine untergeordnete Rolle. Der äußerlich sichtbare Erfolg der Stars scheint Beweis genug für den Glauben an Erfolg über den Körper zu sein. Doch es ist nicht gesagt, dass dies für jeden Menschen gilt. Daher ist diese Art der Religion von einer ständigen Suche nach dem Mittel für die letzte Vollkommenheit geprägt. Dieses Mittel ist abstrakt und nicht eindeutig definiert. Es gibt viele Normen und Werte, die allgemeingültig formuliert und überliefert sind, jedoch kein Rezept für die Identität des Einzelnen besitzen. Der Glaube an etwas kann keinen Wirklichkeitsanspruch aufweisen, sonst wäre die Logik des Glaubens an sich verletzt. Die Elemente des Glaubens sind jedoch so stark, dass „die Stimmungen und Motivationen völlig der Wirklichkeit zu entsprechen scheinen“ (Geertz 1983: 48).

Die körperliche (Ersatz-)Religion tritt zwar als ein hochgradig individualisiertes Phänomen auf, da sie den eigenen Körper in das Zentrum des Glaubens rückt. Dennoch spielt die Umwelt des Menschen eine große Rolle bei der Ausübung des Glaubens. Zum einen werden Körperbilder sozial geschaffen und vermittelt, so dass in der Regel ein Ideal angestrebt wird, das gesellschaftlich etabliert ist. Es kann also von einem Gruppencharakter der körperbasierten (Ersatz-)Religion gesprochen werden, da Körperlichkeit bzw. Körperstilisierung massenhaft inszeniert wird. Die Angleichung und der Vergleich an/mit anderen bewirkt ein gemeinsames Zelebrieren des Glaubens. Natürlich kann dieses Phänomen nicht auf die gesamte westliche Welt angewendet werden, es stellt jedoch dennoch ein Massenphänomen dar, da eine stilistisch aufwändige Aufwertung des Körpers einen breiten Anklang in der modernen westlichen Welt erhält, der so weit geht, dass ein Erlösungsgedanke dahintersteht. Der Gruppencharakter liegt in diesem Zusammenhang auf einer anderen Ebene als der Charakter von Gemeinschaften. Zwar zeichnen sich Glaubensgruppen um den eigenen Körper auch durch gemeinsam gelebte und gefühlte Ideale und Ziele aus, aber dennoch bleibt das Subjekt hierbei ein Einzelkämpfer. Die Gruppe ist insofern wichtig, als dass sie unerlässlich ist für eine Vergleichsbildung mit anderen, aber sie ist nur eine Quasi-Gemeinschaft im Sinne einer Glaubensgemeinschaft vieler Menschen, die die gleichen Inhalte vertreten, aber meist keine gemeinsamen Zeremonien teilen. Der Gruppencharakter trifft also durchaus zu, aber kein reiner Gemeinschaftscharakter.

Letztlich kann auch der Sündenbegriff auf die Ersatzreligion des menschlichen Körpers angewendet werden. Denn auch innerhalb dieser Religion wird definiert, was als sündhaftes Verhalten oder Handeln gilt. Disziplinlosigkeit ist nicht nur ein Thema klassischer Religionen, sondern wird auch innerhalb jener modernen Körperreligion zu einem Problemfeld erklärt. Kontrollverlust beispielsweise durch das Einnehmen von großen Mahlzeiten wird auch hier als Sünde gekennzeichnet, so wie dies beispielsweise auch in christlichen Religionen geschieht. Doch die Gründe hierfür liegen auf einer anderen Ebene. In Bezug auf die Körperreligion bedeutet jene Sünde, dass Menschen gegen sich selbst sündigen. Sie ruinieren ihre Figur und die Sanktionen werden von der Gesellschaft (in Form von subtilen Gesten (wie beispielsweise Blicken), anderen Reaktionen und auch durch das Individuum selbst erteilt. So ist es nicht erstaunlich, dass der moderne Ausspruch „ich habe gesündigt" im Allgemeinen mit Nahrungsaufnahme verknüpft und auch als solcher vom Kommunikationspartner verstanden wird. So berichtet eine diäterprobte Frau in einem Artikel, den sie über den gesellschaftlichen Zwang zu Diäten geschrieben hat: „Wenn ich zu jemandem sage: «Ich bin fett», kriege ich zu hören: «O nein! Du bist nicht fett! Du bist bloß –» Was denn? Mollig? Breitknochig? Von rubensscher Fülle? Ich bin bloß *nicht dünn*. Das ist Sünde genug (Tisdale 1996: 14) (Hervorhebung M.K.). Je nach Körperreligion definiert sich eine Gruppe oder das Individuum den jeweiligen Sündenbegriff, der ähnlich zum Sündenbegriff klassischer Religionen gehandhabt wird. Scham und Sanktionen folgen einem Verhalten oder Handeln, das gegen die Regeln verstößt.

Nach Thomas Luckmann definiert sich Religion durch „das, was den Menschen zum Menschen werden läßt" (Luckmann 1972: 5). Religiosität ist also eine Urfunktion des Menschen, da er immer ein historisches Wesen ist, das von Sozialisierung geprägt ist, mit Luckmanns Worten: „Menschwerdung ist Sozialisierung: Einübung und Einzwängung in ein das Einzeldasein transzendierendes Sinngefüge" (Luckmann 1972: 5). Damit begreift Luckmann Sozialisierung als einen religiösen Prozess. Diese sehr weitläufige Definition soll als Ergänzung zu der in diesem und dem vorangehenden Kapitel aufgestellten Definition über acht Punkte dienen, da sie die Grundlage für die weitere Diskussion unterstreicht: den Menschen als religiöses Wesen im Sinne eines sinnproduzierenden Lebewesens, um somit einen Platz in seiner historisch bestimmten Gesellschaft einzunehmen.

Folgt man einer Definition F.H. Tenbrucks, nach der Religion - in Verbindung mit einem bestimmten praktischen Verhalten, das Ethos und Kultus ausdrückt, und einer Gemeinschaft - durch eine kognitive Konstante erklärt werden kann, nämlich durch die „Gewißheit einer höheren und übersinnlichen Wirklichkeit" (Tenbruck 1972: 220), so fällt es schwer, die moderne (Ersatz-) Religion, im Zuge derer der menschliche Körper im Mittelpunkt steht, als eine solche anzuerkennen. Im Sinne dieser sind zwar auch übersinnliche Komponenten im Spiel, diese richten sich jedoch weniger auf die Erklärung der Welt, sondern auf die Funktion des Individuums in der Gesellschaft. Mit anderen Worten: Dem Subjekt werden übernatürliche Eigenschaften zugesprochen, wenn es ihm gelingt, seinen Körper zu perfektionieren. Diese Art der Selbst- und Fremdverehrung (da die Wirkungen in der Gesellschaft in der Regel entsprechend ausfallen) gleichen religiösen Praktiken. Sie dienen insofern der Sinngestaltung für das Individuum, da der eigene Körper als Sinnstiftungsorgan Einzug in das Leben hält und somit die Welt in ihrem diesseitigen Kontext erklärt. Tenbruck drückt das Wesen der Religion also folgendermaßen aus: „Diese im Einzelnen ungeheuer verschiedene Überzeugung, daß die sinnlich erfahrbare Welt nicht die gesamte Wirklichkeit ausmacht, konstituiert jenen universalen Tatbestand, den wir als Religion bezeichnen" (Tenbruck 1972: 220). In diesem engen Sinne kann die hier diskutierte (Ersatz-)Religion des menschlichen Körpers nicht mit Religion gleichgesetzt werden. Dies ist auch nicht das Ziel dieser Arbeit, denn hier sollen die religiösen Züge einer körperbasierten (Ersatz-)Religion erläutert werden, es geht also nicht um eine Gleichstellung, sondern um eine Annäherung der Stilisierung des menschlichen Körpers an klassische Religionsformen. Da die verschiedenen Definitionen äußerst vielfältig sind, also kein allgemeingültiger Konsens über die Religiosität an sich besteht, sondern nur eine vage Übereinstimmung über die Kernelemente von Religiosität getroffen werden kann, ist es so unmöglich wie für diese Zwecke unnötig, den menschlichen Körper als eine definitive Religionsform zu klassifizieren. Es soll genügen, dass die Grundzüge religiösen Handelns sich in modernen Glaubensrichtungen, wie der den menschlichen Körper verehrenden, den gängigen Definitionen von Religion äußerst nahe kommen; zumal in Bezug auf die Körper-Religion die drei von Tenbruck angesprochenen parallelen Elemente der Religion – Kultus, Ethos und Gemeinschaft – wiederum vollständig auf diese angewendet werden können. Des Weiteren steht eine praktische Beschreibung des Religiösen im Vordergrund und nicht eine Argumentationsweise, die Beweise zu führen versucht. Das Religiöse also „zeigt sich im Lebensvollzug" (IKK 2000: Kap. III.2.) und mit „dem Religiösen" ist hier vor allem die religiöse Praxis gemeint. Da der Lebensvollzug im Zusammenhang mit dem menschlichen Körper eine hochgradige Zentrierung und Stilisierung der individuellen Körperlichkeit aufweist, so dass Sinn und eine Art Erlösung über den Körper produziert werden sollen, kann allein schon aufgrund dieser Feststellung von einer (Ersatz-)Religion gesprochen werden. Jene Feststellung schließt sich den acht dargestellten Charakteristiken über Religiosität bzw. religiöse Praxis, angewendet auf den Umgang mit dem modernen menschlichen Körper, an.

Zusammenfassend lässt sich weiterhin sagen: Der (spät-)moderne menschliche Körper kann als *zirkuläres Phänomen* angesehen werden, denn es entsteht eine besondere Form von Religiosität aufgrund von Körperstilisierungen in der (Spät-)Moderne und Körperstilisierung findet aufgrund von Änderungen von Religiosität statt. Der Körper spielt in der Moderne also eine binäre Rolle: Einerseits bedingt der hohe Grad an Körperaufmerksamkeit und Stilisierung einen religiösen Charakter. Und andererseits ist eine Körperreligion Folge schwindender Sinnbezüge über allgemeingültige Wertesysteme der Gesellschaft. Der Körper ist also zugleich Ursache für und Folge eines gewandelten Religionsbewusstseins. Diese Problematik spiegelt die Paradoxien der Moderne wider, mit denen der moderne Mensch sich auseinander zu setzen hat. Der Körper als Ursache bedeutet, dass aufgrund eines gesteigerten Körperbewusstseins in der Moderne und vor allem der Spätmoderne die Sorge um den Körper Züge annimmt, die religiösen Phänomenen sehr ähnlich sind. Die verstärkte Aufmerksamkeit, die Menschen ihren Körpern widmen, liegt in einem erhöhten Maß an Freizeit, an schwindenden Sinnbezügen durch Kirchen und anderen religiösen Einrichtungen, einer Art „Unmittelbarkeit" des Körpers, etc. Jene Gründe werden im weiteren Verlauf noch näher dargestellt werden (siehe vor allem Kap. III.4b).

Moderne Kommunikations- und Informationstechnologien spielen hierbei eine tragende Rolle. Einerseits fungiert der Körper als Erzeuger einer neuen Art von Religiosität durch die Stilisierung von Körperbildern. Andererseits ist jene Körper-Religion ein Erzeugnis einer veränderten Religiosität der Moderne. Dies ist ein zirkulär verursachter Prozess, der sich gegenseitig bedingt und die Brisanz des Körperthemas in der modernen westlichen Welt unterstreicht. Die Rolle der Kommunikations- und Informationssysteme soll Gegenstand des IV. Kapitels sein. Zunächst soll es weiterhin um die Verknüpfung von Religiosität und Körperlichkeit gehen. Ritualisierungen sind ein bedeutender Teil von Religiosität und auch Körperlichkeit wird über Rituale inszeniert und praktiziert.

3.2. Ritualisierungen rund um den Körper

Der Symbolcharakter macht den Lebensvollzug einer Religion deutlich. Ritualisierungen sind Handlungen, die eine religiöse Ebene beschreiten, indem Grenzen gesetzt werden zwischen Profanität und Heiligkeit (vgl. IKK 2000: Kap. IV.3.). „Der Zweck dieser Umwandlung einer normalen alltäglichen

Handlung in eine ritualisierte Handlung besteht darin, soziale Rollen und Identitäten festzulegen", denn „Ritualisierung ist eine Dimension oder Ebene des kommunikativen Handelns überhaupt, auch wenn diese Dimension oft implizit bleibt und nicht thematisiert wird" (IKK 2000: Kap. IV.3.).

In Bezug auf klassische Religionen ist jene Ebene der Ritualisierung augenscheinlich. Sie zeigt sich beispielsweise im Kirchenbesuch, bei (kirchlichen) Hochzeiten oder bei ähnlichen Anlässen. Ein weiteres Kennzeichen neben der Besetzung von Rollen und Identitäten durch ritualisierte Handlungen liegt in der Zentralisierung bestimmter Dinge oder Lebewesen. Es gibt sakrale Räume und Zeiten, die sich von physikalischen Räumen und messbaren Zeiten unterscheiden. Heiligkeit drückt sich durch Zentren aus, denn „unzählige Mythen und Traditionen bezeugen die Symbolik des Zentrums" (IKK 2000: Kap. IV.2.). So liegen religiöse Orte oft auf einer Anhöhe, um die Nähe zum Himmel zu symbolisieren. Rituelle Handlungen finden also meist innerhalb von besonderen Räumen und zu besondern Zeiten statt.

Wie sieht nun die ritualisierte Darstellung einer Körper-(Ersatz-)Religion aus? Indem der menschliche Körper gestaltet wird, oft zu bestimmten Zeiten und in bestimmten Räumen, werden Identität und eine bzw. mehrere Rollen symbolisiert. Für festliche Anlässe beispielsweise wird der Körper besonders gestaltet. Doch in der Regel ist jeder Tag von rituellen Handlungen rund um den Körper geprägt. Das Badezimmer ist oft der sakrale Ort, in dem der Körper gestaltet wird. Die Morgenstunde ist die sakrale Zeit, sich seinem Körper zu widmen. Mit dem Ritual des Körperschmückens soll aus dem Alltag herausgetreten werden, also eine Grenzsituation geschaffen werden. Der Mensch möchte etwas Besonderes darstellen. Doch nicht nur das Badezimmer, auch das Fitnessstudio oder der Waldweg, die Abendstunde oder eine andere Zeit werden zu ritualisierten Orten und Zeiten, wenn der Mensch sich seinem Körper widmen möchte. Man mag dagegen halten, dass derartige Handlungen hochgradig rational und wenig spirituell zu sein scheinen. Dies ist in vielen Fällen richtig. Jedoch bestehen durch jene Handlungen der Wunsch und die Hoffnung auf Anerkennung, Überhöhung und Stolz. Kommunikatives Handeln findet über Ritualisierungen statt. Der Körper ist daran meist maßgeblich beteiligt. So bemüht sich der Mensch um ein Äußeres, das die Kommunikationssituation besonders macht.

Parallelen zur Erhöhung sakraler Orte zur Symbolisierung der Nähe zum Himmel finden sich in der Moderne viele. Eine Parallele beispielsweise stellt die Aufstellung von Sportlern auf dem Siegertreppchen dar. Der leistungsstärkste Sportler wird auf die höchste Stufe gestellt und erhält somit Anerkennung und einen außeralltäglichen Glanz. Ein Torkönig (allein der Begriff „Tor*könig*" verweist auf die außeralltägliche Verehrung von Sportlern) wird oft auf den Schultern der Anderen vom Spielfeld getragen. Schönheitsköniginnen (erneut eine *Königin*, die über der Stufe „gewöhnlicher" Menschen steht, was allein schon durch die Semantik auffällt) stellt man ebenfalls auf ein Podest. Redner sprechen von einem erhöhten Standpunkt aus, um besondere Autorität zu vermitteln. Der Pfarrer spricht von der Kanzel zu den Menschen herab und symbolisiert auf diese Weise die Grenze zwischen dem Alltag bzw. den „profanen Menschen" und der heiligen Situation bzw. dem Beauftragten Gottes. Das Supermodel läuft auf schwindelerregend hohen Absätzen und blickt lächelnd in die Menge unter ihr. Hoch hinaus zu wollen ist also allein schon aufgrund der mystischen Besetzung eine Redewendung, die alltagspraktisch zu vielen Anlässen ritualisiert und zelebriert wird.

Einerseits hebt sich der Mensch daher über ritualisierte Handlungen von anderen ab, andererseits erlebt er durch sie soziale Kommunikationssituationen, die ihn als Mitglied eines Kollektivs kennzeichnen. Diese auf Durkheim zurückgehende Sicht von Ritualtheorie (vgl. Durkheim 1984), die vor allem auf Gruppensolidarität und den Erhalt einer gesellschaftlichen Ordnung über Rituale abzielt, lässt sich auch auf eine körperorientierte (Ersatz-)Religion anwenden. Denn indem der Mensch seinen Körper als einzigartig und besonders darstellt und hervorhebt (durch ritualisierte Handlungen), definiert er seine Rolle, präsentiert seine Identität und schafft somit eine soziale Ordnung, die zur Erleichterung der Einschätzung der Kommunikationssituation dient[26]. Indem sich Individuen beispielsweise für festliche Anlässe entsprechend kleiden, zeigen sie Gruppensolidarität und Rollenbewusstsein. Stets höher hinauszukommen, vor allem in Bezug auf das Äußere, ist ebenso ein sozialer Trend, der ein einheitliches Rollenverhalten darstellt. Ritualisierungen gibt es in diesem Bereich äußerst viele, die nicht nur morgens im Badezimmer stattfinden, sondern nicht selten auf einem Operationstisch liegen.

Meist Frauen sind von dieser Art der Körperritualisierung betroffen. Innerhalb dieser Arbeit soll kein Augenmerk auf eine getrennte Darstellung männlicher und weiblicher Körperreligion gelegt werden, da der Trend zur Körperstilisierung nicht nur auf Frauen beschränkt ist. Auch Männer unterziehen sich in modernen Zeiten Schönheitsoperationen, benutzen Kosmetikprodukte[27], betreiben Fitness, etc. Natürlich lässt sich jener Trend vor allem unter Frauen beobachten. Dennoch soll es in diesem Kontext um allgemeine Strömungen gehen und eine gender-Debatte muss aus Platzgründen vermieden werden.

---

[26] Eine ähnliche Sichtweise vertritt beispielsweise auch Goffman, auf den hier aus Platzgründen jedoch nicht eingegangen werden soll; Weiterführende Literatur zu diesem Punkt findet sich unter anderem bei Goffman (2003).

[27] Bei 65.9 % der männlichen Bevölkerung ab 14 Jahren besteht ein Interesse an Hautpflege und Körperpflege, der weibliche Anteil an Haut- und Körperpflegeinteressierten lag im Jahr 2003 in Deutschland bei 92.9 % (vgl. AWA 2003: 121). Der Anteil an Männern und Frauen, die Informationen in Bezug auf Körperpflege wünschen und einholen, ist also sehr groß.

Ein Erklärungsansatz, warum vor allem Frauen Körper-Ritualisierungen ausführen, setzt an einer religiösen Genese der Frau an: "Genesis explains why it is women who often need to offer their bodies to any male gaze that will legitimize them. 'Beauty' now gives their bodies the legitimacy that God withheld. Women don't believe that they are beautiful until they win the official seal of approval that men's bodies possess in our culture simply because the Bible says they look like their Father. This seal must be bought or won from a male authority, a God the Father stand-in: surgeon, photographer or judge. Women worry about physical perfection in a way men never do because Genesis says that all men are created perfect, whereas Woman began as an inanimate piece of bone; malleable, unsculpted, unauthorized, raw – imperfect" (Wolf 1990: 71). Jener Ansatz kann jedoch teilweise auch auf das männliche Geschlecht angewendet werden. Denn jeder Mensch strebt nach Bestätigung und ist (zumindest manchmal) unsicher über sein Äußeres. Es ist wahr, dass Frauen ihren Körper stärker den Idealen und Wünschen der Männer anzupassen versuchen, jedoch ist dies keinesfalls eine eindeutige Logik ohne Umkehrmechanismus. Auch Männer sorgen sich um das Urteil weiblicher Akteure. Die Grundtendenz jenes von Wolf angesprochenen Legitimierungsprozesses ist jedoch richtig. Chirurgen, Photographen oder andere „Autoritäten" treten an die Stelle eines Gottes. Jener muss allerdings nicht zwingend männlicher Natur sein. Ritualisierungen rund um den Körper treten also bei Frauen und Männern auf, wenn auch nicht gleichermaßen. Da Schönheit und Perfektion erstrebenswerte Güter sind, die nie vollständig erreicht werden können (schon allein aufgrund des ständig voranschreitenden Alterungsprozesses), bedient sich der moderne Akteur Rituale, um dauerhaft am eigenen Erscheinungsbild arbeiten zu können.

3.3. Der Mensch im Mittelpunkt quasi-religiöser „Anbetung"

Die eben diskutierte Sichtweise ist - wie bereits erwähnt - eine auf die westliche Welt gerichtete; die östliche Weltsicht soll hier nicht außer Acht gelassen werden. Zwischen östlichem und westlichem Menschenbild bestehen zwei wesentliche Unterschiede, nämlich zum einen, dass westliche Religionen den Gedanken an die Wiedergeburt nicht vertreten und zum anderen erfolgt innerhalb des westlichen Menschenbildes eine Zentrierung des Menschen, die ihn als Inhaber einer Sonderstellung im Kosmos ausweist (vgl. Wetz 1994: 212 ff.). Diese Auffassung von der Besonderheit des Menschen in westlichen Glaubensrichtungen stilisiert sich in der Moderne bis hin zur Verdrängung der klassischen religiösen Werte zugunsten eines weltlich zentrierten Menschenbildes: des jeweils eigenen.

Edward I. Bailey beschreibt diesen Prozess anhand einer begrifflich-religiösen Unterscheidung: Er beschreibt die Art des Umgangs mit dem Begriff „heilig" innerhalb verschiedener Gesellschaftsformen in historischer Perspektive. Anhand empirischer Studien konnte herausgefunden werden, dass der Begriff "sacred" eher in Bezug zu "small-scale"-Gesellschaften gesetzt wird, wohingegen das Wort "holy" vermehrt auf "historical societies" angewendet wird. "Holy" wird in Verbindung gebracht mit „göttlich" und „spezifisch religiös". "Sacred" verweist auf etwas „Besonderes", doch es wird allgemeiner gebraucht als "holy" (vgl. Bailey 1997: 271 ff.). Es zeichnet sich im Laufe der gesellschaftlichen Entwicklung also eine Verschiebung vom ursprünglich Heiligen zu einem allgemeineren Bild des Heiligen ab. Leider existiert im Deutschen keine spezifische Unterscheidung zwischen verschiedenen „heilig-Adjektiven", die über eine Unterscheidung zwischen „geheiligt" und „heilig" hinausgeht, indem voneinander abgetrennte Begriffe verwendet würden. Festzustellen ist jedenfalls ein veränderter Umgang mit dem Heiligen in verschiedenen Gesellschaftsformen. Nun stellt sich Bailey die Frage, welcher Begriff des Religiösen für die westlich orientierte "contemporary society" passend ist. Er kommt aufgrund zahlreicher Interviews und Studien zu folgender These: "The suggestion is: a commitment to the human" (Bailey 1997: 273). "The human", das Menschliche, beschreibt Bailey als "implicit religion", eine „implizite Religion", die abgelöst ist von den ursprünglich dahinterstehenden Norm- und Wertsystemen, jedoch nicht weniger religiös als die Vorformen dieser. Sie besteht also nicht als explizite Hinwendung zu einer Glaubensrichtung, sondern als implizite Vereinigung, die mit einer Religion der „kleinen Transzendenzen" (wie bereits unter Bezugnahme auf Luckmann erläutert) verglichen werden kann. Ihre Ausdrucksformen und teilweise auch ihre Inhalte sind nicht immer so eindeutig wie dies innerhalb der klassischen Religionen der Fall war bzw. ist.

Bereits Emile Durkheim verweist darauf, dass der Kern einer Religion kein Gott sein muss, da die Zentrierung auf eine Göttlichkeit „eine Menge offenkundig religiöser Fakten unbeachtet" lässt (Durkheim 1984: 53). Geistige Wesen beschreiben den Mittelpunkt von Religion besser, weil „die Seelen der Toten, die Geister aller Art und jeden Ranges" schon immer in Riten und Zeremonien verehrt wurden (Durkheim 1984: 53). Wie im vorhergehenden Kapitel beschrieben, ist der Begriff der Macht bei der religiösen Überzeugung des Menschen von großer Bedeutung. Das Objekt der Verehrung wird mit Macht ausgestattet. In der Moderne versucht der Mensch selbst, sich zu dem geistigen Wesen zu machen, das jene Macht besitzt. Er möchte sich von anderen Menschen abheben. Denn „unter geistigen Wesen muß man bewußte Subjekte verstehen, die mit Kräften ausgestattet sind, die höher sind, als sie der gewöhnliche Mensch besitzt" (Durkheim 1984: 53).

Das Religiöse ist also nicht durch die moderne Welt verdrängt worden. Lediglich die Inhalte, Ausdrucksformen und Regelsysteme haben sich verändert und sich in anderer Form, Ausprägung und Intensität neu gebildet. Die zunehmende Rationalisierung des modernen Lebens hat eine Wiederverzauberung bewirkt, die das Religiöse wieder verstärkt in die Lebenswelten der Individuen holt. Nur steht im Mittelpunkt der Anbetung kein abstrakter Gott mehr, sondern der Mensch selbst. Dies ist natürlich kein Zustand, der sich durch die gesamte westliche Welt anstelle aller klassischen Religionen verbreitet – die Existenz klassischer Religionen in der Moderne wird hier nicht geleugnet - , sondern jene Art einer Neo-Religion ist eine neuartige Sonderform, die stetig eine wachsende Zahl an Menschen in ihren Bann zieht. Es handelt sich um eine prozessual verlaufende Bewegung in eine bestimmte Richtung. Die Ausprägungen und Folgen sind vielerlei Art. So gründet sich dieser Prozess auf folgenden Teilbereichen bzw. Entwicklungen, die sich gegenseitig bedingen, ergänzen, durchmischen und nebeneinander existieren: Individualisierung, Wertwandel, Streben nach Vollkommenheit, Juvenilität, Fitness, Glück, etc. Der rasch um sich greifende soziale Wandel wirkt sich in diesem Sinne direkt auf die Lebenswelt des Einzelnen aus.

4. Sinn, Glück und Heil im Leben des modernen, (quasi-)religiösen Menschen

Der Mensch wird erst durch eine spezielle Ambivalenz als Mensch gekennzeichnet, die darin besteht, dass der menschlichen Vernunft immer auch ein gewisses Maß an Ungewissheit innewohnt (vgl. Wust 1962). Aus dieser Ungewissheit heraus wird der Mensch zu einem „Wesen, das prinzipiell zum metaphysischen Sucherwesen bestimmt ist. Der Mensch ist der ewige Glückssucher, der unermüdliche Wahrheitssucher, der nie zur Ruhe gelangende Gottsucher. Und er ist das alles, weil er zugleich mit der Sehfähigkeit der *ratio* die Ungewißheit der Evidenz bei aller prinzipiellen Evidenzmöglichkeit empfangen hat“ (Wust 1962: 48). Damit vergleicht Wust den Menschen mit Platons Erosbegriff, mit dem Wesen also, das aus dem Ehebund einer sterblichen Mutter mit einem göttlichen Vater entstanden ist (vgl. Wust 1962: 47). Unter modernen Verhältnissen kann jenem Gedanken viel abgewonnen werden. Durch die Fähigkeit des Menschen zur Rationalität entsteht – wie bereits an anderer Stelle erwähnt und an späterer erneut aufgegriffen werden soll – erst das Bedürfnis nach Spiritualität und Mystik. Durch das Bedürfnis, die Welt vollständig zu erfassen und das Wissen, diese nie wirklich vollständig erfassen zu können, bietet das Übernatürliche ein Surrogat für diese Nicht-Erkenntnis. Ein gewisses Maß an Ungewissheit bleibt also auch in der Moderne bestehen. Der moderne Mensch ist daher tatsächlich ein „Grenzwesen, das zugleich um seine Grenze weiß und damit stetig seine Grenze überwindet“ (Wust 1962: 48). Jenes Grenzwesen zeichnet sich in der Moderne jedoch – anders als bei Wust konstatiert – durch eine Dichotomie aus Göttlichem und Sterblichem aus. Der Mensch ist auf der einen Seite Gestalter seines eigenen Lebensglücks, auf der anderen Seite weiß er um seine Ungewissheit und ist auf der permanenten Suche jenes Glücks.

Stets auf der Suche nach Glück zu sein, stellt eine Lebensaufgabe dar. „Steigerung auf allen Ebenen und in allen Seinsbereichen und Steigerung der Teilhabe an den Steigerungen, das ist die moderne Litanei, die zeitgemäße Religion, die politisch verkündet und der nachgelebt wird" (Gross 1994: 184/185). Eigenverantwortlichkeit bei der Glücksfindung und Steigerung eines Zustands werden politisch verkündet, weil der moderne allgemeingesellschaftliche Anspruch besteht, stets mehr Fortschritt zu erreichen. Dies gilt sowohl auf individueller wie auf gesellschaftspolitischer Ebene. Dies ist nicht nur unter dem Gesichtspunkt der Leistungssteigerung zu betrachten, sondern vor allem auch im Hinblick auf individuelles Glück. Der Sinn des Lebens liegt unter modernen Bedingungen in der Hand des Einzelnen, es ist eine Aufgabe, diesen zu bilden und weiterzubilden.

Jene Aufgabe ergibt sich aus zwei wesentlichen Veränderungen in modernen Zeiten gegenüber vormodernen Gesellschaften: Zum einen ist ein gewisses Level an gesicherten Grundbedürfnissen (wie sie in vorangegangenen Kapiteln diskutiert wurden) Voraussetzung für eine individuelle und eigenverantwortliche Sinnsuche, denn die Frage nach dem Sinn des Lebens stellt sich weniger brisant, wenn die Deckung der Grundbedürfnisse nicht gegeben ist. Somit liegt ein bedeutender Teil des Sinns für den Menschen, der sich mit jener Deckung beschäftigen muss, in dem Bemühen darum. Da die Deckung der Grundbedürfnisse in modernen Zeiten weitgehend gedeckt ist, kann das Bemühen um die Grundbedürfnisdeckung grob in vormoderne Zeiten eingeordnet werden. Zu dieser Zeit konnte zum zweiten die Institution Kirche die Sinnsuche, die darüber hinausging, auffangen, indem Sinn vorgegeben wurde. Somit stellte sich die Sinnfrage dem vormodernen Menschen nicht in der Brisanz wie sie heute in aller Munde ist. Die Grundbedürfnisse sind gedeckt, somit kann die Frage nach dem Sinn des Lebens neu gestellt werden, auf einer Basis relativen Wohlstands. Die Kirche als sinnweisende Institution verliert an Allgemeinverbindlichkeit und kann das Sinnbedürfnis, das über die Existenzsicherung hinaus entsteht, nicht mehr auffangen. Existenzsicherung macht einen wesentlichen Teil der Frage nach dem Sinn des Lebens aus. Die Existenz zu sichern ist logisch sinnvoll. In vormodernen Zeiten lässt sich in Bezug auf die Sinnfindung eine relativ klare Zweiteilung ausmachen: der Beruf (bzw. die Existenzsicherung) auf der einen Seite und die Kirche auf der anderen. Moderne Gesellschaften weisen jene Zweiteilung nicht mehr auf. Der Beruf ist zwar noch Sinnstifter, jedoch weitet sich der Bereich der Freizeit aus, so dass eine Aufwertung des Privatlebens stattfindet. Existenzsicherung ist nur noch *ein* Teil des Lebens, nicht mehr *der* vorherrschende Teil. Sozialstaatliche Sicherheit ist nur ein Faktor, der diese

Verschiebung bedingt[28]. Die Kirche als Sinnstifter außerhalb des beruflichen Lebens oder verschränkt mit diesem verliert an Bedeutung. Sinn kann auch außerhalb der institutionalisierten Religion gefunden werden. Ein breites Angebot an Sinnstiftungstechniken tritt in Fußstapfen, die durch den Rückzug der Kirche frei geworden sind. Verdrängt wird die Kirche dadurch grundsätzlich nicht; sie muss sich nur gegen ein vielfältiges alternatives Angebot durchsetzen, was zunehmend schwieriger wird. Dies ist jedoch bereits aus dem Verlauf der bisherigen Diskussionen hervorgegangen.

Sinn gestaltet sich unter modernen Bedingungen daher als ein Gut, das es individuell und auf vielfältigem Wege zu erlangen gilt.

4.1. Zur Verknüpfung von Glück und Sinn: Die Suche des modernen Menschen nach dem Lebensinhalt

„Wie Glückseligkeit zu erwerben, wie sie festzuhalten und wie sie wiederzuerlangen ist, das ist in der Tat für die meisten Menschen zu allen Zeiten das geheime Motiv von allem, was sie tun, und von allem, was sie bereit sind, zu ertragen" (James 1979: 87). Glück ist für die meisten Menschen gleich der Sinn des Lebens.

Glück erfährt in der Moderne nun einen Bedeutungswandel. Zwar ist das Erreichen von Glück schon immer ein zentraler Wunsch im Leben der Menschen, in der Moderne jedoch bestehen nicht nur plurale Möglichkeiten, um das Streben nach Glück zu betreiben, sondern Glück ist kein objektives Gut mehr, das es zu erlangen gilt. Es ist also nicht mehr stringent vorgegeben (wie innerhalb von klassischen Religionen: hier existiert eine klare Vorstellung und Übereinstimmung davon, wie Glück, Sinn und Heil zu erreichen sind), sondern Glück ist zunehmend „hausgemacht". Worin der Sinn des eigenen Lebens für das Individuum liegt, bestimmt das Subjekt zwar nicht gänzlich selbst, sondern vielmehr die individuelle Lebenssituation. Der Einzelne hat jedoch bedeutend mehr Einfluss auf die eigene Sinngestaltung als zu Zeiten institutionell verankerter Sinnsysteme durch die Kirche oder andere dominante Sinngebungsinstitutionen für die breite Bevölkerungsmasse. In der Moderne erweist es sich als eine in das Individuum hineinverlagerte Aufgabe, einen Lebenssinn zu gestalten. Dies bedeutet nicht, dass der moderne Mensch unabhängig ist von objektiven Umständen (wie beispielsweise der sozialen Herkunft oder anderen vertikalen Einteilungskriterien), doch besitzt er deutlich mehr Handlungsfähigkeit wie auch Handlungszwang in Bezug auf die Lebens- und somit Sinngestaltung. „Je nach vorherrschenden Lebenssituationen werden auch unterschiedliche „Themen" religiös bedeutsam, d.h. zur zentralen Sinngebung des eigenen

[28] Auf die Gründe im Einzelnen soll hier nicht eingegangen werden. Weiterführende Literatur zum Thema Wertwandel findet sich vor allem bei: Hillmann (1989), Meulemann (1996) und Riesman et al. (1967).

Lebens" (Hahn 1974: 47/48). Die Bedeutsamkeit von religiösen Themen variiert in der Moderne daher individuell und ist nicht mehr innerhalb einer zentralen Institution angesiedelt.

Kirchlich dominierte Religionen geben als Lebenssinn Seligkeit vor, die durch den Glauben an (einen) Gott und durch eine moralisch gute Lebensführung im Diesseits für das Jenseits erreicht wird. Glück hängt also unmittelbar mit dem Grad an Seligkeit zusammen. In modernen Zeiten löst sich das Streben nach Glück von seiner engen Verknüpfung zur Seligkeit und konzentriert sich mehr auf weltlich-profane Dinge, die er dann wiederum mystisch-religiös behaftet, um einen Glauben zelebrieren und somit Halt finden zu können. Denn „als der Himmel noch heil war, wußte man, daß dort der Zustand immerwährender Seligkeit herrschte. Wer bei Gott war, war selig. Heute ist das Interesse an der Seligkeit zurückgegangen. [...] Der neue Name für Seligkeit ist Glück" (Bühler 1973: 68). Die Suche nach Glück erweist sich noch immer als zentral für das Leben der Menschen. Die Inhalte für die moderne Glückssuche liegen jedoch auf einer anderen Ebene als früher. Ebenso gleich geblieben ist der religiöse Charakter eines Glücksstrebens. Zwar besteht in der Moderne der Glaube und das Wissen, Glück zunehmend selbst gestalten zu können, jedoch liegt die Praxis meist nicht nur auf einer rein rationalen und handlungsorientierten Ebene. Vielmehr gestaltet sich die Praxis als eine (quasi)religiöse, da die Verantwortung für Unglück in der Regel nicht in sich selbst gesehen wird. Übernatürliches spielt hierbei eine große Rolle. An dieser Stelle entsteht ein Paradoxon, denn einerseits besteht eine große Handlungsfähigkeit in Bezug auf die Gestaltung des eigenen Glücks. Doch andererseits wird Glück noch stets mit Übernatürlichkeit gleichgesetzt und somit Handlungsunfähigkeit postuliert. Dies lässt sich folgendermaßen erklären: In der modernen westlichen Welt bestehen nicht nur die Möglichkeiten, sein Glück selbst zu erschaffen, sondern auch die Erwartung und somit der Handlungszwang zum Glücklichsein. Daraus entsteht der Wunsch, Mystik wieder in das eigene Leben einkehren zu lassen, um Verantwortung abzugeben. Auch liegen die Erwartungen an das Ergebnis der eigenen Glückswerkstätte auf einer mystischen Ebene. Denn die moderne Welt setzt kaum Grenzen: alles ist möglich. Daher ist eine Gottähnlichkeit für das Individuum prinzipiell möglich und bedarf aufgrund dessen auch der entsprechenden Anbetung.

Der Mensch glaubt an sich selbst, an sein Glück und zelebriert seine „Gottwerdung" in religiöser Weise. „Der gestählte Körper wird dem allen Menschen bevorstehenden Tod entgegengestellt" (Prahl 2002: 212). Der Tod ist eine Grenze der Handlungsfähigkeit des modernen Individuums. Dennoch lässt er sich in der Regel dank der modernen Medizin hinauszögern. Auch das Individuum selbst kann dem Tod entgegentreten, indem er versucht, so lange wie möglich jung zu bleiben: „Der menschliche Körper wird immer mehr zum Träger von Bedeutungen, was sich nicht nur in Kleidung, Frisur, Abzeichen oder

Accessoires ausdrückt. Vielmehr soll der Körper auch Fitness, Gesundheit, Leistungsfähigkeit oder Lebenslust zum Ausdruck bringen“ (Prahl 2002: 212) (Hervorhebungen M.K.). Objektivität und Rationalität sind daher nur eine Seite eines modernen Körpergefühls. Die andere Seite bilden mystische Besetzungen, sprich Bedeutungen[29].

Der Körper soll nicht nur schön sein, er soll Erfolg versprechen, Erlösung bringen, Sinn und Glück geben. „Das Versprechen der Machbarkeit will zumindest partiell die Schöpfung korrigieren“ (Prahl 2002: 212). Der Mensch greift also in die Schöpfung ein, stellt sich somit auf eine gottähnliche Ebene und wirkt im Folgenden auch wie ein Gott, indem er beständig Glück und Erlösung aus sich selbst heraus schafft und erneuert.

Glück ist also das Produkt des modernen Individuums. Die Inhalte sind variabel und individuell. „Finden kann man sein Glück nur dann, wenn man es vorher *erfindet*. [...] Unsere Verantwortung erstreckt sich bis zum Begriff des Glücks selbst“ (Schulze 1994: 13). Worin Glück demnach für den Einzelnen liegt, definiert sich dieser selbst. Dies geschieht nicht nur im „profanen Alltag“, sondern auch auf religiöser Ebene.

Trotz dieser Subjektzentrierung wird in der Moderne assoziiert, dass Glück gewissermaßen käuflich ist, somit einen quasi-objektiven Charakter trägt. Glück kann, da der Mensch aktiver Selbstgestalter seines Lebenslaufs ist, diesen so gestalten, dass er Glück daraus ziehen kann. Da er sich sein Glaubens- und Wertesystem selbst schafft, indem er es individuell definiert, ist er relativ unabhängig von allgemeinen Glücksversprechen oder Glücksangeboten (so wie sie durch die Kirche definiert werden, aber immer mit bestimmten Verhaltenserwartungen verknüpft sind). Er ist deshalb nur relativ unabhängig, weil er zu einem gewissen Grad immer an die Normen und Werte der jeweiligen Gesellschaft, in der er lebt, gebunden ist. Des Weiteren wird er von Normen und Werten beeinflusst, zu denen er Zugang hat (diese können durchaus auf globaler Ebene liegen, wenn das Individuum die Möglichkeit der Nutzung globaler Kommunikations- und Informationstechnologien hat). Glaubenssysteme, die Glück als Ware bereithalten, werden von Menschen selbst geschaffen und auf einem freien Markt angeboten. Diese Ambivalenz ist so unlogisch nicht, denn Konsum bildet die Grundlage für jene Subjektivität und Wiederverzauberung. „In der Leistungsdemokratie wünschen sich Millionen Glück und Harmonie und

[29] Von Bedeutung kann nur gesprochen werden, „wenn der Sinn von Erfahrungen und Handlungen in einer Sprache oder anderen Zeichensysteme festgelegt wird“ (Luckmann 1998: 20). Sinn kann demnach höchst subjektiv sein und bleiben, Bedeutung hingegen bedarf der kommunikativen Ebene mit anderen, um erfassbar zu sein. In dem hier diskutierten Bezug zur Körperlichkeit kann von Bedeutung im Luckmann'schen Sinne gesprochen werden, da die Absicht der modernen körperbetonenden Individuen durchaus darin liegt, ihren Sinn nach außen sichtbar werden zu lassen, ihrem Körperbild somit Bedeutung zu verleihen.

Schönheit. Sie zeigen abseits des traditionellen Christentums religiöse Bedürfnisse. Sie wünschen sich Werte und verlangen nach Ware" (Bühler 1973: 7). Diese Vermischung von einerseits wertorientiertem Bedürfnis und dem andererseits konsumorientierten Verhalten ist Kennzeichen der Moderne. Dem Wunsch nach Wiederverzauberung, nach Übernatürlichem, wird in einer durchaus materialistischen Weise nachgekommen. Religion wird praktiziert, also als Ware gehandhabt, die den Bedürfnissen der Individuen angepasst und von ihnen selbst aktiv mitgestaltet wird. Der Markt besteht aus zahlreichen Organisationen, die Glaubensrichtungen feilbieten. Und auch Individuen selbst gestalten ihre privaten Religionen in unterschiedlichen Nuancen. Medien verbreiten (Ersatz-)Religionen in einem breiten Umfang. Der Markt ist demnach äußert verschieden- und vielgestaltig.

Im Religiösen spielen Glück und Unglück eine ebenso bedeutsame Rolle wie im profanen Alltag. James bringt die „komplexeren Formen, Religion zu erfahren" mit der Hervorbringung von Glück in Verbindung, das heißt, er setzt das Betreiben der komplexen Mechanismen von Religion direkt mit der Erzeugung von Glück in Zusammenhang. „Bei solchen Beziehungen zwischen Religion und Glückseligkeit, ist es vielleicht nicht überraschend, daß die Menschen darauf verfallen, das Glücksgefühl, welches eine religiöse Überzeugung verschafft, als Beweis ihrer Wahrheit anzusehen" (James 1979: 87). In Bezug auf die moderne (Ersatz-)Religion eines Großteils der Bevölkerung der westlich-industrialisierten Welt trifft dies ebenso zu. Der gesellschaftliche Erfolg, der mit einem perfektionierten Körperbild einhergeht, verschafft Anerkennung und erzeugt somit ein Glücksgefühl, das dem der Seligkeit gleichzusetzen ist. Dieses Glücksgefühl manifestiert sich über das Erfolgserlebnis zum Gradmesser an Glück bzw. Heil. Der Mensch glaubt nämlich, den Sinn seines Lebens in sich selbst finden zu können. Durch Erfolgserlebnisse bewahrheitet sich für ihn sein Glaubensinhalt durch die genannten Glückserfahrungen: „Das Bild der christlichen Seligkeit ist irdisch geworden" (Bühler 1973: 76).

Auch Udo Kessler beschäftigt sich mit dem Zusammenhang von Glück, Religion und selbstzentriertem Mensch. Da „das Streben nach Glück" nach Kessler „zum Wesen des Menschen gehört" (Kessler 1995: 69), er Glück aber mit Göttlichem gleichsetzt, weil das Göttliche allein die Erlösung von Unglück und Leid und die Herbeiführung von Glück zu bewirken vermag, neigt der moderne Mensch dazu, zu versuchen, Glück selbst herbeizuführen. Dies liegt an der Befreiung des Menschen von Traditionen und Autoritäten. „Der Mensch braucht die Natur und Gott nicht länger, um sich zu definieren [...], er definiert sich aus sich selbst heraus" (Kessler 1995: 73). Daher kommt es zu einer „Vergottung des Menschen" (Kessler 1995: 68), die eher eine Selbstvergottung zu sein scheint. Das Individuum löst sich von einem übernatürlichen Gott, indem er den Mangel an Glaube, der dadurch entsteht, durch sich selbst ausgleicht. Nicht nur im Zuge seiner Biographiegestaltung zeigt sich der Akteur der Moderne eigenverantwortlich, sondern auch in Bezug auf seine Glaubens- und Heilserwartungen. „Da man Weltgeschichte nach der weitgehenden Säkularisierung der Gesellschaft offensichtlich nicht mehr als Heilsgeschichte im Sinne zunehmender Ausbreitung der Kirche interpretieren kann, verlagert man das Heilsgeschehen vorrangig in das persönliche Leben des einzelnen. [...] Zudem wird Heilsgeschichte, wie sich an vielen Einzelheiten zeigen lässt (z.B. Deutung der Transzendenz nach dem Schema „Oben – Unten“; Übertragung juridischer Vorstellungen auf das Verhältnis Gott – Mensch), in einer Weise beschrieben, die (wenn überhaupt) nur innerhalb eines überholten statischen Weltbildes ihren Sinn hatte, jedoch innerhalb eines evolutionären und dynamischen Weltbildes ohne Beziehung ist“ (Bensberger Kreis 1975: 69). In Bezug auf das Religiöse äußert sich die Dynamik der Moderne vor allem an den pluralen und individualistischen Möglichkeiten, die eigenen Glaubensvorstellungen zu bilden und auszuüben.

Zygmunt Bauman hat ebenfalls das Streben des modernen Menschen nach Glück im Auge und bezieht sich dabei vor allem auf Schopenhauer. Er schreibt, „daß die Natur den Menschen eine Medizin gegen Verzweiflung gegeben hat: ihren eingepflanzten Glückstrieb.“ Doch „die Kirschen des Nachbarn sind immer süßer; Befriedigung ist stets dort zu finden, wo wir nicht sind“ (Bauman 1994: 137). Um also nicht stets wieder enttäuscht zu werden, bedient sich der Mensch des Glaubens an das Glück, nicht als Trieb, sondern als rational zu erschaffendes Produkt, als Quasi-Religion. Dieser Glaube ist geprägt von einer ständigen Suche nach den besseren Kirschen und endet daher nie, da auf jeder Stufe eines neuen Erfolgs das Bedürfnis entsteht, noch höher zu gelangen. Perfektion ist jedoch vor allem in Bezug auf den menschlichen Körper sehr unbestimmt (obwohl relativ homogene Bilder von den Medien darüber vorgegeben werden, was als perfekt gilt), da der individuelle Körper immer Spuren von Anti-Perfektion zeigen wird, schon allein aus dem Grund, weil er sich ständig wieder verändert – auch ungewollt - und altert. Dies bewirkt eine dauerhafte Reproduktion der (Ersatz-)Religion. Glücksstreben lässt sich in diesem Sinne als moderne Utopie bezeichnen, da auch „das Utopische niemals verwirklicht werden kann“ (Jenkis 1992: 19). Jedoch beschreibt Jenkis in Anlehnung an Karl Mannheim eine Utopie als bestimmte „Seinsstufe“, die sozusagen vorübergehend, das heißt, auf jener Stufe nicht verwirklicht werden kann. „Daher können die Utopien von heute zu Wirklichkeiten von morgen werden“ (Jenkis 1992: 19). In Bezug auf den menschlichen Körper bedeutet dieser Vorgang eine immerwährende Suche nach Perfektion. Eine Vollkommenheit, die nicht erreicht werden kann, weil sie stets noch zu übertreffen gilt, um Glück zu erfahren. Die Aussicht auf Erfolg jedoch, der Glaube an die Wirklichkeit von morgen, bewirkt die Reproduktion der Glaubensrichtung. Denn „am deutlichsten werden solche Entwicklungen zum Quasi-Religiösen hin in den Gestalten von Ideologien und Utopien“ (Bürkle 1980: 10). Der Grund dafür liegt auf der Hand: „Entleerte Sinnbereiche und Verluste an erfahrbarer Lebensbedeutung werden aufgefüllt und ausgeglichen“ (Bürkle 1980: 10). Daher bedient sich auch der moderne Mensch einer Religion, die jedoch oft auf anderer Ebene liegt als klassische Religionen. So erfreuen sich Ersatz- oder Quasi-Religionen regen Zulaufs, besonders die den menschlichen Körper in den Mittelpunkt des Interesses rückenden Glaubensrichtungen.

An dieser Stelle bedarf es eines Einschubes zur Klärung der Begriffe Utopie und Ideologie: Die Unterscheidung jener Begriffe geht zurück auf Arnhelm Neusüss (der sich wiederum auf Max Horkheimer stützt): Demzufolge wird eine Ideologie im Hinblick auf ihre Funktion entscheidend in einem rational bestimmten Zusammenhang, wohingegen eine Utopie einen Traum darstellt, der die Folgen und Ursachen dessen nicht im Blickfeld hat (vgl. Neusüss 1972: 16 ff.). Nun nimmt Neusüss aber eine genauere Begriffsbestimmung vor und unterteilt Utopien in drei verschiedene Begründungszusammenhänge: den „an die literarische Form der Roman-Utopie gebundene, sodann ein geistes- und wissenschaftsgeschichtlicher, drittens der im Sinne Horkheimers durch eine bestimmt Intention beschriebene, im weiteren kurz als *intentionaler* Begriff von Utopie bezeichnet“ (Neusüss 1972: 21). Utopie mit Intention in Zusammenhang zu bringen, mag auf den ersten Blick als unvereinbar scheinen, da eine Utopie schließlich ein Traum ist, also eine etwas schwammige Konnotation aufweist. Aber „nun erst wird auch der Gedanke einer Soziologie der Utopie möglich“ (Neusüss 1972: 23), denn die Intentionen der sozialen Akteure sind für die Soziologie interessant und somit auch deren Träume, so sie denn eine Intention haben. Utopien sind von einer Art „Fortschrittsdenken“ gekennzeichnet, das heißt, sie streben stets nach einem höheren Zustand, sie „transzendieren“ (vgl Neusüss 1972: 25) also, wohingegen Ideologien versuchen, „vergangene Stufen des Seins als noch bestehend auszugeben“ (Neusüss 1972: 25). Jenes Transzendieren zeigt, dass das Bedürfnis nach einer spirituellen und utopischen Wandlung eine Glaubensrichtung schaffen kann, wenn mehr oder minder dauerhaft und zeremoniell Handlungen ausgelöst werden, die zu Glücksempfindungen oder anderen spirituellen Erlebnissen führen. Utopien auf der Stufe des Intentionalen und Transzendenten weisen demnach eine enge Verbindung zu religiösen Sinnbereichen auf.

Der Traum von ewiger Vollkommenheit ist eine moderne Utopie, die einerseits durch vermehrte Möglichkeiten (wie beispielsweise der kosmetischen Chirurgie) und andererseits durch einen Wertverlust in der (Post)Moderne entstanden ist. Mit jenem Traum ist eine Intention verbunden (die (körperliche) Perfektion), sie ist also nicht wirklichkeitsfremd, sondern stützt sich auf einen höheren Seins-Zustand, der erreicht werden soll, und die spirituelle Erfahrung, also das Transzendente zeigt sich in der Auseinandersetzung, dem Zelebrieren und Umwandeln bzw. Perfektionieren der Körperlichkeit, wenn Erfolge im Sinne von Glück und Zufriedenheit erzielt werden.

Glück ist also fester Bestandteil des menschlichen Lebens und wird vorzugsweise in eine Glaubensrichtung verpackt, um in den Köpfen der Menschen dauerhaft Glück produzieren zu können. Denn wenn Glück als „Beweis" für die eigene Glaubensrichtung angesehen wird, bedeutet dies, Glück hervorbringen zu können, indem der Glaube praktiziert wird. Diese Kettenreaktion, die eigentlich eine unlogische ist, aber logisch erscheint, dient und wirkt als Sicherungsapparat für Religionen.

Gerhard Schulze beschreibt den Übergang des modernen Subjekts von „*theozentrischen* Glücksmodellen (Typ 1)" oder „*soziozentrischen* Glücksmodellen (Typ 2)" zu „*egozentrischen* Glücksmodellen", die wiederum untergliedert sind: „Im einen Fall geht es um das *Haben* (Typ 3), im anderen um das *Sein* (Typ 4)" (Schulze 1994: 15). Das egozentrische Glücksmodell ist in diesem Rahmen besonders wichtig, auch wenn Schulze darauf hinweist, dass die Wirklichkeit aus Durchmischungen aller Glücksmodelle aufgebaut sei. Dennoch: In der Moderne richtet sich das Bedürfnis nach Glück vor allem auf und in das Individuum selbst, und zwar im Diesseits: „Erst in *egozentrischen* Glücksmodellen rückt das Subjekt selbst in den Mittelpunkt. Es gibt jedoch [...] keine einheitliche Handlungslogik der Egozentrizität" (Schulze 1994: 15). Die „Denkwelt des Habens" beschreibt Schulze als „außenorientiert". Sie richtet sich vor allem nach Reichtum, wohingegen, die „Denkwelt des Seins" überwiegend „innenorientiert" ist, sie stellt das eigene Selbst in das Zentrum der Glücksfindung (vgl. Schulze 1994: 15 ff.). Jene Kategorie ist hier besonders von Interesse. Da das Subjekt selbst sein Glück definiert, gibt es keine einheitliche Handlungslogik mehr.

Jedoch liegt folgende Beobachtung nahe: In Bezug auf (Ersatz-)Religionen zeichnen sich gewisse Handlungslogiken ab, die teilweise sehr übereinstimmend verlaufen. Die Handlungslogik ist nicht mehr von einer derart allgemeingültigen und restriktiven Stärke, so wie dies bei den klassischen Religionen zu finden war und ist, sondern sie durchzieht die modernen (Ersatz-)Religionen auf latenterer Ebene. So zeigt sich eine allgemeine Tendenz, das Individuum aufzuwerten. Dies kann als Handlungslogik angesehen werden. Die Formen der Ausübung solcher Religionen mögen sehr verschiedengestaltig sein, der rote Faden ist allerdings vorhanden. Er zeigt sich in einer Überbetonung des eigenen menschlichen Körpers. Die jeweiligen Ausdrucksformen dieser Stilisierung weisen hingegen ein breites Spektrum an Vielfältigkeit auf.

4.2. Die Rolle des Körpers bei der Erlangung von Glück und Heil(ung)

In Bezug auf die (Ersatz-)Religion der Moderne, den menschlichen Körper, bedeutet die Suche nach Glück und Heil folgendes: Viele Menschen messen ihr

Glück an der Wirkung ihres Körpers. Da Glück vom Individuum selbst definiert werden kann, es sich also nicht mehr an ein starres religiös vordefiniertes Gerüst des Glücks gebunden fühlen muss, gestaltet es sich als ein Leichtes, ursprünglich „profane" Objekte oder Subjekte in das Zentrum des Glaubens zu rücken, wie beispielsweise den menschlichen Körper (der ursprünglich nur insofern heilig genannt werden konnte, dass er von Gott gegeben war, aber ansonsten keiner Heiligkeit, sondern eher Unreinheit, die bekämpft und überwunden werden sollte, entsprach). Kommt die Art der Körperpräsentation gut an beim Publikum, der Gesellschaft oder dem jeweiligen Teilbereich, so stellt sich ein Glücksgefühl ein und auf diese Weise wird ebenso Wahrheit in die Körperreligion projiziert. In der Überzahl der Fälle wird dies funktionieren, denn die äußerliche Hülle des Menschen ist nun mal der erste Eindruck, der in einer Kommunikationssituation auf die Akteure eintrifft. Ist der Körper also entsprechend und konform der „Glaubensregeln" gestaltet (die jeweils von der Gesellschaft oder bestimmten Gruppen definiert werden, wie am Beispiel der Mode verdeutlicht wurde), so ist dies der Einstieg in den Erfolg der Kommunikationssituation. Es bedeutet nicht, dass rein der äußerliche Eindruck zu Erfolg führt und somit den Beweis für die Körper-Religion liefert. Er stellt nur den Einstieg dar. Ist dieser gelungen und die Situation verläuft positiv, so wird diese Gesamtreaktion in der Moderne zunehmend über den Körper definiert. Das Auftreten, die Rhetorik, etc. spielen selbstverständlich ebenfalls eine wichtige Rolle. Diese Faktoren werden jedoch in modernen Zeiten zunehmend in den Hintergrund gedrängt. Der Grund hierfür liegt im sozialen Wandel. Werte verschieben sich von intrinsischen zu extrinsischen, das heißt, Äußerlichkeiten werden wichtiger denn je. Dies bezeichnet keinen Widerspruch zu Individualisierungstheorien, die besagen, dass das Subjektive an Bedeutung gewinnt. Das Individuum wird „aufgewertet", und parallel dazu werden Äußerlichkeiten in den Vordergrund gerückt. Jene Paradoxie der Moderne wird im weiteren Verlauf noch häufiger auftreten. Formalisierung, Rationalisierung, Verwissenschaftlichung und Industrialisierung stellen die Hauptgründe für jene Verschiebung (von intrinsischen zu extrinsischen Werten) dar. Hinzu kommen jedoch mystische Effekte, die den Körper in ein Licht der Heiligkeit rücken, indem der Körper dermaßen mit Bedeutung aufgeladen wird, dass er Heiligenstatus erreicht. Peter Gross sieht jenen Mechanismus umgekehrt: „Der Körper wird nicht zum Gegenstand des Heils [...], sondern *prozessual*; die Richtung wird in ihn eingeschrieben und gleichzeitig wird er zu einem Projektil im Projekt Moderne" (Gross 1999: 141). Er sieht den Körper also als rationalisiertes Objekt, als „entpersonalisiert" (vgl. Gross 1999: 140). Diese Sichtweise lässt allerdings die Wiederverzauberung außer Acht, die auf jene Rationalisierung und Technisierung der Moderne folgt. Extreme Rationalität und Heiligkeit vereinigen sich also im (spät-)modernen Körper und bilden eine logische Harmonie. Rationalität stellt den Hintergrund dar für jede Art modernen

Handelns oder Denkens, so wie Konsumorientierung die Voraussetzung für postmaterialistische Orientierungen bildet. Sogar spirituelle oder andere religiöse Handlungen sind beeinflusst von rationalen Überlegungen. Ein Beispiel hierfür sind fundamentalistische Bewegungen, von denen einige jede Art von Modernität und Technologisierung ablehnen, aber dennoch selbst Gebrauch machen von beispielsweise den Massenmedien oder anderen Technologien, um ihre Ziele zu äußern und zu verbreiten. Ein Zusammenspiel von Rationalität und Industrialisierung und Spiritualität ist daher unter modernen Bedingungen notwendig und ergibt sich quasi automatisch. Der Körper spielt hierbei eine paradoxe, fast binäre Rolle:

Einerseits wird er zum rationalistischen „*Kampfobjekt*", über den sich Menschen voneinander abgrenzen, indem sie ihn zu perfektionieren suchen. Er erscheint als rationalisiertes, künstlich geschaffenes Instrument zur Glücksfindung. Vor allem in modernen Zeiten wird dem Körper des Menschen mehr und mehr Stellenwert zugeschrieben. Wo früher vor allem Kleidung maßgeblich für einen gesellschaftlichen Status war, ist es heute in erster Linie der Körper. So wird der Körper immer mehr zu einem „Kampffeld" (Posch 1999: 94 ff. und Deuser et al. 1995: 76 ff.) und Konsumobjekt, da sich die Wahrnehmung des eigenen Körpers nicht nur auf die Anatomie dessen, sondern vielmehr auf die sozial definierte Sicht des Körpers stützt. Diese ist überwiegend normiert auf Ideale, die zu Krankheiten wie Magersucht führen können. Die Überbetonung des Körpers ist eine Erscheinung der Moderne, denn er ist Projektionsfeld geworden für Hoffnungen und Wünsche nach einem Status, der mit einem hohen Prestige verbunden ist. Er ist auch verbunden mit dem Glauben, den Körper durch Konsum (moderner Medizintechnik beispielsweise) gemäß den eigenen Wünschen zu gestalten. Folgende Feststellung belegt das Streben des Menschen nach Einzigartigkeit, das so weit führt, dass der moderne Mensch eine (Ersatz-)Religion daraus entwickelt: „Erleuchtung und Ekstase, die Begegnung mit dem Außergewöhnlichen, dem Heiligen, die den Menschen aus der grauen Masse hervorzuheben scheint, sind käuflich geworden und können erarbeitet werden, so wie zu bestimmten Zeiten der Religionsgeschichte der Himmel käuflich und zu erarbeiten war" (Bühler 1973: 10). Viele wichtige Kennzeichen der Beschaffenheit moderner religiöser Praktiken werden hier von Bühler angesprochen: Zum einen hat der Mensch ein Bedürfnis nach heiligen Werten und nach Erlösung über das Außergewöhnliche, zum anderen sucht er sich selbst zu etwas Besonderem zu machen, indem er Religion regelrecht rationalistisch konsumiert. Dies findet im Diesseits statt und ist daher nicht mehr geleitet vom Wunsch, in einen jenseitigen Himmel aufzusteigen.

Andererseits entsteht in der Moderne durch die Rationalisierung aller Lebensbereiche die verstärkte Tendenz zur emotionalen *Wiederverzauberung* der Welt, zur Rückbesinnung auf den Glauben. Am einfachsten und auffälligsten lassen sich die Anzeichen hierfür am Beispiel der Werbung aufzeigen. Bei einem Großteil der Artikel, die verkauft werden sollen, wird in Verbindung mit Emotionen geworben. Reine Produktinformation reicht nicht mehr aus, um von einer Ware zu überzeugen, sondern der Konsument soll mit dem Produkt eine emotionale Verbindung aufbauen. Der Kunde möchte also nicht als rein rational kalkulierender Kosten-Nutzen-Abwäger behandelt werden, sondern er möchte verzaubert werden. Des Weiteren lässt der Zulauf, den (alternative) Sinnstiftungstechniken wie Esoterik oder Yoga finden, auf eine Rückbesinnung des Menschen auf den ideellen Sinn des Lebens schließen, der jenseits einer reinen Kosumorientierung liegt, jedoch von einer solchen dennoch durchsetzt ist. Noch erweisen sich derartige Sinnstiftungstechniken als alternativ, jedoch lässt der massive Zuwachs vermuten, dass jene in der Zukunft nicht mehr nur alternativ sein, sondern sozusagen zum Standard einer Gesellschaft gehören werden, wie ehemals die klassischen Religionen.

Im Zentrum der Verzauberung stehen vermehrt subjektiv gestaltbare Objekte, wie der menschliche Körper. Er erscheint in diesem Zusammenhang ebenfalls als Glaubensobjekt, als Erlöser, als Glücksbringer, nicht nur auf rational-intendierter Ebene, sondern auch auf einer mystischen. Denn „die Selbstverliebtheit feiert zu einer Zeit fröhliche Urständ, in der das Irrationale, kaum Begreifbare wiederkehrt. Die Mystik als Fluchtpunkt. Übersinnliches als Trost" (Jennrich 1985: 36) (Hervorhebungen M.K.). In einer Zeit der äußerst hohen Stufe einer rationalen Erfassbarkeit der Welt kehrt also die Mystik zurück, die parallel zur Rationalisierung verläuft. Diese beiden Strömungen sind keine Widersprüche, die sich gegenseitig auslöschen, sie existieren nebeneinander und bedingen sich teilweise gegenseitig. Rationalität bedingt die Flucht in das Mystische („als Trost"), jedoch ist das Mystische auf dieser Ebene dennoch von einer hohen Rationalität geprägt, weil die Moderne ein hohes Maß an Reflektion und Kontrolle verlangt. Da die Selbstverliebtheit eine große Rolle spielt, bewegt sich das Mystische auf einer relativ stark von Rationalität durchdrungenen Ebene. Das Irrationale an der Mystik bedeutet keinen Ausschluss des Rationalen, auch wenn auf den ersten Blick keine Rationalität im Spiel sein mag. Die latenten Formen der Ratio liegen oft in den Ausdrucksformen und in der Gestalt der Mystik. Diese Rationalität zeigt sich darin, dass der moderne Mensch seine Glaubensrichtung wählen und beeinflussen kann: „Man kauft günstig ein, sieht die empfohlenen Filme, wählt eine Religion oder nicht nach eigenem Gutdünken – wie andere auch. Selbst Gott wird als Anbieter-Gott geführt" (Luhmann 1996: 229). Die Möglichkeit, sich gegen eine Religion zu entscheiden und auch die jeweilige Gottheit zu wählen, ist zu einem rationalistischen Prinzip der Moderne geworden. Dies zeigt auch die Unterscheidung und im Falle der Religion wieder zusammengeführte Sichtweise der zwei von Stolz eingeführten Weltbilder, die einerseits rationalistisch und andererseits wertorientiert geprägt sind.

Des Weiteren vermag der Mensch die Form, das heißt, die Art des Betreibens dieser Religionen oder Weltbilder zu wählen. Diese Dinge geschehen bewusster und reflektierter als früher. Auch besteht die Möglichkeit, in den zeitlichen und räumlichen Verlauf der „Religion“ einzugreifen (der moderne Mensch kann sich selbst einen Schauplatz wählen, sogar eine neue Religion gründen; außerdem ist es ihm möglich, seinen Glauben zu wechseln, zu einem selbst gewählten Zeitpunkt; auch der gesamte zeitliche Verlauf lässt sich leichter durchbrechen: als Kirchengänger ist der Mensch an bestimmte Zeiten gebunden, als Ausüber einer selbst konstituierten Religion (wie beispielsweise der hier diskutierten (Ersatz-)Religion des Körpers) liegt es ihm frei, das zeitliche Maß zu bestimmen; etc.). Mystik erscheint demnach wirklich als *Flucht*, um dieser Rationalität entgegenzuwirken. Da dies in der Moderne nur bis zu einem gewissen Maße möglich ist, weil der Mensch nun mal die genannten Möglichkeiten besitzt, ist die Rationalität ein ständiger Begleiter der modernen Mystik. Schulze spricht in diesem Zusammenhang von einer „*Erlebnisrationalität*“, die bedeutet, „die Ziele im Subjekt zu definieren. Man arrangiert die äußeren Umstände mit der Absicht, möglichst gute innere Wirkungen zu erzielen“ (Schulze 1994: 25).

Auch Hans-Werner Baumann u.a. machen die Rationalisierung aller Lebensbereiche des modernen Individuums verantwortlich für „das *Bedürfnis nach identitätsstiftenden Sinnbezügen* nach außen“ (Baumann u.a. 1982: 208). Dieses Bedürfnis kennzeichnen Baumann u.a. nicht als „irgendwelche (vorübergehenden) „Krisenerscheinungen“ [...], sondern [es handelt sich um] ein *strukturelles Merkmal* hochindustrialisierter Gesellschaften“ (Baumann u.a. 1982: 208). Daher „wächst das Bedürfnis nach geistigen und spirituellen Werten“ (Baumann 1982: 208). Dass jedoch die neue Spiritualität ebenfalls hoch rational ausgeführt werden kann, verneinen Baumann u.a.: „„„Sinnstifter“ in der heutigen Zeit kann alles sein, was nicht den Anschein von Technisierung und Bürokratisierung trägt“ (Baumann 1982: 209) (Hervorhebungen M.K.). Im Rahmen dieser Arbeit kann dem ersten Teil der These nur zugestimmt werden, da sich die Kristallisation vieler verschiedenartiger Quasi-Religionen in der Moderne nachweisen lassen. Dass diese sich jedoch gegen Technisierung und Bürokratisierung richten, erscheint als nicht stimmig aufgrund der im vorhergehenden Absatz geschilderten Durchmischung der Mystik mit Rationalisierung in der Moderne. Am Beispiel der (Ersatz-)Religion des Körpers zeigt sich ein hoher Grad an Rationalisierung: Der Körper wird gestaltet, perfektioniert und als Objekt zur Erlangung von Glück und Heil eingesetzt. Dies geschieht sowohl auf spiritueller als auch auf rationaler Ebene, da der Glaube an die Machbarkeit des schönen Körpers ein mystischer wie auch rationaler ist (mystisch: Heil/ Erlösung über das eigene Selbst; rational: Glaube an die Macht des Körpers). Die Mittel zur Erlangung dieses Heilsgedankens sind oft äußerst rationaler Natur, wie das Beispiel von Schönheitsoperationen zeigt. Hier wiederum kann Baumann u.a. zugestimmt werden: „Daß zunehmend narzißtische Verhaltensweisen eine Rolle spielen [...], ist mehr ein Ergebnis des strukturellen Sinndefizits hochindustrialisierter Gesellschaften" (Baumann 1982: 209). Solche narzisstischen Charakteristika liegen mehr auf rational-intendierter Ebene denn auf einer geistig-mystischen, weswegen auch die Folge, die Flucht in eine (Ersatz-)Religion Züge beider Strömungen enthält (die Mystik, um der Rationalität entgegenzuwirken und die Rationalität, um die narzisstisch geprägte (Ersatz-)Religion zu pflegen).

Carlo Mongardini stellt eine ähnliche Tendenz fest, nämlich, „daß die Magie eine sich in diffusem Zustand befindende Religion darstellt, in der die praktische Forderung, den Lauf der Dinge dem Willen des Subjekts zu unterwerfen, jede andere Vorstellung überwiegt" (Mongardini 1987: 26) (Hervorhebungen M.K.). Auch hier werden Religion und Magie in einem Atemzug mit dem praktischen, rationalen Willen des Menschen genannt. Dies ist Zeichen der Moderne: Irrationales wird mit Rationalität verknüpft und durchmischt, ohne einen Widerspruch daraus erwachsen zu lassen. Die klassischen Religionen weisen ein hohes Maß an unreflektierter Mystik, an Irrationalität[30] auf. Moderne (Ersatz-) Religionen tragen ebenfalls diese Züge (denn auch hier wird meist etwas Unerreichbares verehrt), doch sie sind deutlich zweckrationaler und individualistischer. Magie, Mystik und Religion werden von vielen Wissenschaftlern getrennt voneinander betrachtet und abgegrenzt. Darauf soll hier nicht eingegangen werden. Soviel sei jedoch gesagt: Das Magische[31] wird hier in eine Schublade mit der Religion gesteckt, da alle drei Phänomene Teil einer Glaubensvorstellung sind, die Irrationales, Geistiges, Spirituelles beinhaltet.

---

[30] Mit Irrationalität ist nicht gemeint, dass etwas unerklärlich oder gar unsinnig ist, sondern religiöse Phänomene liegen auf einer Ebene, die sich von einem instrumentellen und in diesem Sinne rationalen Charakter ablösen und eher einen emotionalen, aber durchaus funktionalen Rahmen tragen; auf ausführlichere soziologische Definitionen von Rationalität und Irrationalität soll hier verzichtet werden.

[31] Folgt man beispielsweise den Ansichten Emile Durkheims, so ist Magie antithetisch zu Religion, da Religionen sozialen Charakter tragen, wohingegen das Magische eine individuelle Sache ist; nachdem Magie wenig dazu beitragen kann, strukturelle und moralische Tendenzen einer Gesellschaft zu erklären, vernachlässigt Durkheim die Magie (vgl. Levinson/ Ember 1996: 721 ff.); In diesem Zusammenhang werden jedoch Magie, Mystik und Religion nicht getrennt voneinander betrachtet; dies liegt zum einen daran, dass nicht nur die sozialen und moralischen Phänomene einer Gesellschaft innerhalb dieser Arbeit von Belang sind, sondern auch und vor allem individuelle religiöse Besonderheiten; zum anderen geht es um Transzendenzerfahrungen, die nicht nur innerhalb einer Religion gemacht werden können, sondern die sich auch im Magischen und Mystischen zeigen, ebenso wie in Alltagssituationen, die vom Einzelnen „aufgewertet" werden, in dem Sinne, dass moderne Personen sich selbst zu Transzendenzerfahrungen verhelfen können (hierzu jedoch mehr unter dem Punkt 3b. des IV. Kapitels, in dem es unter anderem um „Selbstekstase" geht); Viele andere Soziologen haben sich mit dem Thema Magie beschäftigt; Auf eine Analyse der verschiedenen Ansichten und auf eine Begriffsbestimmung soll jedoch in diesem Rahmen verzichtet werden. Weiterführende Literatur zu diesem Thema findet sich beispielsweise bei Eliade (1978, 1985 und 1989).

Damit sei nicht behauptet, dass diese drei Begriffe eins sind. Das Magische in Bezug auf den menschlichen Körper liegt in einer „magischen Komponente, die in der ästhetischen Manipulation des Aussehens enthalten ist. Das Erscheinungsbild wird verändert, um Feinde abzuwehren, um aversive Kräfte und Mächte zu bannen" (Plake 1992: 181). Auch in der Anziehung übernatürlicher Kräfte wirkt die magische Besetzung des Körpers durch äußerliche Accessoires. Heute noch wird der Körper mit jener Art von Magie bedacht. Es zeichnet sich allerdings eine gewisse Veränderung ab: lag das Ziel früher darin, durch Verzierungen des Körpers magische Kräfte zu vertreiben oder herbeizurufen, so zielt in der Moderne die Gestaltung des Körpers darauf ab, ebenfalls magische Kräfte abzuwehren oder zu erlangen, jedoch nicht so sehr Kräfte übersinnlicher, sondern vielmehr sozialer Art. Das Magische liegt also in der Überhöhung der eigenen Körperlichkeit und in der Erfolgserwartung durch den eigenen Körper.

Diese Verschiebung des Mystischen im Sinne des unfassbar Übersinnlichen zum mystischen fassbaren eigenen Körpers ist eine Rationalisierung, die die Mystik und Magie jedoch nicht verdrängt, sondern ihre Art in spezifischer Weise ändert bzw. umgestaltet.

Das Individuum ist daher zunehmend von kollektiven „magischen Kreisen" unabhängig, da die Rationalität der Moderne eine Eigenverantwortlichkeit unterstellt. „In den *modernen, funktional differenzierten Gesellschaften* sind die meisten vom Selbst zu steuernden Verhaltensweisen von den Anforderungen der institutionell spezialisierten, ‚rationalen' Bereiche der Wirtschaft, der Herrschaft, der Wissenschaft usw. abhängig. [...] Die zunehmende Rationalisierung aber bedeutet, dass diese Institutionen an einer über sie hinausgehenden Bedeutung einbüßen und die Fähigkeit verlieren, sinnhaft und sinnstiftend zu wirken, und zwar auch innerhalb [...] der Religion" (Knoblauch 2000: 203). Sinnsuche gestaltet sich daher zunehmend als eigenverantwortliche Aufgabe des Einzelnen. Als Folge davon „kommt es zur Pluralisierung von Weltauffassungen, deren Struktur mit einem freien Markt verglichen wird" (Knoblauch 2000: 204). Die Kirche verliert das Monopol, als Sinnstifter für die Mitglieder einer Gesellschaft zu fungieren. Doch nicht nur die Institutionen verlieren in der Moderne an Bedeutung. Auf allgemeinerer Ebene wird eine Sinnfindung durch den Glauben an einen Gott abgeschwächt. Nicht nur Weltauffassungen werden pluralisiert, sondern auch deren Inhalte differenzieren sich und werden in das Individuum hineinverlagert.

In der Moderne werden Erlösung und Glück durch Gott in den Hintergrund gedrängt, denn die Rationalität der Moderne stellt auch die „Frage der Erfahrbarkeit" (Oberländer 2002: 45). Erlösungserfahrungen über klassische religiöse Anschauungen sind nicht greifbar. Der menschliche Körper als Quelle der Erfahrung und Erlösung hingegen schon. Erlösung ist ein Zustand der Veränderung, der Neuschöpfung (vgl. Oberländer 2002: 45). „Die körperliche Ebene scheint ein einfaches Übungsfeld zu sein, um Veränderung wahrzunehmen und zu beschreiben. Eine Bewegung geht leichter, ein Teil von mir wird bewusster, klarer. Ich entdecke neue Seiten an mir, neue Begegnungen. Diese Erlebnisse von Neuschöpfung betreffen mich jedes Mal vollkommen, verändern die Qualität meines Daseins völlig, weiten die Perspektive" (Oberländer 2002: 45). Der Körper ist also eine unmittelbare und interpretierbare Grundlage, um Veränderungen und Zustände, auch Zustände des Außergewöhnlichen und Unbekannten (das „Transzendentale") zu erfahren. Abstrakte religiöse Werte bieten diese Grundlage nicht in jener eindeutigen Form.

So erlangt der moderne Mensch Sinn, der über den Körper definiert wird. „Die Sinnsuche in den modernen Gesellschaften wird ausgelöst durch Abnahme von transzendentalen Bezügen und traditionellen Werten im Alltagsleben. Man könnte sagen: Der eigene Körper ist das einzige, dessen sich der moderne Mensch gewiss sein kann. Deshalb hegt und pflegt er ihn, deshalb sind ihm Gesundheit und Fitness so wichtig („Körperkult")" (DGF-Jahresgutachten 1999: 25). Diese Aussage beinhaltet und validiert die meisten der bisher angesprochenen Thesen: Durch ein angewachsenes Level an Rationalität kann sich der Mensch nicht mehr auf klar definierte Wertsysteme der Gesellschaft stützen (die in früheren Zeiten meist religiös dominiert waren). Des Körpers hingegen kann er sich gewiss sein, des Erfolges durch einen schönen Körper ebenfalls. Da der Mensch jedoch nach Sinn und Glück im Leben strebt, bedient er sich eines Gegenstands, den er zum Inhalt macht, da er ihm unmittelbar gegeben[32] und im Leben eines jeden Menschen von zentraler Bedeutung ist: des Körpers. Transzendentales Bewusstsein wird daher abgelöst von einem Streben nach diesseitiger Erlösung, die durch die Pflege des Körpers erreicht werden soll. Jener Aspekt soll im folgenden Kapitel ausführlicher behandelt werden.

---

[32] Der Körper an sich ist dem Menschen unmittelbar gegeben; dies bedeutet jedoch nicht, dass der Körper hier auf ein bestimmtes – nämlich das moderne – Körperbild reduziert wird. Eine reine Unmittelbarkeit ist also im engeren Sinne nicht gegeben, da sich die Körperbilder und die Diskurse um den Körper sowohl im Laufe der Zeit als auch innerhalb der Moderne verändert haben bzw. sich verändern; unmittelbar bedeutet also nicht, dass der Körper automatisch diskursiv in das Bewusstsein des Menschen eindringt, da er ihm natürlich (im Sinne von biologisch) gegeben ist, sondern hier ist gemeint, dass sich eine Auseinandersetzung mit ihm quasi anbietet, aufgrund der „Diskursivität" des Körpers, die sich nicht dadurch ergibt, dass der Körper als biologisch-natürliche Konstante sowieso gegeben ist und daher automatisch zum Brennpunkt für Auseinandersetzungen wird, sondern die Diskursivität des Körpers ergibt sich aus der sozialen Debatte um Körperlichkeit, die in jeder geschichtlichen Epoche eine Rolle gespielt hat und auch weiterhin spielen wird – allein schon der Körper im Lichte der verschiedenen Bekleidungsarten in verschiedenen Epochen legt ein beredtes Zeugnis ab über die Relevanz des Körperbildes zu jeder Zeit; der Körper ist dem Menschen also deshalb *unmittelbar* gegeben, weil die soziale Auseinandersetzung mit Körperlichkeit immer aktuell ist, je nach Situation oder Zeitströmung ausgeprägt oder weniger ausgeprägt, privat oder öffentlich, unbewusst oder bewusst; Körperlichkeit ist immer ein Thema des Diskurses und eine Praxis der Auseinandersetzung.

Alfred Bellebaum nennt „Schlankheit und Schönheit“ (Bellebaum 1992: 212) als Beispiel eines „reichhaltigen Sortiments von Glücksangeboten“ (Bellebaum 1992: 210). „Gesundheit/ Schlankheit/ Schönheit haben für zahlreiche Menschen eine geradezu kultische Bedeutung, und es werden viele und aufwendige Opfer gebracht. [...] Beachtenswert ist der Hinweis, daß die „Rituale des Schönheitskults die herkömmliche Religion nicht nur imitieren, sondern funktional ersetzen“. [...] Der Gott der neuen Religion 'Schönheit' hat Schönheits-Chirurgen als Künstler-Priester. Ernährungswissenschaftler, Diät-Spezialisten, Diät-Berater und Diät-Köche tummeln sich auf den verschiedenen Hierarchiestufen der Kultdiener des neuen Gottes“ (Bellebaum 1992: 212/ 213).

Die Suche nach dem jeweiligen Lebensinhalt des Menschen ist daher von einer Stufe der Unvollkommenheit gekennzeichnet, da das Streben nach einer noch höheren Stufe der Vollkommenheit nie endet. Des Weiteren verknüpft sich der Sinn des Lebens mit dem Streben nach Glück, da Glück eine Daseinsgrundlage zu sein scheint. Mystik dient dem Menschen als Fluchtpunkt vor der hohen Rationalisierung der Welt. Der Körper bietet sich als Medium an, um in diese Mystik verwoben zu werden, da er eine Grundlage für Erfahrungen darstellt, die direkt auf den Menschen zurückwirken. Auf jene Weise sollen Sinn, Erlösung, Heil erreicht werden.

5. Der Übergang von einer moralisch-religiös bestimmten Transzendenz zur lebensweltlichen Immanenz: Der Mensch als göttliche Gestalt

Der Glaube an klassische (in der westlichen Welt meist Erlösungs-)Religionen ist immer kombiniert mit den Vorstellungen über ein Jenseits, Glaube ist also durchmischt mit Transzendenzen, das heißt Bereichen, die der Erfahrbarkeit des Menschen Grenzen setzen. Transzendenzen bezeichnen Übernatürliches. Das Diesseits, die Alltagswelt der Individuen entzieht sich dieser Erfahrbarkeit nicht. Dennoch gibt es auch im Diesseits transzendente Bereiche, Dinge, die der Mensch nicht rational erfassen kann (vgl. Stolz 2001: 9 ff.). „Herkömmliche“ Religionen geben dem Menschen meist *ein* Jenseits vor. In der Moderne gestaltet sich ein Transzendenzbewusstsein des Menschen komplexer. Da der Alltag durchmischt ist von vielen „kleinen“ Transzendenzen (wie bereits unter Bezugnahme auf Luckmann besprochen), die der subjektiven Interpretation durch Individuen unterworfen sind, vermag der Mensch sich auch seine eigenen transzendenten Bereiche zu schaffen. Moderne (Ersatz-)Religionen beispielsweise beinhalten Transzendenzerfahrungen, die jedoch viel stärker auf das Diesseits bezogen sind als das bei klassischen Religionen der Fall war und ist.

Die Suche nach „Heil“ und Erlösung erfolgt in der Moderne zunehmend weniger durch eine moralisch-religiöse Lebensführung, um Heil im Jenseits zu erlangen, sondern sie gestaltet sich in dem Glauben an die Macht des eigenen

Körpers (im Sinne von Gesundheit, Vitalität, Schönheit, Jugend, etc.), um soziale Wertschätzung zu genießen, die mit einer spezifischen Art des „Heils" im Diesseits gleichgesetzt werden kann. Der Weg zur Transzendenz wird auf diese Weise durchbrochen und durch lebensweltliche Immanenz ersetzt. Soziale Wertschätzung erteilen die Anderen, die zum spiegelnden Maßstab werden, indem sie das körperliche Auftreten beurteilen und entsprechend reagieren (vgl. Cooley 1956: 23). Ebenso wie sich Identität aufgrund intersubjektiver Spiegelung bildet (wie im Kap. II unter dem Punkt 5 erläutert), bildet sich eine statusgenerierende Position innerhalb der Gesellschaft aufgrund eines wechselseitigen Prozesses der Anerkennung oder Sanktionierung. Körperlichkeit spielt hierbei eine wichtige Rolle, da der Körper wesentlicher Teil von Kommunikation und Interaktion ist.

Der Begriff der Transzendenz drückt etwas dem Bewusstseinshorizont des Menschen fernliegendes Übersinnliches aus. Außergewöhnlichkeit spiegelt sich in jenem Begriff wider. Da nun in der modernen Welt das Außergewöhnliche zunehmend weniger im Sinne klassischer Religionen in der Art der Gottesanbetung gesucht wird, sondern sich auf den Menschen selbst richtet, zeichnet sich ein spezifisches Problem ab: Es stellt ein Paradoxon dar, Außergewöhnliches dauerhaft zu inszenieren. Denn durch eine Dauerhaftigkeit verliert sich der außergewöhnliche Charakter[33]. Transzendenz ist aufgrund des dauerhaften Charakters der (Ersatz-)Religion nicht mehr möglich, da Außergewöhnlichkeit bzw. Übernatürlichkeit profan wird, wenn sie zu einem Massenphänomen stilisiert wird. Religiöses Verhalten zeichnet sich jedoch durch die Abgrenzung zum Profanen aus. Es entsteht ein Paradoxon, denn auf der einen Seite besteht das (ursprünglich transzendente) Streben nach dem Übernatürlichen, und auf der anderen Seite findet sich die Profanisierung des Göttlichen durch Massenhaftigkeit und Dauerhaftigkeit. Aufgrund jenes logischen Charakteristikums der modernen (Ersatz-)Religion der Selbstideologisierung durch den eigenen Körper verlagert sich das religiöse Geschehen auf das Diesseits. Ein solches Problem

[33] Eine Abgrenzung zur Profanität kann hier also nicht mehr geleistet werden. Jene Abgrenzung ist jedoch nötig, um das Sakrale bzw. Außergewöhnliche bestimmen zu können. Bereits Luhmann macht auf die Notwendigkeit einer Unterscheidung aufmerksam – wie schon in Kap. I angedeutet - , damit etwas benannt oder bezeichnet werden kann, denn „eine Unterscheidung als solche ist dann gleichsam unvollständig, operativ imperfekt, wenn sie nicht zugleich die eine Seite, die unterschieden wird, bezeichnet" (Luhmann 1988: 49). Bezeichnungen verlaufen auch nicht sinnneutral, weil vermieden werden soll, „daß die Operation in einer Unentscheidbarkeit steckenbleibt wie Buridans Esel zwischen den Heuhaufen" (Luhmann 1988: 50). Daher: „draw a distinction!" (Luhmann 1988: 48), sonst ergeben Bezeichnungen keinen Sinn. In Falle der Unterscheidung zwischen Profanität und Heiligkeit besteht eine Präferenz für die Seite des Heiligen; jene Asymmetrie ist nötig, um die andere Seite zugänglich zu halten (Luhmann bezeichnet dies als „crossing"). Erst auf diese Weise können beide Seiten bezeichnet werden und somit auch, was diese Seiten ausmacht.

liegt in den Facetten der Modernität begraben, es ist sozusagen typisch für die moderne Welt. Denn der moderne Mensch verhält sich in vielerlei Hinsicht paradox: Er strebt nach Außergewöhnlichkeit, jedoch innerhalb einer Masse, an der er Orientierung und Angleichung findet. Weitere Paradoxien sind uns bereits im Verlauf dieser Arbeit begegnet und die eben beschriebene Paradoxie wird nicht die letzte sein, die Einzug in die Debatten der Arbeit erhält. Eine Durchbrechung des Transzendenzgedankens in der Moderne zeigt sich also schon allein wegen des menschlichen Strebens nach dauerhafter Selbstüberhöhung bzw. eigener Außergewöhnlichkeit. Hinzu kommen weitere Faktoren, weshalb sich Transzendenzerfahrungen immer mehr in Richtung Immanenz bewegen. Diese logische Schlussfolgerung dient als Vorreiter der modernen Diesseitsreligionen und es finden sich weitere Kennzeichen moderner Diesseitigkeit.

Im Zuge der Individualisierung und des Wertwandels ändern sich einige grundlegende Ansichten des Menschen sich selbst gegenüber, vor allem der Umgang mit dem Tod. Die klassischen Religionen stellten meist ein Weiterleben nach dem Tode in Aussicht, weswegen der Tod an sich lebenspraktisch nicht so sehr ins Gewicht fiel als zu Zeiten der Moderne. „Der Tod wird unfaßlich. Das Sterben wird zur allgegenwärtigen Bedrohung des eigenen Lebens" (Beck 1995: 250). Das Leben „hat alle Sicherheiten der Transzendenz verloren. [...] Dies gilt auch und gerade dort, wo mit allen Mitteln der Ausbruch aus der Immanenz des eigenen Lebens gesucht und versucht wird – in der Flucht in Mystik, Esoterik, in neuen Religionsbewegungen usw. Das eigene Leben ist – allein seinem Begriffe folgend – der Versuch, die Versuchung, in sich selbst Grund, Kraft, Ziel der Selbst- und Weltgestaltung zu finden" (Beck 1995: 250) (Hervorhebungen M.K.). Um den Mangel des Glaubens an das jenseitige (Weiter)Leben auszugleichen, schafft der Mensch einen Glauben, der an das Diesseits geknüpft ist. Er glaubt an sich selbst, er glaubt daran, sich selbst „erschaffen" zu können, indem er den eigenen Körper in den Mittelpunkt seines Interesses stellt. Dieser lässt sich in modernen Zeiten zunehmend besser gestalten und manipulieren. „Wie in vielen anderen Bereichen des menschlichen Lebens wurde die moderne Welt auch für die Unsterblichkeitssucher zum »Land der unbegrenzten Möglichkeiten«" (Bauman 1994: 259). Vor allem dank der hochmodernen Medizin vermag der Mensch sich einen Körper zu bilden, der unsterblicher denn je erscheint. „Am Ende stirbt der Mensch nicht, sondern die Medizin versagt. Dies ist die Vorstufe der Ewigkeit *im* Diesseits, an der die Eingeborenen des eigenen Lebens mit aller ihnen zu Gebote stehenden Kraft arbeiten" (Beck 1995: 251). Zygmunt Bauman bestätigt, „daß Ideologien ein moderner, zweckmäßiger Ersatz für Religion sind" (Bauman 1994: 138/139). Oder aber die Ideologien gestalten sich nicht als Ersatz für Religion, sondern werden zu einer eigenen Religion.

Die Bedeutung des Körpers als wesentlicher Träger des Selbst schafft eine „Religion", die dem klassischen Gottesglauben in vielen Zügen ähnlich ist[34]. Der Glaube an Gott und der damit verbundene Transzendenzgedanke (Erlösung im Jenseits) wird von neuen Werten überlagert, die ausgefüllt sind vom Glauben an die Macht (Übernatürlichkeit, also „Transzendenz" bzw. eher Immanenz) des Körpers zur erfolgreichen Bewältigung des Alltags (Körper als „Kapital" und als soziale Tatsache) und somit zur Produktion von Sinn für das eigene Leben. Daran ist ein Immanenzgedanke geknüpft, der den Körper in den Mittelpunkt der Heil-Findung und somit der „Erlösung" im Diesseits stellt. Der Kult um die „Manipulation" des Körpers in der Moderne folgt in basalen Punkten den Zeremonien religiöser (im Sinne göttlicher) Riten: „Der Warenmarkt der Transzendenzen beruht auf dem Vertrieb über Massenmedien - Bücher, Zeitschriften, Radio, Fernsehen -, Akademien und Seminaren, seelentherapeutischen Praxen und umherschweifenden Gurus aus allen Ecken der Welt. [...] Sie konkurrieren auch mit Lebensorientierungsmodellen, die sich aus Rekonstruktionen diesseitiger Transzendenzen ableiten" (Luckmann 1991: 180). Jene diesseitigen Transzendenzen bzw. die Immanenz zeigen sich in der Überhöhung des Heilfindungsobjekts, das magischen Charakter erhält. Übernatürliche Kraft und Macht werden mit dem Göttlichen gleichgesetzt. Dem Körper kommt als Sinnfindungsobjekt ähnlicher Charakter zu, da er stilisiert, perfektioniert, überhöht und mit Verehrung bedacht wird. Der Gedanke an die Kraft und Macht der Wirkung ihres Körpers, über den man sich sozialen Erfolg verspricht und eigenes Glück, zeugt von einem transzendentalen Bewusstsein, das auf das Diesseits gestützt ist.

Weiterhin beschreibt Luckmann die Tendenz der modernen westlichen Menschen zu einem egonzentrierten Selbst- und Weltbild, denn es „breitete sich ein Interesse an »kleinen« Transzendenzen, symbolisiert durch solipsistische Begriffe wie »Selbsterfüllung« und dergleichen, immer weiter aus" (Luckmann 1991: 181) (Hervorhebungen M.K.). Religion spielt sich also vornehmlich im privaten, das heißt höchst subjektiven Bereich des Lebens ab, der jedoch stets orientiert ist an einer Glaubensgemeinschaft oder zumindest „Vergleichsgrup-

---

[34] Jene Körperreligion ist dem klassischen Gottesglauben nicht nur rein deskriptiv ähnlich, sondern auch funktional: Denn obwohl eine Selbststilisierung höchst subjektiv und selbstbezogen abläuft, bedeutet dies nicht, dass soziale Aspekte innerhalb einer Körperreligion verloren gehen. Eine Selbststilisierung bis hin zu einer (Ersatz-)Religion mag zwar sehr individualistisch geprägt sein, aber dennoch erfüllt eine solche (Ersatz-)Religion zumindest zu einem großen Teil auch funktional die Zwecke einer klassischen Religion. Auch innerhalb des am Körper orientierten Glaubenssystems wird Integration gestiftet, denn ein schöner Körper sorgt für Lob und Anerkennung. Auch wenn hierbei ein hohes Maß an Konkurrenzdruck besteht, ist der Einzelne in die Gruppe Gleichgesinnter integriert, denn das Ziel und die Inhalte des Glaubens sind bei allen das gleiche bzw. sehr ähnlich. Jener Aspekt der Glaubensgemeinschaft wurde jedoch bereits im Unterpunkt 3 dieses Kapitels beschrieben.

pe". Luckmann spricht daher von „Transzendenzerfahrungen in Eigenregie", die „meist in nahezu transzendenzlose Subjektivismen zurückfallen" (Luckmann 1972: 14). Religiosität ist demnach nicht geprägt von Transzendenzlosigkeit, da Sinninterpretationen immer eine Art Transzendenz enthalten, jedoch verschiebt sich die Bedeutung der modernen Sinnfindung von der transzendentalen Ebene zu einer verstärkt am Diesseits und am Subjekt orientierten Ebene (die durchaus Transzendenzen enthält).

Arnold Gehlen nennt jene Zuwendung der Menschen zum subjektivorientierten diesseitigen Alltag einen „neuen Subjektivismus" (Gehlen 1986: 198 ff.): „was sollte anderes folgen, als der <Erlebnisstrom>, der in chronischer Wachheit und Reflexion bewältigt wird? Jetzt beginnt notwendig die Subjektivierung und Aufweichung der Kunst, des Rechts - aber auch der Religion" (Gehlen 1986: 199).

Die unter Punkt III.2 (vor allem unter b) beschriebenen Individualisierungsprozesse gehen nach Knoblauch nicht nur einher mit Entinstitutionalisierung und Enttraditionalisierung, sondern auch mit einem beträchtlichen Maß an Subjektivierung, vor allem im Bereich der modernen Religion (vgl. Knoblauch 2000: 205 f.). Demzufolge setzen Menschen ihren eigenen Erlebnishorizont als Maßstab für ihre Religion. Knoblauch bezeichnet dies als „Tendenz einer wachsenden Zahl von Gesellschaftsmitgliedern, die eigene religiöse Erfahrung als Quelle, Evidenz- und ‚Güte'-Kriterium ihrer Religion anzusehen" (Knoblauch 2000: 206).

Auch innerhalb des eigentlich sehr ideellen und emotionalen Systems der Religion handeln Menschen in der Moderne nutzen-kosten-orientierter als früher. Es zeigt sich also eine Verschiebung von wertrational ausgelegten Handlungsmodellen in Bezug auf klassische Religionen zu zweckrational bestimmten religiösen Überzeugungen. Knoblauch beschreibt diese Tendenz folgendermaßen: „Das gilt auch für die Religion, die sich dadurch auszeichnet, dass für die diesseitigen Einsätze (finanzielle Unterstützung, aktive Beteiligung, Zeitaufwand und Einsatz für religiöse Organisationen) jenseitige ‚übernatürliche' Erträge ‚angeboten' werden" (Knoblauch 2000: 210). Diese Feststellung bedarf zweier wesentlicher Hinzufügungen: Der Einsatz bezieht sich in der Moderne nicht nur auf Organisationen, sondern auch auf das eigene Selbst. Der Mensch erwartet nicht nur von Institutionen, die er unterstützt, einen Ertrag, sondern auch und vor allem erwartet er von sich selbst einen Gewinn. Er erwartet Glück, Selbstfindung, Heil. Die zweite, um so bedeutendere Erweiterung liegt in der erwarteten Transzendenz. Erträge im Jenseits mögen zwar für viele Menschen Auslöser sein, um religiös zu agieren, jedoch lässt dies eine wichtige Entwicklung in der Moderne außer Acht: die Erwartung auf diesseitige Erfüllung. Menschen richten ihre Bedürfnisse vermehrt auf die Gegenwart, anstatt eine unsichere Zukunft anzustreben. Jener Mechanismus ist Teil des erhöhten Levels an Rationalisierung, Industrialisierung, Verwissenschaftlichung und Entspiritualisierung der modernen westlichen Welt. Dennoch bestehen spirituelle Bedürfnisse, die jedoch nicht mehr auf allgemeiner, sondern vielmehr auf einer individuellen Ebene liegen. Subjektivierung bedeutet also auch, dass Menschen ihre religiösen Bedürfnisse im Diesseits erfüllt sehen möchten. Die eigene religiöse Erfahrung dient also als Validierung, als Rechtfertigung für die eigene Religion. Aus diesem Grund richtet sich das religiöse Praktizieren vor allem an das Diesseits. Denn wenn die eigene, subjektive Erfahrung dermaßen in das Zentrum der Religiosität rückt, kann der Anspruch auf jenseitige Erfüllung nicht so schwer wiegen, da diese Erfahrung eindeutig nicht gemacht werden kann. Sie liegt außerhalb des erfahrbaren Bereichs, im Jenseits. Alternative religiöse oder zumindest spirituelle Angebote, wie beispielsweise Yoga, Meditation oder Kinesiologie, bieten nicht nur eine erhoffte „Erlösung" im Diesseits, sondern sie bieten einen wesentlich schnelleren Weg zu Wohlbefinden als klassische jenseitsorientierte Religionen. Derartige (Ersatz-) Religionen oder Sinnstiftungstechniken zeichnen sich also auch durch eine hohe Effizienz aus, da die Erfolge bereits im Diesseits sichtbar sind. Der moderne Mensch strebt nicht nur nach Erfüllung im Hier und Jetzt, sondern er fordert auch vermehrt eine schnelle und effiziente Lösung für Glaubensfragen oder einen sinnerfüllten Ausgleich zum Alltagsstress.

Der menschliche Körper stellt einen besonderen Inhalt jener subjektivistischen Selbstzentrierung dar, denn er ist dem Individuum von Geburt an gegeben. Die Auseinandersetzung mit dem und die Reflektion über den eigenen Körper ist ein nie endender Prozess, der Mensch wird sich dessen durch verschiedenste Faktoren aus seiner Umwelt stets wieder bewusst: sei es durch Krankheit oder gesellschaftliche Ereignisse, in denen der Körper bzw. dessen Präsentation bewertet werden (man denke nur an die intensiven Gefühle von Peinlichkeit, wenn man beispielsweise „over"- oder „underdressed" zu einer Festlichkeit kommt). Wie sehr der Zustand der Psyche von der Physis des Körpers abhängt, beweisen Mediziner und Psychologen. Der Körper spielt somit eine bedeutende Rolle im Alltag eines jeden Menschen. Durch den geschilderten Wertverlust in der Moderne zeigt sich also eine Zentrierung und Stilisierung des Körpers so weit, dass dies einer (Ersatz-)Religion gleichkommt.

Erlösung im Jenseits ist aus rationaler Sicht nicht beweisfähig gegeben. Da die Industrialisierung der westlichen Welt einhergeht mit einem zunehmenden Maß an Rationalisierung, bröckelt der auf einer reinen Imagination beruhende Glaube an das jenseitige ewige Leben. Dass Erlösung über die eigene menschliche Vollkommenheit zurückzuführen ist, stellt ebenso eine Imagination, einen Glauben dar. Nur ist sie auf das Diesseits gerichtet, weswegen sie meist jedoch nicht weniger intensiv ist. Des Weiteren erhebt der Glaube an Erlösung über die eigene Perfektion den Anspruch auf Machbarkeit. Der Mensch glaubt daran, Erlösung zu erlangen, indem er selbst aktiv seinen Körper gestaltet. Dies impliziert die theoretische Möglichkeit, dies zu schaffen. Das aktive Gestalten des Lebens ist für die Religion der modernen Welt besonders wichtig geworden. „Die Kirchen konnten die Nachfrage nach Glauben nicht mehr decken, nach jener gewissen Zuversicht auf das, was man hofft, nach der Überzeugung von Dingen, die man nicht sieht“ (Bühler 1973: 76). Das eigene Erscheinungsbild, das gottähnlich gestaltet werden soll, sieht man dahingegen deutlich.

In der Moderne zeichnet sich also ein Wandel von einer jenseitig orientierten Weltsicht zu einer am Diesseits ausgerichteten individualistischen Glaubensrichtung ab. „Das Selbst ist der Ort, dem sich die verschiedenen außergewöhnlichen Erfahrungs- und Handlungsmöglichkeiten verdanken und in dem eine spirituelle Dimension, ja die eigene Göttlichkeit entdeckt werden kann [...]“ (Knoblauch 2000: 207). Das Selbst wird also in der Moderne aufgewertet. Es wird zum Zentrum der religiösen Erfahrbarkeit. Der Mensch nähert sich selbst einer göttlichen Gestalt an, die vor allem im Diesseits Bedeutung hat. Auch verschiebt sich der Stellenwert, den der Tod im Leben moderner Menschen innehat. Der Körper endet mit dem Tod, er bildet nicht mehr die Brücke zwischen dem Leben und dem Jenseits. Daher wird der Fokus auf die Pflege des Körpers im Diesseits gelegt. Herrschte früher die Glaubensvorstellung, dass das Leben nur ein Durchgangsstadium zu einem besseren Leben im Jenseits sei, so lösen sich solche Vorstellungen in modernen Zeiten zunehmend auf. Der Tod bringt das Ende der Körperlichkeit mit sich, weswegen er zu Lebzeiten stilisiert wird. Nach dem Tod weiterleben heißt, einen unvergesslichen Eindruck im Diesseits anderer Menschen zu hinterlassen. Jenseitige Orientierung zeigt sich nicht mehr so deutlich im Glauben an die Erlösung oder an das ewige Leben, sondern eher im Hinblick auf den Faktor „Geschichte machen“. Der Mensch trachtet nicht mehr so sehr nach klassischen religiösen Transzendenzideologien, sondern danach, auch nach dem Tod bekannt zu bleiben. Dies ist zwar eine Art „Jenseitsglaube“, der jedoch deutlich am Diesseits, nämlich an den Menschen, die weiterleben und die Bewunderung für den verstorbenen Menschen aufrechterhalten, ausgerichtet ist, denn „der Zweck ist jedenfalls erfüllt: das Versprechen der Unsterblichkeit (obgleich stets vorläufig und vorbehaltlich) wird dann gewährt, wenn es von Bedeutung ist – d.h. zu Lebzeiten sterblicher Wesen. So hören wir wiederholt, dieser oder jener Zeitgenosse »habe Geschichte gemacht«“ (Bauman 1994: 90) (Hervorhebungen M.K.). Moderne Medien tragen wesentlich zu jenem Streben nach individueller Historie bei, da beispielsweise Videokameras oder Photoapparate die Möglichkeiten liefern, Geschichte aufzuzeichnen und weiterzugeben. “It appears that, as history unfolds, technological development has given us an increasing number of ways that we can achieve immortality – words, pictures, records, video“ (Giles 2000: 50).

Auch Hillmann stellt in pluralisierten modernen Gesellschaften bestimmte Auf- und Abwertungsmechanismen fest, wobei er darauf hinweist, dass sich diese in einem dynamischen Prozess bewegen, der sich schnell ändern kann.

Dennoch lassen sich einige Grundtendenzen beobachten (vgl. Hillmann 1989: 177). Im Bereich der Religion zeigt sich eine deutliche Abwertung jenseitsorientierter Religionen. Diesseitsorientierungen gewinnen hingegen an Bedeutung. Eine anthropomorphe Gottesvorstellung und Gottesfurcht werden von einer „innerweltlichen, „ökologischen" Religiosität ohne Gott" abgelöst. Weiterhin wird die „irdische Lebensspanne des Individuums" aufgewertet, der Mensch selbst rückt also näher in das Zentrum seiner Glaubensvorstellungen. Diese äußern sich in entinstitutionalisierter Form, der Mensch befindet sich auf der „Suche nach neuen Sinnhorizonten, Möglichkeiten der Spiritualität und Meditation" anstatt „religiöser Bindung, Kirchentreue, Frömmigkeit" unterworfen zu sein (Hillmann 1989: 177). Auch Friedrich Fürstenberg spricht im Zusammenhang mit dem Entinstitutionalisierungsprozess der Religiosität von einem Phänomen, das „nicht nur als Randerscheinung wahrnehmbar" ist (Fürstenberg 1999: 9).

Hans-Georg Soeffner stellt an die Stelle einer institutionalisierten Religion durch die Kirche den Menschen selbst, als eine Art Schein-Institution. Er macht jedoch darauf aufmerksam, dass – bezugnehmend auf Thomas Luckmann – das menschliche Subjekt keine Institution sein kann und beschreibt diesen beobachtbaren Vorgang daher als „illusionär". Weiterhin heißt es an dieser Stelle bei Soeffner: „Das einzige, was ganzheitlich dem Flickenteppich der Weltanschauungen und >letzten< Bedeutungen gegenübersteht und letztlich sogar deren *relativ* konfliktfreies Nebeneinander garantiert, ist das vom Kollektiv weitgehend akzeptierte >moderne< Konzept vom „emanzipierten Individuum" (Soeffner 1994: 296). Entinstitutionalisierung bezieht sich daher im Zusammenhang mit Religion auf kirchliche Organisationsformen und meint nicht jene Schein-Institution des Zusammenschlusses individualisierter, autonomer Menschen. Nach Soeffner bildet der „kollektive Glaube an und die Hoffnung auf die Autonomie (Selbstfindung, Selbsterfüllung etc.) des Individuums als *gemeinsames Fundament*" den Gegenpol zur Individualisierung und Pluralisierung (Soeffner 1994: 296). Denn jeder möchte einzigartig sein und erhebt dies zu einer eigenen Glaubensvorstellung. Individualisierung ist daher ein Begriff, der mit Vorsicht zu verwenden ist, da er ein kollektives Phänomen darstellt, was der Logik einer solchen Individualisierung prinzipiell widerspricht. In Bezug auf die Sozialstruktur moderner Gesellschaften handelt es sich um Individualisierungsphänomene, die die Sozialsysteme und auch die Religion durchdringen – mit jener genannten (logischen) Einschränkung. Den Aspekt der Religion betrachtend kann hier jedoch von einer Individualisierung gesprochen werden, selbst wenn sie kollektiv und als Massenphänomen stattfindet, da gerade im religiösen Bereich sehr viele Arten von neuartigen – teilweise subjektiv sehr verschiedenen - religiösen Praktiken Fuß fassen. Den Körper als (Ersatz-) Religion ins Auge fassend kann jedoch nur von einer „Teilindividualisierung" gesprochen werden, da die These sich auf einen relativ breitflächigen kollektiven Bevölkerungsanteil (allerdings (noch) kleineren Anteil im Vergleich zu kirchlich institutionalisierten Religionen) bezieht. Körperlich basierte (Ersatz-) Religionen finden sich in Bevölkerungsschichten, deren Grundbedürfnisse gedeckt sind und die meist einer gewissen Alterskategorie zugeordnet werden können. Jene Altersgruppe ist sehr weit gefasst, da überhöhende Körperstilisierungen vermehrt vom Beginn des Jugendalters an bis zum Erreichen einer Altersgrenze des ungefähren Seniorenalters auftreten. Diese Altersschere klafft jedoch stets weiter auseinander, denn Kinder werden früher erwachsen und ältere Menschen bleiben länger jünger. Dies liegt an den Möglichkeiten moderner Industriegesellschaften, denn das Alter lässt sich dank der Medizintechnik hinausschieben. Auch die Entlastung des Berufslebens eines Großteils der Bevölkerung von schwerer körperlicher Arbeit beugt Verschleißerscheinungen des Körpers vor. Dass Jugendliche früher erwachsen werden, was das Körperliche betrifft, liegt an der stärkeren Durchdringung eines geteilten Wissensvorrats innerhalb der Gesellschaft. Kinder können lebenszeitlich früher und tabuloser über das Wissen in Bezug auf Aufklärung verfügen, und weiterhin müssen sich Kinder bereits vermehrt um ihre Selbstentfaltung kümmern, weil auch sie nicht mehr in hohem Maße in körperliche Arbeit einbezogen werden.

Individualisierung trifft in jener Hinsicht zu, dass die Glaubensobjekte im Menschen selbst liegen und daher höchst individuell sind.

Religiosität im Lichte kleinerer und individuellerer Inhalte und Ausdrucksformen, also weniger großflächig und allumfassend wie die kirchliche Religiosität, stellt demnach keine marginalisierte Form von Religion mehr dar. Jene ist schwerer zu erfassen, doch auch hier zeigen sich stets deutlichere Tendenzen zu gesellschaftlichen Massenbewegungen. In Bezug auf die Stilisierung des menschlichen Körpers lassen sich Veränderungen beobachten, die in der Moderne immer mehr Gewicht erhalten.

Christof Lumme spricht von einem „umfassenden gesellschaftlichen Wandel“. „In diesem Kontext wird vor allem das Problem der „Körperbewertung“ relevant, denn wie der Forschungsüberblick zeigte, lässt sich für die frühneuzeitliche Gesellschaft eine merkwürdige Ambivalenz ausmachen, die direkt mit der Ausprägung der Moderne zusammenzuhängen scheint: einerseits die Aufwertung des Leibes als Lebensgrundlage eines zunehmend am Diesseits orientierten Abendlandes, andererseits die zeitgleiche Abwertung des Leibes durch seine beginnende Disziplinierung, Instrumentalisierung und Verdrängung“ (Lumme 1996: 10) (Hervorhebungen M.K.). Jener Wandel wird durch die zunehmende Rationalisierung aller Lebensbereiche durch kapitalistische Warenökonomie innerhalb industrialisierter Gesellschaftsformen ausgelöst, in dem auch der Umgang mit dem Körper begriffen ist. Wie bereits vor allem in Bezugnahme auf Elias' Zivilisationsprozess angedeutet wurde, wandeln sich vor allem auf körperlicher Ebene Fremdzwänge in Selbstzwänge um, so dass der Körper in ein durch das eigene Subjekt stark kontrolliertes und diszipliniertes Licht geraten ist. Gleichzeitig wird der Körper aufgewertet, sogar soweit, dass er sich als Lebensgrundlage begreifen lässt. Diese Lebensgrundlage wird in der Moderne zu einer (Ersatz-)Religion hochstilisiert. Die Abwertung des Körpers kann nicht anerkannt werden, da die angesprochene Instrumentalisierung, Rationalisierung und Formalisierung aller Lebensbereiche zwar durchaus stattgefunden hat und auch immer noch stattfindet, dass die Folgen davon aus der Sichtweise dieser Arbeit jedoch eine andere ist: Der Körper wird zwar stärkerer Kontrolle und Disziplin unterworfen, dies bedeutet allerdings keine Abwertung, vielmehr eine Zentrierung. Die Art oder Ebene der Auseinandersetzung mit dem Körper nämlich steht nicht im Mittelpunkt dieser Analyse, sondern nur der Diskurs an sich, vielmehr die diskursive Auseinandersetzung mit ihm. Tatsächlich ist der menschliche Körper Objekt einer verstärkten Aufmerksamkeit geworden, ob im „negativen“ Sinne, so wie von Lumme angesprochen, oder in anderem Sinne. Diese Wertung spielt in diesem Rahmen wenn überhaupt eine untergeordnete Rolle. Durch die zunehmende Selbstkontrolle wird der Körper im Gegenteil Gegenstand erhöhter Aufmerksamkeit, da der moderne Mensch sich ständig mit ihm auseinandersetzt, indem er seine Darstellung und Wirkung reflektiert. Dies stellt ebenso eine Aufwertung im Sinne einer erhöhten Aufmerksamkeit dar wie die ideelle Aufwertung des Körpers.

6. Körperlich bestimmte Heilsuche am Beispiel moderner Sinnstiftungs- und Entspannungstechniken

„Eben weil die Körper –‚Konjunktur’ derzeit ihre fröhlichsten Urständ’ feiert und selbst allernüchternste Einschätzungen dieser ostensiblen Zuwendung zur ‚Ursprungskonkretion des Weltseins’ (wie sich Edmund Husserl einmal begrifflich gänzlich leidenschaftslos geäußert hat) kaum noch gegen die gewaltig aufschäumende Flut von Körper*techniken* und Körper*therapien*, und was sonst noch – überaus gewinnträchtig – sich emsig um den Körper bemüht, den ‚schönen’, starken und jugendlichen Körper zumal, anzukommen vermögen“ (Krause 1992: 18), sollen nun ein paar der praktischen Formen jener „Körper-Konjunktur“ beschrieben werden.

Der Körper wird nicht nur als quasi-direkte (Ersatz-)Religion stilisiert, sondern auch im Sinne von Sinn- und Entspannungstechniken dient der Körper oft als zentrales Organ, um zu einem Zustand höherer Qualität zu gelangen. Er wird zum Sinnstifter, indem gesellschaftlicher Erfolg und Anerkennung über Schönheit und Perfektion erreicht werden können, aber ebenso vermag er als zentraler Bezugspunkt im Rahmen von verschiedenen Körpertechniken zu fungieren. Der Körper gleicht in gewisser Weise einem Kompass, denn die Richtungen, in die man sich bewegt, mögen verschieden sein, aber der Körper weist den Weg. Alternative Sinnstiftungstechniken wie beispielsweise Yoga, Meditation oder Tai Chi bezeichnen einen Pfad, Fitness und andere sportliche

Arten von Körperkult stellen eine weitere Himmelsrichtung dar, das Ziel, Schönheitskönigin zu werden eine weitere, die plastische Chirurgie ist ebenso ein Richtungsziel, usw. Nahm der Kompass der meisten vormodernen Menschen die Gestalt der Religion an, so dient unter (spät-)modernen Bedingungen meist der Körper als kompassartiger und richtungsweisender Bezugspunkt und nimmt auf diese Weise wiederum quasireligiöse Gestalt an, da er zum Sinnstifter wird, indem in ihm alle Himmelsrichtungen ihre Wurzel haben. Es mag im Leben vieler Menschen mehrere Kompasse geben, die den Weg weisen oder verschiedene Rollen bezeichnen. Der Körperkompass stellt jedoch in der Lebenswelt moderner Personen meist eine sehr bedeutsame Orientierungsquelle dar.

„Der Körper wird in der modernen Arbeitswelt von harter körperlicher Arbeit entlastet, zugleich aber durch mehr Entscheidungen, Geschwindigkeiten und Stressfaktoren belastet“ (Prahl 2002: 211). Damit die dauerhafte Aussetzung an Stress, Handlungszwang und medialer Einwirkung kompensiert werden kann, leistet sich eine Vielzahl an Menschen neue Entspannungs- und Sinntechniken, die aus meist asiatischen Ländern Einzug nach Europa und Amerika gehalten haben. Das vielfältige und breite Angebot von Meditations-, alternativen Körperbewegungskursen und Sinnfindungsseminaren legt ein beredtes Zeugnis über die Veränderungen des Umgangs mit dem Körper in der Moderne ab. Der Körper wird zu einem Heil-Mittel, das heißt, zum Schlüssel (oder Kompass) auf der Suche nach Heil. Vor allem bei Jugendlichen lässt sich eine Tendenz zur Überbetonung und Überbewertung der Körperlichkeit beobachten, die als Gegenstand einer Weltsicht, stark am diesseitigen Alltagsleben orientiert, gewertet werden kann. Bereits von jungen Menschen wird der Körper als Ressource, als „Kapital“ zur Identitätsfindung verstanden. Erfolg in Form von Anerkennung, die mit einer Position in der Gesellschaft verbunden ist, wird somit in vielen Situationen und Lebenslagen über den Einsatz des Körpers erreicht, er stiftet die „Erlösung“ für die Bewältigung des Lebens.

Bevor Beispiele für einige wenige Sinnstiftungs- und Entspannungstechniken dargestellt werden, gehen zwei Unterkapitel über Gesundheit, Krankheit und (alternative) Medizin, und ein weiteres über das Streben nach einem juvenilen Lebensstil voraus. Diese mögen den Anschein erwecken, nicht direkt in das Thema Körpertechniken hineinzupassen. Sie passen aus dem Grunde hinein, da die Auseinandersetzung mit seinem kranken und sogar gesunden Körper zu einer Sinnstiftungstechnik werden kann, vor allem im Hinblick auf alternative Heilungsmethoden. Auch das Bedürfnis nach ewiger Jugend erlangt unter spätmodernen Bedingungen einen Status, der als Sinnstiftungsorgan zunehmend in die Identitätspflege miteinbezogen wird. In den darauf folgenden Unterkapiteln soll es um „direktere“ Beispiele für Sinn- und Entspannungstechniken gehen, wie beispielsweise um Yoga, Meditation oder Tai Chi.

6.1. Gesundheit, Krankheit und (alternative) Medizin

In der (Spät-)Moderne besteht bei einem großen Teil der westlich-industrialisierten Bevölkerung ein so großes Maß an Wohlstand, dass viel Zeit und Energie auf das persönliche Wohlergehen gerichtet werden kann. Der medizinische Standard ist auf hohem Niveau, so dass der moderne Durchschnittsbürger eigentlich recht gesund sein müsste. Doch vor allem vier Gründe sprechen für eine mehr oder minder gegenläufige Entwicklung. Der Durchschnittsbürger mag zwar tatsächlich durchschnittlich recht gesund sein, aber das bedeutet nicht, dass er diesen Zustand wenig thematisiert. Trotz des hohen Levels an Gesundheit, steigender Lebenserwartung und erhöhtem Gesundheitsbewusstsein befindet er sich mehr oder minder laufend in Auseinandersetzung mit Krankheiten. Denn erstens werden durch einen hohen medizinischen Standard und ein sehr ausgeprägtes medizinisches Forschungsniveau stets mehr Krankheiten entdeckt, so dass der Mensch mehr Angst vor zahlreicheren Krankheitsbildern haben kann, und zweitens hat der moderne Durchschnittsbürger die Zeit dazu, sich intensiv mit sich und seinem Körper zu beschäftigen. Sucht er nur lange genug, so findet er mit Sicherheit eine Krankheit. Die er dann kurieren und pflegen kann (die Zeit dazu hat er meistens), unter medizinischer Aufsicht, um drittens das größtmögliche Maß an Kontrolle über seinen Körper zu haben. Eigenverantwortlichkeit wird groß geschrieben und so ist es nicht verwunderlich, dass man sich ausgiebig mit Krankheiten auseinandersetzt. Denn hat man erst etwas gefunden, um das man sich kümmern und sorgen kann, ist zumindest die Sorge kanalisiert, dass eine Krankheit im Körper stecken könnte, von der man (noch) nichts weiß. „In einer Welt, die einem großen Krankenhaus gleicht, ist der Bedarf an Transplantationen, Operationen, Prothesen unerschöpflich“ (Gross 1994: 88). Viertens wird die Gruppe der älteren und alten Menschen größer, die allgemeine Lebenserwartung steigt[35], und somit steigt auch der medizinische Bedarf, denn ältere und alte Menschen sind trotz des hohen Niveaus an Vorsorge-Medizin in der Regel noch immer anfälliger für

[35] Schätzungen gehen davon aus, dass die Lebenserwartung der Bürger der Bundesrepublik Deutschland in den nächsten Jahren noch weiter steigen wird. Vor allem drei Prognosen werden getroffen: “According to the medium assumption life expectancy of new-born boys in 2050 will be 81.1 years and of girls 86.6 years, that is roughly six years more than now“ (Stat. Bundesamt 2003: 6), zweitens wird die Lebenserwartung für 60jährige steigen, das heißt, die erhöhte Lebenserwartung betrifft nicht nur Neugeborene, sondern es profitieren auch ältere Menschen davon (“For 60-year-olds, in the medium assumption for 2050 a life expectancy of another 23.7 years for men and 28.2 years for women is estimated. Hence, in 2050, 60-year-old men may expect to reach the age of approximately 84 and women of the same age that of roughly 88“ (Stat. Bundesamt 2003: 6)). Letztlich wird sich der derzeitige Unterschied in der Lebenserwartung zwischen den Menschen in den alten und den neuen Bundesländern auflösen, so dass ab 2020 keine Unterschiede mehr bestehen werden (vgl. Stat. Bundesamt 2003: 6).

(zumindest bestimmte, vor allem lebensbedrohliche Krankheiten wie beispielsweise Krebs) Krankheiten als junge Menschen[36]. Dass ein Diskurs über Gesundheit und Krankheit also brisanter wird, zeigt sich vor allem in dieser Gruppe der älteren und alten Personen. Die Auseinandersetzung des modernen Menschen mit sich selbst geht so weit, dass der Eindruck entsteht, Gesundheit sei der „falsche" Zustand, nicht die Krankheit. „Der eingebildete Kranke von Molière hat sich seine Krankheiten eingebildet, heute bildet man sich die Gesundheit ein, wenn man meint, man sei gesund" (Gross 1994: 88). Dieser Kreislauf des immerkranken Menschen zeugt von den utopischen Erwartungen des modernen Menschen an seinen Körper. Perfektion wird nicht nur in Bezug auf das eigene Aussehen gewünscht, sondern auch im Zusammenhang mit dem Funktionieren des Körpers. Es wird dermaßen viel Wert auf Perfektion gelegt, dass sogar kleine, unbedeutende Krankheiten hochstilisiert werden, da sie ein Zeichen von Kontrollverlust über den Körper darstellen. Schon allein durch den Alterungsprozess ist der Mensch dazu gezwungen, sich dauerhaft mit seinem Körper auseinander zu setzen, sofern er als perfektes Gesellschaftsmitglied gelten möchte. Das Altern an sich wird quasi gleichgestellt mit einer Krankheit, die es zu besiegen gilt. „Gesundheit, Konsum- und Leistungsfähigkeit sowie entsprechendes Aussehen ist, als realer Schein, mit dem der Zeitgenosse sein Selbst ins rechte Licht zu setzen hat, geradezu zur Pflicht geworden. [...] Davon zeugt die Sucht nach unaufhörlicher Fitness, dieser sozialpathologische Kleinkrieg gegen den eigenen Körper im Dienste des Körper-Objekts" (Krauß 1992: 31).

Anselm Strauss stellt die Hypothese auf, „daß eine „lang anhaltende Krankheit" in ein „Versagen des Körpers" übergeht. Das wirkt sich auf einen Teil des Körpers, auf ein Körpersystem, auf seine äußere Erscheinung aus – oder auf mehrere Bereiche gleichzeitig" (Strauss 1988: 93). Weiterhin heißt es bei Strauss jedoch, „daß körperliche Fehlleistungen, die durch Krankheit oder einen Unfall bedingt sind, sich nicht grundlegend von ähnlichen Phänomenen unterscheiden, wie wir sie tagtäglich bei ganz ‚normalen' Leuten beobachten

[36] Die Häufigkeit der Arztbesuche variiert zwischen den Altersgruppen, so lag die Häufigkeit der Arztbesuche bei der Gruppe der unter 40jährigen im Jahre 2002 bei 59%, die Gruppe der 40 bis 59jährigen lag in Bezug auf Arztbesuche bei einem Durchschnittswert von 65%, und die 60jährigen und ältere Menschen besuchten Ärzte am häufigsten, ihr Wert lag bei 84% (Stat. Bundesamt 2004: 483). Ähnliche Zahlen zeigen sich im Zusammenhang mit Krankenhausaufenthalten (Unter 40 Jahre: 9.5% (jeweils die durchschnittliche Anzahl der Nächte wurde im Mittelwert gemessen und daraus der Prozentsatz entwickelt), 40 bis 59 Jahre: 10.2%, 60 Jahre und älter: 18.7% (Stat. Bundeamt 2004: 484). Im Anhang dieser Arbeit befindet sich eine Tabelle, die den Gesundheitszustand und die Inanspruchnahme medizinischer Leistungen nach Altersgruppen sortiert darstellt (Tabelle VII – 1a. und b.): Dabei zeigt sich, dass die Personen ihren Gesundheitszustand als je schlechter einstufen je älter sie werden; auch mehren sich die Arztbesuche und Krankenhausaufenthalte mit dem Fortschreiten des Alters, ebenso die Beeinträchtigung bei bestimmten Tätigkeiten.

können" (Strauss 1988: 100). Jene Alltagsphänomene beschreibt Strauss als sogenannte „Körperprojekte" (Strauss 1988: 95), die den Sinn haben, den Körper umzugestalten oder zu verändern, um im Alltag bessere Leistungen vollbringen bzw. mehr Erfolg und Anerkennung ernten zu können. Das heißt, dass sowohl kranke als auch gesunde oder auch quasi-kranke und quasi-gesunde Menschen sich mehr oder minder gleichermaßen mit ihrem Körper beschäftigen. Es gehört also zur Alltagswirklichkeit und –praxis, dass der Körper an sich unzulänglich und „fehlerhaft" ist und dass das moderne Individuum (mit Hilfe von Psychologen, Medizinern und anderen Menschen und Technologien) Sorge zu tragen hat, dass jener Mangelzustand ausgeglichen oder behoben wird.

Krankheiten werden nicht nur als Versagen oder Dysfunktionieren des Körpers angesehen, sondern oft gerät im Zuge einer Krankheit die gesamte Identität ins Schwanken. "Their self remains in a stable, dualistic relationship with their body; their identity is secure. But when illness, pain, disability or trauma strikes, this stability is undermined; the body may enter its own Borderlands" (Scott 2001: 8). Eine Krankheit wird also zunehmend weniger als eine von außen auferlegte Last angesehen, sondern gerät mehr und mehr in das Individuum hinein, das heißt, sie wird zu einem mehr oder weniger dauerhaften Bestandteil der Identität. Wenn hier übersinnliche Kräfte im Spiel sind, so nicht mehr als Fluch, der durch die Krankheit über jemanden gekommen ist, sondern eher im Sinne einer spirituellen Hingabe an die Behandlung der Krankheit. Das Individuum fungiert also nicht nur als eigenverantwortlicher Gestalter seines Lebenslaufs. Es ist auch zu einem großen Teil selbst verantwortlich für dessen Gesundheit. Denn in (spät-)modernen Zeiten lässt sich vor allem ein Zuwachs an den sogenannten „neuen Krankheiten", die vornehmlich durch Stress ausgelöst werden, beobachten. „Streß ist ein Signum des modernen Krankheitspanoramas, also die Tatsache, daß die konstant vorgegebene Physiologie des Menschen durch die veränderten sozialen Strukturen überbeansprucht wird" (Rittner 1982: 45). Der moderne Mensch befindet sich in einer Art Kreislauf, denn die Verantwortung und der Druck, seine Biographie erstens selbst zu entwerfen und zweitens laufend zu aktualisieren, bewirkt ein mehr oder minder hohes Stresspotential, und so wird er anfällig für Stresskrankheiten, die er wiederum eigenverantwortlich bekämpfen muss. Zumindest die Initiative liegt bei ihm. Es gibt zahlreiche Einrichtungen zu Stressbewältigung, über Kuren bis hin zu Fitness- oder Entspannungskursen. Immer ist jedoch eine aktive Mitarbeit des Individuums gefragt, der „normale" Urlaub reicht nicht aus, um dauerhaft mit Stress fertig zu werden. „Der Körper wird zur Sinn-Instanz. Wenn überhaupt etwas hilft, dann die Bewegung; wenn überhaupt etwas wichtig ist, dann die Gesundheit. Die Rettung kommt aus dem Körper, sei es der nackte Körper, der gebräunte Körper, der joggende Körper oder der durch die Körpertherapien geschleuste Körper" (Rittner 1982: 48) (Hervorhebungen M.K.). Dem Stress gegenzusteuern, wird vor allem über den Körper bewirkt. Sport und Wellness werden als Ventil angesehen, um sowohl geistige als auch körperliche Anstrengungen herauszulassen. Auch Entspannungsseminare arbeiten über den Körper. Meditation passiert nicht allein über die Gedankenwelt, denn der Körper wird meist in eine oder mehrere bestimmte Haltungen gebracht oder durch Atemübungen und dergleichen sollen Entspannung und geistige Loslösung erzielt werden. Nicht nur Meditation setzt am Körper an, um zu geistiger Loslösung von Stress und Alltagssorgen zu gelangen, sondern auch andere vielfältige Programme zur Körper- und Geisttherapie bedienen sich dem Faktor Körper, um mehr Zufriedenheit er erlangen. „Lachkurse“, in denen Menschen lachen lernen sollen (es heißt, dass auch das bewusste Lächeln, auch wenn kein entsprechender Gemütszustand vorliegt, zu einer Aufheiterung der Seele führt, das bedeutet also, dass ein körperlich erzeugter positiver Zustand auch zu einem geistig besseren Zustand führen soll) sind nur ein weiteres Beispiel für das Konzept, den Körper so einzusetzen, dass rundum Wohlergehen einsetzt.

Die Tendenz zu „neuen“ Krankheiten und solchen, die vorwiegend durch Stress ausgelöst werden, lassen die Nachfrage nach alternativer Medizin anwachsen. Denn allein die medizinische Behandlung reicht oft nicht aus, um Stress erfolgreich zu bewältigen. Neben den Symptomen müssen die Ursachen behandelt werden, so dass die Schulmedizin erweitert werden soll. Nachdem die Kontrolle über den Körper, vor allem durch die Medizin(technologie), grundsätzlich sehr hoch ist, entsteht ein neues Bedürfnis nach Ganzheitlichkeit und Spiritualität. Die Sorge um das primär medizinisch-behandelbare körperliche Wohlergehen kann um den Faktor der Spiritualität ergänzt werden, da der moderne Mensch meist sowohl über den finanziellen Aufwand, die Zeit und Möglichkeiten (hierunter fällt vor allem das plurale Angebot des Marktes) verfügt, sich auch über die schulmedizinische Behandlung hinaus um den eigenen Körper zu kümmern, vor allem, wenn er von Stress geplagt ist. So erfreuen sich Yogakurse oder andere Entspannungstechniken eines regen Zulaufs. Auch Sport, Meditation, autogenes Training, Seminare zur Stressbewältigung, Aufenthalte im Kloster oder Kuren werden als Bewältigungsmittel für Stressprobleme angeboten und angenommen. Alternative Medizin im Sinne von Homöopathie oder Naturheilmitteln und –verfahren werden in vielen Fällen nicht nur als Ergänzung zur Schulmedizin angewandt, sondern ersetzen diese sogar oft. 55.9 % der deutschen Bevölkerung ab 14 Jahre ist an Naturheilmitteln und homöopathischen Medikamenten interessiert, 63.3 % betreiben Selbstmedikation, wenn sie sich krank fühlen (vgl. AWA 2003: 145/146). Der Patient trägt vor allem in Bezug auf Naturheilverfahren und Homöopathie ein größeres Maß an Eigenverantwortlichkeit und Kontrolle. Er entscheidet selbst oder ist zumindest am Entscheidungsprozess maßgebend beteiligt, welche Präparate er einnehmen möchte und auf welches Heilungsverfahren er vertraut. Alternative Medizin bietet die Gelegenheit, den Kontrollverlust über den Körper, den die Krankheit ausgelöst hat, wieder auszugleichen und gleichzeitig auch die

Kontrolle über die Behandlung zu behalten. Denn die traditionelle Schulmedizin zeichnet sich durch ein hohes Maß an Komplexität und Kompliziertheit aus, so dass der Durchschnittspatient nicht nachvollziehen kann, was wie und warum in welcher Weise auf seinen Körper einwirkt. Die Nachfrage nach alternativer Medizin lässt sich also nicht nur durch den Glauben an natürliche Mittel und Verfahren erklären, sondern auch durch das Maß an Kontrollierbarkeit und das erhöhte Bewusstsein für die Spiritualität des eigenen Körpers. Denn mit alternativer Medizin ist meist ein Glaube an die Selbstheilungskraft des Körpers, der mit natürlicher Medizin lediglich unterstützt wird, verknüpft. So wird das Anwenden alternativer Medizin zu einer Sinn- und Glaubenssache, die aktiv praktiziert werden kann.

Es werden also ein verstärktes Augenmerk und eine erhöhte Bedeutung auf Ganzheitlichkeit gelegt. Medikamente genügen nicht, um die Gesundheit wiederherzustellen, wichtig ist auch die Behandlungsart, die Dauer und der Glaube an das Verfahren, so dass körperliche, geistige und spirituelle Gesundheit erlangt werden können. Leo A. Nefiodow stellt die Prognose auf, dass der sechste Kondratieff, der die westliche Welt bestimmen wird, die ganzheitliche Sorge um die Gesundheit sein wird. Nachdem jeweils einschneidende Entwicklungen die vorausgegangenen Kondratieffzyklen bestimmt haben (siehe Abbildung VII – 3 des Anhangs), gewinnt Gesundheit an Bedeutung als eine „Gesundheitsaufgabe, die ohne Einsatz von Psychotherapien und ohne Rückbesinnung auf christliche Glaubens- und Wertvorstellungen nicht zu lösen ist“ (Nefiodow 1999: 128). Die (spät-)moderne Eigenverantwortlichkeit des Individuums gegenüber seinem Körper spiegelt sich auch in dieser Prognose wider, denn innerhalb dieses sechsten Kondratieffs spielen technologische und wirtschaftliche Entwicklungen zwar durchaus eine große Rolle, aber die werden zu einem wesentlichen Teil von der Eigeninitiative des Menschen begleitet. „Erstmalig in der Geschichte rückt der Mensch mit seinen seelischen und sozialen Potentialen in das Zentrum des Wirtschaftsgeschehens“ (Nefiodow 1999: 129). Technologischer Fortschritt in der Medizin ist also nur die eine Seite eines Wandels im Bewusstsein des eigenen Körpers. Die andere Seite liegt in der Ganzheitlichkeit der Gesundheits- bzw. Krankheitsbehandlung, denn der Einzelne soll aktiv am Heilungsprozess mitwirken, indem nicht nur Vertrauen auf moderne Technologien erzeugt werden soll, sondern auch indem psychische, spirituelle und soziale Komponenten berücksichtigt werden. Die permanente und aktive Sorge um die Gesundheit, verbunden mit einem relativ hohen Maß an Eigeninitiative, ist also Teil des Identitätskonzeptes (spät-)moderner Menschen.

Dass Körperlichkeit, Sinn und Identität eng beieinander liegen, verdeutlicht ein weiteres Beispiel. Nicht nur die Bewältigung von Stress lassen das Leben wieder lebenswert und sinnvoll erscheinen, sondern auch wenn der Körper – wenngleich möglicherweise durch Stress ausgelöst, aber nicht zwingend – im schulmedizinischen physischen Sinne krank ist, in diesem Falle als Beispiel herzkrank, so besteht die Möglichkeit, das menschliche Herz zumindest teilweise zu ersetzen. Herzschrittmacher sind keine Neuheit mehr. Das Herz bezeichnete lange Zeit das Zentrum des Menschen. Emotionen werden dem Herzen zugeschrieben, auch wird der Sitz der Seele oft als im Herzen liegend beschrieben (vgl. Tibon-Cornillot 1982: 145). Jenes Organ kann nun praktisch technisch ersetzt werden. Die Seele und Identität müssen also neu verhandelt werden, da das Zentrum einer Person verändert wurde. Von außen wurde eine lebensrettende und –erhaltende Maßnahme durchgeführt, es ist also in die Schöpfung eingegriffen worden. Der Mensch erhält Macht über sich selbst, er definiert den Lebenssinn neu, wo er ihn in früheren Zeiten an eine göttliche Instanz abgegeben und sich dem Tod hingegeben hätte.

Dass der Mensch im Rahmen von Krankheiten ausgeliefert und hilflos dem Körper gegenübersteht, trifft demnach nicht mehr zu. Es gibt sicherlich unheilbare Krankheiten, und doch mehren sich Ratgeber-Bücher oder die Berichte in Zeitschriften, die Mut zum Kampf auch gegen unheilbare Krankheiten proklamieren. So hört man immer wieder von Menschen, die „wie durch ein Wunder" Sieger über den Krebs geworden sind, oder Personen, die sich auf andere Art selbst geheilt haben. „In der Krankheit *hat* uns unser Leib. Wir können über ihn nicht verfügen. Er verfügt gleichsam über uns, und das mit einer Totalität und Unerbittlichkeit, daß wir uns vielfach nur in die Verleugnung dieser Faktizität flüchten können. Dieses Negieren des Ausgeliefertseins, d.h. das Negieren unserer eigenen Ohnmacht der Zeit gegenüber, dem Sterben gegenüber, dem Altern gegenüber, der Krankheit gegenüber hat in gesellschaftlicher Hinsicht zur Ausgrenzung dieser Bereiche geführt" (Petzold 1982: 73). Es verhält sich jedoch genau umgekehrt. Der Diskurs über Krankheit und das Alter werden zwar teilweise verdrängt und verleugnet, und doch ist der Markt für Gegenmaßnahmen enorm. Der Mensch ist sozusagen gezwungen, sich mit dem eigenen Körper im Sinne von Gesundheit/Krankheit und dem Altern auseinander zu setzen. Das Schwindeln mit dem Alter oder das Verleugnen einer Krankheit deutet nicht auf Ausgrenzung dieser Phänomene hin, sondern im Gegenteil, sie sind Indikatoren für eine hochgradige Auseinandersetzung mit dem eigenen Körper und dessen Verfall. Eigeninitiative ist gefragt und in diesem Sinne darf eine Krankheit nicht als Ohnmacht aufgenommen werden, sondern muss aktiv bekämpft werden. Denn nicht nur die Medizin hat große Fortschritte gemacht, sondern auch die Rolle des Individuums. Das Individuum selbst soll mit „positiver Energie", Elan, Sport und gesundheitsbewusstem Verhalten dazu beitragen, die Krankheit zu heilen, wenn nicht gar völlig im Alleingang dieser Herr zu werden. Der Umgang mit dem Alterungsprozess folgt ähnlichen Handlungsschemata. Hiervon soll im folgenden Unterkapitel die Rede sein.

6.2. Auf der Suche nach dem heiligen Gral: Vom Streben nach einem juvenilen Lebensstil

Allein die Diversivität und Anzahl an den sogenannten „Anti Aging Produkten“ ist in den letzten Jahren enorm gestiegen. Solche Produkte sind nicht nur Hautcremes, die versprechen, den Alterungsprozess zu verlangsamen oder gar teilweise rückgängig zu machen. Mit Anti Aging ist auch Fitness und eine besondere Art Lebensgefühl gemeint. Verjüngende Maßnahmen bestehen nicht nur in äußerlichen Eingriffen, sondern man kann dergleichen auch auf Seminaren zur Lebenseinstellung, Gesundheit und Ernährung lernen. Jung und dynamisch ist hierbei die Devise. Selbst an sich zu arbeiten, wird automatisch mit Juvenilität verknüpft.

Am deutlichsten jedoch lässt sich der Trend zur Jugend im äußeren Erscheinungsbild des modernen Menschen erkennen. Lifting ist eine inzwischen beliebte und gängige Art, das Altern zu verleugnen. Wer zu solch mehr oder minder drastischen Maßnahmen nicht greifen möchte, kann sich verschiedenster Kosmetikprodukte bedienen. Auf dem Markt werden für jede erdenkliche Körperpartie spezielle Anti Aging Cremes angeboten, die durchschnittlich teuerer sind als Produkte ohne Anti Aging Wirkung. Auffallend ist auch die Bezeichnung solcher Cremes, denn sie sind nicht gar für alte, alternde oder ältere Haut, sondern meist für die „reife“ Haut. Das Wort „alt“ ist anscheinend so unangenehm für die Kunden, dass es schöngefärbt werden muss. Altern ist also ein gesellschaftliches Problem, für welches viele Gegenwirkungsmaßnahmen angeboten werden.

„Die Vorstellung, daß das Körper-Selbst als Organismus gesehen werden muß, der den biologischen Gesetzen von Reifung und Verfall unterliegt, bekommt im Alter eine prominente Bedeutung im persönlichen Sinnsystem“ (Dittmann-Kohli 1995: 277). Sinnsystem und Körpersystem sind eng miteinander verknüpft. In modernen westlichen Industrienationen wird das Alter weniger mit Weisheit oder anderen Tugenden verbunden, sondern viel eher mit Verfall, Schwäche, Degeneration und dergleichen. „Nach Wiederaufbau, Revolte und Reintegration der widerstrebenden Kräfte hat sich das System darauf kapriziert, emanzipatorisch-alternativ genauso wie wertkonservativ und restaurativ, allerorten nun zu heilen, zu reparieren oder gar gesund zu halten, wo der institutionalisierte Dauerverfall notwendig seine Opfer zeitigt“ (Krauß 1992: 29). Dies ist die Folge einer Erscheinung der Moderne: „Gesundheit, die freilich zu einem Fetisch verkommen ist“ (Krauß 1992: 29). Der Verfall des Körpers ist Gegenstand einer dauerhaften Auseinandersetzung. In jungen Jahren wird Schönheit stilisiert, in älteren Jahren steht die präventive Gegenbewegung zum Körperverfall im Vordergrund. Eine Auseinandersetzung mit dem Körper ist daher für die Identität des Menschen von zentraler Bedeutung, wenn auch in unterschiedlichen Altersgruppen inhaltlich sehr verschieden.

Jeder Mensch muss sich gezwungenermaßen mit seinem Alter auseinandersetzen. Die einen erkennen dies früher als die anderen, aber jedem wird irgendwann bewusst, dass vor allem sein Körper altert. „Er, der »alt« wird, kann mit einem Mal nicht mehr an dem »*Wie* werde ich alt?« vorbei, die Frage bereitet ihm Unbehagen, zumal er eben in einer Zeitschrift eine Annonce »active bodies by adidas« gesehen hat" (Meiser 1994: 21). Der alternde Mensch fürchtet um den Verlust an Anerkennung, Wertschätzung und Gesundheit, sprich den Tod. Verjüngungsmaßnahmen versprechen Unsterblichkeit bis zu einem gewissen Grade. „Pharaonen, Gott-Herrscher und Götter wurden meist erwachsen oder vital-alt, niemals jedoch gebrechlich und senil dargestellt [...]" (Meiser 1994: 23). So verwundert es nicht, dass sich Menschen nach jener Art von Unsterblichkeit sehnen, und sei es, um ein paar Photos nach der Schönheitsoperation oder Kur machen zu können, die in die Familiengeschichte eingehen. Die Suche nach dem heiligen Gral[37] ist daher unendlich. Ewige Jugend, Gesundheit, Glückseligkeit, Vollkommenheit und anderes verspricht den Sagen nach ein Schluck aus dem heiligen Gefäß. Der moderne Mensch ist noch immer auf der Suche nach einem solchen Gral, wenn auch kein konkreter Gegenstand ersehnt wird, sondern vielmehr die symbolische Bedeutung des Bechers. Jugend, Vollkommenheit und ewige Gesundheit werden als heilig betrachtet. Also sind viele Mittel recht, um einen Weg zum Jungbrunnen zu finden – das Angebot ist jedenfalls vielseitig.

Neu ist diese Suche nach Jugend nicht, denn in den meisten historischen Epochen wurde Jugend mehr verehrt als das Alter, denn Jugend wurde seit jeher mit Kraft und Schönheit gleichgesetzt. Alte Menschen wurden zwar oft aufgrund ihrer Lebensweisheit mit Verehrung behandelt. Die Verehrung des Alters liegt aber zu einem großen Teil in dem eigenen Wunsch, ebenso alt oder noch älter zu werden, nicht jedoch unbedingt in der Weisheit[38]. Der Jugendwahn ist in (spät-)modernen Gesellschaftsformen deshalb so brisant, weil die Zahl der jungen Menschen in der Bevölkerung moderner Industrieländer sinkt, wohingegen die Zahl der alten Menschen steigt, Jugend wird also mehr und mehr zu

[37] Die Sagen und Mythen um den heiligen Gral gehen teilweise sehr stark auseinander. Es gibt keinen eindeutig bestimmbaren Ursprung der Sage. Gemeinsamkeiten gibt es allerdings über die Wirkung des Grals (ob der Gral selbst nun ein Stein, Gefäß, Juwel oder ein anderer Gegenstand ist). „Die Gralssuche wird ebenso vielfältig beschrieben wie der Heilige Gral selbst. Sie wird definiert als Suche nach Erleuchtung, Suche nach Vollkommenheit, Suche nach dem letzten Ursprung, Kessel der Wiedergeburt, direkte Kommunikation mit Gott durch den Leib Christi, und als Quell der ewigen Jugend. Der Heilige Gral kann nur zusammen mit der Suche nach dem Gral gedacht werden, denn beide symbolisieren das höchste Streben nach Erfüllung, das Ziel und den Weg des Menschen zu diesem Ziel. Insofern kann der Gral, und mit ihm die Suche, für jeden Menschen jede nur mögliche Bedeutung annehmen" (www.infos.aus-germanien.de/Heiliger_Gral).

[38] Aus Platzgründen soll auf eine geschichtliche Entwicklung von Altersbildern verzichtet werden. Einen Überblick hierüber geben beispielsweise Prahl/ Schroeter (1996).

einem knappen Gut (vgl. Prahl/ Schroeter 1996: 74). Nachdem die Zielgruppe der älteren und alten Menschen stets wächst, besteht eine große gesellschaftliche Aufmerksamkeit um diese Gruppe. Maßgeblich sind die Medien an einem Bewusstsein beteiligt, das die Angst vor dem körperlichen Verfall widerspiegelt. Denn vor allem Pharmaunternehmen und Bekleidungshersteller lassen ihre Ware über die Werbung anpreisen, indem sie das Bild vorzeichnen, dass Juvenilität Erfolg, Gesundheit, Freude und Liebe mit sich bringt.

Da die Menschen durchschnittlich immer älter werden (vgl. Backes/ Clemens 1998 und Stat. Bundesamt 2004: 36 ff.), besteht an der Gruppe älterer und alter Menschen vermehrtes Interesse – ob politisch (im Sinne einer großen Gruppe von Wählern, in Bezug auf das Gesundheitssystem oder Sozialsystem, etc.), wirtschaftlich, sozial, kulturell, medizinisch oder ästhetisch: Man bemüht sich um jene Gruppe, erstens weil sie immer größer wird und zweitens, weil sie als relativ kaufkräftig und –willig gilt, vor allem aufgrund ihres Alters, das als eine Art „Handicap" stigmatisiert wird. Alte Menschen sind nicht mehr „durch passives Warten auf den Tod gekennzeichnet, sondern [das Alter] wird als „späte Freiheit" aktiv genutzt" (Prahl/ Schroeter 1996: 83). Diese Freiheit wird von der Konsumindustrie umworben.

Tabelle III – 1: Entwicklung der Altersstruktur der Bevölkerung Deutschlands seit 1955

Jahres-Ende	Bevölkerung	Davon im Alter von ... bis ... Jahren				Jugendquotient[1]	Altenquotient[2]
		Bis 19	20 - 59	60 und mehr zusammen	darunter 80 und mehr		
	1 000	%					
1955	71 350	29,8	54,3	15,9	1,3	55,0	29,2
1965	76 336	29,2	52,0	18,9	1,8	56,1	36,3
1975	78 465	28,8	50,8	20,4	2,2	56,6	40,1
1985	77 661	23,6	56,4	20,0	3,3	41,8	35,4
1995	81 817	21,5	57,4	21,0	4,0	37,5	36,6
2000	82 260	21,1	55,3	23,6	3,8	38,3	42,7
2001	82 440	20,9	55,0	24,1	3,9	38,1	43,9
2002	82 537	20,7	54,9	24,4	4,1	37,7	44,3

[1] Altersgruppen der bis 19-Jährigen bezogen auf die Altersgruppen der 20- bis 59-Jährigen.

[2] Altersgruppen der 60-Jährigen und Älteren bezogen auf die Altersgruppen der 20- bis 59-Jährigen.

Quelle: Stat. Bundesamt 2004: 37

Die Tabelle III - 1 zeigt den Anstieg an älteren und alten Menschen von 1955 bis 2002, der Altenquotient ist stetig am Wachsen[39]. Gleichzeitig geht der Jugendquotient zurück, die Gruppe der jüngeren Menschen nimmt also ab.

Kosmetikprodukte für ältere Menschen oder Kleidung, die jünger wirken lässt, finden hohen Absatz, denn das Altern ist ein Prozess, den die meisten Menschen nicht gerne mit sich geschehen sehen. Die Gruppe älterer und alter Menschen lässt sich nicht sehr leicht auf Altersgruppen festlegen. „Die Alten werden nicht nur mehr, das Alter wird auch länger und währt, wenn es hoch kommt, bald an die 40 Jahre. Alt und alt ist schon heute nicht mehr dasselbe, wenn der 90jährige Vater und seine 60jährige Tochter gemeinsam die „ältere Bevölkerung" repräsentieren" (Leitner 1994: 140). Hier soll recht lapidar folgende Einteilung gemacht werden: als zur Gruppe „älterer" Menschen sollen jene gezählt werden, die ca. 60 Jahre oder älter sind, als Gruppe der „alten" Menschen zählen dann die 75 bis 80 Jährigen und aufwärts. Jene Grenzen verschieben sich durch die steigende Lebenserwartung ständig, daher kann keine genauere Einteilung getroffen werden. So sehr das Alter länger wird, sich also nach hinten verschiebt, so sehr verschiebt sich auch die „Grenze" der Sorge um das Alter(n) nach vorne. Denn es wird immer wichtiger, jung auszusehen und die Medien und Schönheitsindustrie erzeugen den Glauben, dass nicht früh genug damit angefangen werden kann, sich um Jugendlichkeit zu bemühen. Kosmetikinstitute empfehlen, bereits ab Mitte 20 dem Hautalterungsprozess entgegenzutreten, indem intensiv an einer jungen Haut durch Cremes „gearbeitet" wird. Es sind also nicht nur die älteren oder alten Menschen, die sich um ein junges Aussehen bemühen, sondern auch die Altersgruppen ab ca. 25 sind diesem „Wahn" unterlegen. Versuchen Jugendliche unter 25 meist, älter auszusehen, so kehrt sich jenes Streben oft abrupt innerhalb von wenigen Jahren um.

Da vor allem Frauen in der Gruppe der älteren und alten Menschen sind (vgl. Backes/ Clemens 1998: 84), richten sich die Werbung und andere Angebote im Bereich Fitness, Wellness[40], Gesundheit und Kosmetik auch überwiegend an Frauen. Nachdem das Altern früher meist mit rein negativen Konnotationen verbunden wurde, so besteht heute ein vielgestaltiges Bild des Alterungsprozesses. Denn es kommt sehr drauf an, wie Individuen altern, es ist

---

[39] Der Altenquotient der Tabelle III - 1 bezieht sich auf den Zeitraum von 1955 bis 2002; eine Entwicklung die Zukunft betreffend zeichnet das Institut der deutschen Wirtschaft Köln vor: Jener Studie entsprechend lag der Altersquotient im Jahr 2002 bei 25.9 und wird 2050 schon bei 57.5 liegen (siehe auch Tabelle VII - 2 im Anhang) (Institut der deutschen Wirtschaft Köln 2004: 7).

[40] Auf die Frage „Wie wichtig ist ‚Wellness' für Sie persönlich?" antworteten im Jahr 2003 71.4 % der weiblichen Bevölkerung ab 14 Jahre in Deutschland mit der Angabe „sehr wichtig" und „wichtig"; auch Männer messen Wellness einen hohen Stellenwert im Leben bei, die Kategorien „sehr wichtig" und „wichtig" wurden von 55.3 % gewählt (vgl. AWA 2003: 151).

also abhängig vom Einzelnen, was er aus seinem subjektiven Alterungsverlauf macht. Jene Auseinandersetzung mit dem natürlichen Alterungsprozess stellt eine Sinnstiftungstechnik dar, da über Erfolgserlebnisse Glücksgefühle bis hin zu einem Gefühl von Erlösung auf Zeit erreicht werden können. Des Weiteren belegt die Sorge um das Alter(n) einen konstanten und stets dringlicher werdenden Platz in der eigenen Identität. Das Aussehen ist in vielen Fällen ein Gradmesser für Glück oder Unzufriedenheit auf einer permanenten Basis. Eng mit dem Streben nach Jugend ist Fitness verbunden, macht Fitness doch glauben, dass dem Verfall dauerhaft und erfolgreich entgegengewirkt werden kann.

„Also gilt die Devise: Mit 60 so hübsch und nett wie Carolin Reiber, mit 70 ein Golden Girl und mit 80 Titelverteidiger im Senioren-Spiel" (Leitner 1994: 143)[41].Jenes Streben nach einem juvenilen Lebensstil beschreibt nicht mehr nur eine Tendenz wie viele andere Tendenzen auch. Jener Körperwahn wird zu einer Sinnfindungsinstanz, denn Erfolg und Glück werden mit dem Aussehen verknüpft, das vor allem in einem sportlichen, jungen und schlanken Körperbild besteht. „Der jugendliche, attraktive Körper – tendenziell geschlechtsunabhängig und altersindifferent – wird zum Objekt der Anbetung und das „Gym" zur Kathedrale der Postmoderne. [...] Der körperlichen Selbstdarstellung und einem adäquaten Körper-Image kommt eine zunehmende identitätsrelevante Bedeutung zu, eine vorteilhafte Performance verspricht Distinktionsgewinne" (Hahn/ Meuser 2002: 13) (Hervorhebungen M.K.). Jung und attraktiv zu sein, bedeutet also nicht nur eine kurzfristige Zufriedenheit, sondern wird permanent in die Identitätspflege einbezogen. Der Erfolg ist allerdings immer nur kurzfristig, der Körper altert stetig weiter und der Kampf ist daher nie zu Ende. Kathedralen, also Orte der Körperpraxis, gibt es viele. Ob in der Gymnastikhalle oder zu Hause, der Körper wird permanent umsorgt und fungiert als Instrument zur Stiftung von Lebenssinn, Glück und Heil und bildet somit das Zentrum einer neuen Massenreligion.

6.3. Fitness als Identitäts- und Heilstiftungsorgan und Sport als (Ersatz-)Religion

In Bezug auf Fitness und körperliche Bewegung hat sich im Laufe der Geschichte ein großer Bedeutungswandel vollzogen. War in vormodernen Zeiten Bewegung ein Zeichen von Unterprivilegierung, da körperliche Bewegung

[41] Für Männer mag jene Vorbildfunktion anders definiert sein, aber dennoch folgen auch Männer dem Ruf des heiligen Grals der Jugend. Auf geschlechtsspezifische Unterschiede kann in diesem Kontext aus Platzgründen nicht genauer eingegangen werden. Das Streben nach Jugend findet sich sicherlich vermehrt bei Frauen, wenn auch Männer nicht ausgenommen werden können, da der Jugend- und Schönheitswahn auch vor ihnen nicht halt macht.

davon zeugte, über kein anderes alternatives Fortbewegungsmittel zu verfügen, so verschieben sich in (spät-)modernen Zeiten die Bedeutungen um Bewegung und Körperlichkeit. Privilegiert ist, wer einen schönen Körper besitzt. Ein schöner Körper zeichnet sich durch Fitness und Gesundheit aus, die dadurch erreicht werden können, dass er regelmäßig bewegt wird. So stellt ein wohlgenährter Körper nicht mehr ein Statussymbol und ein Symbol für Wohlstand dar, sondern zeugt von einem Laster. Ein trainierter Körper repräsentiert das Statussymbol eines erfolgreichen Menschen, der soviel Wohlstand erreicht hat, dass er es sich leisten kann, sich intensiv seinem Körper zu widmen. Auf diese Weise wird der Körper zum Brennpunkt für verschiedene Sachverhalte, da sich Bedeutungen über ihn völlig umkehren bzw. verschieben.

Die Rationalisierung, die der Sport in der Moderne erfährt, schließt jedoch hoch emotionale Gefühle nicht aus. Dass die meisten Sportarten elektronisch messbar sind, stellt zwar eine gewisse Entzauberung des Sports dar (der Zauber lag früher wohl darin, dass der Athlet näher an der „normalen" Bevölkerung war, er war einer von einer Gemeinschaft, der außergewöhnliche Leistungen hervorbrachte, die sonst nicht viele andere zustande brachten; man war über die biologischen und technischen Prozesse, die am Zustandekommen der Leistung beteiligt waren, nicht aufgeklärt, daher barg die eigentliche Leistung einen besonderen Zauber (eine Art „*Leistungskult*" wurde also betrieben); auch waren viele Sportarten nicht eindeutig messbar, also konnte ein Zauber mit der außergewöhnlichen Leistung verbunden werden, wohingegen klar definierbare Zahlen wenig verzaubernde Elemente bergen), eine Wiederverzauberung kann aber im Sinne einer Verehrung von Leistung bzw. dem Träger von Leistung bewirkt werden. Heute wird also zwar auch noch die Leistung an sich verehrt, doch liegt der Zauber der Verehrung mehr in der Person, im *Starkult*, der um den Sportler entsteht. Durch die hochgradige Technisierung besteht in der Regel das Wissen darüber, wie viel Muskelmasse unter welchen Umständen zu welcher Art von Leistung führt, und wie diese gemessen werden kann. Darin besteht nicht mehr viel Zauber. Ein solcher entsteht vielmehr in der äußerlichen Bewunderung der Schönheit des athletischen Körpers. Betrachtet man die Olympischen Spiele im alten Griechenland, so findet sich ebenfalls eine Verehrung von ästhetischer Körperlichkeit sportlicher Helden. Viele Kunstwerke legen ein Zeugnis davon ab. Die Art körperlicher Verehrung liegt jedoch auf einer anderen Ebene: Lag der Zauber früher in der ästhetischen wie leistungsorientierten Bewunderung des Athlets, so zeichnet sich in der Moderne eine Art rationalisierter und technisierter Bewunderung ab. Der Machtgedanke kommt hier stärker zum Tragen. Sportler signalisieren uns heute: Durch Sportlichkeit und körperliche Schönheit gelangt der Mensch zu Ansehen, Macht und einem gewissen Status innerhalb der Gesellschaft. Sicherlich war dies früher ähnlich[42],

[42] Hier werden Entwicklungsstadien der Geschichte nicht dargestellt; es ist gibt natürlich einige Zwischenstadien zwischen der griechischen Antike und der Moderne; daher

nur waren die Sportler früher zwar aus den eigenen Reihen, aber doch getrennt vom gewöhnlichen Mitbürger. Heute wird signalisiert, dass jeder diesem Ideal des sportlichen Körpers folgen sollte. Gesundheit, Glück und Anerkennung locken als Preise. Vor allem aber lockt das individuelle, aber doch massenhaft erstrebte Ziel, sich selbst verehren zu dürfen, die eigene Identität über die eigene Körperlichkeit aufzubauen. Rationalisierung in der Bewunderung von Leistungssportlern zeigt sich auch in der schnellen Abkehr vom Objekt der Verehrung, wenn dieses die Leistung nicht mehr bringen kann. Der Fußballfan wendet sich einem anderen Club zu, wenn der alte mehr oder minder dauerhaft versagt. Emotionen wogen in der Regel nur mit Erfolgserlebnissen auf. Technisiert zeigt sich Bewunderung im hohen Maß an „Fachsimpelei“, mit der sich der moderne Fan beschäftigt. Man diskutiert über die Leistung und Regeln des Spielers und Spiels, wägt ab, vergleicht, beurteilt. Besonders im Fußball ertönen immer wieder Zurufe aus dem Publikum oder vor dem Fernseher, die darauf schließen lassen könnten, dass der Zuschauer es eigentlich besser könnte oder wüsste. Rationalisiert und technisiert wird allerdings auch in Bezug auf das eigene Fitnessprogramm. Spaß steht zwar oft als Vorwand vorne an, aber eigentlich geht es um die körperliche Attraktivität. Sport und Fitness zeichnen sich also durch einen hohen Grad an Funktionalisierung aus. „Neben Gesundheit ist vor allem Fitness zu einem Programm des ausgehenden 20. Jahrhunderts geworden. Damit soll das körperliche Wohlbefinden im Hinblick auf allgemeine Leistungsfähigkeit, Wohlbefinden und Zufriedenheit mit dem eigenen Körper bezeichnet werden. Aus der Zufriedenheit mit dem eigenen physischen Zustand soll auch Zufriedenheit mit der eigenen psychischen Verfassung resultieren“ (Prahl 2002: 211). Zufriedenheit und somit Glück sollen also zu einem bedeutenden Teil aus dem eigenen Körper heraus entstehen.

---

erscheint es als Verallgemeinerung und Vereinfachung, den Zauber des Sportsgeistes nur anhand von zwei geschichtlichen Epochen aufzuzeigen. Dies soll jedoch genügen, da es nur um eine Bestimmung des spezifisch Modernen im Zusammenhang mit Sport und Körperlichkeit gehen soll, wozu eine Abgrenzung von vormodernen Phänomenen nötig ist. Die Sportlichkeit innerhalb der griechischen Antike ist ein Beispiel aus der langen Geschichte des Sports, das jedoch gut geeignet ist, um die wesentlichsten Veränderungen in modernen Zeiten hervorzuheben. Wie ein Kult der Schönheit, ein Kult des Kampfes oder generell Masseninszenierungen, innerhalb derer der menschliche Körper als öffentlicher Bedeutungsträger fungiert, über den Sport ablaufen können, zeigt sehr anschaulich auch Thomas Alkemeyer (1996) anhand einer Beschreibung der Olympischen Spiele von 1936. Er geht dabei insbesondere auf den Olympismusgedanken Pierre de Coubertins ein, der Sport als „Muskelreligion“ (Alkemeyer 1996: 178 ff.) ansieht und Sport somit zu einem wichtigen Kultur- und Kultobjekt der modernen Gesellschaft macht. Nachdem geschichtliche Darstellungen von Körperlichkeit, Ästhetik, Religiosität und Sport in diesem Rahmen zugunsten einer Analyse und Beschreibung spezifisch spätmoderner Phänomene ausgeklammert werden, möge der an der Muskelreligion Coubertins und dem kultisch inszenierten Sportgedanken der NS-Zeit interessierte Leser bei Alkemeyer (1996) nachschlagen.

Ein weiterer Grund für einen verstärkten Starkult in modernen Zeiten liegt wohl auch in der Einseitigkeit der Medien, die Figurationen nicht mehr als gemeinsame Sache betrachten. Elias/ Dunning (1984) beschreiben am Beispiel von Fußballspielen, wie Figurationen entstehen. Wenn sich Spieler während des Spiels immer wieder neu formieren, entstehen auch stets neue Figurationen, in die beide Mannschaften eingebunden sind. Ein Spiel zwischen zwei Mannschaften sollte also als eine einzige Figuration betrachtet werden, da Figurationen auf der einen Seite untrennbar mit Figurationen auf der anderen Seite verbunden sind und auf diese Weise eine spezifische Spieldynamik bilden. Im heutigen Sport wird der Wettbewerbscharakter verschärft, hohe Preisgelder locken und die Fangemeinden bringen viel Geld ein, so dass die Identifizierung der Fans mit nur einer der Parteien gefördert wird, um ein Miteifern mit der favorisierten Mannschaft zu fördern. Das Publikum soll Fanartikel der Lieblingsmannschaft erwerben und der Mannschaft treu zu allen Spielen folgen. So wird also mehr und mehr die symbolische Darstellung von Einzelnen gefördert anstatt die Figuration des Sportereignisses zu betrachten. Ein Starkult entsteht und wird laufend weiter unterstützt. Gleichzeitig wird dem modernen Individuum vor allem durch die Medien ein Bewusstsein auch für den eigenen Körper vermittelt. Man soll nicht nur Anhänger von Spitzensportlern sein, sondern auch etwas für die eigene Fitness tun.

Fitness darf nicht mit Gesundheit verwechselt werden, denn Gesundheit soll einen dauerhaften Zustand bezeichnen, wohingegen Fitness einen dynamischen Zustand beschreibt, der einen Augenblickszustand darstellt (vgl. Plake 1992: 192 f.). Dennoch kann nur fit sein, wer auch gesund ist. Fitness birgt jedoch auch eine Elastizität, die der „nur" gesunde Körper nicht erreicht. Fitness wird assoziiert mit Jugendlichkeit und Schönheit, beschränkt sich daher auf eine relativ starre Altersgruppe: „Der Schönheit-und-Fitneß-Code differenziert so scharf nach Alter, daß eigentlich nur junge Menschen am allgemeinen Wettbewerb teilnehmen können", fortgeschrittenes Alter gilt als „Handicap" (Plake 1992: 193). Daher gilt es als wichtig, fit zu erscheinen und das (nicht mehr junge) Alter zu verleugnen. Das Alter wird jedoch nicht nur verleugnet, sondern viele Menschen treiben es so weit, dass sie glauben, dem Alter zumindest zeitweise tatsächlich entkommen zu können. Die eigene Wirklichkeitswahrnehmung und –definition definiert das eigene Alter und wird somit zu einer eigenen und individuellen Realität. Der eigene Körper wird also codiert, nicht nur für andere, sondern vor allem für sich selbst. Denn: „In der Gegenwart wird körperliche Schönheit mit Fitneß codiert" (Plake 1992: 192).

Fitness gilt nun nicht nur als körperliches Merkmal, das Anerkennung bringt. Sondern durch Fitness erhofft sich das Individuum allgemeines körperliches Wohlbefinden und somit eine Entlastung für die Seele. Über den Körper soll also auch ein gesteigerter und besserer seelischer Zustand erreicht werden. „Wer fit ist, kann auch bei nervlichen Belastungen besser mithalten"

(Plake 1992: 192). Dies ist eine Art Heilfindung, innerhalb derer der Körper als das Zentrum aller Erwartung gerückt wird. Sport als Religion anzusehen, ist also nicht nur ein theoretisches Konstrukt, sondern wird in dieser Form praktiziert. Ein neuartiges Konzept in den USA beispielsweise ist die Verbindung von Fitness und Religion, indem von Betreibern einiger Fitness-Studios behauptet wird: "Jesus sells memberships" (Saltman 2002: 317). Zu kirchlicher Musik und vor einem Trainer mit Mikrophon, der seiner Glaubensgemeinschaft versichert, dass der Erfolg im Glauben liegt, werden Fitness-Übungen zelebriert. Bodybuilder glauben an einen Status, der mit übermäßiger Anerkennung und Bewunderung einhergeht. "They replace God. They become gods, making themselves into the image seen in the magazine and on the movie screen. They want to be the image that they worship and they want to be worshiped as the image that they worship" (Saltman 2002: 323). Von Medien wird also ein Glauben erzeugt, der eine solche Glaubensbasis quasi rechtfertigt. Hierauf soll in Kapitel IV näher eingegangen werden.

„Das Heil liegt im sportlichen Körper. Sport kompensiert die Virtualisierung und Immaterialisierung unserer Lebenswelt durch eine Eigenkomplexität der reinen Körperlichkeit" (Bolz 1997: 113). Sport soll also in erster Linie *kompensieren*. Immer wieder hört man davon, dass Sport ein ***Ausgleich*** sei. Um der immer komplexer werdenden Welt Herr zu werden, bedient sich der Mensch also purer Körperlichkeit, die er im Sport findet? Der Körper des Menschen wird zusehends weniger gebraucht im beruflichen Alltag, aber dennoch braucht der Mensch seinen Körper, um sich selbst zu erfahren (vgl. Weis 2004: 83). „Eine Gesellschaft, die auf die Verdrängung des Körpers logisch paradox mit seiner Aufwertung reagieren will, greift letztlich auf den Bereich zurück, in dem Körperlichkeit durch eigene Erfahrung, durch eigene Hoffnung und massenmediale Kommunikation am sichersten belegt ist: den Sport. Erst sitzen und telefonieren sie an ihren Schreibtischen, benutzen Aufzug, Rolltreppe und Auto. Dann wandern, laufen, rennen sie, radeln, tauchen, klettern sie und suchen nach neuen körperlichen, Leib und Seele reizenden Erfahrungen in körperlichen Ausdauerleistungen, extremen Abenteuersportarten und Meditationen" (Weis 2004: 83). Sport soll demnach einen Ausgleich zu einem durch Technik und Rationalität bestimmten Alltag schaffen. Das Gegenteil scheint der Fall zu sein. Denn auch im Sport, gerade im Sport sogar wird der Körper technisiert, instrumentalisiert und rationalisiert. Die Leistungen von Sportstars sind für den Zuschauer schon lange nicht mehr körperlich nachvollziehbar, da die Leistungen dermaßen hochgetrieben sind und auch die Sportarten oft keine Volkssportarten mehr sind, so dass der gewöhnliche Zuschauer nicht mehr am eigenen Körper spüren kann, welche Leistung der Sportler tatsächlich vollbringt. Die Leistung ist also abstrakt und virtuell. Die Medien beschreiben und verbreiten die Ergebnisse sportlicher Leistungen. Sport als Ausgleich findet immer weniger statt, denn der Leistungsgedanke, der Gedanke nach Fortschritt und höheren

Seinsstufen verlangt auch hier Anpassung. Der Mensch strebt nach ähnlichen Leistungen, jedoch vielmehr nach ähnlicher Anerkennung, die er durch sportliche Aktivität (wenn auch auf einer weniger komplizierten Ebene als im Spitzensport) zu erreichen sucht. Dies ist kein Widerspruch, dass er auf der einen Seite Körperlichkeit abstrakt und leistungsorientiert, für ihn wenig nachvollziehbar in den Medien verfolgt, doch auf der anderen Seite durchaus am eigenen Leib ähnliche Erfahrungen machen möchte. Obwohl der Spitzensportler ihm fremd ist, eifert er ihm nach, denn er sieht und spürt am eigenen Leib durch ihn selbst die *Anerkennung*[43], die der Star erhält. Sport als Kompensation zum bewegungsarmen industrialisierten Durchschnitts-Lebensstil findet also kaum statt, denn auch innerhalb des Sportes wird mit harten Bandagen gekämpft, indem auch hier Leistung gefordert wird, am meisten durch das Individuum selbst. Doch vor allem eine andere Art von Kompensation soll Sport bringen. Da der Mensch in modernen Zeiten seine Gefühle besser unter Kontrolle halten muss, unterdrückt er Ausbrüche von Ärger oder andere Emotionen stärker als dies früher der Fall war (vgl. Elias 1999: EINLEITUNG III). Insofern schafft Sport tatsächlich einen Ausgleich. Jener Ausgleich allerdings verläuft wenig befriedigend, wenn auf der anderen Seite stets der Leistungsdruck im Vordergrund steht. Das Heil liegt also tatsächlich im sportlichen Körper, nicht nur aufgrund der Leistung, die er vollbringt, sondern vor allem aufgrund der gesellschaftlichen Anerkennung, die der gestählte Körper erhält. Das Aussehen des sportlichen Körpers steht im Vordergrund. Fit zu sein, heißt in erster Linie fit auszusehen. So kompensiert der Mensch seine Unzulänglichkeitsgefühle, seine Probleme bei der Identitätsbildung, aber nicht die Entwicklungen einer komplexer werdenden Gesellschaft. Kompensation liegt hier auf einer anderen Ebene vor. „Sport kompensiert die Sinnunsicherheit des Alltags“ (Bolz 1997: 113), jedoch kompensiert Sport nicht den Wettbewerbsgedanken der Gesellschaft. Über den Sport gelangt der Mensch zu Sinn, der nicht „objektiv“ und von

[43] Dass es meist viel mehr um Anerkennung als um die tatsächliche sportliche Leistung oder die Steigerung der Gesundheit durch Sport geht, zeigt die große Anzahl an body buildern, also Menschen, die in Fitness-Studios das body building (gezielter Muskelaufbau) betreiben. In den meisten Fällen geht das sportliche Training einher mit einer besonderen Art der Ernährung. Um Muskelwachstum zu erreichen, ist ein gezieltes und dauerhaftes Training von Nöten. Präparate zum Einnehmen beschleunigen diesen Effekt. Aber: "The true body builder lacks the strength of the genuine athlete“ (Harré 1991: 191), das heißt also, dass das Ziel des body builders weder primär in der Kraftgewinnung noch im Gesundheitsbewusstsein liegt (im Gegenteil, Muskelaufbaupräparate haben oft unangenehme und ungesunde Nebenwirkungen), sondern vor allem in der ästhetischen Dimension seiner Muskeln. Jene Muskeln sind kein Garant dafür, dass derjenige sich gut verteidigen könnte, würde er angegriffen. Aber dennoch besteht der soziale Glaube, dass Muskeln Kraft symbolisieren. Kraft wiederum signalisiert Ästhetik, Überlegenheit und damit Macht. Der Faktor der ästhetischen Bewunderung und Anerkennung wiegt also in einer Vielzahl der Fälle sportlichen Handels größer als andere Motivationsgründe.

außen vorgegeben wird, sondern der vom Individuum selbst geschaffen werden muss. „Der Körper ist zum Angelpunkt magischer Fetischisierung geworden: [...] Fitness mit Glück zu identifizieren und im Massenmarathon individuelle Sinnerfüllung eines sinnentleerten Daseins zu entdecken [...]" (Hietzge 2002: 77). Die unmittelbare Körpererfahrung beschert dem Menschen Glück (nicht nur durch die Ausschüttung von Hormonen, die während sportlicher Betätigung zunimmt, sondern vor allem durch das Ergebnis: einen äußerlich schönen sportlichen Körper) und Sinn. Einerseits liegt dem Sport also das Bedürfnis nach Kompensation (um das aufgrund des weniger allgemeinverbindlichen Charakters allgemeiner Werteordnungen sinnentleerte Dasein wieder mit Sinn aufzufüllen) zugrunde, andererseits wirkt auch im Sport der Druck nach Steigerung auf den Menschen ein. So *scheint* der Sport nur der ideale Sinnstifter zu sein, da er neben dem Gefühl von Gesundheit und Fitness auch ein schönes äußerliches Körpergefühl verspricht, er bietet aber auch eine große Fläche an Leistungsdruck. Es erfreuen sich zusehends andere Sinnstiftungstechniken, die ebenfalls über den menschlichen Körper arbeiten, regen Zulaufs, die nicht direkt über den Sport arbeiten, sondern den sportlichen Leistungsdruck auszuklammern versuchen. Meditation, Tai Chi und andere Sinnstiftungstechniken funktionieren über den Körper, heben sich vom Sport aber ab, indem kein Wettbewerbscharakter im Vordergrund steht, sondern eine besondere Art innerer individueller Erfüllung. Aber auch hier soll ein Gefühl der Erlösung oder zumindest ein verbessertes Lebensgefühl erreicht werden, indem der Körper in bestimmter Weise bewegt und eingesetzt wird.

6.4. Meditation und andere (vor allem fernöstlich geprägte) Sinnstiftungsphänomene

Sport als (Ersatz-)Religion ist eine Form der Körperaufmerksamkeit, die sich von fernöstlich inspirierten Körpertechniken unterscheidet. Denn Fitness, dem Wahn nach Sportlichkeit und Jugend und teilweise auch die Diskurse um Krankheit und Gesundheit zielen vor allem auf das äußerliche Erscheinungsbild des Menschen, also einen verbesserten Zustand des Körpers, ab. Meditation und andere Sinnstiftungsphänomene, die vor allem fernöstlich geprägt sind, fokussieren in erster Linie einen verbesserten Zustand *durch* oder *über* den Körper. Richard Shustermann nennt jene Unterscheidung im Falle der äußerlichen Darstellung die „Somatik der Darstellung" und die Techniken zur Verbesserung des körperlichen Erlebens die „Somatik des Erlebens" (Shusterman 1994: 246/ 247). In diesem Kontext soll darauf hingewiesen werden, dass jene Arten von Körpertechniken zwar grundsätzlich verschiedenen Richtungen folgen, aber dass der Sinn, um den es hier ja vor allem geht, jedoch ein und dieselbe Richtung verfolgt. Denn in beiden Arten der Körperaufmerksamkeit, ob in darstellender oder in erlebender Form, liegt das Ziel in der Generierung von

Glück, in deren Zentrum der Körper steht, als Werkzeug zur Sinnfindung und Objekt bzw. Inhalt der Sinnfindung zugleich. So sagt auch Shustermann, „daß Selbstdarstellung und Erleben aufgrund der sozialen Konstruktion des Selbst eng miteinander verknüpft sind" (Shusterman 1994: 247). Beide Richtungen sollen Sinn stiften, der Körper spielt dabei immer eine Rolle. Aus diesem Grund werden jene Körperpraktiken nicht weiter voneinander unterschieden.

„Die Meditation in jeder Form, heiße sie Yoga oder fixierte Sammlung, ist der Same aller östlich inspirierten Kulte, welche wohl weiterhin die Sinnfindungsindustrie monopolisieren werden" (Jennrich 1985: 44) (Hervorhebungen M.K.). Jennrich spricht also von einer „Sinnfindungsindustrie", das heißt, er unterstellt der modernen Welt, dass Sinn nicht vorgegeben wird (beispielsweise durch die Kirche), sondern auf einem Markt angeboten und somit individuell ausgewählt werden kann. Der Markt weist eine große Bandbreite einer Palette vieler Sinnorientierungen auf. Viele Angebote stammen aus dem asiatischen Raum.

„Dabei werden die traditionellen europäischen Entwürfe von Welt gern abgewertet, sie unterliegen dem Verdikt einer unangemessenen Intellektualisierung. Statt dessen greift man gern auf exotische Ressourcen zurück, eine Zeit lang hatten indianische oder schamanistische Weltbilder einen besonders hohen Marktwert – natürlich keineswegs in ihrer ursprünglichen Bedeutung, sondern in einer Gestalt, die dem westlichen religiösen Konsumenten zuträglich war" (Stolz 2001: 235) (Hervorhebungen M.K.). Der religiöse moderne Mensch ist also in erster Linie Konsument, erst in zweiter Linie Gläubiger. Wiederum obliegt es dem Individuum, auf einem offenen Markt unter pluralen Angeboten seine Art und Form der Religion auszusuchen.

Die Chinesen sehen Energie als Quelle des menschlichen Lebens an. Jene Energie (Ch'i) wird vom Körper hergestellt, weitergeleitet und verarbeitet und speist somit auch den Geist. Ohne Bewegung wäre also der Geist nicht viel wert. „Die Künste und die traditionellen sportlichen Übungen des ganzen Fernen Ostens – Chinas, Japans und Indonesiens – gründen in diesem Gedanken einer lebendigen Verbindung zwischen Geist und Materie" (Dropsy 1982: 21). Auch Meditation gründet auf körperliche Prozesse, selbst wenn der Körper teilweise starr in einer Haltung herharrt. Er trägt zur Loslösung und Entspannung bei, indem er in bestimmte Positionen gebracht wird oder sich anderweitig bewegt. Der Zustand der Loslösung und Entspannung liefert Sinn und Energie.

Ein ähnliches Prinzip verfolgt die angewandte Kinesiologie, die Bewegung und vor allem Muskelreaktionen für ausschlaggebend hält, um Probleme aller Art zu erkennen. Der Körper fungiert als Medium, um mitzuteilen, welche Energieblockaden verantwortlich sind für das Dysfunktionieren oder eingeschränkte Funktionieren des Körpers und der Psyche. Dabei werden Körperteile einem Druck von außen (durch den Therapeuten) ausgesetzt und die Reaktion der Muskeln soll Blockaden und störende Einflüsse aufdecken. „Der Hauptvorzug der AK liegt darin, daß sie dem Körper erlaubt, unmittelbar mitzuteilen, was zur Behebung eines bestimmten Problems oder zur Erreichung eines bestimmten Ziels getan werden kann. So wird sichergestellt, daß nur jeweils die angemessenen, vom Körper geforderten und akzeptierten Maßnahmen ergriffen werden. Er gibt vor, was wann wo und in welcher Reihenfolge getan werden soll. Dieses Vorgehen verhilft dem Betroffenen zu größerer Autonomie und erhöhter Selbstorganisation" (Schatz). Auch hierbei ist also wichtig, dass das Individuum eigenverantwortlich handelt. Der Körper steht im Zentrum der Heilsfindung, über ihn können auch psychische Störungen kuriert werden. Selbst Lernerfolge sollen über die Edu-Kinestetik (eine weitere Form der Kinesiologie) erzielt werden, durch sogenannte „Brain-Gym-Bewegungen" (vgl. Schatz). Bewegung und Sport dienen nicht nur der körperlichen Fitness, Gesundheit, Attraktivität und größeren Zufriedenheit und Ausgeglichenheit, sogar Gehirn-Gymnastik soll zu einem besseren geistigen Zustand führen. Die deutsche Gesellschaft für Angewandte Kinesiologie beschreibt eben diese mehr als Kommunikationsform denn als Heilmethode, da der Weg zur Heilung über die Kommunikation mit dem Körper erfolgt.

6.5. Okkultismus, Esoterik & Co.

Die Welt des Übersinnlichen, Geheimen oder Geheimnisvollen erlebt in Zeiten verstärkter Rationalisierung, Instrumentalisierung, Industrialisierung, Materialisierung und dergleichen eine Beliebtheit, die auf relativ allgemeiner Ebene bereits unter Rückgriff der These der Wiederverzauberung der Welt diskutiert wurde (siehe Kap. III.3). Im Speziellen sollen an dieser Stelle einzelne Glaubens- oder Sinnstiftungsphänomene herausgegriffen werden, um deutlich zu machen, dass das moderne Individuum Religiosität praktiziert und lebt, dass die Arten und Formen des Religiösen in spätmodernen Zeiten jedoch weniger der institutionalisierten Kirche oder anderen klassischen Religionen folgen, sondern beispielsweise in der Esoterik oder dem Okkultismus liegen. Die Rolle des eigenen Körpers ist hierbei von zentraler Bedeutung, da der menschliche Körper von einer Zentralisierung und Stilisierung geprägt ist, die dazu führt, dass er in die Glaubensbildung und Glaubenspraxis deutlich stärker als früher eingebunden wird – wenn nicht gar zum Glaubensinhalt erhoben wird.

Okkultismus und Esoterik werden oft im selben Atemzug verwendet und in vielen Fällen sogar gleichgesetzt. Auch hier soll es nicht um eine klare Trennung und Definition beider Phänomene gehen, denn in diesem Zusammenhang zählt das Beispiel an sich, das heißt es ist wichtig, eine Richtung aufzuzeigen, die als modernes und auch körperbezogenes Glaubensphänomen einen Einblick liefern soll in die individuelle Glaubenspraxis moderner Menschen. Insofern werden jene zwei Begriffe ebenso parallel und sogar als ein und dasselbe gebraucht, was nicht bedeutet, dass von einer Gleichförmigkeit ausgegangen wird oder behauptet, dass beide identisch wären. Beide Richtungen jedoch beschreiben etwas Geheimes, Verborgenes, sozusagen etwas Exklusives. Dies leitet sich ab von der griechischen Herkunft der beiden Wörter, die gleichermaßen „geheim“ und „verborgen“ bedeuten (vgl. Bohnke 1991: 12). Auch die Mystik trägt jene griechische Bedeutung. Diese Exklusivität ist sicherlich ein Grund für das moderne Individuum, sich einer esoterischen, okkulten oder mystischen Glaubensrichtung anzuschließen oder diese für sich selbst zu betreiben. Denn das individualisierte Subjekt erhebt den Anspruch, einzigartig und verschieden zu sein, sich von der grauen Masse abzuheben. Der Glaube an Esoterik und dergleichen kann also als typisch für die moderne Tendenz zum Individualismus angesehen werden. Da „eso“ jedoch neben geheim und verborgen auch „innen“ bedeutet, liegt es nahe, Esoterik mit inneren und rein geistigen Werten in Verbindung zu bringen (vgl. Bohnke 1991: 13). Dies ist jedoch nicht der Fall, denn esoterisches Verhalten kann auch extrovertiert dargestellt werden und liegt durchaus auch auf einer körperlich-expressiven Ebene. So ist ein Teil des esoterischen Glaubens verknüpft mit alternativen Heilungsmethoden. Durch Meditation soll beispielsweise ein besseres Körpergefühl erreicht werden. Oder verschiedenste Arten von Krankheiten sollen mittels esoterischer Methoden bekämpft werden. Esoterik und Okkultismus werden in Verbindung mit vielerlei Erscheinungen in Verbindung gebracht, so zum Beispiel mit Horoskop-Lesen, Aberglauben, Geistern, übersinnlichen Kräften, etc. Im Mittelpunkt der Esoterik steht jedoch die Selbstfindung und Selbstentfaltung, manchmal sogar die Selbstheilung. Damit setzt sich jene Glaubensart von den meisten institutionellen klassischen Religionen ab, da zwar an übernatürliche Kräfte von außen geglaubt wird, aber diese sollen durch den Menschen selbst bewegt und beeinflusst werden anstatt das eigene Schicksal einem Gott oder mehreren Göttern zu unterwerfen. Damit ist ein wichtiger Schritt in Richtung Spätmoderne getan, denn auch Glaubensbereiche werden vom Subjekt selbst steuerbar.

Religiosität geht in spätmodernen Zeiten also vermehrt einher mit Selbstbestimmung nicht nur in Bezug auf die Wahl der Religion, sondern auch innerhalb der Religions-Praxis. Das moderne Individuum glaubt nicht nur an das Spirituelle, Unbekannte, Geheimnisvolle, sondern auch (in vielen Fällen sogar vor allem) an sich selbst. Zentral ist bei solchen neueren Glaubensformen nicht nur die Macht des eigenen Geistes, sondern es steht auch immer ein positives Körpergefühl im Mittelpunkt der Aufmerksamkeit. Esoterik und Okkultismus stellen sozusagen Zwischenbereiche zur „reinen“ Körperreligiosität[44] dar. Denn

[44] Insofern etwas rein körperlich bestimmt sein kann, denn der Geist und Wille des Menschen spielt immer eine Rolle; dies soll so stehen bleiben, ohne Bezug zu philosophischen Theorien über den Körper-Geist-Dualismus zu nehmen; jener Verweis auf die Philosophie wurde bereits an anderer Stelle aus Platzgründen vermieden und soll daher auch hier ausgeklammert werden.

es ist ein Boom zu beobachten, der sich auf esoterische Praktiken stützt. Dies hat wohl einerseits mit dem Exklusivitätscharakter zu tun, andererseits auch mit den angesprochenen Tendenzen der Individualisierung, des Wertwandels, bei gleichzeitiger Wiederverzauberung der Welt, etc. Hinzu kommt ein erhöhtes Körperbewusstsein, das vor allem durch die Medien suggeriert wird. Selbstverwirklichung und Eigenverantwortlichkeit sind Begriffe, die dazu drängen, das Schicksal und daher auch den Bereich des Religiösen in die eigene Hand zu nehmen. Den Körper zu einer (Ersatz-)Religion zu machen ist sicherlich ein Extrembeispiel in Richtung Selbstverwirklichung, aber dennoch lässt sich eine breite Tendenz in diese Richtung beobachten, die zwar nicht unbedingt aus der Esoterik oder dem Okkultismus oder dem Spiritualismus hervorgegangen ist, aber bestimmt durch jene Glaubensformen beeinflusst wurde.

7. Konsequenzen für die moderne Identität: Konversion

Identitätsbildung in der modernen Welt gestaltet sich als ein schwieriges Unterfangen, da ständig Entscheidungen getroffen und mit den Folgen davon umgegangen werden müssen. Der Mensch jagt Idealen hinterher und versucht sich stets anzupassen. Da die Geschwindigkeit der Veränderungen zunimmt, lebt er vor allem in der Zukunft, in der Erwartung auf einen Zustand, den er erreichen möchte. „Die Identität liegt stets in der Zukunft und nicht in der Gegenwart“ (Gross 1999: 250). Daher ist die Aufgabe der „Selbsterschaffung“ eine schwierige und dauerhafte, die nie vollendet sein kann, da stets ein höheres Maß an Perfektion möglich ist. „Die Ichjagd, als endloser Selbstentwurf und Selbstversuch, die eigenen Entwürfe wieder einzuholen, erschlafft ob der Anstrengung der Einverleibung“ (Gross 1999: 250). Das Schicksal des Narzissten, dessen Selbstverliebtheit keine Grenzen kennt, ist ein hartes: Da er sich nicht von seinem selbstverliebten Blick im Spiegelbild des Wassers zu lösen vermag, muss er verhungern. „Töricht begehrt er sich selbst, er, der prüft, prüft sich selber, sein Sehnen sehnt sich nach ihm, ihn verzehrt die eigene Flamme“ (Ovid 1999: 137). Jene Art des Entflammens ist eine Transzendenzerfahrung. Denn das Verzehren und Aus-sich-heraus-treten bezeichnet etwas Außergewöhnliches, etwas Transzendentes. Die Art, wie Narziß sich hingibt an sein eigenes Bild, ist ein Zustand der Ekstase. Er vermag sich nicht zu lösen aus seiner transzendenten Erfahrung und geht letztendlich daran zugrunde.

Der moderne Individualist verhungert zwar nicht, aber er vereinsamt. Da er sich ständig über die anderen herauszuheben versucht, einzigartig sein möchte, sich selbst der nächste ist, leidet seine Identität an Einseitigkeit. Zwar wird die Identität unter Rückgriff und durch Orientierung auf andere und die Ideale der Gesellschaft gebildet, aber das Zentrum des Geschehens, auf das sich das Bemühen richtet, ist das Subjekt selbst. Wo Religion als Richtungswert für

Orientierung und Sicherheit fungieren sollte, orientiert sich der Anhänger der ich-zentrierten (Ersatz-)Religion an sich selbst.

„Religiöse Weltbilder sind in unseren Breitengraden der Innerlichkeit und dem Erleben des Einzelnen zugeordnet; sie sollen dessen ästhetische und emotionale Wahrnehmung der Welt besorgen, ihm Identität und „Eigentlichkeit" vergewissern" (Stolz 2001: 234). Weiterhin heißt es bei Stolz: „Viele religiöse Orientierungen sind ausdrücklich kurzfristig gemeint; man begeht Ferien im buddhistischen Kloster, meditiert ein wenig mit und sammelt Ressourcen für neuen Stress" (Stolz 2001: 239). Da der moderne Mensch meist nicht nur eine Religion betreibt, sondern mehrere Arten von Weltbildern um sich sammelt, unterliegt er auch der Organisation und Verwaltung seiner pluralen Sinnbereiche. Diese Aufgabe kann zu einem dauerhaften Problem werden; viele Menschen sind in modernen Zeiten mit ihrem vielfältigen Lebensstil überfordert. Der jeweilige Sinn für das eigene Leben und das Lebensglück wird nicht mehr von einer Institution wie der Kirche vorgegeben, sondern muss durch das Individuum selbst gestaltet werden. Daraus entstehen leicht anomische Zustände, eine Orientierungslosigkeit, die in der Überforderung mit den vielen Arten der Lebensgestaltung ihren Ausdruck findet. Im Falle der modernen (Ersatz-)Religion des eigenen menschlichen Körpers bedeutet jene Art von Religion oft weniger Gewinn, vielmehr ein höheres Potential an Stress. Ein perfekter Körper verspricht zwar Anerkennung und damit Glück (und somit auch Sinn) in der Gesellschaft, jedoch ist der Weg zu jenem Heil oft mit vielerlei Arten von Stress behaftet. Diese immerwährende Suche nach der Erlösung beinhaltet weniger Vertrauen als dies traditionelle Religionen vermitteln können. Traditionelle, jenseitsorientierte Glaubensrichtungen vermitteln eine Basis an Vertrauen durch den Glauben an eine Erlösung im Jenseits. Die Art des Erreichens dieser gestaltet sich im Einhalten moralischer Werte. Das Individuum unterliegt bei dieser Art von Religion relativ wenig Stress. Der Weg zur Erlösung gestaltet sich nämlich sowohl aktiv (durch das Zelebrieren der Religion, wie beispielsweise durch den Gang zur Kirche oder das Beten) als auch passiv (schlicht durch das Einhalten bestimmter Gebote, die oft durch ein „Anti-" formuliert sind („Du sollst nicht..."); die Passivität ergibt sich daher aus einem Verhalten, das darauf ausgerichtet ist, etwas nicht zu tun anstatt aktiv etwas zu tun. Die Erlösung innerhalb der (Ersatz-)Religion gründet sich hingegen rein auf die aktive Gestaltung des eigenen Körpers. Er ist einer stetigen Auseinandersetzung unterworfen. Auf das Erreichen einer Erlösung im Sinne des Erreichens von Perfektion kann nicht vertraut werden, da diese in den eigenen Händen liegt. Die eigenen Hände jedoch folgen dem Anspruch, stets noch mehr leisten zu können und zu müssen.

Wer diesen Anspruch nicht verfolgt, hat mit gewissen Sanktionen zu rechnen. „Mit der Perfektionierung der Verschönerungstechniken und der Anhebung der ästhetischen Standards geraten auch diejenigen unter den Einfluß der sozialen Kontrolle, die ihre korrigierbaren Defizite noch nicht haben beheben lassen“ (Plake 1992: 198). Und in der modernen westlichen Welt gilt fast alles als korrigierbar. Dies gilt jedoch nicht nur für das Individuum selbst, sondern vor allem auch für die Kinder der modernen Eltern. „Die Kinder an die ästhetischen Standards anzupassen gilt als eine Selbstverständlichkeit, während jedes andere Verhalten zwar kein Delikt im strafrechtlichen Sinne darstellt, aber gleichermaßen soziale Ächtung auf sich zieht. Wer es wagt, die schräg gewachsenen Zähne eines Kindes nicht regulieren, einen Strabismus nicht operieren, ein übermäßiges Wachstum nicht durch Hormonbehandlung bremsen zu lassen, muß mit Vorwürfen, ja sogar mit Anfeindungen rechnen“ (Plake 1992: 198). Für die Identität der Kinder wie Erwachsenen bedeutet dies zum einen, den eigenen Körper (und den des Kindes) dauerhaft in die Identitätsfindung einzubeziehen und zwar unter Beachtung bestimmter gesellschaftlicher wie inzwischen auch globaler Kriterien, und zum anderen muss das eigene Selbst in diesem Sinne extrem kritisch hinterfragt und laufend angepasst werden. Letzterer Aspekt geht über eine normale Identitätsreflexion – so wie sie auch in vormodernen Gesellschaftsformen praktiziert wurde - hinaus, und die Anforderungen werden stets stärker. “Moreover, visual appearances that conform to ideals and norms of beauty provide access to public life, and women seen to avoid or fail to achieve beauty standards experience overt and covert forms of discrimination“ (Howson 2004: 105). Solch eine Diskriminierung wirkt restriktiv auf die äußerliche Darstellung von Menschen ein; da die Auseinandersetzung mit gesellschaftlichen Idealen eine dauerhafte ist, geht diese in die Identitätsbildung mit ein.

Es wird zunehmend schwieriger, innerhalb einer modernen Gesellschaft zu leben, wenn die eigene Identität nicht den gängigen Körperidealen angepasst ist. „Die Forderung, zu sich selbst und seinen Mängeln zu stehen, verbindet sich mit der unrealistischen Annahme einer Abschottung gegenüber den Identitätszumutungen der Gesellschaft. [...] Beseitigt man dagegen die Merkmale, die als Identitätsaufhänger von der Gesellschaft mißbraucht werden, so ist es eher möglich, den Entwurf von der eigenen Identität sozial durchzusetzen“ (Plake 1992: 203). Eine Identität, die zwar eigenbestimmt gebildet wird, aber den Normen der Gesellschaft nicht ausreichend angepasst ist, wird daher mit Marginalisierungen und anderen Sanktionen rechnen müssen. So entstehen in der Moderne einerseits der Zwang und die Verantwortung, sich selbst und subjektiv eine Identität aufzubauen. Andererseits wird erwartet, dass vor allem auf körperlicher Basis die Identität an die Ideale der Gesellschaft angenähert wird. Ein solcher doppelter Zwang, der auf der Identitätsbildung ruht, stellt keine leichte Aufgabe für ein modernes Individuum dar.

Konversion aber ist genau genommen eine Abkehr von der bisherigen Identität oder Rolle. „Resultat der Konversion: Eine »neue« Identität, deren Wandel im gesellschaftlichen Umfeld am Ausmaß der Beeinträchtigung alter Kontakte gemessen wird. Sie reichen von der Re-Definition bisheriger Rollen bis zum kompletten Wechsel der Lebenswelt" (Jennrich 1985: 46). Moderne Konversion findet in zweierlei Hinsicht statt: Vor allem junge Menschen kehren sich oft von der klassischen Religion, die ihnen meist durch die Eltern mitgegeben wurde, ab und ersetzen diese durch ein neues Wertesystem. Dies ist in vielen Fällen zu einem hohen Grad individualistisch geprägt. Das neue Wertesystem kann beispielsweise die Pflege des eigenen Selbst beinhalten, so dass daraus eine (Ersatz-)Religion entsteht. Konversion kann aber auch durch den geschilderten Druck hervorgerufen werden, den der soziale Wandel mit sich bringt. Die ständige Anpassung an Schönheitsideale und andere Normen der Gesellschaft kann zu einem Ausbruch aus der „exklusiven Anpassungs-Identität", die von der paradoxen Balance zwischen Exklusivität und Distinktion (das Bedürfnis, anders zu sein als die Masse) auf der einen Seite und Integration und Anpassung auf der anderen Seite geprägt ist, führen. Die Punk-Bewegung ist eine Art Konversion, da ein Wertesystem (das durch die Sozialisation normalerweise weitergegebene und erlernte) durch ein neues und völlig anderes ersetzt wird. Konversion muss nicht rein religiöse Wurzeln haben, sondern sie kann durchaus auf politischer oder gar ästhetischer Ebene liegen (vgl. Jennrich 1985: 46). In jedem Fall handelt es sich um einen „starken emotionalen Druck" (Jennrich 1985: 46), der zur Konversion führt.

Es muss nicht gleich Konversion sein, die aus dem starken Druck hervorgeht, mit dem das moderne Individuum dauerhaft zu leben hat. Identitätsschwankungen sind die häufigere Art, mit jenem Druck umzugehen. Konversion ist auch kein neues und hochmodernes Phänomen, es ist nur ein Phänomen, das meist in anderer Weise als in vormodernen Zeiten stattfindet. Eine Abkehr von der ursprünglich praktizierten Religion oder Politik oder anderen Form der Lebensweise gab es immer schon. Doch heute finden Konversionen eher auf kleinerer, dafür häufigerer Ebene statt. Durch den raschen gesellschaftlichen Wandel ist das Individuum sowieso gezwungen, ständig von neuem über sein Wertesystem zu reflektieren. Im Laufe dieses immerwährenden Prozesses kann es leichter zu kleineren Konversionen kommen, oder gar zu einer oder mehreren großen oder mittleren. Damit soll nicht gesagt sein, dass moderne Menschen keine gefestigten Identitäten mehr haben oder über kein einheitliches Wertesystem mehr verfügen. Es kommt nur immer öfter zu Brüchen und Abkehren von Rollen und teilweise der Identität, die wiederum zum Aufbau neuer Rollen oder der Identität führen. Jener Prozess ist keine leichte Aufgabe für das moderne Individuum und vor allem ist es meist eine lebenslängliche Aufgabe.

Es gibt auch andere Begriffe für Konversion, vor allem in der amerikanischen Gesellschaft hat sich ein Begriff durchgesetzt: „Snapping". Dieses Phänomen ist durchaus modern und kann nicht auf eine Historie zurückgreifen. Hierbei handelt es sich meist um eine kommerzialisierte Form der Konversion, denn „Snapping" tritt auf im Zusammenhang mit neueren religiösen Bewegungen und vermarkteten Therapie- und Encountergruppen“ (Baumann 1982: 125). Persönlichkeitswechsel passieren in modernen und vor allem industrialisierten Gesellschaften immer häufiger. Dies liegt nicht nur an den zahlreichen Möglichkeiten, denen Individuen gegenüberstehen, sondern auch an gesamtgesellschaftlichen Veränderungen, auf die hier nicht genauer eingegangen werden soll[45]. Persönlichkeitssprünge basieren nicht immer auf gesellschaftlichen Veränderungen oder dem Druck, sich dem sozialen Wandel anzupassen, denn sie treten auch im Rahmen von Modeerscheinungen auf. Vor allem im amerikanischen Raum gilt es als modern, sich einer Therapiegruppe anzuschließen oder ein Selbstfindungsseminar zu besuchen. Die Identität ist daher laufend mit dem „Zwang“ konfrontiert, auf die Mode einzugehen, sie zumindest zu reflektieren, oder mit anderen sozialen Veränderungen umzugehen.

8. „Gegen“bewegungen nach dem Motto „Ich bin dick und stolz darauf!“

Eine Stilisierung des Körpers, die zu einer (Ersatz-)Religion ausufert, könnte mit folgendem Gegenargument in Frage gestellt werden: Es gibt Gegenbewegungen, die eine Stilisierung verneinen. Extreme Körperverachtung oder ein Kleidungsstil, der gegen gängige ästhetische Ideale spricht (so wie die „Punks“ oder gewisse Tattoo-Modeerscheinungen oder Piercings in bestimmten Kontexten oder Gruppen), oder auch naturbewusste Bewegungen (wie beispielsweise die „Öko-Bewegung“) zeugen von Positionen, die den in diesem Kapitel beschriebenen Phänomenen zu widersprechen scheinen. Dies geschieht jedoch nur auf den ersten Blick. Denn im Grunde genommen stellen jene „Gegenbewegungen“ keinen Widerspruch dar, sondern repräsentieren nur ein verändertes ästhetisches Vorbild, das die Logik einer Körperstilisierung aber nicht ändert. Indem nämlich der Körper Gegenstand einer Gegenbewegung wird, erfährt er ebenso eine Stilisierung, denn er wird zum Werkzeug und Gegenstand einer Weltanschauung, so wie dies der Fall im Zusammenhang mit einer (Ersatz-)Religion ist. Derartige Bewegungen sind also auf der gleichen Linie des modernen Körperwahns, wenngleich sie unterschiedliche Ausprägungen und Inhalte vertreten.

Auch Bewegungen, die nach dem Motto agieren „Ich bin dick und stolz darauf“ können in einigen Fällen in diese Kategorie der Körperreligion geordnet werden, da auch sie nur umgekehrte Stilisierungen sind, die ein anderes Ideal zum Vorbild erheben.

Doch es gibt durchaus auch „echte“ Gegenbewegungen, die Kritik an hochgradig homogenisierten Körperidealen (siehe auch Kap. IV) und der technologisierten und perfektionierten Körperwelt hegen. Auch wenn diese Form von

---

45 Ein paar der gesellschaftlichen Veränderungen wurden bereits im Kapitel I.2a. und Kap. III angesprochen.

Kritik gegen eine Stilisierung von Körperlichkeit gerichtet ist, impliziert sie in vielen Fällen doch ebenso Stilisierungstendenzen, die vielleicht weniger sichtbar sind, die allerdings unter der Oberfläche durchaus Stilisierungen darstellen. "For example, "Respect Your Own Beauty" is a narrative of a woman who celebrates her non-cosmetically altered body (Harper's Bazaar 2002, March)" (Brooks 2004: 215) (Hervorhebungen M.K.). Die Person im Mittelpunkt jener Bewegung verneint, was sie selbst in etwas abgeänderter Form betreibt. Ihre Art und Weise ist insofern abgeändert, da sie nicht in der großen Masse der kosmetisch veränderten Perfektionskörpern mitschwimmt, jedoch schwimmt sie in einem Strom, der einen „Gegenkörper" darstellt und ihn dadurch ebenso stilisiert.

Das soll nun nicht heißen, dass jeder einzelne Mensch innerhalb von industrialisierten Gesellschaftsformen seinen Körper übermäßig stilisiert, in welcher Form auch immer. Es gibt sicherlich Menschen, die Abstand von jeglichen Körperstilisierungen nehmen – jedenfalls nahezu. Denn ein völliger Entzug ist kaum möglich, ohne gesellschaftlich sanktioniert zu werden. Der Trend geht jedoch in Richtung Stilisierung und zwar auf einer sehr fortgeschrittenen Ebene, eine Ebene, die in Richtung Perfektion gestaltet werden soll.

In diesem Rahmen werden Phänomene rund um den menschlichen Körper innerhalb von westlich industrialisierten und technologisierten Gesellschaftsformen beschrieben. Dies soll nicht heißen, dass es Körperstilisierungen in anderen Kulturen nicht gibt oder dass es sie in früheren geschichtlichen Epochen nicht gegeben hätte. Hier wird das Augenmerk auf eine breite Tendenz der westlich industrialisierten Kultur unter (spät-)modernen Bedingungen gelenkt. Im folgenden Kapitel werden jene (spät-)modernen Charakteristika genauer erläutert.

IV. Kommunikations- und Informationstechnologien und deren Wirkung auf die moderne Identitäts- und Glaubensbildung unter besonderer Berücksichtigung der modernen Körperlichkeit

Thema dieses Kapitels ist der Einfluss moderner Technik und Technologien[46] auf den Menschen, insbesondere moderne Kommunikations- und Informationstechnologien und deren Wirkung auf das eigene Körperbild und die Gestaltung des Körpers. Auch die Kommunikation zwischen Mensch und Maschine interessiert in diesem Kontext. Jene Phänomene werden nur in Bezug auf die moderne westliche industrialisierte Welt betrachtet. Dies liegt zum einen daran, dass innerhalb dieser Gesellschaften die modernen Technologien vorhanden sind und stets früher in die Identitätsentwicklung von Kindern einbezogen werden. Zum anderen aber besteht deshalb ein anderes, abstrakteres Kommunikationsniveau im Vergleich der westlich-industrialisierten Welt gegenüber anderen, weniger industrialisierten Gesellschaften, weil die Alphabetisierungsrate niedriger ist und daher Kommunikation auf einer abstrakteren und technologisierteren Ebene liegt (vgl. Esposito 1995: 197 f.). „Mit der Evolution der Gesellschaft wird die »Welt« der Kommunikation immer stärker von der konkret wahrnehmbaren Welt abgekoppelt und ihr gegenüber distanziert: Die emergente Realität des sozialen Systems entfernt sich immer mehr von der primären Realität der Wahrnehmung [...]" (Esposito 1995: 197). Unmittelbare Kommunikation ist also nicht mehr direkt nötig, um sich zu verständigen. Kommunikation kann auch mit und mithilfe von technologischen Objekten stattfinden. Kommunikations- und Informationstechnologien sind ein wesentlicher Bestandteil des kommunikativen Lebens eines Großteils moderner westlicher Menschen, die an die Abstraktheit von Kommunikation weitgehend gewöhnt sind und sich daher gewissermaßen leicht in Computerspiele oder ähnliches hineinversetzen können. Virtuelle Realität wird daher stets „realer" im

---

[46] Die Übergänge zwischen den Begriffen ‚Technik' und ‚Technologie' sind fließend. Wenn im Folgenden an einer Stelle von Technik und an der anderen Stelle von Technologie die Rede ist, so handelt es sich hierbei nicht zwingend um begriffliche Unschärfe, sondern um kleine Abstufungen zwischen beiden Begriffen. Denn mit Technik ist vor allem technisches Material gemeint, wohingegen unter den Begriff Technologie auch Anwendungen und technologisches Wissen, aber auch technisches Material fallen; Wird im Folgenden von technischem Fortschritt oder ‚Technik' gesprochen, so muss es sich nicht *ausschließlich* um technisches Material handeln, sondern es kann heißen, dass *vor allem* das technische Material in diesem Zusammenhang von Bedeutung ist, aber *auch* technologische Aspekte von Bedeutung sein können; Der Begriff Technik taucht darüber hinaus auch in einer anderen Hinsicht auf, nämlich dann, wenn von bestimmten Vorgehensweisen die Rede ist, so wie sie in Kap. II unter Punkt 4a anhand von Körpertechniken beschrieben wurden.

Sinne von alltagspraktischer. Der menschliche Körper wird von solchen Kommunikationstechniken auf relativ abstrakter Ebene ebenso beeinflusst wie die gesamte Identität der Menschen. Inwiefern sich reale und fiktive bzw. virtuelle Realität überschneiden und der Mensch zwischen ihnen unterscheiden kann, soll in diesem Rahmen kein Thema sein. Hier geht es um Sinnfindung über den Körper und die Bedeutung von modernen Technologien für diesen Prozess.

Die Erforschung der Ausbreitung alternativer Körpertechniken zur individuellen Sinnfindung und Heilserwartung der Menschen im Alltag (Diesseits) bietet sich durch moderne Kommunikations- und Informationssysteme an, da solche wesentlich zu ihrer Verbreitung beitragen. Anhand von modernen Medien gelangen Wertordnungen zu neuem Bewusstsein. Alte, meist moralisch bestimmte Werte werden von modernen Werten abgelöst, welche individuellerer Art sind, aber dennoch den Charakter von sozialen Tatsachen erfüllen und somit kollektive Wirkungen ausüben. Die Wertevermittlung über Informationstechnologien stiftet einen Kommunikationsmechanismus, der körperzentrierte Handlungen zur Folge hat, indem der Druck zur Hinwendung zum eigenen Körper als Identität konstituierendes Moment suggeriert wird. Moderne Menschen werden permanent mit Kommunikations- und Informationstechnologien konfrontiert, sei es in Gestalt von Werbebotschaften in öffentlichen Verkehrsmitteln, auf öffentlichen Plätzen allgemein, im Fernsehen oder über die Internetnutzung und andere Wege der Kommunikation und der Informationsgewinnung. (Spät-)moderne Wertevermittlung geschieht zu einem großen Teil über moderne Medien, die wiederum meist eine kommerzielle Absicht verfolgen. Schon alleine deshalb wird den Bürgern von den Medien nahegelegt, sich aktiv um das eigene Körperbild zu kümmern, denn Kosmetikkonzerne, Fitnessstudio-Ketten und andere körperzentrierte Einrichtungen stehen zu einem hohen Grad hinter der Informationsgewinnung durch die Medien. Nicht nur kommerzielle Interessen tragen zu einer körperbasierten Wertevermittlung über Kommunikations- und Informationstechnologien bei. Auch bestehen der Bedarf und die Nachfrage nach Körpertechnologien. Jene Hinwendung zur Körperlichkeit hat viele Gründe, nicht zuletzt die in den vorangegangenen Kapiteln aufgeführten Tendenzen der Individualisierung, des Wertwandels, des Anwachsen des allgemeinen Wohlstands, des veränderten Freizeitbildes, etc. An all jenen Prozessen sind Kommunikations- und Informationstechnologien beteiligt, sie fungieren als moderne Wertevermittler. Dies findet auf kulturübergreifender Ebene statt und auf diese Weise bilden sich hybride Netzwerke der Kommunikation, in deren Zentrum vielfach der Körper steht.

Neue Kommunikations- und Informationsnetzwerke tragen zur Verbreitung derartiger neuer Wertvorstellungen bei und liefern gleichzeitig die nötigen Voraussetzungen zur Gestaltung einer neuen Körperlichkeit (durch Informationen, soziale Kontakte, Diskussionsforen, etc.). Um jene Arten der modernen

Gestaltbarkeit und Diskursivierung des Körpers soll es in den folgenden Unterkapiteln nun gehen.

1. Der Körper im Licht technologischen Fortschritts

In der Moderne findet eine Angleichung von Körperidealen statt. Bestanden früher große Unterschiede darüber, was als schön galt und was nicht, so herrscht heutzutage weitgehend Einigung darüber. Sowohl zwischen den Kulturen als auch innerhalb der Kulturen gab es große Variationen in Bezug auf Körperlichkeit. Bestimmte ethnische Gruppen in Afrika beispielsweise empfinden Fülligkeit als Schönheitsideal. Chinesische Frauen sollten möglichst kleine Füße haben (vgl. Posch 1999: 35). Die ursprüngliche Bedeutung kleiner Füße als Statussymbol für die Oberschicht (da sich jene Frauen nicht behände bewegen können, müssen sie bedient werden, was als Zeichen für ihren Status gilt) verschiebt sich in Richtung eines Schönheitsmerkmals, das ebenso mit einem hohen Status gleichgesetzt wird. Derartige kulturelle Unterschiede lösen sich langsam auf – sie verschwinden nicht völlig, aber ihre Signifikanz verliert sich auf globaler Ebene. Natürlich gibt es noch immer eine Fülle an kulturspezifischen Symbolen, die für die Mitglieder einer Gesellschaft von Bedeutung sind. In globaler Hinsicht jedoch verlieren diese Eigenheiten an Relevanz und es findet eine breite Angleichung von einigen Werten statt. Durch globalisierte Informations- und Kommunikationsnetze besteht die Möglichkeit, am kulturellen Leben anderer Länder Anteil zu nehmen und dieses zu beeinflussen. Je moderner eine Gesellschaft also ist, desto mehr Angleichung an globale Maßstäbe findet statt. In Bezug auf Körperbilder heißt dies, dass Ideale homogenisiert werden. Heterogenität in punkto Schönheit wird daher von relativer Homogenität abgelöst. Globale Kommunikation und die Möglichkeit der Informationsübertragung auf kulturübergreifender Ebene hat zur Folge, dass die Schönheitsideale der verschiedenen Kulturen jeweils von Menschen anderer Kulturen erfahren werden können. Die Mode der westlich industrialisierten Welt zeigt sich immer wieder deutlich orientiert beispielsweise am indischen Kleidungsstil, an der Farbenvielfalt afrikanischer Kulturen, etc. So werden die Eigenheiten von Kulturen zwar einerseits gefördert, aber dennoch findet langsam eine Angleichung statt, da viele fremdländische Elemente übernommen werden, die in die eigene Kultur übergehen. Durch die Möglichkeit der Teilhabe an verschiedenen Kulturen nähern sich vor allem in Bezug auf Schönheitsideale jene Kulturen aneinander an.

Nicht nur in Bezug auf Schönheit spielt moderne Technologie eine große Rolle. Auch in Bezug auf virtuelle Schauplätze zeigen sich Veränderungen. Die modernen Menschen sind so eng mit der Technik verwoben, dass sie sich nicht nur die moderne (vor allem Medizin-)Technik zu Nutze machen, um ein besseres Körperbild zu erreichen, sondern sie spielen und kommunizieren auch in zahlreichen Variationen in Netzwerken, indem sie ihren Körper einsetzen. „Sie wollen keine Beobachter der künstlichen Welten mehr sein, sondern mit ihrem Körper in diese eintreten, den Bildschirm und die vertraute Illusion durchschreiten: sie wollen da sein, das Bild, das Virtuelle bewohnen“ (Rötzer 1998: 152).

Technologischer Fortschritt beinhaltet daher eine Fülle an Veränderungen. Im Zusammenhang mit dem Körper wird eine Reihe an Diskursen ausgelöst, die in den folgenden Unterpunkten und den darauf folgenden Punkten diskutiert werden sollen.

1.1. Körperdiskurse in einer technologisierten Gesellschaft

Diskurse über den Körper hat es schon immer gegeben. Was macht nun den Körperdiskurs in der Spätmoderne so neuartig und brisant? Wie bereits im III. Kapitel deutlich wurde, besteht einerseits durch einen hohen Grad an Wohlstand (weitgehende Deckung der Grundbedürfnisse bei einem hohen Anteil der Gesellschaftsmitglieder, Befreiung eines Großteils der Menschen von schwerer körperlicher Arbeit, etc.) und andererseits durch ein erhöhtes Maß an Freizeit die Möglichkeit zur Selbstentfaltung und somit die Möglichkeit, sich mit seinem Körper aktiv auseinander zusetzen.

Diskurse gibt es auf körperorientierter Ebene nicht nur im Hinblick auf Ästhetik, also die äußerliche Gestaltung des Körpers, und Identität, sondern vor allem auch im Zusammenhang mit Ernährung und Gesundheit. Es zeichnen sich in der (Spät-)Moderne also drei Diskursebenen rund um den menschlichen Körper ab: Erstens in Bezug auf die äußerliche Präsentation der Identität (der jeweilige Habitus wird primär über die Darstellung des Körpers vermittelt), zweitens besteht ein großer Diskurs über Ernährung (allein die Diskurse um die richtige Vitaminzufuhr zeigt, dass es hierbei um den Körper geht, und erst in zweiter Linie um die Seele bzw. das geistige Wohlergehen, da dies über den Körper erreicht werden kann). Drittens weist die Moderne einen Diskurs auf, der sich um Gesundheit dreht. In diesen Bereich fallen Fitness, Sport, sowie weitere komplexe Bereiche der Medizintechnologie[47], beispielsweise Organtransplantation. War die Schöpfung früher in Gottes Hand, so liegt sie zum Teil heute in

[47] Hier kann man in Anlehnung an Hauser-Schäublin et al. (2001: 254 ff.) wiederum drei Diskurse unterscheiden, den „traditionell-kulturellen Diskurs“, der sich mit Verwandtschaftsbeziehungen befasst und der durch die Möglichkeiten der künstlichen Befruchtung und anderen modernen Entwicklungen der Genetik und der Medizintechnologie eine neue Brisanz erfährt, der „Machbarkeitsdiskurs“, innerhalb dessen die neuen Möglichkeiten der Medizintechnologie diskutiert werden, und letztlich der „Diskurs der sozialen Verträglichkeit“; dieser beinhaltet ethische Debatten um die vorangegangenen beiden Diskurse, die in Parlamentssitzungen thematisiert werden; jene drei „Unterdiskurse“ werden in diesem Kontext unter dem Diskurs „Gesundheit“ zusammengefasst.

menschlicher Hand. Denn Leben kann durch Transplantation von Organen quasi „neu" geschaffen werden, auch kann in die Gesundheit durch moderne Operationen und ebenso Medikationen zielsicherer und erfolgreicher eingegriffen werden. Organtransplantation ist zwar möglich, aber nicht jedem. Auch hier ist es ein gewisses exklusives Maß, das nur bestimmten Personen zugänglich ist. Das Ausmaß an Perfektion und „Schöpfung" hängt von Umständen ab, die differenzierter Natur sind: So hängt es beispielsweise vom Dringlichkeitsgrad, der Wartezeit und Versicherungsart des Patienten ab, wie schnell er ein Spenderorgan bekommt. Schönheitsoperationen sind abhängig von der Finanzkraft des Menschen. Es entstehen also nicht nur neue Körperbilder, sondern tatsächlich „neue Körper" und Diskurse über sie und die Umstände, in die der Körper eingeflochten ist. Leben kann auch durch die Methode der künstlichen Befruchtung geschaffen werden, wo früher kein Leben möglich gewesen wäre.

Körperdiskurse sind vor allem deshalb so brisant geworden, weil vermehrte *Möglichkeiten* innerhalb moderner Gesellschaften bestehen. Das heißt, der Mensch kann unter vielen Möglichkeiten wählen, seinen Körper individuell zu gestalten und einzusetzen. Daher rückt der Körper in ein Licht, das diskursiv durchsetzt ist. Der Diskurs verstärkt sich also, weil sich auch die Möglichkeiten rund um den Körper erweitern.

Ein weiterer Grund für einen erhöhten Körperdiskurs besteht jedoch auch in den *Folgen*, die vermehrte Möglichkeiten mit sich bringen. Ein deutliches Beispiel liefert die Nahrungsmittelindustrie. Die Ernährung erhält in der Spätmoderne eine veränderte Qualität: sie dient nicht nur in erster Linie der Gesundheit, sondern vorrangig dem Genuss. Nahrungsmittel sind in einem breiten Angebot und in zahlreichen Variationen vorhanden. Aus den schlaraffenlandartigen Verhältnissen ergeben sich Probleme wie Verfettung, Übergewicht, Genusssucht und daraus teilweise folgend physische und psychische Probleme. Der Körper rückt aus diesen Gründen ebenso in ein verstärktes Blickfeld, als ein Ort der Auseinandersetzung bzw. der Diskursbildung.

Aufgrund des technologischen Fortschritts entsteht also ein Körperbild, das idealisiert und gleichzeitig problematisiert wird. Denn auf der einen Seite bestehen zahlreiche Möglichkeiten, den Körper wunschgemäß zu gestalten, auf der anderen Seite jedoch entstehen durch jene überschießenden Möglichkeiten Körperprobleme. Probleme ergeben sich aus der permanenten Aufforderung, sich mit seinem Körper und den Möglichkeiten zur Körpergestaltung auseinander zusetzen und ihn in Richtung Perfektion zu trimmen. Diese Aufforderung besteht über die Normen und Werte der Gesellschaft, die dem Trend zu einem Körperkult folgen, und durch das Individuum selbst. Diskurse um den Körper sind aus diesem Grund so brisant.

Dies bedeutet aber nun, dass den angesprochenen drei Diskursebenen rund um den modernen menschlichen Körper eine weitere hinzugefügt werden muss.

Denn zum Körperdiskurs gehört ebenso der Mediendiskurs. Diskurse um den Körper schließen in modernen Zeiten die Medien automatisch mit ein. Geht es um Veränderungen des Körpers, so steht die Diskursivierung von Körper*bildern* zuerst im Vordergrund. „Körper- und Mediendiskurse hängen aufs engste zusammen und interpretieren sich gegenseitig; mit dem Eintreten eines neuen Mediums in die Mediengeschichte ist jeweils auch Rang und Rolle des Körpers verändert worden“ (Schneider 2000: 15). Man denke beispielsweise nur an den Übergang vom Stummfilm zum modernen Film. Der Körper muss ganz anders eingesetzt und betont werden, wenn das Medium der akustischen Kommunikation nicht zur Verfügung steht. Die Entwicklungen der Computertechnologie haben ebenso zu Körperdiskursen geführt, wird schließlich durch den Computer Kommunikation auf abstrakter Ebene möglich, woraus sich auch Veränderungen für den Körper und den Umgang mit diesem ergeben. Dies ist nur eine Seite des menschlichen Körpers, die durch die Fortschritte der Computerindustrie beeinflusst wurde. Derer gibt es viele weitere, wie auch das Auftreten als Cyberbody oder die Schaffung von Cyborgs, nur um zwei Beispiele zu nennen. Um solche soll es in den folgenden Kapiteln gehen.

1.2. Technologisch veränderte Körper bzw. die Schaffung von „Cyberbodies“ und „Cyborgs“[48]

Wie bereits in den vorangegangenen Kapiteln diskutiert wurde, ändert sich die Körpergestaltung und –betonung in der Moderne dramatisch. Vor allem der technologische Fortschritt trägt dazu bei, den Körper im Licht einer generellen Machbarkeit zu sehen. Auf diese Weise verschieben sich Körperideale in eine Richtung, die zunehmend von Perfektion und Utopie geprägt ist. „Die Körperherstellung wird so serialisiert, und vermittelt durch globalisierte Körperbilder, werden die möglichen Körper standardisiert und normiert. Die Folge ist u.a., daß die mit Hilfe des Computers nachgebesserten Bilder von Models als „wahre“ Körper gelten und daß dagegen der naturgegebene Körper als minderwertiger, „falscher“ Körper gilt, der nachgebessert werden muß“ (Caysa 2003: 6). Der Begriff der Utopie erfährt im modernen Denken eine neue Bedeutung: Wurde in vormodernen Zeiten von einer Utopie oft als einem Zustand oder Ort der Unerreichbarkeit und Wirklichkeitsfremde gesprochen, so findet sie „ab dem 19. Jahrhundert ihre zeitliche Bestimmung, mit der die Utopie – nun als die Zukunft

[48] Aus Platzgründen soll hier nicht auf die Bestimmung und Abgrenzung von und zwischen Cyborgs, AI (Artificial Intelligence) oder 'Cog' robots (Roboter, die mit kognitiven Fähigkeiten ausgestattet sind und daher quasi mit dem Menschen interagieren können; sie haben die körperliche Gestalt des Menschen und sollen sogar Lernfähigkeiten aufweisen können) eingegangen werden. Einen Überblick über jene Formen künstlicher Intelligenz und die Ähnlichkeiten zum menschlichen Körper, besonders in Bezug auf die menschliche Haut, bietet Castañeda (2001).

der Gegenwart – in die eigene Welt hineingeholt wird“ (Hasselmann et al. 2004: 15). Ob eine Utopie nun tatsächlich erreicht werden kann, steht nun nicht mehr eindeutig außer Frage. Fest steht, dass damit ein ideales Wunschdenken verknüpft ist, auch wenn argumentiert wird, dass auch nicht Wünschenswertes mit dem Begriff utopisch umschrieben werden kann, beispielsweise „nicht nur phantastische, sondern auch gefährliche politische Vorhaben“ (Hasselmann et al. 2004: 16). Eine Debatte um Utopien soll an dieser Stelle abgebrochen werden. Für die Zwecke dieser Arbeit soll genügen, dass utopische Erwartungen an den eigenen Körper gestellt werden, womit in der Regel ein Wunschdenken der Perfektion gemeint ist. Wirklichkeitsfremd sind Utopien in diesem Falle nicht zwingendermaßen, da die technologischen Entwicklungen Dinge versprechen, die einst dem Bereich der Unerreichbarkeit angehörten.

Ein „Cyberbody“ (Coupland/ Gwyn 2003: 249) entsteht, wenn der Mensch in ein Computernetz eintaucht und einen Körper annimmt, den er selbst definieren kann. Er nimmt sozusagen eine Maske an, die er je nach Gebrauch annehmen, wieder abnehmen oder durch eine oder mehrere andere vertauschen kann.

Es wird oft argumentiert, dass der moderne Akteur im Internet „entkörperlicht“ wird, vor allem, wenn er sich in Kommunikationsnetzen bewegt. “One of the ways in which the Internet, in particular, has the power to affect us is through changing the presence of our bodies to communication. Many writers claim that we actually become disembodied in cyberspace” (Froy 2003: 139). Die Nutzung des Internets als Partnerbörse beispielsweise wird von vielen Menschen als angenehm empfunden, da der Körper zunächst nicht im Mittelpunkt der Aufmerksamkeit steht. Dies bedeutet jedoch nicht, dass der Nutzer entkörperlicht wird. Der körperlich anonyme Nutzer von Kommunikationsforen im Internet hat mehr Macht über seine körperliche Präsenz. Denn er kann sich und sein körperliches Erscheinungsbild beschreiben wie er selbst möchte. Das Internet ist also kein entkörperlichtes elektronisches Vakuum, das allein der Kommunikation und Information dient, sondern es kann als ein Spielfeld bezeichnet werden, das viele körperliche Rollen erlaubt.

„Cyborgs“ beschreiben Mischwesen zwischen Mensch und Maschine bzw. technologisch manipulierte Körper. Von solchen Wesen soll im ersten Teil der folgenden Unterkapitel die Rede sein, gefolgt von einer Diskussion um Cyberbodies im zweiten Unterkapitel. Das dritte Unterkapitel beschäftigt sich mit der Debatte um reale oder virtuelle Veränderungen des menschlichen Körpers, nachdem sich dem Leser durch die vorausgegangenen Kapitel wahrscheinlich die Frage aufdrängt, ob jene technologischen Eingriffe, verbunden mit Begriffen wie „Cyberbodies“ und „Cyborgs“, nun tatsächlich real sind oder ob es sich hierbei um Zukunftsvisionen handelt. Im vierten Subkapitel soll die inzwischen schon alltagspraktisch gelebte kosmetische Industrie nicht unter das Messer, aber unter die Lupe genommen werden.

1.2.1. Mensch oder Cyborg? Post- bzw. transhumane hybride Körper

Die moderne (vor allem Bio-)Technologie vermag stärker in den menschlichen Körper einzugreifen als je zuvor. Moderne Technologie und der menschliche Körper geraten nicht nur in Wechselwirkung, indem die (beispielsweise Medizin-)Technik den natürlichen Körper verändert. Auch sozusagen im „Vorfeld" spielt moderne Technologie eine Rolle, wenn es um Veränderungen des Genmaterials geht (vgl. Hasselmann et al. 2004: 12). Wird der Mensch noch menschlich sein, wenn er erst „gentechnisch umprogrammiert oder durch die Hardware des Computers ersetzt werden kann" (Hasselmann et al. 2004: 12)? Der Mensch in Form eines Cyborgs wird in diesen Fällen ebenso wenig entkörperlicht oder gar „posthuman" wie der im vorangegangenen Kapitel beschriebene Cyberbody, der sich im Internet bewegt. Denn das Eingreifen der Technologie in den Körper hat nicht zum Ziel, den Menschen zu ersetzen oder einen neuen Menschen, sozusagen vom Fließband, zu erschaffen, sondern man möchte den Menschen *perfektionieren*. „Der trainierte, der operierte und sicher auch der transgene Körper würde seinen Reiz verlieren, wenn sich nicht jeder in ihm wiedererkennen könnte" (Hasselmann et al. 2004: 13). Individualität ist also eine wichtige Komponente, auch wenn die Macht besteht, selbst Schöpfer bzw. Manipulator zu sein. Oblag die Schöpfung des Menschen früher den Händen von Gott (oder eines Gottes), so kann der Mensch heute selbst in den Prozess der Schöpfung eingreifen. Doch auch in gegenteiliger Hinsicht tritt der Mensch an Gottes allmächtige Stellung. Denn auch in Bezug auf den Tod vermag der moderne Mensch radikaler einzugreifen als je zuvor. „Der Mensch erhebt sich selbst zum „Prothesengott" und ist mit dem Instrumentarium der modernen Technologie in der Lage, die menschliche Gattung auszurotten" (Seifert 2004: 103). Jene Allmacht über die gesamte Menschheit war lange Zeit den übernatürlichen Mächten eines Gottes vorbehalten. Heutzutage besteht die Möglichkeit, diese Allmacht in menschliche Hände zu legen. Auch in der Literaturgeschichte finden sich zahlreiche Auseinandersetzungen mit dem Thema des Übermenschen[49] oder Mensch-Maschine-Mischwesen, so beispielsweise auch in dem Werk „Frankenstein" von Mary Shelley. Frankenstein ist ein in einem Experiment geschaffenes Wesen mit übernatürlichen Kräften. Der kurze Blick auf literarische Werke, die sich mit Mensch-Maschine-Schöpfungen oder Übermenschen beschäftigen, soll zeigen, dass bereits seit längerem ein Augenmerk auf

[49] Der Begriff des Übermenschen geht auf Nietzsche zurück, wobei Nietzsche jedoch den modernen Menschen von seinem Übermenschen absetzt, denn für Nietzsche sind Übermenschen eher mit Helden aus der früheren Geschichte gleichzusetzen (vgl. Seifert 2004: 76 ff.). Inhaltlich grenzt sich die Verwendung des Begriffes Übermensch hier also von Nietzsches ursprünglicher Verwendungsweise ab, da innerhalb dieses Rahmens durchaus der moderne Mensch gemeint ist, der ein hohes Maß an Macht innehat und somit zu einer Art Über-Mensch wird.

dieses Thema besteht. Wirklich modern ist erst die Tatsache, dass solche Metamorphosen auch in der Realität stattfinden können oder zumindest könnten und sich daher diese Debatte noch verstärkt hat. Die Auseinandersetzung mit Mensch-Maschine-Schöpfungen findet in der Welt der Literatur seit ein paar Jahren wieder verstärkte Aufmerksamkeit durch den Trend zum literarischen Comic. In Comics (wie auch in der Filmindustrie – man denke nur an die Cyborgs, Androiden, Droiden und Maschinen mit menschlichen Eigenschaften in Filmen wie „Star Trek", „Terminator" oder „Robocop") existieren jene Wesen zwar schon seit längerer Zeit, neu ist jene Beschäftigung mit Cyborgs innerhalb der literarischen Comics. Die Grenzen zwischen beiden Comic-Arten sind fließend, es soll in diesem Rahmen kein Wert auf Definitionen von Comics gelegt werden. Interessant ist der Aspekt, dass vor allem literarische Comics einen Aufschwung bei Lesern erleben und dass somit schon bei Kindern der Glaube erzeugt wird, Mensch-Maschine-Wesen seien real. Denkende Maschinen mit Emotionen und Menschen mit hohen Anteilen an Technik bilden den Grundstein vieler (literarischer) Comics. Sie werden zu Alltagsphänomenen. Teilweise spiegeln sie die Realität wider, da viele Elemente der Cyborgs tatsächlich machbar geworden sind, teilweise sind sie aber auch unrealistisch. In (literarischen) Comics werden solche Kreaturen meist mit übernatürlichen Kräften versehen und zeichnen sich durch ein hohes Maß an Vollkommenheit und Unfehlbarkeit aus. Androiden oder Droiden sind ebenso Wesen, die häufig in (literarischen) Comics oder in der Filmindustrie verwendet werden. Sie sind Maschinen, die aber oft menschliche Züge tragen, das heißt, sie sehen oft wie Menschen aus (die sogenannten Androiden) und/ oder besitzen einen eigenes Denkvermögen und menschliche Emotionen. In jedem Falle aber bewegen sie sich eigenständig und reagieren selbständig auf ihre Umwelt, auch wenn sie von Menschen gelenkt und beeinflusst werden können.

Abbildung IV - 1:
Ein Androide aus der „Star Trek" Filmreihe

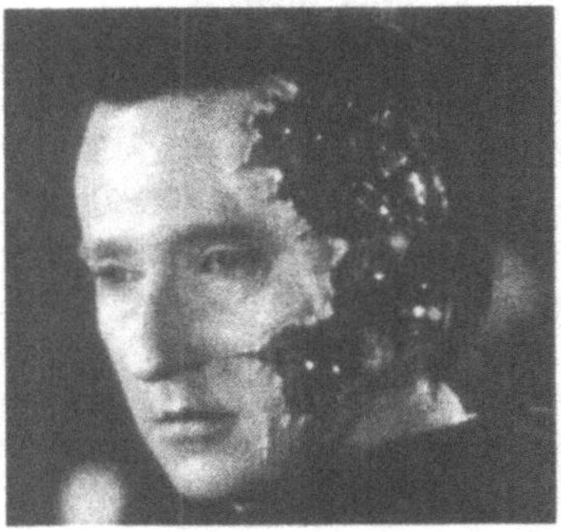

Quelle: http://www.astrosurf.org/lombry/Documents/star-trek-data-androide.jpg

Der Mensch wird also immer mehr zu einem Wesen mit mächtigen Entscheidungsfunktionen und er kann sich die Technik so sehr zu Nutzen machen, dass er mit ihr zu einem gewissen Grad verschmelzen kann. Inwiefern ist der Mensch dann noch human? Zu welchem Grad ist er noch Mensch oder bereits Maschine? Für eine Unterscheidung zwischen den Begriffen „posthuman" und „transhuman" sprechen einige Argumente (vgl. Krüger 2004: 133 ff.). Denn Posthumanisten sehen in der Zukunft das Ende des menschlichen Individuums in dem Sinne, dass der Mensch zunehmend mehr zu einem Mischwesen aus Technik und Natur wird und zukünftig zumindest virtuell unsterblich sein wird. Es gibt zahlreiche Ausformungen und Variationen dieser Denkweise, die hier nicht dargestellt werden sollen. Transhumanisten befassen sich mit den Möglichkeiten der Technologie, also damit, wie der Mensch die Technik für sich optimal nutzbar machen kann. „Wenn auch die Grenzen fließend sind, könnte man pointiert sagen: der Posthumanismus formuliert das Ziel und der Transhumanismus den Weg" (Krüger 2004: 135). In diesem Kontext ist daher der Transhumanismus von größerer Bedeutung, da der Tod des menschlichen Individuums und die Unsterblichkeit des virtuellen Maschinen-Menschen zumindest noch nicht erreicht sind. Es geht also um die „Fragen der Lebensverlängerung und der mentalen Leistungssteigerung wie den *smart drugs*, lebensverlängernden Diäten, Fortschritten der Prothesentechnik oder gar den Aussichten der Kryonik [...]" (Krüger 2004: 134/135). Solche Fragen stehen für Transhumanisten im Vordergrund. Hier stehen sie in so fern im Vordergrund, da zwar nicht nur der lebensverlängernde Aspekt im Zentrum der Aufmerksamkeit steht, sondern der ästhetische Vorteil einer solchen Technologisierung des Körpers. Dieser ästhetische Aspekt wiederum soll nicht direkt Unsterblichkeit schaffen, sondern den Eindruck der Unsterblichkeit bzw. vielmehr der ewigen Jugend erwecken. Und damit indirekt Unsterblichkeit schaffen, da das Individuum eher „Geschichte machen" möchte anstatt tatsächlich unsterblich zu sein. Dies kann nur unter dem Licht festgestellt werden, dass reale bzw. virtuelle Unsterblichkeit noch nicht direkt möglich ist, aber in der Zukunft möglich zu sein scheint. Doch nun zurück zu den Cyborgs.

'Cyborg' is a hybrid term, half cybernetic, half organistic, that was made to define the prosthetic character of our post-human, post-modern, end-of-the-century existence: half a physiological body, half a high-tech robotic one" (Latour 2002: 127). Latour meint mit diesem hybriden Cyborg einen Menschen, der sich in politisch-rationalistischer Art der Menschwerdung ("incarnation") bedient, die von technologischen Einflüssen geprägt ist. Diejenigen, die sich von der Technologie zu emanzipieren versuchen und die Freiheit der Seele propagieren, verkennen die Wichtigkeit des menschlichen Körpers. Das Gegenteil von Körper ist also nicht Seele oder Emanzipation und ganz besonders nicht ewiges Leben, sondern das Gegenteil von Körper ist Tod (vgl. Latour 2002: 141). Diese Ansicht ist eine sehr extreme, denn sie fokussiert einen durch und durch technologisierten Körper als die Ausgangsbasis des Lebens schlechthin.

Weniger extrem soll folgende Feststellung sein, die sich von dem Verhältnis zwischen Körper und Seele als unabhängig gestaltet: Der menschliche Körper wird mit zunehmender Technologisierung der Welt immer mehr zu einer Art Maschine, da er wie Maschinen auch repariert und mit Ersatzteilen versehen werden kann, zumindest in stets mehr Fällen im Vergleich zu früher. Nicht immer. Aber die moderne Technologie macht Dinge möglich, die lange Zeit als unmöglich galten. Dass dem menschlichen Körper beispielsweise Metallteile „eingebaut" werden können, die Knochen zusammenhalten oder sogar ersetzen, oder Herzschrittmacher, die große Aufgaben und Funktionen erfüllen, machen den Menschen zu einem Mischwesen, ja sogar zu einem Sieger über die Natur. Jener Sieg kann nicht immer und nicht immer vorhersagbar erreicht werden. Siege treten aber in modernen Zeiten stets häufiger und ausgeprägter auf. Ob dies nun eine Überwindung der Seele ist oder im Einklang mit dieser geschieht, ist in diesem Rahmen nicht von Bedeutung. Es soll genügen, dass die Seele insofern eine große Rolle spielt, als dass der Mensch an die moderne Technologie glaubt wie an eine Art Gott. Ob nun der Körper oder die Seele für den Menschen wichtiger ist, ist eine traditionelle philosophische Debatte, die hier jedoch ausgeklammert werden soll. Für diesen Kontext ist die Seele mit dem Körper im Einklang, sozusagen auf gleichberechtigter Ebene, da der Mensch mit seinem Geist oder seiner Seele an seinen Körper (im Sinne einer „Erfolgsgarantie", wenn der eigene Körper nur perfekt genug ist) auf der einen Seite und an die Machbarkeit dessen durch moderne Technologie auf der anderen Seite glaubt.

Doch nicht nur der Mensch wird zum Mischwesen, indem ihm technologische Objekte zugefügt werden, sondern auch Maschinen sollen Subjekte werden. Computer können zwar noch immer nicht eigenständig denken, aber die moderne Technologie macht dermaßen große Fortschritte, so dass damit gerechnet werden kann, dass Maschinen ebenso zu Mischwesen werden, die menschliche Eigenschaften eingepflanzt bekommen. Assoziiert werden menschliche Eigenschaften bereits in relativ breitem Ausmaß. Tamagotchis beispielsweise sind kleine Computer in Form von Kuscheltieren. Sie zeigen ihre Bedürfnisse wie Hunger oder Ärger und wenn sich der Mensch nicht um sein Tamagotchi kümmert, geht es kaputt bzw. es stirbt. Es ist programmiert, hat also keine eigenständigen menschlichen Gefühle, aber es tritt als ein Lebewesen mit „echten" Gefühlen und Bedürfnissen auf und wird als solches behandelt. Es ist also ein Hybrid zwischen Mensch und Maschine und erfreut sich großer Beliebtheit, besonders bei Kindern und deren Eltern, die das technische Haustier aus dem Grund den Kindern schenken, um ihnen beizubringen, dass ihre Kinder zwar Verantwortungsbewusstsein für die Pflege eines Lebewesens entwickeln sollen, aber kein echtes Haustier bekommen können. So werden also Menschen zu Cyborgs und Maschinen ebenfalls. Doch jenen Zustand wie gesagt als „posthuman“ zu bezeichnen, geht ein wenig zu weit. Denn genauso wie dem Menschen die Technik „aufgedrängt“ wird, wird versucht, Maschinen humaner zu gestalten. Computer sollen nicht nur nützlich sein, sondern auch ästhetische Erwartungen erfüllen. Es herrschen also nicht nur reine Funktionalität und Rationalität zwischen Mensch und Technik. Menschliche Gefühle spielen durchaus eine wichtige Rolle, genaugenommen wird es sogar eher als „human“ angesehen, den Menschen von seinen Altersfalten zu „befreien“ anstatt dies als technische Grausamkeit zu werten.

Den Menschen als Mischwesen zwischen Mensch und Maschine anzusehen, hat nicht nur den Vorteil, die Natur quasi zu überlisten und den Menschen ein Stück unsterblicher zu machen. Sondern der hybride Charakter moderner Menschen soll auch Ungleichheiten schwächen. “By cyborging ourselves, we hope to erase the hard lines between life and death, between male and female, between science and fiction; we hope to erase the line between origins and ends, between animals and machines, between fiction and reality. Above all, cyborgs are indifferent to the lines between class, race, gender, and in this sense, launch our hopes and anxieties into the next millennium” (O’Neill 2004: 81/82). Grenzüberschreitungen passieren also nicht nur auf direkter und körperbasierter Ebene, sondern auch auf indirekter ebenso körperbasierter, jedoch auf einer Art Meta-Körper-Ebene. Der Mensch strebt also nicht nur danach, seinen Körper den Standards der Körperideale anzugleichen, indem er sich *individuell* den Schönheitsidealen annähert, er versucht damit auch *generelle* Unterschiede zwischen Menschen zu schwächen. Unterschiede auf individueller Linie wären beispielsweise verschiedene Frisuren oder andere Körperpraktiken, die vereinheitlicht werden. Generelle Unterschiede wie beispielsweise männlich oder weiblich lassen sich nicht so einfach standardisieren und vermischen. Durch Cyborgs jedoch wird dies teilweise möglich. Geschlechtsumwandlungen anhand moderner Medizintechnologie sind nur ein kleines Beispiel für eine solche Grenzverschiebung. Könnte man Menschen wie Maschinen erschaffen, gäbe es kaum mehr rassistische Unterschiede[50], sondern nur noch „Markenunterschiede“, die vielleicht nicht weniger extrem sein könnten, die aber leichter zu beheben sind. Der Mensch greift also nicht nur ein in den Prozess der Annäherung an Schönheitsideale, sondern auch in „größere“ Kategorien, die

[50] Auch das dualistische gender-Modell westlicher Industriegesellschaften müsste neu definiert bzw. aufgehoben werden, denn der Mensch als Cyborg wäre prinzipiell ohne eindeutiges Geschlecht (“The cyborg is a creature in a post-gender world; it has no truck with bisexuality, pre-oedipal symbiosis, unalientated labour, or other seductions to organic wholeness through a final appropriation of all the powers of the parts into a higher unity“ (Haraway 1991: 150)); dennoch ist der Einwand berechtigt, dass der ideale Cyborg wohl eher durch einen Mann als durch eine Frau repräsentiert wird, durchaus berechtigt (vgl. Peppers 1997: 164).

jenseits von Schönheitsoperationen liegen. Der Schritt geht sogar weiter bis hin zur Schwächung bisher scheinbar „natürlicher“ Unterschiede oder Grenzen. Solche Veränderungen scheinen nun doch in Richtung „Posthumanismus“ zu gehen. Individualität würde bei rassenlosen und geschlechtslosen Menschen zweifellos bis zu einem fraglichen Grad verloren gehen. Doch Individualität wird aller Voraussicht nach immer bleiben, auch wenn Klone und andere Cyborgs die Zukunft der Menschheit bedeuten würden. Der Übergang zwischen Perfektionierung und Standardisierung bis hin zur Gesichts- bzw. Körperlosigkeit ist also fließend. Noch leben wir allerdings in einer Welt, in der Individualität, Exklusivität und Perfektion mit persönlicher Note von großer Bedeutung sind.

Ein weiteres Beispiel für eine Art „Verschmelzung“ zwischen Mensch und Technologie ist die sogenannte “RealVideo Surgery“. Dies ist ein Projekt der AHN (America’s Health Network), das es erlaubt, dass Operationen über das Internet mitzuverfolgen sind. Eine Computer-Software (“RealVideo“) sorgt dafür, dass sich das Event ohne lange Ladezeiten miterleben lässt. Solche Technologien dienen einerseits Werbezwecken und sollen andererseits zu Bildung und Weiterbildung führen. “Through a combination of computer and networking media, and contemporary biomedicine, RealVideo Surgery is an instance where the anatomical-medical body is productively articulated as a complex visceral-digital hybrid, enframed by medical discourse and practice“ (Thacker 2000: 333). Der moderne Mensch als Mischwesen zwischen digitaler Maschine und biologischem Wesen befindet sich in permanenter Wechselwirkung mit Kommunikations- und Informationstechnologien.

Der moderne Mensch setzt sich also quasi automatisch mit seiner technologisierten Umwelt auseinander. Ob er nun mehr Möglichkeiten als früher hat, sich der Technik zu bedienen, im Sinne von Haustieren, die eigentlich Roboter sind, oder im Sinne eines neuen künstlichen Hüftgelenks oder einem Augen-Lifting. Doch moderne Technologie wirkt nicht nur in diesem direkten Wege auf den Menschen ein, sondern produziert auch Bilder, Sehnsüchte und Bedürfnisse.

1.2.2. Körper in technologischen Masken

Der eigene Körper vermag innerhalb von Kommunikationsnetzwerken eine Rolle zu spielen, die nicht der realen Körperrolle des Alltags entspricht. Nachbesserungen finden also nicht nur in Form von Schönheitsoperationen, computerveränderten Bildern oder in anderer Form (derer es unzählige gibt) statt, sondern auch auf einer „spielerischen“ Ebene. Tritt ein Akteur in ein sogenanntes CCT (Computerised Communication Technologies) ein, so obliegt es ihm selbst, seine Gestalt zu bestimmen, der Mensch tritt also als ein artifizieller, als ein „Cyberbody“ auf (vgl. Coupland/ Gwyn 2003: 246 ff.). Innerhalb von Foren oder Chat-Gruppen legt sich der Besucher einen Wunschkörper an, den er nach Beenden der „Session" wieder ablegen kann. Nutzer von MUDs (Multi User Dungeons bzw. Multi User Domains) treten mit der Absicht in das Netzwerk ein, ein Rollenspiel zu spielen. Es handelt sich hierbei um Online-Spielgemeinschaften, in denen Spieler gemeinsam oder alleine entweder kämpfen, Rätsel lösen oder virtuelle Welten aufbauen. Solche Spielerplattformen werden auch für den Austausch an Informationen und zur Kommunikation genutzt (vgl. Fritz 2003: 11). Des Weiteren bestehen sogenannte MMORPGs (Massively Mutiplayer Oriented Role Playing Games), die gegen eine Nutzungsgebühr zum dauerhaften Spielen einladen. Das Spiel EVER QUEST hat ca. 460.000 Spieler weltweit und zählt damit zu den Spitzenreitern unter den MMORPGs (vgl. Ibrahim 2003). Spiele, die eher temporären Charakter haben, werden meist kostenfrei angeboten. Auch MOOs (Multi User Dungeon Object Oriented) bieten jene Möglichkeiten, jedoch liegt das Nutzungsinteresse solcher Umgebungen eher im kommunikativen Austausch anstatt im Rollenspiel (vgl. Funken 2002: 266). In beiden Netzwerken besteht die Möglichkeit, raumübergreifend (zeitübergreifend finden jene Situationen meist nicht statt, da sie auf Echtzeit-Kommunikation ausgelegt sind; in anderen Foren oder Chat-Groups hingegen wird durchaus auch zeitübergreifend kommuniziert) miteinander zu kommunizieren und sich eine Rolle anzulegen. Oft geschieht dies in einem Wunschkörper. So treten Menschen einmal als weibliche Akteure in einer jungen Alterskategorie auf, ein anderes mal hingegen wird die männliche oder auch homosexuelle Rolle der älteren Lebenskategorie bevorzugt. Je nach Situation variiert also die Körperpräsentation. Nicht nur solche „grobe" Körperdefinitionen werden getätigt, sondern auch Feinheiten werden definiert. So finden sich oft Beschreibungen des Aussehens in Internetplattformen. Jedem ist es möglich, als besonders schön zu gelten, es ist nur eine Frage der geschickten sprachlichen Ausdrucksweise. Diese unterscheidet sich vom Schreibstil traditioneller Briefe insofern, dass „diese traditionellen textlichen Selbsttechnologien vor allem als selbstbezügliche Konstruktionsmethodiken zu bezeichnen sind, weil sie durch die ausführliche Darstellung subjektiver Gefühle wesentlich auf die Konstituierung eines Innenlebens ausgerichtet waren, [dahingegen] sind die interaktiven elektronischen Medien eher auf ein Außen gerichtet" (Becker 2000: 24). Im elektronischen Netz lässt sich die reale Identität eines Teilnehmers kaum nachverfolgen, daher entsteht Identität in einer Verschränkung mit anderen Netzkonstruktionen, sozusagen als ein virtuelles anstelle eines rein individuellen Produkts (vgl. Becker 2000: 23). Dennoch erleben sich Menschen in derartigen virtuellen Räumen oft als realer als im wirklichen Leben, denn im Netz lässt sich nicht nur das Innenleben ungeniert beschreiben, sondern auch das Äußere kann individuell dargestellt werden, ohne dass man mit Kritik oder einer Authentizitätsprüfung rechnen muss. Die Nutzer „spielen" eine Rolle nicht nur, sondern leben diese auch. „Sie sprechen nicht von virtuellen ‚Als-ob-Erlebnissen', sondern beschreiben die lange Nacht am Monitor als tatsächlich erlebtes Abenteuer“ (Wetzstein et al. 1995: 61). Identitätsentwicklung und -aktualisierungen finden also nicht nur im „richtigen“ Leben statt, sondern auch auf virtueller Ebene[51].

Ein weiteres Beispiel für virtuelle Kommunikation ist eine Welle der sogenannten „Blogs“, die immer stärker frequentiert im Internet auftauchen. Es handelt sich hierbei um Tagebücher, die von Nutzern ins Netz gestellt werden und von anderen Nutzern kommentiert werden können. Jene Art, Tagebücher zu schreiben, zu kommentieren und somit virtuell zu kommunizieren wird vielfach als Sucht[52] beschrieben (vgl. Martin-Jung 2005: 3). Der Sinn eines Tagebuchs liegt gewöhnlich in der stillen Kommunikation eines Menschen mit sich und seiner eigenen Gedankenwelt; neu ist die Idee eines Tagebuchs, das öffentlich gelesen werden kann. Tagtäglich entstehen neue solcher Blogs, so dass eine Netzwerkstruktur erwächst. „Die Einstiegsdroge für viele sind die kommunikativen Fähigkeiten des Internets [...]“ (Martin-Jung 2005: 3). Blogger beeinflussen sich nicht nur gegenseitig (indem sie Kommentare und Anmerkungen zu den Einträgen anderer Menschen schreiben), sondern sie sind bereits nicht unerheblich an journalistischen Meinungsbildungsprozessen beteiligt. Denn Firmen oder andere Einrichtungen nutzen Blogs als Quellen, um die Meinungen und Hinweise der Bevölkerung zu evaluieren. Eine solche Art der virtuellen Kommunikation, die Daten über Politisches, Persönliches, teilweise sehr Intimes, sowie Soziales und Kulturelles enthalten kann, ist im Anwachsen begriffen. Auf diese Weise erweist es sich als unkompliziert, neue Kontakte zu knüpfen. Es bedarf nur eines Internetzugangs und ein wenig Hartnäckigkeit, um Gehör bei anderen Nutzern zu finden. Inwieweit Körperlichkeit hierbei eine Rolle spielt, ist noch nicht hinreichend erforscht. Menschen treten jedenfalls in technologischen Masken auf, denn aus irgendeinem Grund kommunizieren sie lieber mit virtuellen Persönlichkeiten als mit realen Partnern. Sei es, weil jene Art der Kommunikation leichter ist, weil der Einstieg unkompliziert ist und auch weil kommuniziert werden kann, wann immer die Nutzer dies wollen, oder auch weil die Art und der Inhalt selbstbestimmter gehandhabt werden können (denn ohne eine direkte, sondern zeitversetzte und nicht immer erfolgende Reaktion des Gegenübers lässt es sich einfacher reden). Es können aber auch andere Gründe herangezogen werden, die für das vermehrte Auftreten einer virtuellen Kommunikation im Gegensatz zu persönlichen Kontakten sprechen. Der Körper spielt vorerst keine Rolle, sondern erst dann, wenn der Nutzer dies wünscht, also wenn er ihn beschreibt oder Bilder von sich veröffentlichen möchte. Dies zeugt von einem großen Maß an Kontrollfähigkeit. Des Weiteren kann der eigene Körper dann nach den Vorstellungen des Individuums beschrieben werden. Möglichen Negativerfahrungen (Sticheleien und dergleichen) kann vorgebaut

---

51 Mehr hierzu jedoch an späterer Stelle (Kap. IV.2).

52 In den USA existiert bereits ein Fachausdruck für ein suchtartiges Verhältnis zum virtuellen Netz: PIU (Pathological Internet Use) (vgl. Kaltenborn 2001: 162).

werden, indem vorweg schon von eventuellen Problemen mit der eigenen Körperlichkeit geschrieben und erst später eine Photographie beigelegt wird. Diese hohe Kontrollierbarkeit nicht nur seelischer Anliegen, sondern auch Körperanliegen erzeugt oft ein Bedürfnis quasi nach einem Ersatz der realen Welt mit der virtuellen Welt. Es passiert nicht selten, dass Menschen den Bezug zur Realität verlieren oder reduzieren, um ganz in ihrer virtuellen Welt aufzugehen.

Auch Menschen mit Körperbehinderungen nutzen solche Kommunikationssituationen, um sich „normal" zu fühlen. Sie spielen das Leben außerhalb eines deformierten oder in einer bestimmten Weise missgestalteten Körpers. Derartige Situationen sind ideal, um dem Alltag zu entkommen. Der Körper nimmt eine Maske an, die von den anderen Teilnehmern nicht als Maske, sondern als Realität wahrgenommen wird. Nur der maskierte Akteur weiß um sein Geheimnis, doch er taucht für eine gewisse (selbst bestimmbare) Zeit selbst in die Realität seiner Maske ein. Auf diese Weise erfährt er Souveränität und eine kurzfristige individualisierte Selbstentfaltung. Auf lange Sicht jedoch können Frustrationen entstehen, da das Eintauchen in eine schöne neue Körperwelt nicht auf Dauer und im Alltag aufrechterhalten werden kann. Durch die fiktive Darstellungsmöglichkeit des Körpers wird dieser sogar zu einem gewissen Grade selbstentleert, da er in einigen Fällen nur mehr eine unrealistische Beschreibung eines nicht existierenden Zustandes ist, eine Art für kurze Zeit gelebter Wunschtraum. „Damit aber ist der reale Körper in den Selbstinszenierungsprozessen zur Ausdrucks- und Bedeutungslosigkeit verdammt [...]" (Becker 2000: 25). Jene drastische Sichtweise soll hier abgemildert werden, denn es ist zwar durchaus richtig, dass der reale Körper an Relevanz und Sinnhaftigkeit verliert, wenn er Wunschträumen entsprechend dargestellt wird, jedoch wird jene fiktive Existenz auf Zeit tatsächlich gelebt. Für die Dauer des Netzauftritts wird der fiktive zum realen Körper und daher wird das Cyberselbst durchaus relevant für eine Identitätskonstruktion.

Wiederum zeigt sich eine Paradoxie der Moderne: Technologien bieten dem Akteur Vorteile, vor allem in Bezug auf den menschlichen Körper, doch allzu oft bauen jene schlaraffenlandartigen Verhältnisse auf Illusionen auf und das Wiedereintreten in die Realität gestaltet sich als schwierig. Kurzfristige Erlösungen hingegen werden gerne und oft mithilfe von moderner Technik erreicht. Kann die moderne Technik aber auch langfristige Erlösung bieten, beispielsweise indem der Körper tatsächlich, also in der Realität gestaltet und verändert wird? Können virtuelle Veränderungen real werden?

1.2.3. Von virtuellen zu realen Veränderungen des Körpers

Moderne Kommunikations- und Informationstechnologien und die allgemeinen Fortschritte der modernen Technologie schaffen neue Schönheitsideale, vor allem da Schönheit technologisch bearbeitbar geworden ist. So wird man auf kaum einem Werbeplakat einen „echten", unverfälschten, bzw. nachgebesserten Körper mehr finden, sondern findet sich in einer Welt computererzeugter Menschenbilder wieder. Die Bedeutung von modernen Kommunikations- und Informationstechnologien in Bezug auf das moderne Körperbild liegt also nicht nur in der Vermittlung und massenhaften Verbreitung der (Körper-)Bilder, sondern auch in der Schaffung und Gestaltung dieser. Die Bilder und Ideale werden also von den Kommunikations- und Informationstechnologien geschaffen. Die Realisierung der Wunsch-Körper obliegt der modernen (beispielsweise der Medizin-)Technologie an sich: „In einer Verbindung von Medizin und Technik sind neue Dimensionen der Veränderung natürlicher Gegebenheiten, gewissermaßen des natürlichen „Materials", entstanden" (Plake 1992: 179). War dem Menschen früher sein Körper als relativ unveränderbare Größe gegeben, so geht in modernen Zeiten die Veränderbarkeit des Körpers über das gängige Maß durch zahlreiche Kosmetikprodukte hinaus, denn selbst in die „Grundsubstanz" kann eingegriffen werden. Daher zeichnet sich der Körper als relativ enttäuschungsfest ab, denn durch seine generelle Veränderbarkeit kann Enttäuschungen vorgebeugt werden. Enttäuschungsfest bedeutet hingegen nicht, dass die Menschen im Prinzip glücklich und zufrieden mit ihrem Körper und den Möglichkeiten rund um den Körper leben. Im Gegenteil, die meisten Menschen zweifeln ständig an sich und besonders ihrem Körper. Enttäuschungsfest bedeutet hier, dass dem Individuum relativ viel Potential an Vertrauen und Zuversicht gegeben ist, was seinen Körper betrifft. Er zweifelt und ärgert sich oft und viel über seinen Körper, aber er kann (fast) immer etwas dagegen unternehmen. So entsteht eine relative Enttäuschungsresistenz, da die autoaggressive Auseinandersetzung mit dem eigenen Körperbild eine quasi natürliche moderne Alltagssorge ist, die im Vertrauen auf die Schönheits- und Gesundheitsindustrie jedoch allzu großen Enttäuschungen im Sinne einer Hoffnungslosigkeit jedoch gemindert und dann stets wieder neu genährt werden kann. Natürlich gibt es eine Fülle an Dingen, die nicht von der Medizintechnik bereinigt werden können. Es besteht jedoch die Möglichkeit, in *irgendeiner* Form einzugreifen, wenn auch der Mangel nicht gänzlich beseitigt werden kann. Aufgrund der vielen verschiedenen Optionen zur Gestaltung des Körpers gibt es immer eine Art, einen Mangel anzugreifen. Allein die Erwartung und das Vertrauen an/in die pluralen Möglichkeiten rund um den Körper schaffen ein neues Körperbewusstsein, das sich zu einem Glauben ausweitet, da der Körper Stück für Stück weiter stilisiert wird, je näher er der Stufe der Perfektion kommt.

„Dass der Körper sich in einer nicht mehr so fernen Zukunft vielleicht dramatisch verändern wird, zeichnet sich heute als reale Möglichkeit ab: Die Entzifferung des menschlichen Genoms, die sprunghaften Fortschritte der Prozessor- und Speicherkapazitäten von Computern und die Entwicklung der

Nanotechnologie bergen insgesamt das Versprechen in sich, den Körper zumindest jener Menschen, die zur euroamerikanisch-*cum*-japanischen Hightech-Kultur gehören, zu »verbessern«, »anzupassen«, ja vielleicht schlicht umzubauen" (Sarasin 2001: 11). Die moderne Technologie bietet jene angesprochenen Möglichkeiten, die Kommunikations- und Informationstechnologien im Speziellen sorgen nun dafür, dass dieses Bild des „gebauten" Körpers zum Massen-Ideal wird. Die eine Technologie sorgt also für die Kunden der anderen Technologie.

Die Kommunikations- und Informationstechnologien sorgen also dafür, dass Ideale globalisiert und standardisiert Akzeptanz bei einem breiten Publikum finden. Daneben aber bieten jene Technologien auch eine virtuelle Veränderung des Körpers selbst (also nicht nur des Bildes bzw. Ideals vom Körper), sie kreieren in diesem Sinne auch Körper. Die (im weitesten Sinne medizinische) Technologie bewirkt eine reale Veränderung.

Cyberbodies sind zwar prinzipiell virtuelle und nicht-reale Körper, und doch werden sie von realen Menschen gespielt und sogar *gelebt*. Menschen tauchen ein in Masken und geben ihren Körper und damit ihre Identität anders aus als diese in Wirklichkeit beschaffen sein mag. Durch jenes Sich-Hineinversetzen in einen virtuellen Körper, der aber vom Individuum selbst geschaffen wird und daher zu einem gewissen Teil das Individuum selbst ist, da es die tiefsten Wünsche und Sehnsüchte widerspiegelt, kann das Individuum „mit einem wirklichen, jedoch geheimnisvollen Anderen interagieren, der hinter der Maske verborgen ist, diese aber nicht nur wie ein Marionettenspieler belebt, sondern in ihr wie in einem wirklichen Körper wohnt" (Rötzer 1998: 154). Also ist die Veränderung, die das Subjekt mit seinem eigenen Körper vorgenommen hat, gewissermaßen eine reale Veränderung, da er seine neue Körperrolle – wenn auch nur für eine bestimmte Zeit – quasi real lebt. Drastischere Veränderungen auf realer Ebene sind medizinische oder andere Eingriffe in den Körper. Medien spielen hierbei eine wichtige Rolle. Denn Veränderungen folgen meist einem bestimmten Ideal.

Die virtuelle Veränderung stellt also die Vorstufe zur realen Veränderung dar, denn das Ideal muss vor dem Endprodukt erschaffen werden. Ideale erhalten auf diese Weise eine neue Bedeutung: Den natürlichen perfekten Menschen (Körperbild) gibt es nicht, sondern er wird durch ein durch den Computer idealisiertes Bild ersetzt bzw. vervollkommnet. Das Produkt ist ein abstraktes Vorbild, nicht mehr aus Fleisch und Blut, sondern auf einer höchst flüchtigen und dennoch standardisierten Ebene. Als Folge hiervon entsteht der Wunsch des durchschnittlichen modernen Menschen, sich jenem künstlichen Ideal anzunähern. Auch wenn der Mensch weiß, dass es sich um „künstliche" Menschen handelt, die sozusagen technisch nachbehandelt wurden, strebt er in der Regel danach, diesem Ideal nahe zu kommen. Dieses Körperbild stellt dennoch ein Ideal dar, da der Träger des Bildes noch immer ein Mensch ist.

Auch wenn beispielsweise derart blaue oder grüne Augen in natura niemals vorkommen, so wäre dies jedoch prinzipiell möglich, da das Aussehen des veränderten Computermenschen nicht als unnatürlich, sondern als perfekt bewertet wird. Die Möglichkeiten der massenhaften Verbreitung jener abstrakten Schönheitsideale verstärkt den Kanon einer neuen (Ersatz-)Religion: der des „quasi-menschlichen" Körpers.

„Es entsteht eine schöne, neue Körper-Welt, in der die Körpertechnologisierung zu einer neuen Körperökonomisierung und zur Ökonomisierung des Körperumgangs führt. Das aber hat nicht nur eine Körperindustrialisierung, sondern auch eine Menschenökonomisierung zur Folge, in der die körpertechnologischen Möglichkeiten die Standards eines perfekten Körpers bestimmen und sie vorgeben, was als ein schöner Mensch zu gelten hat" (Caysa 2003: 6). Die massenhafte Möglichkeit lässt die Nachfrage nach Schönheitsanpassungen rasant in die Höhe schnellen. Das heißt, es „läßt sich feststellen, daß eine Vervielfältigung von Aktivitäten eingetreten ist, die auf die Verschönerung der äußeren Erscheinung abzielen" (Plake 1992: 179).

Doch Veränderungen des Körpers haben bereits in archaischen Gesellschaftsformen stattgefunden, ja es wurden teilweise massive Eingriffe vorgenommen (vgl. Plake 1992: 180 ff.). Diese unterscheiden sich von modernen Körpermanipulationen jedoch dadurch, dass eine Perfektion durch medizinisch-technische Eingriffe nicht erreicht werden konnte. Vielmehr wurden früher relativ grobe Schönheitseingriffe innerhalb einer Kultur getätigt, wohingegen das Kennzeichen der Moderne darin liegt, globale Schönheitsbilder mit ihren Feinheiten zu verbreiten und zu realisieren. Hier soll auf die Darstellung der Körperideale und ästhetischen Gewohnheiten der Menschen im Laufe der Geschichte verzichtet werden, da die Gestaltung des Körpers in der Moderne thematisiert werden soll. Wird ein Rückgriff auf die Geschichte geleistet, so geschieht dies lediglich, um die Kennzeichen der Moderne hervorzuheben oder vergleichend zu betrachten.

Aufgrund jener Schaffung und Verbreitung von Schönheitsidealen und Perfektionskörpern wird Schönheit und Perfektion massenhaft erstrebenswert und auch erreichbar, sie wirken sogar als eine Art von „Nötigung", sich diesem neuen Ideal anzunähern. „Der Körper ist nun nicht mehr etwas Unantastbares, Heiliges, Naturgegebenes, Geworfenes, sondern etwas Machbares, Künstliches, eine technische Erfindung, ein Entwurf, der den „Ballast" seiner natürlichen Herkunft endlich abzuwerfen scheint" (Caysa 2003: 7). Doch der Mechanismus verhält sich auch umgekehrt, denn gerade durch jenen Prozess der Technologisierung, der Machbarkeit von Schönheit erlangt der Körper etwas Heiliges. Denn der schöne und (nahezu) perfekte Körper erhält Anerkennung, die an Verehrung grenzt. Der Körper wird zum Zentrum der Hoffnung, des Glaubens an ein besseres Leben. Der profane Körper wird abgeschüttelt und durch den perfektionierten, heiligen Körper ersetzt. Ein sogenannter „Transkörper" (Caysa

2003: 7) entsteht. Ein solcher Körper ist ein künstlich geschaffener, der jedoch übernatürliche („transzendentale") Macht und Kraft besitzt.

Körperstilisierung geht in spätmodernen Zeiten also oft einher mit realen Veränderungen des Körpers, die über die bloße „Verkleidung" hinausgehen. Neben Kleidung und Körperschmuck greift der Mensch in den Körper an sich ein. Kosmetische Chirurgie oder auch Piercings und Tätowierungen spiegeln den Wunsch des modernen Menschen wider, Bedeutung und Individualität zu schaffen und zu repräsentieren. "Clothing and other details of bodily appearance – hairstyles, nails – are too impermanent to be fully individualized. Because these signs of individuality are *personae*, masks that can be removed at will, they tend to advertise their producers rather than their wearers" (Gans 2003: 164). In der Spätmoderne scheint sich die Individualisierung des Körpers demnach in einer Hochphase zu befinden, denn vergänglicher und austauschbarer Körperschmuck ist offenbar nicht individuell genug. Die reale Veränderung beweist erst das wahre Maß an Individualität. Operationen und andere Eingriffe in den Körper (wie beispielsweise das Piercing – das genau genommen ebenso entfernt werden kann wie Körperschmuck, jedoch in vielen Fällen mit Narben einhergeht, also letztlich doch permanent ist) stellen also nunmehr ein Zeichen von Individualisierung dar anstatt mit einem Stigma einherzugehen, sozusagen mit einem Zeichen von Schwäche, der Unzulänglichkeit des eigenen Körpers nachzugeben.

1.2.4. Vom Stigma zum Stolzobjekt: Der Körper unter dem Messer der Schönheitschirurgie

Die Norm für Schönheit verschiebt sich innerhalb moderner Industriegesellschaften, die hochgradig technisiert leben. Sich selbst einen schönen Körper zu schaffen, bleibt nicht mehr nur bestimmten Menschen vorbehalten, sondern wird massenhaft angeboten in Form von Körpertechnologien verschiedenster Art. Fitness-Studios versprechen ebenso einen perfektionierten Körper wie die plastische Chirurgie oder moderne Hautcremes. Der moderne Mensch lebt in einer Selbstverständlichkeit mit der Technik. Die Technik jedoch greift nicht nur ein, um den Menschen manipulativ zu verändern, sondern es herrscht ein Miteinander von Mensch und Technik. Der Mensch macht sich die Technik zunutze und diese geht auf die individuellen Wünsche ein. Zwar sind die Ideale massenhaft verbreitet und es vollzieht sich dadurch in der Regel der Wunsch nach einem einheitlichen Körper, jedoch wird durchaus Wert auf die persönliche Note gelegt. Die Technik bietet dem Menschen die Möglichkeit, außergewöhnlich innerhalb des Gewöhnlichen zu erscheinen. Denn die Technik geht auf den Körper des Menschen ein, so wie Plake dies am Beispiel des Bodybuilding und Bodyshaping beschreibt: „Beim Bodybuilding und Bodyshaping kooperieren

Mensch und Maschine; der Apparat ist nicht starr, sondern vollzieht mit dem menschlichen Körper gemeinsame Bewegungen" (Plake 1992: 194).

Wo der Körper nicht direkt manipuliert werden soll, treten Sinnstiftungstechnologien auf. Hier soll der Mensch lernen, mit seinem Körper in Einklang zu gelangen und somit Heil zu erfahren. Diese Art von Körpertechnologie schafft zwar keinen perfekten Körper, greift jedoch in eine ähnliche Maschinerie. Aufgrund von Entspannungs- oder anderen Sinnstiftungstechniken soll der menschliche Geist den eigenen Körper akzeptieren, mit ihm verschmelzen. Der Körper fungiert auf diese Weise also indirekt als Heilstiftungsorgan. Jene Techniken finden ihre Verbreitung ebenfalls zu einem großen Teil über moderne Kommunikations- und Informationstechnologien, denn einerseits wird das allgemeine Bedürfnis durch die Medien stimuliert, den eigenen Körper aktiv zu gestalten, um sich in ihm wohl zu fühlen. Es geht sogar über das „normale" Maß an Wohlfühlen hinaus. Der Mensch strebt danach, Glück und Heil zu erfahren und bekommt den Eindruck vermittelt, dies über den Körper erlangen zu können. Andererseits ist es zu einem großen Teil nur über moderne Kommunikations- und Informationstechnologien möglich, sich über Körpertechnologien zu informieren und die Möglichkeit zu haben, sich mit anderen Menschen auszutauschen. Daher: „Voraussetzung der Körperindustrialisierung ist die Körpertechnologisierung. Denn durch diese ist es möglich, den Leib methodisch zu bearbeiten, ihn zu zergliedern, zu zerlegen und seine Teile verfügbar zu machen, um ihn dann nach den Kriterien der Wiederholbarkeit, Kontrollierbarkeit, Machbarkeit, Nützlichkeit, Einfachheit als Wunschkörper zusammenzusetzen" (Caysa 2003: 7). Diese Art eines „Vervollkommnungswahns" geschieht auf einer freiwilligen Basis. Jedoch wirken die Medien quasi-direktiv auf den modernen Menschen ein, so dass die Freiwilligkeit eine fragliche und problematische Ebene annimmt. „Körpergeschichte ist daher auch Mediengeschichte – das heißt die Geschichte von Medien, ihrer Materialität und ihrer diskursiven Strukturen, die den Körper zugleich zur Darstellung bringen und ihn konstruieren" (Sarasin 2001: 26). Und Körpergeschichte ist auch die Geschichte der zunehmenden Technisierung und Instrumentalisierung des Körpers. So erfährt der Körper eine hochgradige Diskursivität und Auseinandersetzung. Kommunikations- und Informationstechnologien schaffen also nicht nur den Wunsch und eine Art „Dringlichkeit", sich mit dem eigenen Körper auseinander zu setzen. Sie sind auch eine Informationsquelle, wie eine Veränderung des Körpers vonstatten gehen kann und sollte, welche Adressen und Quellen genutzt werden können und welcher der neueste Stand der Technik ist. So lebt der moderne Mensch in einem ständigen Wechselspiel mit der Welt der Medien und Technik. Doch auch diejenigen, die diese Technologien anwenden, der plastische Chirurg oder Zahnarzt, Fitness-Studios und viele andere, leben in einer permanenten Diskursivität der modernen Technologie. Denn heutzutage wird vor allem die Medizin zunehmend abhängiger von der Entwicklung der Technik. "Surgery provides a dramatic example of a field newly saturated with information technologies. In the past decade, computers have entered the operating room to assist physicians in realizing a dream they've pursued ever since Claude Bernard: to make medicine both experimental and predictive" (Lenoir 2002: 28). Computer und Maschinen assistieren nicht nur, in vielen Fällen übernehmen sie reale medizinische Arbeit. Da die Ergebnisse weitgehend vorhersehbar und voraussagbar sind, können Risiken reduziert werden, was zu einer Veränderung der Einstellung gegenüber vor allem kosmetischer Medizin führt. Die Angst vor unerwünschten Folgen kann gemindert werden, da stets weniger Fälle von missglückten Operationen zu verzeichnen sind – wenn sie auch immer noch vorkommen. Die Medien nutzen die scheinbare Objektivität und Zuverlässigkeit von Technologien, um derartige Ängste abzuwehren. Ebenso wie Menschen kann die Technik nicht fehlerfrei sein, doch der Glaube in die Unfehlbarkeit von Technik lässt sich von Kommunikations- und Informationstechnologien leichter begründen und darstellen als die Unfehlbarkeit menschlicher Kompetenz. So verändert sich also die Grundeinstellung gegenüber der kosmetischen Industrie durch eine Minderung von Ängsten. Doch auch im Hinblick auf ein gesellschaftliches Stigma, das lange Zeit mit kosmetischer Medizin verknüpft war und teilweise noch ist, zeichnen sich Veränderungen ab.

Da sich der Druck zur direkten und ständigen Auseinandersetzung mit dem eigenen Körper in modernen Zeiten drastisch verstärkt und die von den Medien geschaffenen und weit verbreiteten Körperideale dauerhaft auf die Menschen einwirken, verändern sich auch Meinungen über einstig stigmatisierte Methoden zur Schönheitsoptimierung. Galt es lange Zeit als unfein, die kosmetische Chirurgie in Anspruch zu nehmen, so ist dies heutzutage eine weitgehend akzeptierte und „normale“ Weise geworden, sozusagen eine legitimierte Art der Anpassung an globale Schönheitsnormen. Zwar behaupten viele kosmetisch operierte Menschen, dass „alles echt“ sei, sie verleugnen also ihre technische Veränderung, da immer noch quasi-natürliche Schönheit als oberstes Ideal gilt. Diese Schönheit ist eine quasi-natürliche, da Fitness und Hautcremes und dergleichen als „natürlich“ angesehen werden, auch wenn selbst diese von außen auf den Körper einwirken und daher keineswegs natürlich im Sinne von angeboren sein können. Der Unterschied zur Schönheitschirurgie ist der, dass Sport als stolzes „Opfer“ behandelt wird, das man für seinen schönen Körper nur allzu gerne auf sich nimmt. Da jedoch durch die Technisierung der Schönheitsideale auch andere Bereiche des Lebens betroffen sind, wird es zunehmend einfacher, auf die moderne (beispielsweise Medizin-)Technologie zurückzugreifen anstatt ausgiebig Sport zu betreiben. Fettabsaugungen sind Routineeingriffe geworden und werden stets zu günstigeren Preisen angeboten. So verliert das Stigma, das einst mit den „unnatürlichen“ Methoden assoziiert wurde, langsam an Bedeutung und wandelt sich zu einem durchaus legitimen Mittel, um zum Wunschkörper zu gelangen.

Diese Entwicklung nimmt ihren Ursprung in der hoch technologisierten Amerikanischen Gesellschaft, hält jedoch Einzug nach Europa und vor allem auch östlich industrialisierte Gesellschaften. "American's increasing comfort level with cosmetic surgery may indicate a lessening of stigma associated with cosmetic surgery. In a recent survey, 77% of women and 74% of men said that if they had cosmetic surgery they "would not be embarrassed" if people knew about it (American Society for Aesthetic Plastic Surgery 2003)" (Brooks 2004: 209). Auch in Deutschland lässt sich ein ähnlicher Trend beobachten. So besteht als aktuellstes Beispiel das Konzept der deutschen „Doku-Serie" „The Swan – Endlich schön!" darin, einer Gruppe junger Frauen Schönheitsoperationen, verbunden mit kosmetischer Beratung, neuen Frisuren, Fitnessprogramm, etc. zu finanzieren, um dann am Ende der acht Folgen mithilfe des Publikums eine Schönheitskönigin zu wählen. Die Teilnehmerinnen wurden sorgfältig ausgewählt (die Anzahl der Bewerberinnen war enorm) und zwei Monate in ein Camp gebracht, wo sie keinen Spiegel zur Verfügung hatten. Die Idee dahinter war, die Frauen äußerlich drastisch zu verändern, jeweils den Wünschen der Einzelnen entsprechend, und der „neuen" Frau nach Heilung der Operationswunden in einer Abschlussgala ihren veränderten Körper vorzuführen. Der Zeitpunkt, in dem jede Frau zum ersten Mal vor den Spiegel treten und ihr neues Aussehen bewundern durfte, wurde extrem stilisiert. Ein roter Teppich führte zum Spiegel, die Kandidatin wurde vor der Enthüllung gefragt, ob sie bereit sei – es ist deutlich, dass Parallelen zu Übergangsriten bestehen, denn die Frauen traten feierlich in einen neuen Zustand, eine neue Lebensphase ein - weitere retardierende Momente folgten, und dann wurde das „Geheimnis" um den veränderten Körper gelüftet. Begeistert musterten die Frauen ihr ungewohntes Erscheinungsbild. Die vom Publikum gewählte Siegerin erhielt den Titel „The Swan 2004". Eigentlich ist es sehr erstaunlich, dass jene siegreiche Kandidatin so freudig auf ihre Kürung reagiert hat, denn ausgezeichnet wurde schließlich die extremste Veränderung, denn während der Show, die sich über einige Wochen hinweg zog, wurde immer wieder der „hässliche" Ausgangszustand gezeigt. Daher bedeutet jene Wahl zum Swan 2004 nicht nur, dass eine Frau zur schönsten gewählt wurde, sondern auch, dass anscheinend aus dem hässlichsten Entlein die gelungenste Verwandlung zum schönen Schwan stattgefunden hat. In den Interviews mit allen acht Finalistinnen wurde von jeder Frau bestätigt, dass sie die Veränderungen nicht bereuen und es jedem jederzeit empfehlen würden, mithilfe moderner Medizintechnologie – verknüpft mit Fitness, Kosmetik und dergleichen – den Körper wunschgemäß zu verändern. Jede Frau war der Meinung, dass diese äußerliche Verwandlung auch zu einer inneren Stärke beigetragen habe. Sie fühlten sich selbstbewusster und insgesamt glücklicher als zuvor. Die Befreiung aus dem „Urzustand" hatte also eine Erlösung zur Folge, die einen Lebenspessimismus innerhalb von zwei Monaten zu einem neuen und optimistischen Lebensgefühl gemacht hat. Auch Psychologen bestätigten die äußerliche und innerliche Verwandlung der Frauen, die sie während der ganzen Zeit betreut hatten. Alle Kandidatinnen hatten durch die äußerliche Veränderung und das Training des Körpers zu mehr Stärke und innerer Zufriedenheit gefunden. Eine der Kandidatinnen sagte am Ende der Abschlussshow, dass sie wohl auch weiterhin nicht von der Schokolade lassen könne. Hier wird also in Zukunft wieder eine Fettabsaugung fällig, also ein zeitlich unregelmäßiges Gleichgewicht zwischen Sünde und Erlösung geschaffen werden.

Bemerkenswert ist auch das Informationsmaterial, das auf der ProSieben.de-Internetseite (www.prosieben.de: 2004) vorgestellt wird. Dort heißt es, dass eine Gruppe aus „einem der weltweit besten Teams plastisch-ästhetischer Chirurgen, von Fitnesstrainern, Ernährungsberatern und Psychologen" die Kandidatinnen begleitet „auf ihrem Weg zum Schönheitsideal" (Hervorhebungen M.K.). Gleichzeitig wird folgendes behauptet: „Doch dabei kommt es nicht aufs Aussehen an, sondern darauf, wer am meisten an sich gearbeitet hat". Es geht also um den Weg zum Schönheitsideal, aber nicht um das Aussehen? Jene Sichtweise unterstreicht den Trend zur körperlich basierten Wiederverzauberung. Es wird betont, dass reine Äußerlichkeiten nicht im Vordergrund stehen, sondern dass der Gesamtzustand, also eine Art Liebe zum eigenen Körper (und damit zum eigenen Ich) verbessert werden soll. Belohnt wird harte Arbeit, aber dennoch wird dies über die Veränderung des Aussehens „erzwungen". Es liegt demnach eine Veränderung des Images von Schönheitsoperationen vor: Galten Operationen um der Schönheit willen ehemals als Kalkül der reichen und exzentrisch-rationalen Frau, so gilt es heutzutage als legitim für jedermann, sich dem Messer des plastischen Chirurgen hinzugeben, zumal auch unter spätmodernen Bedingungen impliziert wird, dass es nicht vordergründig um das Aussehen, sondern um den dadurch veränderten psychischen Zustand gehe. Ein technologischer Zug wird also durch eine mystisch-psychische Ebene erweitert und dadurch sozusagen legitimiert.

"As new cosmetic technologies are touted as fantastical and wondrous, innovative and progressive, these same characteristics are equated with the people who use them. Praised for their courage daring and forward-looking sensibilities, women who embrace new technologies without fear or hesitation become living symbols of scientific advancement and innovation" (Brooks 2004: 218). Auf diese Art und Weise wird das Fortbestehen der Körperreligion gesichert. Das einstige Stigma wird umdefiniert in Mut und Fortschrittsdenken. Die Götter dieser Religion sind die kosmetischen Chirurgen, die Körper quasi erschaffen können. Sie sorgen mit Werbung und Präsenz in Magazinen und Zeitschriften dafür, dass sich ihre Kunde rasch und positiv verbreitet. Skandale über schlecht durchgeführte Schönheitsoperationen, entstellte Menschen, die an ein neues und schönes Aussehen *geglaubt* haben, das jedoch schief gegangen ist, erfüllen die Medienwelt ebenso wie die Lobpreisungen über die Überwindung der Natur und vor allem des Alterns (auf Zeit). Die Medien und Chirurgen warnen vehement vor „Billigoperationen“ oder den „falschen“ Ärzten. Die kosmetische Industrie an sich trage nicht die Schuld für ein Fehlschlagen von Operationen, sondern das „normale“ Risiko jeder Operation oder ein schlichtweg schlechter Chirurg, ein schwarzes Schaf. Da das schwarze Schaf aber in der Minderzahl ist, kann eine Herde glücklicher weißer Glaubensgenossen geschaffen werden, die Schönheitspriester haben ihre Schäfchen im Trockenen. Und diese Anhänger der kosmetischen Chirurgie sind immer mehr dazu geneigt, offen zu ihrem Glauben zu stehen und Anerkennung dafür zu erhalten. Die Medien haben dafür gesorgt, dass sich das Image der Schönheitschirurgie zu diesem Bild herauskristallisiert.

Doch ein gewisses Maß an Aggressivität schwingt in der Gestaltung der möglichst perfektionierten Körperlichkeit mit. Denn auch die reale Veränderung schafft keine eindeutige Erlösung. Sie bedingt hingegen weitere Veränderungen und weitere Ansprüche. So wird der Mensch stets aggressiver in der eigenen Körpertechnologisierung.

1.3. Aggressivität und Körperlichkeit

Es sind die Menschen selbst, die das ausführende Organ jener neuartigen Körper-Religion sind. „In diesem Ideal des *flexible body* sind protestantische Arbeitsethik und häretischer Hedonismus, Selbstregulationsfähigkeit des Individuums und unternehmerische Profitmaximierung, Ökonomisierung des Privaten und Privatisierung des Ökonomischen, persönliches Wohlsein und ökonomischer Wohlstand derart miteinander verklammert, daß Selbstbestimmung zum Produktivitätsfaktor wird“ (Caysa 2003:8). Caysa bezeichnet dies auch als Unterwerfung des Körpers „einer asketischen Zurichtung“ und als „Rausch des damit verbundenen Körperlebens“ (Caysa 2003: 8). So rein technologisch behandelt der moderne Mensch seinen Körper also nicht. Er verehrt ihn mit einem gewissen Maß an (Auto-)Aggressivität. Er empfindet starke Glücksgefühle über seinen Körper. Er glaubt an ihn. Sprich, er macht ihn zu einer (Ersatz-)Religion.

Aggression entsteht, indem er dem gesellschaftlichen Druck nachgibt, den eigenen Körper konform und gleichzeitig einzigartig zu gestalten. Die permanente Unzufriedenheit mit dem körperlichen Zustand bewirkt eine dauerhafte Auseinandersetzung mit ihm. So reproduziert sich die (Ersatz-)Religion und gewinnt eine eigene Realität. Jene Realität sui generis besteht darin, stets auf einer Stufe von Unvollendung zu stehen, denn Perfektion wird nie vollständig erreicht. Einerseits verschieben sich Ideale immer wieder, so dass Perfektion laufend neu definiert wird, andererseits altert der Körper, so dass die Unvollkommenheit quasi logisch gegeben ist. Dadurch entsteht der Wettlauf um die

Zeit und um den schönen Körper. Der Körper ist also in einer starken Zweiteilung gefangen, die sich jedoch logisch ergänzt:

Auf der einen Seite erfährt er ein hohes Maß an (teilweise aggressiver) Auseinandersetzung und Eingriff. Eine Ökonomisierung findet statt. Der Körper wird zum Gegenstand rationaler Beeinflussung. Denn der Trend der modernen Auseinandersetzung mit dem eigenen Ich lautet: „Zufrieden mit sich selbst, wer ist es! Und unzufrieden mit sich selbst, wer ist es nicht!“ (Gross 1999: 9). Der ungestaltete Körper ist also ein profaner Körper, ihm kann keine Heiligkeit zugesprochen werden. Erlösung bringt ein perfektionierter Körper. Auf diese Weise (durch Bilden einer Differenz) gelangt der Mensch zu Identität, ebenso wie zu Religiosität. Die Abgrenzung von anderen dient der eigenen Identitätsbildung, und die Unterscheidung von profanen und heiligen Merkmalen lassen erst den religiösen Charakter offenkundig hervortreten. “This split between what is considered sacred and profane mimics what our society associates with the terms “thin“ and “fat“. Thin is sacred. Thin is beautiful and healthy; thin will make you happy. [...] Salvation awaits those who attain the ideal body. Fat is profane. To be fat is ugly, weak, and slovenly; to have lost control, be lazy and have no ambition. Achieving the proper weight is not just a personal responsibility, it is a moral obligation” (Hesse-Biber 1996: 11). Doch nicht nur die Unterscheidung zwischen dünn und dick, sondern auch andere Merkmale werden mit heilig und profan gleichgesetzt. Kontrollverlust wird assoziiert, wenn der heilige Zustand nicht erreicht wird. Dass er erreicht werden möchte, wird vorausgesetzt, da die Ideale und Negativzustände nach jener Unterscheidung als heilig bzw. profan definiert werden.

Diese Unzufriedenheit und Aggression gegenüber dem Körper dient demnach der Klassifikation des Profanen. Um zu wissen, welchen Zustand man erstrebt, um also das Heilige definieren zu können, bedarf es der Definition des Profanen. In Bezug auf die Körper-(Ersatz-)Religion liegt jene Klassifikation des Profanen in der permanenten Unzufriedenheit.

Auf der anderen Seite soll Sinn aufgrund körperlicher Auseinandersetzung gestiftet werden, der Körper wird also zum Objekt von Verehrung und zum zentralen Punkt für körperliches wie geistiges Wohlergehen. Denn gelingt das Erreichen der nächsthöheren (selbst definierten) Stufe zur Perfektion, so findet Erlösung statt, die allerdings von kurzer Dauer ist, aber dennoch stattfindet. Das permanente Bemühen um den Körper ist der Knackpunkt, der jene Stilisierung zu einem religiösen Phänomen macht. Es kommt auf den Glauben an, der damit verbunden ist, nicht so sehr auf die tatsächlichen Veränderungen des Körperbildes. Der Körper wird also einerseits gehegt und gepflegt, angebetet und sinnvermittelnd behandelt, andererseits erfährt er Rationalisierung, Ökonomisierung und Aggression. Beide Richtungen gehen Hand in Hand und sind Zeugnis eines stilisierten Körperbewusstseins.

Dass Dickleibigkeit schon bei Kindern und Jugendlichen in westlich industrialisierten Gesellschaften stets zunimmt, scheint jenem Wahn nach Perfektion zu widersprechen. Dem ist allerdings nicht so, denn dass viele Menschen zunehmen, liegt an der Übersättigung der modernen Menschen mit Konsum, einem erhöhten Niveau an Freizeit, Bewegungsmangel (vor allem durch den Wegfall oder die Einschränkung harter körperlicher Arbeit), dem Druck, die eigene Biographie eigenverantwortlich und selbst aufzubauen und derer vieler Faktoren mehr. Gleichzeitig aber besteht der Wunsch nach Schlankheit und Perfektion, vor allem, da die Medien Bilder von Schönheitsidealen als erstrebenswert vorgeben. Aus diesem Dilemma, dem Zuwachs an Dickleibigkeit und dem Druck zur Angleichung an Schönheitsideale entsteht eine permanente Aggression gegenüber dem eigenen Körper. Die Angebote zur Fettreduzierung sind zahlreich. Ob Operation, Diät oder Fitness. Die entsprechenden Anbieter haben ein Interesse an der Verbreitung von schlanken Schönheitsidealen, um ihre Branche weiterhin im Aufschwung zu halten. Auffällig ist auch, dass nicht nur Anti-Age-Produkte teurer sind als andere Kosmetikprodukte, sondern dass auch Diätprodukte in der Regel teurer sind als die „normalen". Slogans wie „Weil Sie es sich wert sind" (L'Oreal) liefern den Anreiz, den Aufpreis für das teurere Produkt zu bezahlen. So fördert die Industrie jenes Aggressionsgefühl gegenüber dem eigenen Körper, nicht nur in Bezug auf Schönheitsprodukte, sondern auch im Rahmen von „drastischeren" Maßnahmen, wie Schönheitsoperationen.

Da extreme Glücksgefühle, die auf einen körperlich bedingten Eingriff zurückzuführen sind, auch bei dem sogenannten „Selbstverletzendem Verhalten" von Menschen zu finden sind, geht Elisabeth Rohr so weit, Schönheitsoperationen und jenes Verhalten, das dem eigenen Körper selbständig und bewusst durch die eigene Hand zugeführt wird, als ähnlich zu bezeichnen (vgl. Rohr 2004: 102 ff.). Gefühle der Erleichterung, des Glücks oder der Freude nach gelungenen Schönheitsoperationen treten auch in jener emotionalen, fast sogar „verklärten" Art bei vor allem Frauen auf, die sich selbst verletzen. Die wichtigsten der von Rohr angeführten Gründe hierfür liegen erstens in der Tatsache, dass eine Schönheitsoperation immer an einem gesunden Körper ausgeführt wird, der gesunde Körper sozusagen verletzt wird. Des Weiteren bleiben Folgeerscheinungen wie Narben oder Ähnliches zurück. In seltenen Fällen misslingt eine Operation; Risiken bestehen jedoch immer. Somit stellt jenes Handeln eine Form von Autoaggression dar, die in einem mangelnden Selbstwertgefühl begründet liegt. Jene psychologische Herangehensweise an kosmetische Chirurgie soll hier nicht weiter erläutert werden. Der Vollständigkeit halber wurde sie erwähnt, da auch sie Zeugnis einer Tendenz des aggressiven Umgangs mit sich selbst ist. Ob eine Schönheitsoperation nun Selbstverletzungen nahe kommt, oder nicht, spielt für diesen Kontext keine bedeutende Rolle. Wichtiger ist die Feststellung, dass Schönheitsoperationen als Lösung für Selbstwertprobleme eingesetzt werden und dass ein berauschendes Gefühl auftritt, sobald die Operation geglückt und zufrieden stellend ausgefallen ist. Damit ist ein gewisses Maß an Autoaggression vorhanden. Jene Autoaggression kann aber nicht nur auf die Gruppe derer, die psychologisch gesehen als Personen mit krankhaft gestörtem Selbstwertproblem bezeichnet werden, reduziert werden. Denn körperlich bedingte Autoaggression ist ein modernes Massenphänomen, das sich immer im Wechsel zwischen Glück, Erlösung, Unzufriedenheit und sogar Depression befindet. Auf diese Weise wird die (Ersatz-)Religion des eigenen Körpers aufrechterhalten und verliert daher nie an Brisanz.

2. Identität und Körperlichkeit zu Zeiten technologischen Fortschritts

Zu Beginn dieser Arbeit wurde die Identitätsbildung unter modernen Gesichtspunkten diskutiert, besonders im Hinblick auf Körperlichkeit. Dem Individuum wurde dabei eine große Rolle der Eigenverantwortlichkeit zugeschrieben. Dass der Körper eine zentrale Position im eigenen Identitätskonzept und der laufenden Identitätspflege innehat, konnte in den ersten beiden Kapiteln (I und II) dargestellt werden. Die Verweise auf den Körper als Kommunikationsmittel, als Gegenstand von Kommunikation, als „Kapital", „soziale Tatsache", technologisiertes Objekt und als technologisierendes Subjekt führten zu der Frage der modernen Identitätsbildung. Die Rolle der Technik wurde dabei nur angedeutet. In den folgenden zwei Unterkapiteln soll erstens jene Verknüpfung zwischen Körperlichkeit, Identität und Technik vollzogen werden, da bisher nur Hinweise geliefert wurden auf eine Verbindung zwischen Identität, Körperlichkeit und den Einfluss moderner Technik, vor allem im Hinblick auf Kommunikations- und Informationstechnologien; zweitens muss dann die Frage diskutiert werden, inwieweit Identität in Zeiten höchst veränderbarer Körperlichkeit überhaupt noch möglich ist. Dass der Körper hierbei zu einer (Ersatz-)Religion wird, stellt sozusagen eine Weiterführung des modernen Identitätsdiskurses dar, der nun seine „letzte" Begründung finden soll, indem der Faktor der Technik hinzugenommen wird.

2.1. Das moderne „Triumvirat": Identität, Körperlichkeit und Technik

Identität ist eine langwierige und zu einem stets höheren Grad eigenverantwortliche, individuelle Aufgabe, die der moderne Mensch permanent reflektieren und überarbeiten muss. Soziale Faktoren, die in die Identitätsbildung eingearbeitet werden, wirken quasi-direktiv auf das Individuum ein; vor allem der Druck, den Körper in gewisser Weise einzubeziehen und zu gestalten, nähert sich in der (Spät-)Moderne globalen Idealen an und wirkt in Zeiten zunehmender abstrakter Kommunikation stets wichtiger, um sozialen Status zu erwerben. Wie kann nun der Einfluss des Körpers und auch der Technik auf die tatsächliche Identitätsentwicklung moderner Menschen untersucht werden? „Wenn etwas an den neuen Theorien über die Relevanz des Körpers, über die Veränderung der gängigen Identitätskonzepte, über den Einfluß der Computertechnik auf Persönlichkeitsstrukturen und Interaktionsverhältnisse dran ist, dann wird sich dies am ehesten in der konkreten Analyse von Reaktionen erweisen, die die Mitglieder der >digitalen Elite< in Krisensituationen zeigen; und zwar in Krisensituationen, die der Umgang mit dem Computer heraufbeschwört" (Ellrich 2000: 86). Identität wird zu einem wesentlichen Teil durch die Reaktion der Anderen „getestet", gefestigt, verändert und angepasst. Identität, die mithilfe moderner Technik gebildet wird, zeichnet sich durch folgende Faktoren aus (vgl. Ellrich 2000: 86 ff.): Der Mensch befindet sich in einer vermeintlichen Einheit mit der Maschine, in diesem Fall mit seinem Computer. Treten nun Störungen auf, die entweder durch den Nutzer selbst oder durch ein Dysfunktionieren des Rechners ausgelöst werden, so zerfällt diese Einheit. „Der intime Kontakt zum Gerät zerbricht und zugleich überschwemmen auf- und eindringliche Signale der vollzogenen Spaltung die Akteure. Sie fühlen sich plötzlich körperlich isoliert und in eine Flut von Falschmeldungen hineingerissen" (Ellrich 2000: 87). Jene körperliche Isolierung tritt auf, da das Verschmelzen der Individuen mit der Maschine eine sinnliche und ganzheitliche Erfahrung darstellt. Ellrich beschreibt das körperliche Verhältnis jener „digitalen Elite" zu sich selbst und auch zur allgemeinen Körperlichkeit als durchweg schwierig, so dass eine körperliche Einheit mit der Maschine gesucht wird. Denn „Identität, die technisch vermittelt ist, steht hoch im Kurs" (Ellrich 2000: 90). Persönliche Kontakte, die durch Primär- und Sekundärsozialisation vermittelt werden, werden dabei als relativ unwichtig eingestuft und somit vernachlässigt.

Nun tritt aber eine besondere Schwierigkeit hervor. „Denn der Witz des technisch medialisierten Konzepts von Identität bestand gerade im Ausschluß realer Beobachtungen (und Kontrollen) durch einen – sei es nun konkreten oder generalisierten – Anderen" (Ellrich 2000: 96). Zwar beschreibt Ellrich die totale Anonymität des Technik-Freaks als nicht möglich, da bisherige Normen durch neue technische Normen ersetzt werden müssen und dies nicht ohne Bezug auf die Gesellschaft vollziehbar ist. Doch auch in zweierlei anderer Hinsicht besteht gewissermaßen die Anwesenheit eines Anderen. Denn erstens besteht die eigene Kontrolle, die im Umgang mit dem Rechner sozusagen über das normale Maß an Selbstreflexion hinausgeht. Beispielsweise in Computerspielen tritt der Nutzer anderen Spielern gegenüber, falls er netzwerkartige Verknüpfungen zu anderen Spielern hat. Ohne Netzwerk tritt er sich als Spieler selbst gegenüber. In beiden Fällen tritt der Nutzer als computersimulierte Person (oder als anderes Wesen) auf, in einer Gestalt, die der Spieler sich meist selbst aussuchen kann. Auf diese Weise findet gewissermaßen ein Austausch statt, sei es auch mit sich selbst, da der Spieler eine andere Person (oder dergleichen) verkörpert und über sie anders als über sein reales Selbst reflektiert, die Verbindung zu sich selbst aber dennoch nicht ganz verloren geht. Insofern ist eine Identitätsentwicklung auch unter sozialen Aspekten zumindest teilweise möglich. „Virtuelle Erlebnis- und Kommunikationsumgebungen ermöglichen somit eine Identitätserfahrung, die außerhalb von historischer Rückbindung und den auferlegten Grenzen der Körper-Bewußtseinsunterscheidung operiert, obwohl beide als Hintergrund und Kontrasterfahrung für die Differenzkonfigurationen unumgänglich sind" (Spangenberg 2000: 144). Der Andere als Spiegel und Kontrastfolie für die Ausbildung der eigenen Identität ist also ebenso wichtig wie der Umgang mit und die Erprobung von Grenzen. Beides wird in der virtuellen Welt zu einem gewissen Grad aufgelöst und verschoben. Der Andere ist nicht unmittelbar gegeben und Grenzen verlieren ihre Undurchdringlichkeit. Und doch dient der Umgang mit beidem als Mittel zur Identitätsentfaltung, da sowohl der Andere als auch die Grenze gegeben sind, wenn auch nur virtuell und mittelbar. Identität wird zu einem großen Teil durch die Erfahrung gemacht, wer oder was man *nicht* ist, nicht nur durch die Feststellung, wer oder was man *ist*. Im Netz kann man die verschiedensten Rollen annehmen. Ob man nun das Geschlecht wechselt oder das Alter oder Aussehen verändert, für kurze Zeit wird jene andere Identität gelebt und als die quasi eigene verspürt. In der Differenz zur realen Identität bildet und festigt sich eine solche. Im Chat oder Netzwerken (wie den MOOs) treten viele Personen zunächst mit ihrem imaginären Traumkörper auf. Auf Dauer jedoch nähern sie sich immer mehr dem realen Körperbild an, denn auf lange Sicht ist es nicht befriedigend, etwas anderes darzustellen als das, was man ist. „Das Subjekt darf die Seiten wechseln, um virtuell herauszufinden, ob es im falschen Körper geboren ist oder ob es sich nur einen Ruck geben muss, um mit Begeisterung zukünftig das zu sein, was es immer schon war" (Funken 2002: 270). Daraus folgt, dass nicht nur identitätsunsichere Menschen im Netz unter anderen Merkmalen auftreten, sondern durchaus auch Personen mit gefestigter Identität. Das Spiel hilft, zu wissen, was gewünscht und erträumt wird und wie sehr dieses Bild vom Ist-Zustand abweicht. Es dient somit der Identitätspflege und der Erkenntnis über das Maß an Zufriedenheit oder Unzufriedenheit mit sich und dem eigenen Körper. Es gibt sicherlich auch einige Nutzer, die sich gelegentlich realistisch beschreiben, um sich in anderen Situationen wiederum völlig anders auszugeben. Identität ist ebenso ein Prozess, der unter Rückgriff auf getestete Grenzen und Erfahrungen laufend aktualisiert wird. Identitätsbildung verläuft nicht zwingend linear, also auf ein „Ziel" oder einen stets „besseren" Zustand hin, sondern im Wechselspiel zwischen Fort- und Rückschritten. Der Körper ist ein wichtiger Gesichtspunkt innerhalb dieses dynamischen Prozesses. Wenn verschiedene Rollen gespielt werden können, so drängt sich die Frage auf, inwieweit dies noch Identität genannt werden könne, nachdem der Begriff der Identität die Gleichheit von einer Person und ihren Rollen bezeichnet (vgl. Turkle 1998: 14). Nachdem aber die Übergänge zwischen Rollenspielen und der Realität fließend sind - das heißt, Rollenspiele sind meist nicht nur Spiele, sondern es fließen immer auch Persönlichkeitsmerkmale in die jeweilige Rolle mit ein und umgekehrt erwachsen aus Rollen weitere Persönlichkeitsmerkmale - tragen Rollen dazu bei, Identität zu aktualisieren. „Wenn man mit verschiedenen Geschlechtsidentitäten und Lebensstilen spielen kann, dann überrascht es nicht, daß dieses Spiel für einige Menschen so real geworden ist wie das, was man herkömmlicherweise als wirkliches Leben bezeichnet, obgleich sich für sie selbst dieser Unterschied längst aufgelöst hat" (Turkle 1998: 18). Manche MUD- oder MOO-Nutzer trennen nicht mehr eindeutig zwischen der Realität und der virtuellen Realität.

Im Falle der Spielgemeinschaften (eher in den MUDs zu finden), in denen es weniger um Kommunikation als um das Spielen eines Computerspiels innerhalb eines Spielernetzwerkes geht, besteht ein Diskurs über die Folgen solcher Spiele auf die Identitätsentwicklung vor allem bei Jugendlichen. Oft sind jene Spiele auf Gewalt- und Kriegssituationen aufgebaut. „Der Gefährdungsbegriff, so wie wir ihn in der Medienwirkungsforschung gebrauchen, geht von der Annahme aus, daß „etwas" in der virtuellen Welt den Spieler so stark „beeindruckt", daß er dadurch „etwas" in die mentale und reale Welt so transferiert, daß es nicht folgenlos bleibt" (Fehr/ Fritz 1997: 2. Was weiß die Wirkungsforschung?). Bei Jugendlichen, die Amok laufen, ist man nicht verwundert, wenn festgestellt wird, der Jugendliche habe Gewaltspiele am Computer gespielt. Es wird demnach ein Einfluss von Medien und in diesem Fall besonders des Computers, so er für Spiele in Netzwerken genutzt wird, vermutet und teilweise unterstellt. Eindeutig lassen sich die Folgen für Identitätsbildungsprozesse jedoch nicht feststellen. Daher soll auf eine weitere Analyse an dieser Stelle verzichtet werden[53]. Es soll genügen, festzuhalten, dass Identität von Kommunikations- und Informationstechnologien beeinflusst wird. Der Fall der Gewalt- und Kriegsspiele wird hierbei außen vor gelassen, er wäre sicherlich eine eigene Arbeit wert. Allgemein gesprochen leisten Computerspiele durchaus Identitätsangebote. Beispielsweise lautet die „Botschaft an die Ausbildung der Identität" des Spiels Tomb Raider III: „Strenge dich an! Überlege gut und handle richtig! Gib nicht auf und versuche es immer wieder! Laß dich nicht aus der Ruhe bringen!" (Fehr/ Fritz 1999: Staffel 11, 89: Tomb Raider III). Das Spiel Tomb Raider wurde sogar zu einem Kinofilm gemacht, nachdem es sich so gut verkauft hat. Die Hauptfigur Lara Croft wurde zu einer Kultfigur, eine Frau mit außergewöhnlichen Kräften und Fähigkeiten. Transzendenz im Frauenkörper, was für die Welt der Computerspiele bis dato recht ungewöhnlich war.

Auch hier kann das Argument, dass der Techniknutzer in den MUDs oder MOOS sozusagen „entkörperlicht" wird und dadurch eine Abwertung des eigenen Selbst stattfindet, zurückgewiesen werden. „Kein von mir befragtes

---

[53] Einen Einblick in die Analyse Gewalt und Medien liefern beispielsweise Fritz/ Fehr (2003).

Mitglied der >digitalen Elite< fühlt sich von den technischen Schöpfungen, die den Menschen in vielerlei Hinsicht an Leistungskraft übersteigen, erniedrigt. Es herrscht vielmehr die Meinung vor, daß der Computer die Selbstachtung seiner Nutzer steigert" (Ellrich 2000: 95). Denn moderne Individuen benutzen den Computer nicht nur zum Spielen oder als technische Herausforderung, sondern auch zur Informationsgewinnung und Bildung. Der Mensch wird weder entkörperlicht noch entindividualisiert, denn die Technik soll sich dem Individuum und dessen Bedürfnissen anpassen. So wirbt beispielsweise das Fraunhofer-Institut mit der „Intelligenz" der von ihnen entwickelten Maschinen: „Das Fraunhofer-Institut für Offene Kommunikationssysteme FOKUS hat sich dem Gedanken des intelligenten Netzes auf IP-Basis verschrieben: Personalisierte Informationen und Computerleisten begleiten den Nutzer und unterstützen sein individuelles Kommunikationsverhalten – unabhängig von Ort, Zeit und der Art und Weise des Endgerätes. I-centric – der Mensch steht im Mittelpunkt, die Technologie passt sich an" (FhG 2002: 9). Eine Abwertung des Geistes durch moderne Technologie findet genauso wenig statt wie eine Abwertung des Körpers, die vielfach diskutiert wird und auch in diesem Rahmen bereits angesprochen wurde. Natürlich ist hier vor allem ein computertechnologischer Bereich gemeint, in dessen Kontext der Nutzer Kommunikationsnetzwerke bildet oder mit sich selbst oder anderen Nutzern Computerspiele spielt. Wenn der Computer als reines Arbeitsmedium benutzt wird, so mag der Einwand berechtigt sein, dass der Mensch teilweise entkörperlicht wird, denn der Körper wird auf den Einsatz weniger Körperteile (die Hand, die entweder die Tastatur, die Maus oder den Joystick bedient, die Augen und das Gehirn) reduziert (vgl. Grüter 1997: 122 f.). Softwareentwickler aber besitzen einen eigenen Stil des Programmierens, ihre Ideen haben sie nicht nur vor dem Computer selbst, sondern auch in Alltagssituationen. Eine Lösung für ein Problem kann beispielsweise durch eine körperliche Bewegung angeregt werden, so dass der Computer-Mensch-Bezug auch physisch-körperlich werden kann anstatt rein imaginiert zu sein. „Der Körper des Entwicklers ist nicht nur auf der Ebene der Imagination formbildend wirksam, sondern auch auf der physischen Ebene der individuellen Existenz" (Grüter 1997: 123). Jene Fälle mögen selten vorkommen und beschreiben auch nur die Gruppe der Softwareentwickler. Körperlichkeit und Computertechnologie lassen sich also nicht in Bezug auf alle Nutzergruppen gleichermaßen in Verbindung bringen. Körperlichkeit in Zusammenhang mit Computernutzung ist allerdings wichtiger als auf den ersten Blick scheinen mag. Im Rahmen dieser Arbeit sind Kommunikations- und Informationstechnologien von zentralem Augenmerk, da die Nutzung dieser über das Internet zunimmt und der Körper hierbei deutlich eingesetzt wird. Insgesamt besteht ein hoher Grad an Durchdringung des modernen Menschen mit der Technik, so dass der Körper unweigerlich in den Alltagsgebrauch dieser mit einfließt.

Doch nun zurück zur Identitätsbildung, die von den zentralen Elementen der Technik und der Körperlichkeit beeinflusst wird. Im Falle von Störungen der Einheit Mensch-Computer treten Gefühle der Wut und sogar des Ekels auf (vgl. Ellrich 2000: 86 ff.). Das Individuum erlebt das Dysfunktionieren nicht nur als technischen Zustand, sondern auch als eine Art persönliche Kränkung. Der Computer wird also nicht nur als lebloses Objekt betrachtet, sondern als Partner, der versagt. „Insbesondere systemtheoretische Soziologen haben darauf hingewiesen, daß moderne Individuen die Technik mit der (alles andere als) trivialen Unterscheidung »heil/ kaputt« beobachten" (Ellrich 2000: 93). Im Kapitel III wurde bereits deutlich, dass moderne Individuen ihren Körper mit ähnlichen Attributen versehen. Krankheit wird als Versagen des Körpers gewertet, der Körper ist in diesem Sinne dann auch „kaputt". Eine Spaltung der Einheit Mensch-Technik und Mensch-Körper unter diesem Blickwinkel der Zuschreibung „heil – kaputt" bewirkt Identitätskrisen und führt so zu neuen Identitätskonstruktionen. Wurde früher Krankheit meist als entweder der Wille Gottes oder als Faktum, das in die Identität mit aufgenommen wurde, bezeichnet, so wird ein Dysfunktionieren des Körpers meist angeklagt und keinesfalls als unabweisbar angesehen. Die moderne (vor allem Medizin-)Technik spielt hierbei eine wesentliche Rolle, denn in das Identitätskonzept wird das Vertrauen auf die Technik bereits fest miteingeschlossen.

Identitätsbildung – Körperlichkeit – Technik, jene drei Kategorien schließen sich zusammen und bilden eine (spät-)moderne Einheit, eine Art Triumvirat. Doch hierbei ist nicht nur die körperlich-geistige Symbiose der „digitalen Eliten" mit ihren Computern gemeint, sondern auch die Einheit des Menschen mit der Medizintechnologie und vor allem auch mit Kommunikations- und Informationstechnologien. Jene Technologien werden in die Identitätsentwicklung einbezogen, da sie im Leben (spät-)moderner Menschen allgegenwärtig gelebter Alltag sind. Man bedient sich ihrer tagtäglich, ob bewusst oder unbewusst, in Gestalt von Werbung, Fernsehen, Computertechnik oder anderem. Identität kann also nur unter Bezugnahme der Medien und Technik gebildet und aktualisiert werden. Der Körper kommt beiderseitig ins Spiel. Denn für die Identitätsentwicklung ist er äußerst wichtig (siehe die Ausführungen unter Kap. I und II) und auch die Technik und Körperlichkeit stehen in enger Wechselwirkung. So besteht hoher Einfluss der Medien auf Körperideale, die Gesundheits- und Fitnessindustrie lebt von der medialen Vermittlung von Körperbildern genauso wie die Nahrungsmittelindustrie, Computerspiele zielen auf den Reiz des Eintauchens in Körperrollen ebenso ab wie Chatforen, die plastische Chirurgie lebt von den medial verbreiteten Schönheitsidealen und von der Entwicklung der Technik genauso wie die Transplantations- und allgemeine Medizin, etc. Identitätsentwicklung und –aktualisierung sind also nicht mehr ohne die laufende Wechselseitigkeit zwischen den Triumviratspartnern zu denken.

Dass jener Einfluss der Technik und des Körpers auf die Identität sich auch im religiösen Leben niederschlagen, ist nur eine logische Schlussfolgerung. Das Vertrauen auf die moderne Technologie wächst zu einem Glaubensfundament heran. Das Glaubensgerüst besteht also zu einem hohen Grad aus technischen und körperlichen Elementen. So erhalten die Technik und der Körper eine mystische Konnotation, da der Eingriff und die Kontrolle über beide Größen einer Allmacht gleichkommt, die in vormodernen Zeiten übermächtigen Kräften bzw. Göttern vorbehalten war.

2.2. Ist (spät-)moderne Identität überhaupt noch möglich?

Der (spät-)moderne menschliche Körper ist vor allem durch moderne Technologien zu einem hohen Grad veränderbar und gestaltbar. Es bestehen nicht nur unzählige Möglichkeiten dies zu tun, sondern Personen sind auch permanent dem sozialen Druck unterworfen, sich um den eigenen Körper zu kümmern, ihn zu pflegen ebenso wie ihn zu verändern und ihn zu perfektionieren. Damit gerät auch der Prozess der Identitätsbildung in einen stetigen Fluss. Identität ist zwar keine Größe, die generell zu einem gewissen Zeitpunkt abgeschlossen ist oder sein kann, sondern in ihr besteht immer ein Prozesscharakter. Jener wird in (spät-)modernen Zeiten aber verstärkt. Durch die im Laufe der Arbeit geschilderten Möglichkeiten und Anforderungen vor allem an den menschlichen Körper befindet sich die (spät-)moderne „Durchschnittsidentität" in einem stetigen „Rausch- oder Fließzustand". Der Körper ist Angelpunkt für Wünsche, Sehnsüchte und Erwartungen. Ihn zu verändern und vor allem zu perfektionieren, stellt eine gewaltige und permanente Herausforderung dar. Glück, aber auch Verzweiflung sind stetige Begleiter auf diesem Weg.

Kann man da eigentlich noch von Identität sprechen? Einerseits kann man vom Körper „als „letztem" Hort von Authentizität und unhintergehbarem Bezugspunkt von Identität" (Borkenhagen 2001: 55) sprechen, andererseits aber wird der Körper in der Moderne oft als „Projekt" oder „Konstrukt" verstanden, was impliziert, dass er gestaltbar und veränderbar ist. Daher besteht eigentlich keine oder wenig Authentizität und Unhintergehbarkeit mehr (vgl. Borkenhagen 2001: 55). Wie bereits erläutert, ist es modernen Personen möglich, ihre körperlichen Grenzen zu einem stets höheren Grade zu überschreiten. Anhand von Schönheitsoperationen lässt sich das Aussehen drastisch verändern, das Alter kann sowohl chirurgisch als auch kosmetisch äußerlich herabgesetzt werden, das biologische Geschlecht kann durch Hormonbehandlungen und Operationen geändert werden. Organe werden verpflanzt, Prothesen getragen, Leben wird künstlich erhalten. Inwiefern kann eine Person also noch von ihrer eigenen Identität sprechen, wenn sie fremde Organe in sich trägt, eine „neue" Nase durch eine Schönheitsoperation erhalten hat, durch eine Kosmetikbehandlung zehn Jahre jünger aussieht und durch eine Geschlechtsumwandlung ein anderes Geschlecht besitzt? Handelt es sich hierbei um eine Person, die ihre Identität auf einem Operationstisch zurückgelassen hat oder ist dies eine in der (Spät-)Moderne häufig anzutreffende "flow identity" (zum Verhältnis von Identität, "flow" und Globalisierung siehe unter anderem Meyer/ Geschiere 2003: Introduction), also eine Identität, die sich in einem permanenten Fluss befindet? Das fremde Organ mag zwar ursprünglich fremd sein, die Nase künstlich geschaffen, das Alter auch nur äußerlich verändert und es sich bei dem Geschlecht nicht um das „Ausgangsgeschlecht" handeln. Dennoch identifiziert sich eine Person in der Regel dennoch als dieselbe Person, die dem eigenen Ideal einfach nur näher gekommen ist. So geben die meisten Menschen, die eine Geschlechtsumwandlung vornehmen lassen an, im „falschen" Körper geboren worden zu sein. Identität ist dann erst nach der Operation wirklich möglich. Organe werden zu den eigenen, wenn der Abstoßungsreiz des eigenen Körpers überwunden ist und der Mensch mit dem fremden Organ weiterlebt. Prothesen werden in den Alltag integriert und auf Dauer Teil der eigenen Identität. Ebenso verhält es sich mit schönheitsoperierten Körperteilen und kosmetisch behandelten Körpern. Die äußerliche Veränderung bewirkt eine innerliche Veränderung; so geben die meisten Menschen nach einer Schönheitsoperation an, es „für sich" getan zu haben und dadurch zu mehr innerer Zufriedenheit genauso wie zu neuem (äußerlich wie innerlichem) Selbstbewusstsein gekommen zu sein. Auch wenn es „für sich" getan wurde, sind die Wünsche nach Veränderung von Idealen und sozialen Mustern geprägt und daher nie ganz autonom. Viele Menschen mögen zwar in eine Identitätskrise geraten, wenn der Körper verändert wird (vor allem wenn es nicht dem eigenen Wunsch entspricht, z.B. wenn eine Prothese nötig wird, oder wenn das Ergebnis beispielsweise nach einer Schönheitsoperation nicht das gewünschte ist), doch bildet er mit der Zeit eine neue Identität heraus, wenn nicht in Harmonie mit der Technik, dann zumindest meist in Zusammenarbeit mit ihr.

Identität ist in (spät-)modernen Zeiten also eine fließende Größe. Dies ist nicht unproblematisch, da eine laufende Identitätsaktualisierung stetige Aufmerksamkeit und Sorge fordert. Jene dauerhafte Auseinandersetzung mit dem eigenen Körper bewirkt, dass der Körper zum Zentrum der Identitätsbildung und -aktualisierung wird. Er wird stilisiert und überhöht. Moderne Kommunikations- und Informationstechnologien wirken stetig auf den modernen Menschen ein, so dass die Reproduktion von Idealen gewährleist ist. Anerkennung erfolgt, wenn der Körper der Perfektion nahe ist. Auf diese Weise bildet sich eine (Ersatz-)Religion aus, innerhalb der Schönheitschirurgen, Ärzte, Kosmetikerinnen zu Mittlern zwischen dem Heil und dem Menschen fungieren. Die Nutzung der Technik kann also spirituelle Züge tragen bzw. spirituelle Erlebnisse auslösen. Jener Vorgang soll Inhalt des nächsten Kapitels sein.

3. Religiosität, Körperlichkeit und moderne Kommunikations- und Informationssysteme

Das moderne Verhältnis des Menschen zwischen Magie und Technologie stellt ein Paradoxon dar. Denn technologischer Fortschritt geht mit einem erhöhten Level an Rationalität einher, während Magie oder Mystik als irrational angesehen werden. Doch sowohl Rationalität als auch Magie nehmen im modernen Leben zu, ohne einen Widerspruch zu bilden. Auf jene Paradoxie der Moderne wurde bereits im III. Kapitel hingewiesen. Der moderne Mensch bedient sich der Magie als Konsumobjekt. Selbst Religion wird in modernen Zeiten rationalistisch konsumiert, wohingegen die Technik eine spirituelle Konnotation erhält. Eine solche ergibt sich aus dem Glauben, den Menschen in die moderne Technologie haben. Sie soll ihnen ein besseres, fortschrittlicheres und erfüllteres Leben bescheren. Die Werbeindustrie soll verzaubern, weniger informieren und rationalisieren. Emotionen werden unter spätmodernen Verhältnissen groß geschrieben, jedoch unter Rückgriff auf Technologie und Fortschritt. Magie und Technologie sind also enger miteinander verbunden als auf den ersten Blick vermutet werden könnte, denn "[...] our expectations for technology have become magical and our use of it is increasingly irrational. Magic in turn has acquired a rational facade and is used like technology for purposes of efficiency" (Stivers 1999: 1).

Das Magische oder Spirituelle als eine Art Gegenquelle zur extremen Rationalität einer technologisierten Welt zu verwenden, es aber dennoch rationalistisch zu konsumieren, stellt also ein doppeltes Paradoxon dar: Mystik als Fluchtpunkt vor der Rationalität der Welt zu gebrauchen und gleichzeitig das Mystische ebenso als rationalistischen Gebrauchsgegenstand zu behandeln. Gebrauchsgegenstand wird das Mystische deshalb, weil der moderne Mensch sich seine Art von Magie auf einem Markt aussuchen kann. Er lässt sich verzaubern, jedoch nicht von spirituellen Mächten an sich, sondern vom Warenangebot der jeweiligen angebotenen Glaubensrichtung.

Technologie im Allgemeinen ist demnach tief im Leben der modernen Menschen verwurzelt, nicht nur in den augenscheinlich rationalen Lebensbereichen, sondern auch in spiritueller Hinsicht. Moderne Kommunikations- und Informationstechnologien im Besonderen tragen nun dazu bei, dass sich Glaubenssysteme bilden und verbreiten. Besonders der menschliche Körper ist von den „Schöpfungen", das heißt, den Produkten der modernen Technologien (sowohl der Medizintechnologie wie den Medien) betroffen, da visuelle Bilder in modernen Zeiten stets wichtiger werden und sich besonders „body-images" gut als Werbeträger eignen.

3.1. Religiosität, Wertvermittlung und die Rolle der Medien und Technik

Oblag die Vermittlung von Werten in vormodernen Zeiten fast ausschließlich den institutionalisierten Religionen, so gestaltet sich eine Wertvermittlung unter modernen Gesichtspunkten als eine differenzierte Aufgabe, die sich die Medien, verschiedene Institutionen (beispielsweise die Schule, die früher auch Werte vermittelt hat, aber noch stärker von klassisch-religiösen Inhalten geprägt war) und der Staat teilen.

Sinnstiftung erweist sich in der Moderne als problematisch, da die Orientierung an kirchlich-institutionalisierten Werten abnimmt. Allgemeinverbindliche und weitgehend unhinterfragte – da Konfession meist von den Eltern auf das Kind übertragen wird – Orientierung findet in dieser Form nicht mehr statt. Es bestehen heutzutage Möglichkeiten, die Konfession, ohne mit Sanktionen rechnen zu müssen, zu ändern, aufzugeben oder parallel andere Religionen betreiben zu können. Da der allgemeine Trend der modernen Gesellschaft in einer starken Betonung von Körperlichkeit, verbunden mit einer Schnelllebigkeit, liegt, bilden sich Glaubensgemeinschaften, die den Körper im Mittelpunkt sehen. Der Körper als Sinnstiftungsphänomen ist also eine (Ersatz-)Religion, die dem Trend zur Körperstilisierung folgt. Werte werden demnach nicht mehr von großen Institutionen vorgegeben bzw. die Orientierung an diesen nimmt ab, sondern Werte werden zunehmend abstrakt vermittelt. Wurden grundlegende Werte und Normen früher vor allem im direkten Kontakt – durch Eltern, Schule, Kirche, etc. – weitergegeben, so besteht heute die Möglichkeit, Werte auch auf abstraktem elektronischen Wege zu vermitteln, ohne dass ein direkter Austausch stattfinden muss. Zwar besteht die Werteübertragung noch immer primär im direkten Austausch, jedoch spielen Medien eine stets beachtlichere Rolle. Sie sind Organ der Gesellschaft und sind daher an der Meinungsbildung und in einem anwachsenden Ausmaß daher auch an der Wertvermittlung maßgeblich beteiligt. Die Formung der Medien und der Gesellschaft verläuft wechselseitig, das heißt, die Gesellschaft wird einerseits durch die Medien geformt und andererseits formt die Gesellschaft die Medien, indem die Medien an der Gesellschaft orientiert sind und durch diese aufgebaut werden. Dies ist also ein Wechselwirkungskreislauf. Medien spiegeln in der Regel die aktuellen Themen der Gesellschaft wider und formen diese auf diese Weise wiederum. Was auf der einen Seite von der Gesellschaft vorgegeben wird, formt auf der anderen Seite. Die Beeinflussung ist wechselseitig. Was von den Gesellschaftsmitgliedern als brisant erlebt wird, wird von den Medien aufgegriffen und somit verstärkt sich dieser Effekt zusätzlich, da sich die weitergegebenen Informationen wiederum in den Meinungen und Handlungen der Menschen niederschlagen.

Körperlichkeit ist ein Thema, das die meisten Gesellschaftsmitglieder anspricht, da sich jeder in einer permanenten Auseinandersetzung mit seinem Körper befindet, ob in bewusster oder unbewusster Form. Von den Medien wird jene Auseinandersetzung verstärkt, da der Körper ein dauerhafter Medieninhalt ist. Themen sollen möglichst jeden ansprechen, also ist es ein logischer Schluss, dass der Körper im Mediengeschehen eine wichtige Rolle spielen muss.

3.2. Der Mensch zwischen medialer Welt und Erlösung

Von den Medien werden Schönheitsideale geschaffen und verbreitet, an die sich der moderne Mensch anzugleichen versucht. Der Wille zum Besonderen, zum Anders-Sein als der Durchschnitt wird zu einem Massenphänomen. Im Grunde genommen strebt der Mensch jedoch danach, Anerkennung zu finden und von der Masse der Gesellschaft akzeptiert zu werden. Der soziale „Zwang" zur Distinktion schafft wiederum ein einheitliches Maß an Anders-Sein. Jeder möchte anders als die anderen sein. Wer dies erreicht (am einfachsten über seinen Körper, der das sichtbarste Zeichen für eine solche Darstellung ist), kann sich in seiner Quasi-Normalität ausruhen und sonnen. Diese Paradoxie wird als normal angenommen. Wer jedoch in dieser Normalität nicht wieder versinken möchte, was gesellschaftlich erwartet wird, muss beständig an seinem normalen Anders-Sein arbeiten. In der Moderne kommt es also vor allem darauf an, sich der Geschwindigkeit der „normalen" Veränderungen anzupassen oder noch besser: schneller zu sein als die Anderen.

Viele Autoren beschreiben jenen Anpassungsprozess an gängige Schönheitsideale als eine Standardisierung und somit als Anti-Individualisierung. „Der Körper wird durch Stimulantien, Elektronik und High Tech der Transplantationstechnik kolonisiert, er wird mit Drogen, denaturierten Lebensmitteln, Medikamenten und plastischer Chirurgie seiner Fähigkeit, ein Unikat, ein „individuelles" Subjekt zu sein, beraubt" (Seifert 2004: 356/57). Das Argument einer solchen „Entindividualisierung" wird hier jedoch entschieden zurückgewiesen. Denn der Körper wird zwar beeinflusst und von außen wie von innen manipuliert, aber dies geschieht dennoch individuell und wunschgemäß, auch wenn der Wunsch in einer Angleichung an den Standard besteht. Das Individuum fühlt sich dem Schönheitsideal näher und damit fühlt es sich anders als die breite Masse. Hinzu kommt immer eine individuelle Note, auf die die meisten Menschen besonderen Wert legen. Es geht ihnen nicht darum, auszusehen wie Claudia Schiffer in dem Sinne, ein möglichst perfektes Double von ihr zu sein, sondern eher in dem Sinne, ebenso schön wie ein Supermodel zu strahlen. Viele Menschen mögen sich kleiden wie ein Vorbild, sie haben meist jedoch mindestens ein Merkmal, das sich von dem Vorbild unterscheidet und auf das man stolz ist, wie beispielsweise eine Tätowierung oder ein Muttermal. Der Trend zur Standardisierung von Schönheitsidealen und zum Wunsch nach Angleichung an diese, widerspricht nicht der allgemeinen Tendenz zur Individualisierung, beide Phänomene bestehen nebeneinander und ergänzen sich sogar. Es geht auch darum, sich schneller an die Modeerscheinungen anzupassen und somit exklusiver und damit auch anders zu sein als der Rest.

Jene Geschwindigkeit ist ein Gradmesser für das Erreichen von Ekstase, einem außergewöhnlichen aus-sich-selbst-heraus-gehenden Zustands. Nicht nur die Schnelllebigkeit der Gesellschaft, also die rasche Veränderbarkeit, die alle Lebensbereiche durchdringt, ist ein Ursprung und Auslöser für die permanente Aufforderung zur Selbstreflexion und Anpassung der Lebensweise, sondern auch eine andere Form von Schnelligkeit. Über Schnelligkeit, aber auch Geschwindigkeit in einem physischeren Sinne vermag der moderne Mensch ekstatische Zustände zu erreichen. Ekstase[54] gilt in religiösen Gemeinschaften oder Situationen als ein Rauschzustand, der durch starke geistige Konzentriertheit, verbunden mit körperlichen Zeremonien, herbeigeführt wird. Heute ist Ekstase hauptsächlich ein Körperthema. Wo früher der Knackpunkt zur ekstatischen Erfahrung bei einer abstrakten Stärke (eine oder mehrere Gottheit/en) in Verbindung mit körperlichen Erfahrungen lag, so liegt er heute vor allem in körperlich erfahrbaren Situationen, die eine andere Art des Aus-sich-heraus-Tretens verkörpern. Man tritt nicht mehr im Kontext geistig-spiritueller Überlegungen (im Zusammenhang mit körperlichen Ritualen) in einen ekstatischen Zustand ein, sondern erfährt Entrücktheit vor allem durch körperliche Geschwindigkeit. Dazu ist nicht zwingend ein besonderer geistiger Zustand erforderlich. Bungee-Jumping-Anbieter oder Jahrmarkt-Karusselle bieten Ekstase ohne Anstrengung und immer höher und weiter und riskanter an (vgl. Gross 1999: 228 ff.). Religiöse Erfahrungen gehen in spätmodernen Zeiten also vermehrt einher mit körperlichen Erfahrungen. Erlösung ist ein Bedürfnis, das entweder durch eine höhere Seins-Stufe (näher und schneller als andere an der Perfektion zu sein) oder durch ekstatische Erlebnisse erreicht werden kann. Sie ist also nur ein kurzes, schnell wieder vergängliches Produkt auf der Suche nach Heil über den Körper. So schwankt der Mensch zwischen der technisierten Welt, die das Angebot an Ekstase bereithält und jenem ekstatischen Zustand, den er mit Erlösung gleichsetzt. Schnelligkeit erhält eine weitere körperliche Bedeutung. Gelingt es dem Menschen, sich den schnell wechselnden Körpertrends anzupassen, in dem Sinne schneller zu sein als die anderen und damit ein exklusives Maß an Normalität erreichen zu können, macht er ebenfalls eine Erlösungserfahrung. Da sein Körper nämlich das Zentrum seiner (Ersatz-)

---

[54] Zu einer genaueren Defitinition von Ekstase siehe Eliade (1987: 11 ff.): Mircea Eliade definiert Ekstase anhand unterschiedlicher Zugänge. Die Unterteilung umfasst: Historical Approach, Phenomenological Approach, Sociological Approach, Psychological Approach, Cross-Cultural Approach. Ihnen gemeinsam ist die Tatsache, dass Ekstase einen Zustand des „Aus-sich-selbst-herausgehenden Zustands", eine Form von Transzendenz beschreibt, die zur Erklärung von Religion von großer Bedeutung ist. Aus Platzgründen soll hier nicht weiter auf jene Erklärungsansätze eingegangen, sondern vor allem eine (spät-)moderne „Ekstase-Praxis" dargestellt werden.

Religion ist, an den er glaubt und den er stilisiert, findet Erlösung unter Rückgriff auf sich selbst statt. „Selbsterfahrung, Selbstbildung und Selbsterlösung sind Erziehungsideale seit dem modernen, von der Aufklärung, von Kant und Rousseau geprägten Persönlichkeitsideal, demzufolge sich das Individuum Zug um Zug aus räumlichen, sozialen und kulturellen Bindungen herausgearbeitet hat und Ich wird und sich als solches erkennt. Und dementsprechend ist Ekstase heute Selbstekstase" (Gross 1999: 228) (Hervorhebungen M.K.).

Der Mensch erlöst sich also selbst, indem er Gebrauch macht von moderner Technik auf der einen Seite und indem er sich an den Vorgaben der Gesellschaft orientiert, die er zu einem großen Teil von den Medien vermittelt bekommt. Nur durch das paradoxe Verhältnis aus Normalität und Abnormalität kann sich eine (Quasi-)Religion entwickeln. Denn eine Religion ist eine Glaubensrichtung, die die Bedürfnisse einer breiten Masse anspricht und somit ein gewisses exklusives Maß an Normalität vorgibt, das gegenüber Nicht-Mitgliedern distinktiv und somit abnormal wirkt. „So kann man in Frieden mit seiner Abnormalität und mit der Normalität der anderen leben, denn man versteht ja seine Abnormalität nun als eine besondere Form der Normalität. Diese soll zudem auch noch das Heilmittel der bestehenden, normalen Normalität sein, und scheint daher den anderen überlegen zu sein" (Caysa 2003: 10) (Hervorhebungen M.K.). Caysa hat hier keinen religiösen Charakter angesprochen, jedoch ist dieser durch die vorangegangen Überlegungen zu erkennen. Ebenso zeigt sich der religiöse Charakter in der neuen Macht, die der Mensch erlangt. Er erreicht einen gottähnlichen Status, indem er sich quasi selbst erschaffen kann. Damit wird er zum Sieger über seine eigene Natur, zu einer übernatürlichen Person. Dieser Vorgang gründet zwar in der Ausgangsbasis der extremen Rationalität, erreicht durch die Stilisierung des Körpers seine mystische Konnotation. Der Vorgang an sich ist rational bestimmt, jedoch die Verehrung und der gesellschaftliche Erfolg nimmt spirituelle glaubensähnliche Züge an.

Jenes Schwanken zwischen anpassender Normalität und Anderssein ist ein Schwanken zwischen Erlösung und einem Druck zur stetigen Veränderung. Das Gefühl, sich verändern zu wollen oder zu müssen, ist vor allem das Motto und Ziel der Medien. „Das Glück als weltlicher Vorgeschmack der himmlischen Seligkeit verdinglicht sich im Eigentum, dem Zeichen der erfolgreichen Leistung. Der Weg in den Himmel gilt nicht mehr als vorrangiges Sozialziel. Geblieben ist aber die Hoffnung auf eine bessere Welt. Geblieben ist der Wunsch, sichtbare Zeichen des höheren Wohlwollens zeigen zu können. Geblieben ist auch der Weg zur Seligkeit, markiert von den Zeichen des Erfolgs" (Bühler 1973: 99). Seligkeit ist also eng verknüpft mit Erfolg. Beides sind eigenverantwortliche Bereiche des modernen Individuums. Von außen kommt der Druck, sich dem sozialen Wandel anzupassen, jedoch dennoch ein großes Augenmerk auf die Individualität zu legen. Jener Druck wird als

Handlungsaufforderung internalisiert und in bestimmte Handlungsweisen (beispielsweise ein in eine Richtung gelenktes Kaufverhalten) umgewandelt.

Ebenso dramatisch beschreibt der Philosoph und Soziologe Arnold Gehlen die Wirkungen medialer Beeinflussung in modernen Gesellschaften. Er spricht von „Übermüdung der Gehirne und der Abstumpfung der Sensorien [...], Apathie der Überfütterten [..], ihr vorsätzliches Vergessenwollen." (Gehlen 1986: 202) Moderne Informations- und Kommunikationsnetzwerken liegen Gefahren auf der einen Seite, auf der anderen Seite jedoch auch Vorteile zugrunde. Um den unter Bezugnahme auf Gehlen erläuterten auf das moderne Subjekt einwirkenden Gefahren entgegenzutreten, bedienen sich Menschen wiederum der Medien, um alternative Erfahrungen bzw. die Informationen über mögliche Erfahrungen sammeln zu können. Diese Paradoxie stellt ein typisches Merkmal der Moderne dar: Um einem durch den in der Moderne stattfindenden sozialen Wandel hervorgerufenen Phänomen zu „entkommen", bedient sich der Mensch gerade dieses Gegenstands (in diesem Falle der Medien im Sinne von Informations- und Kommunikationsnetzen, beispielsweise des Internets, um Informationen und Erfahrungsberichte anderer Betroffener zu recherchieren) aufgrund der technologischen Vorteile, um die Wirkung des Phänomens zu bekämpfen.

Ebenfalls ein Paradoxon ist eine Art Hass-Liebe, die der moderne Mensch in Bezug zu seinem Körper entwickelt. Einerseits erscheint ihm sein naturgegebener Körper als „Feind", den es zu verändern und perfektionieren gilt. Andererseits erlangt er völlige Glückseligkeit über denselben, veränderten Körper. Dieser dauerhafte Prozess zwischen Aggressivität und Verehrung des eigenen Körpers ist ein Problemfeld der Moderne, das jedoch wiederum die (Ersatz-) Religion des Körpers immer weiter vorantreibt und am Leben hält. Die mediale Welt ist daher auf der einen Seite der Feind, der die Unzulänglichkeiten des eigenen Körpers immer wieder deutlich macht, der auf der anderen Seite wiederum Möglichkeiten aufzeigt, jene Unzulänglichkeiten aus der Welt zu schaffen. So schwankt der Mensch zwischen Erlösung und Depression.

3.3. Wiederverzauberung in Computerspielen: Vom mystisch-religiösen Charakter moderner Computerspiele

Computerspiele stehen auf der Hitliste der Freizeitaktivitäten sehr weit oben. In Deutschland geben 40.2 % der Bevölkerung ab 14 Jahre an, häufig oder ab und zu Computerspiele zu spielen (davon sind 49.2 % Männer und 31.9 % Frauen; 84.4 % stellen die Gruppe der 14 – 19 Jährigen, aber auch in älteren Altersgruppen werden Computerspiele gerne gespielt, erst ab 50 nimmt das Spielverhalten deutlich ab (vgl. AWA 2003: 90). Die Tendenz zur im III. Kapitel beschriebenen Wiederverzauberung der Welt findet sich auch in Computerspielen wieder. Oft dienen mystische Figuren, Schauplätze und Geschichten den Hintergrund für ein Computerspielkonzept. „Die Spielemacher entnehmen nämlich ihre *Geschichten* nicht nur literarischen Quellen – man denke etwa an die Beziehung zwischen *Monkey Island* und Robert L. Stevensons *Schatzinsel* – vielmehr zeigen sie sich genauso beeinflusst von Märchenstoffen und klassisch-antiken wie nordisch-germanischen und/oder keltischen Mythen: Der immer siegende Held und die übermenschlichen Aufgaben eines Herakles gehören ebenso zum Kern von Computerspielen wie das Lösen von Rätseln“ (Kaminski 2003: 1/2).

Die beiden Abbildungen (IV – 2 und 3) zeigen je eine Insel, einmal aus dem Computerspiel *Monkey Island* und einmal aus dem Buch *Die Schatzinsel (Stevenson)*. Beide Inseln sind detailliert dargestellt, mit sowohl Vegetation und Bergen als auch Strand und Andeutungen von Siedlungen. Ebenso befindet sich auf beiden Landkarten ein Kompass.

Die dritte Abbildung (IV – 4) zeigt, dass es auch ein literarisches Comic bzw. ein illustriertes Buch über die Schatzinsel gibt. Es befinden sich nicht nur Illustrationen in dem Buch, sondern die Handlung basiert teilweise auf Dialogen in Sprechblasen. Unterhaltung und Bildung zeichnen sich also durch eine hohe Detailtreue und viele Abbildungen aus. Die mythenhaften Elemente werden auf diese blumige Weise der Darstellung besonders deutlich hervorgehoben.

Abbildung IV - 2:

Blick in die Welt von *Monkey Island*

Quelle: Kaminski 2003

Abbildung IV - 3:

Die Welt der *Schatzinsel*

Quelle: www.google.de (image)

Abbildung IV - 4: Ein literarisches Comic bzw. ein „illustrated book“:
Die Schatzinsel

Quelle : http://www.classicscentral.com/hold1/ti-acclaim.jpg

Antike Mythen und mythisch besetzte Computerspiele unterscheiden sich allerdings in einigen Punkten voneinander. So findet keine moralische Auseinandersetzung des Spielers mit moralischen Inhalten des Spiels statt, zumindest in vielen Fällen nicht. Auch muss sich der Spieler nicht für seine Handlungen im Spiel rechtfertigen (vgl. Kaminski 2003: 4). Dennoch sind in Computerspielen einige Parallelen zur Mystik enthalten: Die Benutzeroberfläche ähnelt antiken mystischen Schauplätzen oft sehr deutlich (siehe Abbildung IV - 2: Die Szenerie des Spiels Monkey Island ist aufgebaut in Anknüpfung an die Schatzinsel). Spieler können oft die Gestalt von Elfen, Piraten oder anderen Märchenfiguren annehmen, meist sind sie auch mit übernatürlichen Kräften und Fähigkeiten ausgestattet. Rätsel finden sich ebenso oft wie Hinweise in Gedichtform oder Aufgaben nach der Suche eines Grals oder heiligen Gegenstands. Eine Folge des Computerspiels „Indiana Jones“ handelt beispielsweise von der Suche nach dem heiligen Gral, der ewige Jugend verleiht.

Offenbar sprechen jene Spiele also Alltagssehnsüchte (Heldenhaftigkeit, zauberhafte Umgebungen, übernatürliche Kräfte, ewige Jugend etc.) und das Bedürfnis nach Zauber, Mystik, Spiritualität und klaren Werten (genaue Definitionen des Guten, das gegen das klar abgegrenzte Böse kämpft) an.

Eine Analyse der im Netz oft gewählten Netzpseudonyme zeigt ebenso eine Tendenz in den Sphären der elektronischen Kommunikation auf, die in Richtung Mystik geht: „Auf diese Art wird der logisch rationalen Welt der Computerkommunikation ein mystischer Touch verliehen" (Wetzstein et al. 1995: 80). Pseudonyme, die bekannten (oft Fantasy-)Büchern, Märchen oder Filmen entnommen sind, werden häufig und gerne verwendet. „Gnom", „Elfe", „Wizard", Magier" etc. sind nur einige wenige Beispiele dieser Art. Die Macht und die Ausstrahlung der gewählten Helden oder Figuren sollen auf diese Weise bereits transponiert werden, bevor die eigentliche Beschreibung des Spielers erfolgt oder das Spiel beginnt.

Der Wiederaufschwung der Buchreihe „Herr der Ringe" von Tolkien und die daraus entstandenen Neuverfilmungen legen ebenfalls ein Zeugnis ab von dem Bedürfnis nach Wiederverzauberung der Welt. Millionen Kinobesucher tauchten ein in die Welt der Sagen und Mythen und fieberten mit im Kampf des Guten gegen das Böse.

Der Inhalt der ursprünglichen Mystik wird jedoch im Spiel meist recht schnell aufgegeben. So dient das Mystische eher als ästhetische Funktion und Hintergrund für das Spiel und der erzählerische Wert an sich tritt zurück (vgl. Kaminski 2003: 6, bezogen auf eine Studie von M.L. Ryan 2001).

Die Nutzer von Computerspielen können also in die Körper von Superhelden und mythischen Figuren schlüpfen und auf diese Weise moderne Transzendenzerfahrungen machen. Virtuelle Körperlichkeit wirkt auf den Prozess der Identitätsbildung mit ein, da Sehnsüchte (wie das Bedürfnis nach Wiederverzauberung oder der Wunsch nach einem makellosen Körperbild) kurzfristig gefühlt und gelebt werden können.

Viele Spiele mögen so aufgebaut sein, dass vor allem der Medienpädagoge sich fragen mag, ob das Eintauchen in die Welt des Computerspiels nicht nur ein pures mechanisches Abspulen von Reaktionsleistungen ist, wie es bei einigen sogenannten „Gewaltspielen" sicherlich oft vorkommt. Die sogenannten „Adventure Spiele" jedoch sind meist anders aufgebaut. Sie fordern das strategische Geschick des Spielers und tragen zumindest teilweise zur Bildung (Persönlichkeitsbildung genauso wie Gedächtnistraining) bei. Spiele, in denen der Spieler in andere Körper schlüpft und als Monster oder auch Superheld gegen andere Monster kämpft, mögen auch eine Körperrollenerfahrung darstellen, können in einigen Fällen aber nichts oder nicht viel zur weiteren Persönlichkeitsentfaltung im positiven Sinne beitragen. Um Gewaltspiele soll es in diesem Kontext aber nicht gehen, sondern hier ist die mystische Welt der Adventure Spiele von Bedeutung.

4. Futurismus als moderne (Ersatz-)Religion[55]

Futuristen verehren technologischen Fortschritt und schaffen eine Art Hybrid zwischen Religion und Kunst aus jener Verherrlichung jeglicher technischen Errungenschaft. Die ästhetische Seite von technischen Objekten wird innerhalb dieses Hybrids emporgehoben, als Kunst betrachtet und als Ersatz für Religion angeboten. Menschen werden in diesem Sinne als je besser angesehen, je mehr Maschinenanteile in ihnen stecken. Umgekehrt werden Maschinen spirituelle Eigenschaften zugeschrieben, sie sollen als „sehr hohe und fruchtbare Inspirationsquelle" (Schmidt-Bergmann 1993: 111) dienen. „Die Futuristen beschreiben in ihren Manifesten einen Geschwindigkeits- und Technikkult in der Funktion einer Ersatzreligion" (Seifert 2004: 110).

Auch Geschwindigkeit steht im Mittelpunkt jener futuristischen Religion. Wie im vorangegangenen Unterkapitel beschrieben wurde, so ist Ekstase in modernen Zeiten hautsächlich über physische Geschwindigkeit zu erreichen. Dies sehen auch die Futuristen als wesentlichen Mechanismus, um sich in einen Rauschzustand zu versetzen. „Die Herrlichkeit der Welt ist um eine neue Schönheit bereichert: die *Schönheit der Geschwindigkeit.* Nach der dynamischen Kunst entsteht die neue Moral-Religion der Geschwindigkeit [...]"(Schmidt-Bergmann 1993: 201). Jene Verzauberung durch Geschwindigkeit im Sinne einer physischen Geschwindigkeit (Schnelligkeit, wie sie beispielsweise durch Bungee-Jumping entsteht) und im Sinne eines rasanten Fortschritts erhebt sich zur Religion, da nicht nur das Spirituelle und der Glaube durch Technik ersetzt werden, sondern auch, indem der Mensch zum Schöpfer wird. Er erschafft (zumindest im Zukunftsdenken, da der Eingriff in das Genmaterial des Menschen bereits vor der Geburt bzw. Empfängnis in naher Zukunft zumindest prinzipiell bevorsteht) und verbessert Menschen mithilfe der Technik. Auch kontrolliert er die Natur. Oblagen die enormen Kräfte der Natur früher übernatürlichen und vor allem übermenschlichen Kräften, so glauben die Futuristen daran, diese Kräfte in die Knie zwingen zu können. Geschwindigkeit spielt auch hierbei eine große Rolle: „Gewundene Pfade, Straßen, die der Trägheit der Flüsse folgen und sich den unregelmäßigen Rücken und Bäuchen der Berge entlangwinden – solcherart sind die Gesetze der Erde. Niemals eine gerade Linie; stets Arabesken und Zickzackkurven. Die Geschwindigkeit verleiht dem menschlichen Leben endlich eine der Eigenschaften des Göttlichen: *die gerade Linie.*

Unter einer Kutte aus Schlamm, das Gesicht über ihr aus fetten, lüsternen und fruchtbaren Fischen bestehendes Innenleben gebeugt, fließt die trübe Donau kollernd zwischen ihren hohen, unerbittlichen Bergen wie in einem immensen

[55] Aus Platzgründen soll hier auf den geschichtlichen Verlauf des Futurismus verzichtet werden; es soll genügen, festzustellen, dass der Futurismus zahlreiche Anhänger hat, dass er sich als (Ersatz-)Religion jedoch (noch) nicht bei einer breiten Masse durchgesetzt hat.

Zentralkorridor durch die Erde, wie in einem von den schnellen Wirbeln der Gestirne abgedeckten Kloster. Wie lange wird dieser pedantische Fluß einem Automobil erlauben, ihn wie ein verrückter Foxterrier jaulend mit voller Geschwindigkeit zu überholen? Ich hoffe, die Donau alsbald in gerader Linie mit 300 km pro Stunde rennen zu sehen“ (Schmidt-Bergmann 1993: 203). Die Natur zu verändern, ihr Fortschritt durch Geschwindigkeit aufzudrängen und Geradlinigkeit als künstliches Produkt, das als göttlich eingestuft wird, weil es den Menschen als Sieger über Naturgesetze erhebt, über alles zu stellen, ist ein wichtiger Faktor, der den Futuristen Zukunftsperspektive gibt. Denn die Natur zu verändern und geradlinig zu machen, ist nicht nur eine Lebensaufgabe, sondern auch eine Sinnwelt für sich.

Aber auch der Mensch an sich steht im Mittelpunkt der futuristischen Religion, nicht nur als Erschaffer, Erbauer und Manipulator der Natur, sondern auch in Bezug auf sich selbst. Als zu verehrendes Objekt, eben durch die Fähigkeiten der Veränderbarkeit. Der menschliche Körper spielt hierbei insofern die Rolle des angebeteten und anzubetenden Objekts, als der Körper technologisch verändert werden kann und somit der Perfektion näher kommt. Verehrt wird der Prozess der „Umwandlung“ und die geschaffene Ästhetik der Technik, der Mensch an sich jedoch nicht. Geradlinigkeit gilt auch in Bezug auf die Veränderbarkeit des menschlichen Körpers als Ideal, denn Ziel der Futuristen ist es, „daß wir die Schaffung eines nicht-menschlichen Typs erstreben, in dem der moralische Schmerz, die Güte, die Zuneigung und die Liebe abgeschafft sind, denn sie sind die zersetzenden Gifte der unerschöpflichen Lebensenergie, sie unterbrechen unsere starke physiologische Elektrizität“ (Baumgarth 1966: 135). Parallelen zum Christentum sind eindeutig erkennbar: Die Liebe, vor allem die fleischliche, ist sündhaft; Zuneigung und Hingabe wird vor allem in Bezug auf die Religion erwartet. In Bezug auf die menschliche Fortpflanzung ist es im futuristischen Sinne (bald) nicht mehr nötig, zwischenmenschliche Beziehungen einzugehen, da der Mensch in naher Zukunft künstlich erschaffen werden kann. So zumindest der Glaube der Futuristen. Jene Sichtweise kommt der in dieser Arbeit thematisierten (Ersatz-)Religion vom menschlichen Körper zwar sehr nahe, liegt aber dennoch auf einer anderen Ebene. Denn Futuristen stellen eine Minderheit dar, die zwar Ästhetik, Mensch und Technik in ihrer Religion zum Mittelpunkt erheben; als massenhaft inszenierte Alltagspraxis jedoch wird eine solche Religion nicht betrieben, zumindest noch nicht. Die Sichtweisen und Glaubensinhalte der Futuristen liegen auf extremer Ebene, extrem in eine bestimmte Richtung laufend. Auf alltagspraktischer und massenhaft inszenierten Ebene liegen allerdings die um den eigenen Körper beschriebenen Handlungs- und Verhaltensweisen, die so weit gehen, dass der eigene Körper zur (Ersatz-) Religion wird. Solche Praktiken mögen auch extrem sein, aber sie verlaufen subtiler und teils unbewusst, im Gegensatz zum Futurismus.

Wer dieser (Ersatz-)Religion angehört, der weiß in manchen Fällen nicht einmal um seine Mitgliedschaft, sondern betreibt seinen Körperkult teilweise ohne sich dessen oder ohne sich des Ausmaßes dessen bewusst zu sein. (Vor allem technologisch basierter) Körperkult als moderne (Ersatz-)Religion ist also insofern anders als der Futurismus, dass er alltagspraktisch hohen Anklang und tatsächliche Praxis findet, ohne extrem der Technik zu frönen oder sie zu verehren. Verehrt wird der eigene Körper und der damit verbundene Erfolg. Moderne Technik dient als Hilfsmittel, das mit einem gewissen Maß an Verehrung bedacht wird, aber nicht den Mittelpunkt erreicht. Auch werden andere Religionsformen (wie beispielsweise das Christentum) nicht automatisch als rückständig und abgelöst deklariert. Viele Körper-Religion-Anhänger gehören auch einer institutionalisierten klassischen Religion an.

5. Bildung von hybriden Kommunikationsnetzwerken durch und über den und mit dem menschlichen Körper

Über den Körper an sich besteht bereits ein gewaltiges Kommunikations- und Informationsnetzwerk in der modernen Welt. Dies gestaltet sich überwiegend als ein indirektes, da es in der Regel auf einer latenten, nicht sichtbaren Ebene existiert, sozusagen in einem stillen Einvernehmen herrscht. Denn Menschen agieren zu einem großen Teil über ihren Körper im Sinne nonverbaler Kommunikation miteinander. So setzen Menschen ihre körperliche Präsenz in Kommunikationssituationen teilweise bewusst und teilweise auch unbewusst ein. Jene Symbolsysteme, die sich im Laufe der Geschichte der Menschheit herausgebildet haben zu kulturell und teilweise auch global anerkannten Zeichensystemen, bestehen als Netzwerk schon lange.

Doch auch in Diskursen über den Körper besteht ein Netzwerk aus körperorientierten Verhaltenscodizes. Die Mode beispielsweise ist zwar einerseits ein kulturspezifisches Phänomen, agiert jedoch durchaus auch auf globaler Ebene. Neu an jenem Netzwerk ist die rasche mediale Verbreitung von Körpertechnologien, die lokale Grenzen überwindet und sich in Diskursen über den Körper äußert. So bestehen also Netzwerke durch den Körper (in Form von Symbolsystemen), indem der Körper als Zeichenträger wirkt, und es bestehen Netzwerke über den Körper, sozusagen auf Metaebene, denn hier tritt der Körper nicht als Operator bzw. Träger auf, sondern als Gegenstand oder Inhalt des Netzwerkes. Letztere Art von körperorientierten Netzwerken sind moderne Phänomene, weil sie erst über moderne Kommunikations- und Informationstechnologien aufgebaut werden können.

Wie jedoch entstehen solchen Netzwerke, die den Körper entweder als Träger oder Gegenstand haben? Nur wenn ein allgemeines, das heißt, von einer breiten Masse getragenes Interesse am Körper besteht, können sich Netzwerke ausbilden. Ohne diese Empathie gelänge keine Grenzüberschreitung. Doch auch pures Interesse reicht nicht aus, um eine solche Hinwendung auf weltweiter Ebene zum Körper zu erklären, die sich in zahlreichen Kommunikations- und Informationstechnologien zeigt. Damit jene Systeme dauerhaft bestehen können, muss eine treibende Kraft die laufende Reproduktion der Netzwerke sichern. Diese Kraft liegt in der mystischen Besetzung bzw. der Hochstilisierung des menschlichen Körpers. Denn indem der Körper zu einem anbetungswürdigen und erschaffbaren Objekt bzw. Subjekt erklärt wird, das gottähnlichen Status erreicht, gelingen einerseits die Bildung von Netzwerken und andererseits das Fortbestehen dieser. Körperkult als (Ersatz-)Religion zu bezeichnen, ist also nicht nur eine These, sondern eine Tatsache aufgrund des beredeten Zeugnisses von den Netzwerken, die sich über ihn und durch ihn gebildet haben. Die Frage „Das autonome Subjekt ein verdinglichtes, hybrides *Sobjekt* der zukünftigen Universalgeschichte?“ (Ivanceanu/ Schweikhardt 1997: 11) beinhaltet einige der bisher angesprochenen Problemfelder der modernen Welt. Der Körper wird durch die Vereinheitlichung von Körperidealen zu einem verdinglichten Wesen, das zwischen Subjekt (als Gestalter der eigenen Identität) und Objekt (als Abhängiger von den Idealen der Gesellschaft) schwankt und in einer Gesellschaft lebt, das eine universale Geschichte für jeden vorsieht, da die Welt durch Technik kontrollierbar und gestaltbar geworden ist. Hybrid muss der Mensch durch seine Mehrdimensionalität sein, da er aufgrund der Technik stets weniger an Zeit und Raum gebunden ist und daher hybride Netze seines Handelns und Seins bilden kann, ja sogar muss, um anerkannt zu sein. Der Sinn des Lebens ist eine komplexe Frage, die durch den technischen Fortschritt noch verstärkt wird, da die Grenzen der Machbarkeit und Erfahrbarkeit immer höher gesteckt werden können. Was übrig bleibt ist ein verunsichertes Subjekt.

Auf den Körper als Identitätsstiftungsorgan zurückzugreifen, bietet sich also nicht nur an aufgrund der einfachen Tatsache, dass der Körper unmittelbar gegeben ist, sondern der Körper erlangt in Zeiten hochtechnologisierten Fortschritts eine Bedeutung, die die Gesellschaft teilt und vorgibt. Die bisher angeführten Diskussionen über den Körper, die Modernität und Identität legen ein beredtes Zeugnis ab von der Zentralisierung des eigenen Körpers in der Moderne.

Auch der Boom an Videospielen liefert ein eindeutiges Zeugnis über den Umgang mit dem Körper in der Moderne ab. Es werden Netzwerke geknüpft, indem Menschen an verschiedenen Orten zur gleichen Zeit miteinander Computerspiele spielen, vor allem Spiele, in denen Akteure von anderen gesucht, gefunden und (in meist aggressiver Manier) beseitigt werden müssen (sogenannte Gewaltspiele), erfreuen sich großer Beliebtheit. Sie haben einen Diskurs ausgelöst, der sich mit den Folgen für die Identität von video- und computerspielenden Menschen beschäftigt. Körper können in solchen Spielen abgewählt (also durch Monsterkörper oder dergleichen ersetzt) werden, der Akteur besitzt mehrere Leben, ist unsterblicher als in der Realität. Doch jene

Spiele spiegeln insofern die Wirklichkeit wider, indem Körper tatsächlich unsterblicher scheinen, da sie für die Dauer des Spiels quasi-real gelebt werden. In technologisierten Spielen schlüpfen Menschen in verschiedene Identitäten und Körper, sie spielen damit und bilden Netzwerke mit anderen Spielern. Das Spielen mit anderen Spielern, vor allem in Realtime (also gleichzeitig über das Internet), macht offenbar mehr Spaß als das Spielen alleine (Fehr/ Fritz 1998: 1. Multiplayer-Games oder: Die soziale Dimension des Computerspiels) oder das Antreten gegen virtuelle Gegner, die der Computer bestimmt. Der Netzwerkgegner wird zwar auch nur als virtueller Gegner auf dem Bildschirm abgebildet, aber das Wissen, dass er von einem Menschen aus Fleisch und Blut gesteuert wird, macht den Reiz stärker.

Eine weitere Kommunikationsart, in der Technik und Körper zusammentreffen und eine Einheit bilden, sind sogenannte Playstation-Spiele. Ein neuer Trend jener Spiele, die über den Fernseher laufen und derer es zahlreiche Varianten gibt – beispielsweise Autorennen – geht in eine andere Richtung als die meisten solcher Spiele. Gesteuert werden die virtuellen Autos oder Menschen – je nach Spiel – über eine Art Fernsteuerung, eine Handkonsole. Neu ist nun, dass der Spieler nicht nur eine Fernsteuerung bedient, sondern mit seinem ganzen Körper aktiv am Spiel teilnimmt. Am Bildschirm sieht er seine Gegner, eine Kamera nimmt die eigenen Bewegungen auf, und so kann der physische Nutzer mit einem virtuellen Gegner kämpfen, tanzen oder was auch immer angeboten wird. Das Spiel soll wohl den alarmierenden Zahlen der übergewichtigen Kinder entgegenwirken, indem die bei Kindern sehr beliebte Computer- und Fernsehtechnologie mit Körperaktivität verbunden wird. So entsteht ein Kommunikationsnetzwerk zwischen virtuellen und realen Körpern, unter Einsatz der Körper. Körperlichkeit, die Kommunikation mit und über den Körper und Technologien, die sich um den Körper bemühen und mit ihm kommunizieren sind Elemente der (Spät-)Moderne, in der der Körper keine Abwertung durch Technik, sondern eher eine Aufwertung und Quasi-Harmonie mit der Technik erfährt. Jene Harmonie ist zweifelhaft, da der Körper oft manipuliert (beispielsweise durch das Messer des Schönheitschirurgen oder das quälende Fitnessgerät) wird und durch Informations- und Kommunikationstechnologien oft ein gewisses Maß an Aggression gegenüber dem unperfekten Körper erzeugt wird.

Kommunikationsnetzwerke mit dem Körper bestehen beispielsweise in Form der bereits im Kapitel III angesprochenen Kinesiologie. Der Mensch bildet ein Kommunikationsnetzwerk mit seinem eigenen Körper, er kommuniziert mit diesem, indem er auf Zeichen und Informationen achtet, die ihm sein Körper vorgibt, die er dann interpretiert und eine Heilung oder anderweitige Maßnahme einleitet. Ganzheitlichkeit steht hierbei im Vordergrund. Auch die Meditation und viele andere Sinnstiftungstechniken (Yoga, Tai Chi, etc.) bauen auf eine Art Kommunikation mit sich selbst. Der Mensch soll „in sich hineinhorchen" und anhand bestimmter körperlicher Stellungen oder Bewegungen zu einem Zustand der Entspannung oder Loslösung gelangen. Dies gelingt nur im Einklang mit dem Körper. Er ist also ein Werkzeug, um zu kommunizieren, nicht nur mit anderen Menschen, sondern auch mit sich selbst. So ist der moderne Mensch ein Kommunikations- und Informationsnetzwerk durch seinen und mit seinem Körper.

An dieser Stelle soll ein Einschub geleistet werden: Wenn Körperlichkeit und Computernetze in einem Atemzug diskutiert werden, so darf eigentlich ein Bereich nicht ausgelassen werden: Pornographie bzw. Sexualität in Computernetzwerken. Der so genannte „Cybersex" gehört ebenso zur virtuellen Netzwerkkommunikation wie „gewöhnliche" Chats oder andere Kommunikations- und Informationsplattformen. Aus Platzgründen soll in diesem Rahmen allerdings auf die Darstellung dieser Arten von Körperlichkeit verzichtet werden. Einen Einblick in jene Thematik geben Wetzstein et al. (1995: Kap. VII, 2.7).

Die Hinwendung zur Körperlichkeit äußert sich in zahlreichen Aktionen rund um den Körper. Alternative Heilmethoden, Fitness- und Diätfarmen, sowie körperlich orientierte Sinnstiftungstechniken sind nur ein paar Beispiele für diese Strömung. Wie sehr die Medien für die Akzeptanz und Verbreitung von Körperidealen sorgen, lässt sich anschaulich mit einem Exkurs in die Werbung verdeutlichen. Die Werbung ist eine Plattform für Körperdiskurse, also Körperbilder, die mit ideellen Werten verbunden werden, um sich so im Bewusstsein der Zuschauer zu verankern.

6. Exkurs in die Werbung: Stilisierung des menschlichen Körpers

"Advertising is so persuasive today that it is the background for everything we do" (Stivers 1999: 114). Wo sich der Mensch zu welcher Zeit auch immer bewegt, Werbebotschaften wirken permanent auf ihn ein. Da Werbung nahezu immer und überall auftaucht, besteht auch im Unbewussten ein beachtlicher Einfluss auf das moderne Individuum. Durch die Entwicklungen der modernen Kommunikations- und Informationstechnologien bestehen eine ausgeprägte Reichweite und eine Art Omnipräsenz der Werbeindustrie. „Der Computer als Verbreitungsmedium steigert im Vergleich zu den Printmedien die Reichweite der Kommunikation in der Gesellschaft" (Halfmann 1996: 141). So wirken Werbemaßnahmen nicht nur in öffentlichen Plätzen und per Fernseher auf Personen ein, sondern auch durch Computer finden Werbebotschaften Verbreitung. Nachdem die deutschen Haushalte zum Großteil mit moderner Computertechnologie und Internetanschlüssen ausgestattet sind (beinahe 60 % der Haushalte besitzen einen PC, 41,5 % nutzen das Internet oder haben es vor (AWA 2003: 88 und 91), besteht ein hohes Maß an medialer Durchdringung des Nutzers, vor allem durch die Werbung. Das Ausmaß an der überwiegend visuell vermittelten Werbung nimmt durch die moderne Computerindustrie also deutlich zu. "Undoubtedly the most profound change in the ability of advertising to persuade people to consume more was the increased reliance on the visual image" (Stivers 1999: 113). Die Macht von Bildern wird vor allem in der Werbung deutlich. Wie sehr der Mensch vor allem auf das Visuelle anspricht, zeigt sich vor allem in dem Aufwand, den Werbeagenturen in bildliche Werbung investieren. Bevor Menschen etwas kaufen, möchten sie wissen, wie es um die Qualität bzw. um andere Vorteile gegenüber einem Konkurrenzprodukt bestellt ist. Der Informationsgehalt der Werbung lässt jedoch nach, weil erstens davon auszugehen ist, dass in spätmodernen Zeiten die meisten Menschen über den Nutzen bestimmter Produkte Bescheid wissen, und zweitens besteht die Tendenz zur Wiederverzauberung der Welt, auch in Bezug auf die Konsumkultur. Denn bei der Werbung geht es in erster Linie um den Bedeutungstransfer (vgl. Schnierer 1999: 184 ff.), erst in zweiter Linie interessiert das Produkt an sich: Das Produkt wird mit etwas verknüpft, das jenseits des Produktes liegt, beispielsweise werden Produkte gerne mit dem bereits bestehenden positiven Image von Stars verknüpft, um jenes Image auch auf das Produkt zu übertragen. Emotionen sind hierbei von herausragender Bedeutung, sie wirken noch besser als das in der Werbung gängige USP („Unique Selling Proposition": In der Werbebotschaft wird ein von der Konkurrenz nicht versprochener (Unique), zugkräftiger (Selling) Produktnutzen in Aussicht gestellt (Proposition)), das vorwiegend auf den Nutzen des Produktes abzielt[56]. Jene „informative Werbung" oder auch „hard sell" genannt wird in (spät-)modernen Zeiten immer mehr durch die „emotionale Werbung („soft sell") ergänzt oder ganz abgelöst. Eine Wiederverzauberung besteht nun deshalb, weil der Konsument von der Werbung im Allgemeinen bereits abgestumpft ist. Der Produktnutzen ist bekannt und die Werbestrategien vieler Unternehmen ebenfalls. Daher bedient sich die Werbeindustrie in spätmodernen Zeiten vor allem der Emotionen, um das Produkt an den Konsumenten zu bringen.

Folgende Werbeanzeige spricht für sich selbst. Das personalisierte und individualisierte Auto tritt an die Stelle eines Menschen, genauer genommen an die Stelle des Partners der abgebildeten Dame. Es steht ihr dadurch näher als ein Mensch, sie teilt Emotionen und den wertvollsten Bereich der Freizeit, den Urlaub, mit einem Gebrauchsgegenstand, nicht nur, um ihn zur Reise zu benutzen, sondern als Menschenersatz. Das Anpreisen der Produktvorteile liegt nicht in der Überzeugungskraft technischer Daten, sondern in der Rolle, die jene Dame dem Auto beimisst und dem Gefühl, das damit verbunden ist: „Wahre Freundschaft", „Charme", „Dynamik", „Tolles Aussehen"

---

[56] Es wäre jedoch falsch, anzunehmen, dass die informative Werbung objektiver und wirklichkeitsnäher sei als die emotionale Werbung; beide Arten der Werbestrategie verfolgen ein spezifisches Image, in beiden Fällen wird das Produkt als besser, schöner oder größer im Vergleich zum Konkurrenzprodukt dargestellt, es handelt sich also um ein Bild, das nicht unbedingt der Wahrheit entsprechen muss (vgl. Ogilvy 1984).

Abbildung IV - 5: Werbeanzeige des Automobilherstellers Peugeot

Quelle: WOMAN Nr. 9, 19.April 2005

Charlotte Bühler beschreibt jene Hinwendung zur und den Appell nach „Sentimentalität" der Konsumenten anhand der Werbung für Chiquita Bananen. So heißt es in der Werbeanzeige dieser folgendermaßen: „Wir geloben: jede Chiquita schon am Baum zu hegen und zu pflegen, sie liebevoll und sorgfältig zu pflücken, sie dann zu waschen und zu messen und zu wiegen, sie sanft in Kartons zu betten und wohlbehütet auf die Reise zu Ihnen zu schicken. Wir geloben erst dann, wenn wir wirklich nichts mehr für Chiquita tun können, einen Punkt zu machen. Einen blauen. [Hierauf folgt das blaue Logo der Firma] Wir, die Männer von Chiquita" (vgl. Bühler 1973: 103). Jene Anzeige aus den 70er Jahren ist zwar heute in dieser Form nicht mehr vorhanden. Aber die Art des Inszenierens ist immer noch oder wieder und zwar stärker als je zuvor vorhan-

den. Jener Chiquita-Slogan wurde optisch in Gedichtform (die Sätze zu einzelnen Strophen unterteilt) aufbereitet, feierlich dargestellt, und die einzelne Banane wurde individualisiert. Die persönliche Note und Gefühle wie Sorgfalt und liebevolle Pflege sind wichtiger als der reine Nutzen des Produktes (wie beispielsweise die Gesundheit). Jene Darstellung geht über ein *Inszenieren* hinaus, denn es handelt sich eher um ein *Zelebrieren* (vgl. Hitzler 2002: 80); dem Objekt (oder in anderen Fällen Subjekt) und dem Umgang mit ihm werden eine Art Heiligkeit zugesprochen.

Oditara, ein Klostergut, das sich als Zentrum für traditionelle chinesische Medizin versteht, wirbt mit dem Slogan „Individuellness!" als „Der neue, individuelle Weg zu mehr Gesundheit und Wohlbefinden". Auch hier zeigt sich, dass Individualität und die Pflege des Körpers besonders wichtig sind in Zeiten technologischen Fortschritts. Der Mensch soll eigenverantwortlich die sogenannten „Zivilisationskrankheiten" unserer Zeit bekämpfen. Peter Jentschura und Josef Lohkämper werben für ihr neues Buch „Zivilisatoselos" mit folgendem Werbetext: „Am Ende des industriellen Zeitalters hat sich die Menschheit im Irrgarten der modernen Zivilisationskrankheiten verlaufen. Mann, Frau und Kind befinden sich nicht auf einem Höchststand körperlicher Gesundheit, sondern auf einem Höchststand von volkswirtschaftlich gerade noch vertretbarem Krankheitszustand". Daher muss der Körper permanent gepflegt werden, er ist Quelle der Inspiration und Zentrum der spätmodernen (Ersatz-)Religion. Das Heil liegt im Triumph über die Natur. Die Anti Aging Creme von Dior namens „Capture" spricht den Körperkult indirekt an: „CAPTURE Ihr Triumph über die Zeichen der Zeit". Aktives Eingreifen und die ständige Sorge um den jugendlichen Körper sind gefragt und gefordert, nicht nur von Frauen, sondern auch Männer sind dem Druck zum Körperkult unterworfen. Eine Werbeanzeige für die Messe FIBO 2005 fordert den Mann von heute dazu auf, mehr als nur starke Schultern zu beweisen: „Starke Schulter? Reicht nicht. Wenn Sie wirklich beeindrucken wollen, müssen Sie auch etwas für Brust, Bauch, Rücken und Oberarme tun. Auf der FIBO bekommen Sie alles, was Sie für die V-Form Ihres Oberkörpers brauchen – von einfachen Tipps und Tricks bis zum ganzheitlichen High-Tech-Workout. Testen Sie's. Die FIBO tut gut". Auch hier wird ein Zauber versprochen: „Feel the spirit of fitness, wellness & health"; jener Slogan weist auf die spirituelle Komponente des Körperkults hin. „Neue Lebenslust" kann aber nicht nur durch Kosmetik erreicht werden, auch die Waschmittelmarke Persil wirbt mit diesem Slogan. Es soll also wieder Lust ins Leben gezaubert und dadurch Sinn gefunden werden, durch eine rundum gelungene Präsentation des Körpers.

Ein Blick in gängige Fernseh-, Print- oder Radiowerbung genügt, um festzustellen, dass überwiegend Produkte, die in irgendeiner Weise den menschlichen Körper und dessen Wohlergehen betreffen, angepriesen werden. Dies trifft für Europäische Gesellschaften ebenso zu wie für die vor allem nordamerikanische Gesellschaft. Der Trend zum Körperwahn zeigt sich darüber hinaus in asiatischen und anderen Industriestaaten. "Within consumer culture, advertisements, the popular press, television and motion pictures, provide a proliferation of stylised images of the body. In addition, the popular media constantly emphasise the cosmetic benefits of body maintenance." (Featherstone 1982: 170). Es gehört also zur Kultur der Industriestaaten, die sich durch Konsum auszeichnen, dass der Körper als Ware und gleichzeitig als spirituelle Quelle der Glücksfindung gehandhabt wird. Es wird jedem Konsumenten vorgezeichnet, dass er eine Verantwortung gegenüber seinem eigenen Körper hat und dass die Arbeit am Körper-Ich nie abgeschlossen ist. "What is typically advertised is body products, ranging from life insurance for the dead body to products that promise to cure the constipated body, the aching body, the overweight body, the tired body, the aging body, and so on. [...] Unhappy with our genetically endowed bodies, we are duped into believing that for a price, we can have a fabricated, "ideal" body" (Burton 2001: 105) (Hervorhebungen M.K.). Hier zeigt sich also nicht nur der Hinweis auf den Glauben der Machbarkeit eines schönen Körpers, sondern darüber hinaus auch der Gedanke, dass der ideale Körper ein fabrizierter und vom Menschen geschaffener ist. Vor allem für Frauen, aber spürbar auch vermehrt für Männer besteht die permanente Medienaufforderung, eigenverantwortlich an dem eigenen Körper zu arbeiten. Der Kosmetikhersteller Clinique fasst viele der in diesem Rahmen dargestellten Argumente für einen spätmodernen Körperkult als (Ersatz-)Religion folgendermaßen zusammen: „Die Zukunft Ihrer Haut beginnt jetzt. [...] Genau genommen war Ihre Haut niemals für die Welt von heute bestimmt. Die Natur hat sie nicht ausreichend auf die modernen Stressfaktoren vorbereitet. Jetzt schließt Clinique diese Evolutionslücke. Unsere intelligente Feuchtigkeitspflege hilft, das hauteigene Abwehrsystem zu stärken und schädliche UVA-/UVB-Strahlen zu neutralisieren. Sie reduziert oxidativen Stress und beugt den Zeichen vorzeitiger Hautalterung vor. Superdefense Triple Action Moisturizer bringt Ihre Haut sicher in die Zukunft. Optimal mit Feuchtigkeit versorgt und perfekt gewappnet kann sie sich den modernen Herausforderungen stellen". Die Kosmetikfirma spricht von der Zukunft, die dank einer Creme sorgenlos gemeistert werden kann. Die Creme wird als intelligent dargestellt (und damit individualisiert), ebenso weist man auf den Grad der Perfektion hin und unterstellt sogar, dass eine Evolutionslücke der Natur geschlossen werden kann. Der Mensch als Sieger über die Natur und das Alter(n). Er muss „nur" selber eingreifen und dauerhaft an seinem Erscheinungsbild arbeiten.

Auffallend ist, dass in den Medien der ideale weibliche Körper meist als unnatürlich schlank dargestellt wird, der männliche Körper hingegen in einem relativ normalen Gewicht auftaucht (vgl. Grogan 1999: 94 ff.). Auf derartige gender-Unterschiede soll – wie bereits an anderer Stelle erwähnt - in dieser Arbeit im Allgemeinen aus Platzgründen nicht eingegangen werden. In diesem Zusammenhang soll genügen, auf die Existenz jener Unterschiede hinzuweisen. Ein weiterer Grund für die Vernachlässigung dieser Art von Phänomen ist die Feststellung, dass Körperstilisierung eine Tendenz ist, die sich bei beiden Geschlechtern beobachten lässt. In ihren Ausprägungen und Inhalten mögen sie differieren, aber in diesem Kontext geht es vor allem um die Stilisierung des menschlichen Körpers an sich. Daher soll auf eine genaue Analyse jener Differenzen verzichtet werden. Obwohl Frauen in Bezug auf ihr Gewicht restriktiver in den Medien behandelt werden als Männer, so finden sich auch bei Männern bestimmte Darstellungstendenzen, die auf den Beobachter einwirken. Das Ideal des männlichen Körpers mag zwar ein „normaleres" Gewicht als das Frauenideal beherbergen, jedoch ist der ideale männliche Körper in den Medien muskulöser als „normal". Weitgehend alarmierender als der Geschlechterunterschied an sich ist jedoch der Hinweis auf die Unnatürlichkeit des weiblichen Schlankheitsideals. Studien belegen, dass Models seit 1930 stets dünner geworden sind und vor allem in Zeitungsartikeln finden sich vor allem in den 90er Jahren Berichte, dass das moderne Frauenideal anorektisch erscheint (vgl. Grogan 1999: 94 f.).

Doch auch Männer finden sich einem Druck ausgesetzt, ein Körperideal zu erfüllen. In der Regel suggerieren moderne Medien, dass Sportlichkeit und Fitness nicht nur aus gesundheitlichen Gründen erstrebenswert sind, sondern dass ein sportlicher und schlanker Körper gesellschaftlichen Erfolg mit sich bringt.

Dies ist nicht nur eine Sichtweise westlich-industrialisierter Gesellschaften, denn Schönheitsideale und –standards setzen sich zunehmend global durch. "The Hollywood cinema helped to create new standards of appearance and bodily presentation, bringing home to a mass audience the importance of 'looking good'. Hollywood publicised the new consumer culture values and projected images of the glamorous celebrity lifestyle to a worldwide audience" (Featherstone 1982: 178). Denn „[...] wohin man auch blickt, überall stößt man in der Medienlandschaft auf Frauen, die hauptsächlich und in erster Linie durch ihre Schönheit bestechen. [...] Die Medien konfrontieren uns permanent mit dem „richtigen" Look, und die Schönheitsindustrie verspricht, daß mit den richtigen Maßnahmen das propagierte Schönheitsideal auch erreichbar ist" (Deuser et al. 1995: 82). Hierbei geht es vor allem um das Frauenbild, das die Medien hervorheben. Das Männerbild ist weniger fest mit dem Aussehen verkoppelt, und doch bestehen ähnliche Tendenzen, denn beispielsweise der Darsteller der Kultrolle „James Bond" könnte noch so sehr durch schauspielerische Leistung, Geschick und Kompetenz glänzen, ohne ein gewisses Aussehen bekäme er jene Rolle nicht. Auf diese Weise wird auch Männern suggeriert, Erfolg hänge wesentlich mit dem Aussehen zusammen. Dieser Mechanismus bewahrheitet sich schließlich auch in sozialen Situationen.

Damit solche Mechanismen der Bedeutungsübertragung der Medien auf den Nutzer geschehen können, bedarf es einer breiten Akzeptanz der zu vermittelnden Werte (oder im Falle der Werbung der zu vermittelnden Produktinformationen und Images) durch die Bevölkerung. Werbung wird erst dann wirksam, wenn sie ein beim Rezipienten vorhandenes Wissen anspricht (vgl. Zahlmann 2000: 247). Jenes Wissen ist geprägt von Sehnsüchten und Wünschen, die von der Werbeindustrie gefördert werden. Das kollektiv geteilte Wissen einer Gesellschaft oder Gruppe ist nun für die Werbeindustrie von besonderem Interesse, um eine große Gruppe von Menschen erreichen zu können. Es muss also ein Bedarf geweckt werden, der bei vielen Personen vorhanden ist und die damit verbundenen Werte müssen positiv besetzt sein. Auf diese Weise entsteht ein erstrebenswertes Ideal, das dem Aufbau eines „kollektiven Gedächtnisses" (Zahlmann 2000: 248) vorausgeht. Ein „Kanon"[57] entsteht nun, wenn jene idealisierten Inhalte eines gemeinschaftlich geteilten Wissens ausgewählt und zu einem Ensemble („Gedächtnis") zusammengestellt werden. Ein Kanon ist also ein „vom Menschen selbst geschaffener Bereich von Sinn" (Zahlmann 2000: 250) und eine auf Foucault zurückgehende „Technologie des Selbst" (zu diesem Punkt siehe auch die Ausführungen unter Kapitel II. 4b). In Werbebotschaften werden exotische Elemente oder Produkte oft in Verbindung mit folkloristischen Charakteristika vermittelt, um durch den Bezug zur Heimat das kollektive

[57] Der Begriff des „Kanons" geht zurück auf Jan Assmann und bezeichnet einen bestimmten Bereich eines kollektiven Sinns, der normierende Funktion erhält und Menschen zu einem Kollektiv verbindet (vgl. Assmann 1992: 103 ff.). Genau genommen stützt sich Assmann mit seinem Kanonbegriff auf biblische Ursprünge, lediglich die Funktionen des Kanons gehen auf Assmann selbst zurück. Die Aufteilung in Begriffsherkunft und funktioneller Güte ist hier jedoch nicht von Bedeutung, daher soll nicht näher auf die Begriffsgeschichte eingegangen werden.

Gedächtnis der Rezipienten anzusprechen. Der eigene Körper ist für eine Person das unmittelbarste Medium, um die eigene Individualität zu benennen, Individualisierung unter körpertheoretischen Vorzeichen bedeutet also, dass ein charakteristisches Körperkonzept durch die individuelle Adaption eines Kanons ausgebildet wird (vgl. Zahlmann 2000: 256). Eine „Technologie des Selbst" ist dies dadurch, dass der Prozess der Identitätsbildung widergespiegelt wird durch die Durchführung von Operationen des Individuums an seinem Körper, seiner Seele, seinem Denken etc., um zu einem höheren und besseren Zustand zu gelangen. Die Werbung spricht den Menschen im Prozess der Bildung eines Kanons an, um in die Entwicklung einer Technologie des Selbst einzugreifen. Die Stilisierung und Idealisierung des menschlichen Körpers ist daher eine Werbebotschaft, die von vielen Unternehmen gefördert wird, und die einen Kanon hervorruft, der in die Identitätsbildung (über das Einbeziehen des Kanons in den Aufbau der individuellen Technologien des Selbst) einbezogen wird. Auf diese Weise werden Ideale geschaffen, die Akzeptanz bei einer breiten Masse finden.

Auf diese Weise wird der Körper extrem stilisiert und für viele Personen zu einer (Ersatz-)Religion. Körperdarstellungen in der Werbung werden zelebriert, ritualisiert, stilisiert und emotionalisiert. Der Körper als Kultobjekt verdeutlicht die Sehnsüchte (spät-)moderner Menschen. Religiöse Tendenzen in der Werbung untersucht auch Karla Fohrbeck, indem sie einen „kulturellen Totemismus" (vgl. Fohrbeck 1986: 88 ff.) der Werbeindustrie untersucht. Die Produktion von Leitbildern ist hierbei das wichtigste Element; vor allem aus der Tierwelt werden Leitbilder entnommen, denn Totemtiere werden oft verniedlicht dargestellt (in Form von Plüschtieren beispielsweise) oder als Antiwerbung eingesetzt. Besonders die Automobilindustrie bedient sich der Tierwelt, indem sie bestimmte Tiere als Marke wählen. Vor allem Raubtiere, die Kraft, Überlegenheit und Erhabenheit repräsentieren sollen, dienen als Totem für das Siegel der Marke. Ebenso oft werden Vögel gewählt und auch hier findet sich ein Schwerpunkt auf Raubvögel. Adler, die ihre Flügel mächtig ausstrecken, zieren viele Autowappen. Der griechischen Götterwelt werden ebenso Elemente entnommen, um moderne Werbung zu inszenieren. Religiöse Elemente tragen also offenbar dazu bei, Produkte wirksam zu inszenieren. Abbildung IV – 6 zeigt einige Automobilmarken, die den Vogel als Totem und als Leitbild ihrer Marke gewählt haben.

Abbildung IV - 6: Eine Auswahl an Automobil-Marken und ihren Wappen

Quelle: Enzyklopädie des Automobils. Marken – Modelle – Technik. Augsburg 1989 [Anordnung der Symbole M.K.]

Ebenso wie folkloristische Elemente ein kollektives Gedächtnis von Personen eines Kulturkreises ansprechen, dienen religiöse Elemente in der Werbung dazu, universale Bedeutungen zu produzieren, denn diese sind bei den meisten Personen auch in einem kollektiven Gedächtnis gespeichert. Einerseits verfolgt die Werbeindustrie also neue Trends und andererseits stützt sie sich auf möglichst von vielen Menschen bekannte, universelle Wissensvorräte und auch Glaubensinhalte (vgl. Röll 1998: 231). Auch Ritualisierungen tragen dazu bei, Produkte im Gedächtnis der Menschen zu verankern. Bei manchen Marken kann der Firmenname in der Werbung bereits weggelassen werden, denn nach einiger Zeit erkennen die meisten Rezipienten das Produkt allein durch die Inszenierung (beispielsweise durch eine bestimmte Musik). Immer wieder die gleiche akustische Untermalung oder die gleichen visuelle Reize sorgen dafür, dass sich das Produkt oder die Marke durch eine solche Ritualisierung dauerhaft im Gedächtnis der Nutzer abspeichert. Derartige ritualisierten Muster erzeugen meist eine besondere Stimmung, das heißt, sie werden in irgendeiner Weise zelebriert. Die Stimmung soll entweder angehoben werden oder Spannung erzeugen. Die akustische Untermalung der Werbung für den Automobilhersteller Audi ähnelt einem Pulsschlag, also dem Geräusch eines menschlichen Herzens. Das lebenswichtigste Organ, das Zentrum des Menschen, der Träger von Emotionen und Liebe soll offenbar eine Verbindung zu dem dargestellten Auto beinhalten. Gefühle wie Lebendigkeit, Emotionen und Bedeutung sollen vermittelt und mit dem Auto in Verbindung gebracht werden. Das Herz schlägt offenbar für die Marke Audi und die damit verbundene Technik. Der Slogan „Vorsprung durch Technik", der dem Pulsschlag unmittelbar visuell folgt, untermalt, dass die Herzen technik- und audi-begeisterter Menschen höher schlagen. Zugespitzt formuliert heißt dies also: *„Die postmoderne Werbung übernimmt die Funktion der Religion. Sie entfaltet die Spiritualität des Konsums"* (Bolz/ Bosshart 1995: 355). Konsum trägt spirituelle Züge, indem der Kunde Glück und Zufriedenheit über Konsum erlangt, rituelle Gewohnheiten entwickelt, indem er seinen Einkauf zelebriert, die Ware feierlich behandelt, sich als außergewöhnlich und exklusiv empfindet und somit Transzendenzerfahrungen sammelt. Die Werbeindustrie fördert das Bedürfnis nach Spiritualität und dem Zauber von Waren und Konsum. „Besonders problematisch ist, dass der Mensch in den Medien so vorteilhaft wie möglich dargestellt wird, so dass selbst die ohnehin begünstigten noch attraktiver erscheinen, was das Normale in der Folge als weniger attraktiv erscheinen lässt" (Pietraß 2002: 8). In Werbebotschaften stehen Stars und Prominente oft für ein bestimmtes Produkt, um die Schönheit, den Erfolg und das Image des Stars auf das Produkt zu übertragen. Wo keine Stars für Produkte werben, erscheinen aber dennoch besonders schöne Menschen auf der Bildfläche, so dass die Sehnsucht erzeugt wird, ebenso schön und erfolgreich zu sein. Jenes Gefühl, ständig weniger attraktiv zu sein, begünstigt eine Körperreligion. Nachdem der Grad an medialer Durchdringung und vor allem der Durchdringung der Werbung sehr hoch ist, entsteht langsam das Gefühl, dass nicht mehr der Nachbar oder andere Mitmenschen „normal" aussehen, sondern dass die „Normalität" im Aussehen an den Leitfiguren in der Werbung zu messen ist. Denn dort wird dem Rezipienten Familienidylle vorgespielt, vereint mit strahlender Schönheit aller. Werbeslogans untermalen, dass jeder Einzelne an sich und seiner Schönheit arbeiten kann, die Masse an Auswahlmöglichkeiten zwischen verschiedenen Produkten und Anwendungsmöglichkeiten ist enorm. Die Grenzen zwischen „Normalität" und „Außergewöhnlichkeit verschieben sich und verschwimmen. Was kann als „normal" angesehen werden? Werbebotschaften machen uns weis, dass überdurchschnittliche Schönheit für alle erstrebenswert sein muss und vor allem dass dies möglich ist. Dass dies zu Durchschnittlichkeit führen würde, ist ein Paradoxon, das hingenommen und beiseite geschoben wird. Der Einzelne soll im Glauben schweben, besser und schöner als der Rest sein zu können, ebenso wie die Stars und die Prominenz.

Jener Exkurs dient der Verdeutlichung einer subtilen Macht der Medien und der Rolle der Wertevermittlung über Kommunikations- und vor allem Informationssysteme. So schwankt das spätmoderne Individuum tatsächlich zwischen der Aufgabe, eigenverantwortlich eine Biographie aufzubauen und zu pflegen, und dem Druck, idealkonform zu handeln. Es handelt sich also um ein *Sobjekt*, das stets aufs Neue in der Paradoxie gefangen ist, Exklusivität und Konformität zu vereinen. Der eigene Körper ist das augenscheinlichste Spielfeld für jene spätmodernen Arten der Lebensgestaltung.

V. Schlusswort: Zum Trend der Dove-Models

Den menschlichen Körper als Kultobjekt, (Ersatz-)Religion, Sinnstifter, Heilfindungsorgan, Zentrum der Identitätsfindung, -entwicklung und -aktualisierung anzusehen, ergibt, wie die vorangegangenen Ausführungen gezeigt haben, durchaus Sinn.

Dieser Trend zur Überhöhung und Stilisierung des eigenen Körpers besteht seit einiger Zeit. Er ist ein modernes Phänomen, der sich in spätmodernen Zeiten verschärft hat, nicht zuletzt aufgrund der technologischen Entwicklung unserer westlich-industrialisierten Gesellschaft.

Vor allem in neuester Zeit zeigt sich jedoch ein Körpertrend, der auf den ersten Blick in eine gegenläufige Richtung weist. Allem voran setzte sich der Kosmetikhersteller der Marke „Dove" von dem allgemeinen auf Perfektion ausgerichteten Werbe-Trend der Kosmetik- und Modeindustrie ab, indem - seit der 2004 ins Leben gerufenen Kampagne - Frauen die Werbeplakate schmücken, die nicht perfekt sind, sondern Rundungen und Verschiedenheiten aufweisen (Frauen verschiedener Altersgruppen, (Körper- sowie Kleidungs-) Größen, Ethnizität, etc. werben nebeneinander für die Pflegeserie Dove).

Abbildung V - 1: Ein Bild aus der Dove Werbekampagne (2005)

Quelle: www.Dove.de

Zu Beginn der Kampagne sprach der Kosmetikhersteller davon, dass es keine Herausforderung sei, die Haut von Models straffen zu wollen, im Jahr 2005 genügt der Spruch „ganz schön straff, oder?" (die Dove-Models und der dahinter stehende Gedanke sind bereits bekannt) oder Slogans wie „Keine Engel – aber auch straffe Kurven!" suggerieren, dass „normale" Menschen und deren Haut völlig in Ordnung sind, dass Perfektion also gar nicht sein muss. Dieser Trend scheint auf einer gänzlich anderen Linie zu verlaufen als die Gegentendenzen zum Schönheitswahn, so wie sie in Kap. III unter Punkt 8 diskutiert wurden (nach Dem Motto „Ich bin dick und stolz darauf!"). Denn die Gegentendenzen wurden unter dem Vermerk diskutiert, dass sie ebenso einen Kult um den Körper entwickeln, welcher in einer anderen Richtung verläuft. Der Kultcharakter findet sich aber ebenso. Wie ist dies nun in Bezug auf die Kosmetikmarke Dove? Dove baut ebenso auf eine Diskursivierung des Körpers. Dove wirbt nicht dafür, dass Frauen sich dem Schönheitsideal entgegensetzen und ihren Körper der Natürlichkeit aussetzen sollen. Nein, Dove wirbt damit, eben Dove zu benutzen und damit die Haut straffer werden zu lassen. Es ist also durchaus Aufmerksamkeit, Sorge und Handlungswille rund um den Körper gefragt. Dove setzt an einem interessanten Gedanken an: an der Übersättigung moderner Frauen mit Schönheitsartikeln, die alle in Richtung Perfektion gehen. Um sich abzusetzen und Aufmerksamkeit zu erlangen, bedient sich der Hersteller einer anderen Strategie. Die jedoch genauso auf dem Bedürfnis und der Sorge aufbaut, dass moderne Frauen ihren Körper unvollkommen (nicht genügend straff) finden und dies ändern wollen. Ähnlich gelagert sind Werbungen, die Diätprodukte anpreisen, aber gleichzeitig den Slogan singen „ich will so bleiben wie ich bin!" (Du darfst). „Ich will so bleiben wie ich bin" (die Inszenierung ist natürlich auf den Körper abgestimmt) heißt ja eigentlich, dass ich mit meinem Körper zufrieden bin. Suggeriert wird allerdings: „Ich will so schlank bleiben wie ich bin", weil ich Du-darfst-Produkte esse. Also auch nur eine Scheinzufriedenheit mit dem Körper.

So sehr der Trend auch in Richtung „Natürlichkeit" gehen mag, dahinter verbergen sich Werbestrategien, hinter denen ebenso Produkte stehen wie in den gängigen Anti-Aging-Werbungen, den Diät-Produkt-Werbungen, den Artikeln in Frauen- und Männerzeitschriften über Fitness, Jugendlichkeit, Wellness, usw. Alle bauen auf der permanenten Alltags-Diskursivierung und der zentralen Stellung des Körpers im Selbstbild spätmoderner Menschen auf und fördern auf diese Weise die Reproduktion einer Massenreligion, die der Sorge um den schönen, jugendlichen und sportlichen Körper frönt.

Abschliessend kann die aufgestellte These vom Körper als einer (Ersatz-) Religion also bestätigt werden. Spätmoderne Menschen in westlich-industrialisierten Gesellschaften haben einerseits die Möglichkeiten, sich intensiv mit ihrem Körper auseinanderzusetzen, ihn zu pflegen, stilisieren, sogar umzugestalten und damit quasi in die Schöpfung einzugreifen, andererseits sind sie auch dem sozialen Druck unterworfen, den eigenen Körper in das Zentrum ihrer permanenten Aufmerksamkeit zu stellen. Religiöse Züge erhält dieser Vorgang, indem vor allem moderne Technologien den Menschen zu einem gottähnlichen Wesen qualifizieren, einem Wesen, das Körperlichkeit selbst zu einem hohen Grade zu schaffen, verändern und gestalten vermag. Jene Macht über den eigenen Körper löst bisherige natürliche Grenzen auf oder verschiebt diese. Des Weiteren lässt sich die Hinwendung zur körperlichen Stilisierung mit einer Religion vergleichen, da die Ritualisierungen rund um den Körper religiöse Strukturen aufweisen. Sinn wird über körperliche Attraktivität generiert, Erlösungserfahrungen werden über das Erreichen der nächsten Stufe auf der Leiter zur Perfektion gemacht, Körperlichkeit wird zelebriert und erlangt Heiligenstatus, sei es im Sport, in der Modewelt oder im Alltag spätmoderner Individuen. Das pradoxe Verhältnis zwischen dem Streben nach Exklusivität und Distinktion innerhalb einer breiten Masse von Gleichgesinnten, das die Grenze zwischen profan und heilig markiert, wird dabei als selbstverständlich hingenommen. Auch die Tendenz zur Wiederverzauberung der Welt und die zunehmende Abstraktheit und Rationalität der modernen Welt stellen parallele Entwicklungen dar, die sich weniger widersprechen als vielmehr ergänzen: Sinnkonstrukte werden auf einem pluralen Markt an Weltanschauungen ausgesucht, ausprobiert und aufgebaut (oder wieder verworfen), also regelrecht konsumiert. Oft bestehen einige Glaubensgerüste nebeneinander. Sie gleichen der Parallelität und Komplexität moderner Rollen, die ebenso netzwerkartig aufgebaut sind. Sinnsysteme sind daher hybrid, wandelbar und vor allem individuell.

Die Zeit der Eigengötter ist also gekommen. Diese Zeit beschreibt ein Phänomen, das über einen Trend hinausgeht. Trends kehren sich immer wieder um, so wie dies am Beispiel der Dove-Werbekampagne scheinbar vonstatten geht. Der darüber stehende Trend zur Körperaufmerksamkeit geht dabei jedoch nicht verloren.

Im Gegenteil:

Die Zeit der Eigengötter wird fortbestehen.

Es gab eine Zeit,
da wirkte die Welt auf die Bücher,
aber jetzt wirken die Bücher auf die Welt
Joseph Joubert

Literaturverzeichnis

A

Abels, H.: Interaktion, Identität, Präsentation. Eine Einführung in interpretative Theorien der Soziologie. Opladen/ Wiesbaden 1998

Ahmed, S./ J. Stacey: Thinking Through the Skin. London/ New York 2001

Aho, J.: The Orifice as Sacrificial Site. Culture, Organization, and the Body. New York 2002

Alkemeyer, Th.: Körper, Kult und Politik: Von der »Muskelreligion« Pierre de Coubertins zur Inszenierung von Macht in den Olympischen Spielen von 1936. Frankfurt/Main/ New York 1996

Anders, F.: Tai Chi Chuan. Meditation in Bewegung zur Steigerung des Körpergefühls und zur Festigung der Gesundheit. Düsseldorf 1985

Anders, F.: Taichi. Chinas lebendige Weisheit. Grundlagen der fernöstlichen Bewegungskunst. München 1989. 3.Aufl.

Anderson, B.: Imagined Communities. Reflections on the Origin and Spread of Nationalism. London/ New York 2003. 13th ed.

Angerer, M.-L.: body options: körper.spuren.medien.bilder. Wien 1999

Arthur, L.B.: Religion, Dress and the Body. Oxford/ New York 1999

Arthur, L.B. (ed.): Undressing Religion. Commitment and Conversion from a Cross-Cultural Perspective. Oxford/ New York 2000

Assmann, J.: Das kulturelle Gedächtnis. Schrift, Erinnerung und politische Identität in frühen Hochkulturen. München 1992

Attfield, J.: Wild Things. The Material Culture of Everyday Life. Oxford/ New York 2000

AWA (Allensbacher Markt- und Werbeträgeranalyse): Institut für Demoskopie Allensbach. Allensbach 2003

B

Bachika, R. (ed.): Traditional Religion & Culture in a New Era. New Brunswick/ London 2002

Backes, G.M./ W. Clemens: Lebensphase Alter. Eine Einführung in die sozialwissenschaftliche Alternsforschung. Weinheim/ München 1998

Baierl, R.: Transzendenz. Weltvertrauen und Weltverfehlung bei Jean Paul. Würzburg 1992

Bailey, E.I.: Implicit Religion in Contemporary Society. Kampen/ Weinheim 1997

Barkhaus, A./ M. Mayer/ N. Roughley/ D. Thürnau: Identität, Leiblichkeit, Normativität: Neue Horizonte anthropologischen Denkens. Frankfurt/Main 1996

Barthes, R.: Mythen des Alltags. Frankfurt/Main 1964

Barz, H./ W. Kampik/ Th. Singer/ S. Teuber (Hg.): Neue Werte – neue Wünsche: Future Values: Wie sich Konsummotive auf Produktentwicklung und Marketing auswirken. Düsseldorf/ Berlin 2001

Baudrillard, J.: The Consumer Society. Myths and Structures. London/ Thousand Oaks/ New Delhi 2003. 2. Aufl.

Bauman, Z.: Tod, Unsterblichkeit und andere Lebensstrategien. Frankfurt/Main 1994

Bauman, Z.: Ansichten der Postmoderne. Hamburg/ Berlin 1995

Baumann, H.-W. u.a.: „Jugendsekten“ und Neue Religiosität. Gelsenkirchen-Buer 1982

Baumgarth, Ch.: Geschichte des Futurismus. Reinbek bei Hamburg 1966

Baur, J.: Körper- und Bewegungskarrieren. Dialektische Analysen zur Entwicklung von Körper und Bewegung im Kindes- und Jugendalter. Schorndorf 1989

Beck, R.: Der Tod. Ein Lesebuch von den letzten Dingen. München 1995

Beck, U.: Jenseits von Stand und Klasse? Soziale Ungleichheiten, gesellschaftliche Individualisierungsprozesse und die Entstehung neuer sozialer Formationen und Identitäten. In: Kreckel, R. (Hg.): Soziale Ungleichheiten. Soziale Welt - Sonderband 2. Göttingen 1983

Beck, U.: Risikogesellschaft. Auf dem Weg in eine andere Moderne. Frankfurt/Main 2003

Beck, U./ E. Beck-Gernsheim: Das ganz normale Chaos der Liebe. Frankfurt/Main 1990

Beck, U./ E. Beck-Gernsheim (Hg.): Riskante Freiheiten. Individualisierung in modernen Gesellschaften. Frankfurt/Main 1994

Becker, B.: Elektronische Kommunikationsmedien als neue „Technologien des Selbst"? Überlegungen zur Inszenierung virtueller Identitäten in elektronischen Kommunikationsmedien. In: Huber, E.: (Hg.): Technologien des Selbst. Zur Konstruktion des Subjekts. Offenbach/ Frankfurt/Main/ Basel 2000

Becker, B./ I. Schneider (Hg.): Was vom Körper übrig bleibt. Körperlichkeit – Identität – Medien. Frankfurt/Main 2000

Bellebaum, A. (Hg.): Glück und Zufriedenheit. Ein Symposion. Opladen 1992

Bellebaum, A./ K. Barheier (Hg.): Lebensqualität. Ein Konzept für Praxis und Forschung. Opladen 1994

Bellebaum, A./ K. Barheier (Hg.): Glücksvorstellungen. Ein Rückgriff in die Geschichte der Soziologie. Opladen 1997

Bensberger Kreis: Das verheißende Glück für alle. In: Trutwin, W. (Hg.): Glück und Heil. Düsseldorf 1975. 4. Aufl.

Berger, P.L./ B. Berger/ H. Kellner: Das Unbehagen in der Modernität. Frankfurt/Main u.a. 1987

Berger, P.L.: Auf den Spuren der Engel. Die moderne Gesellschaft und die Wiederentdeckung der Transzendenz. Freiburg i. Breisgau u.a. 1996. 3. Aufl.

Berger, P.L./ Th. Luckmann: Modernität, Pluralismus und Sinnkrise. Die Orientierung des modernen Menschen. Gütersloh 1998. 3. Aufl.

Berger, P.L./ Th. Luckmann: Die gesellschaftliche Konstruktion der Wirklichkeit. Frankfurt/Main 1999. 16. Aufl.

Berger, P.L.: Sehnsucht nach Sinn. Leben in einer Zeit der Leichtgläubigkeit. Gütersloh 1999

Berr, M.-A.: Technik und Körper. Berlin 1990

Besecke, K.: Speaking of Meaning in Modernity: Reflexive Spirituality as a Cultural Resource. In: Sociology of Religion 62, 3, 2001

Bette, K.-H.: Systemtheorie und Sport. Frankfurt/Main 1999

Bochinger, Ch.: »New Age« und moderne Religion. Religionswissenschaftliche Analysen. Gütersloh 1994

Bock, M./ S. Schmidtlein/ U. Eichler/ J. Heimbach/ M. Renninger (Hg.): Unverschämtes Glück. Auf der Suche nach dem Heil im Leben. Gütersloh 2002

Bohnke, B.-A.: Esoterik. Die Welt des Geheimen. Düsseldorf/ Wien/ New York 1991

Bolz, N./ D. Bosshart: Kult-Marketing. Die neuen Götter des Markes. Düsseldorf 1995

Bolz, N.: Die Sinngesellschaft. Düsseldorf 1997

Borkenhagen, A.: Gemachte Körper. Die Inszenierung des modernen Selbst mit dem Skalpell. Aspekte zur Schönheitschirurgie. In: Psychologie & Gesellschaftskritik 25, 2001

Bosshart, D.: Spektakuläre Multioptionalität. Philosophische Bemerkungen zur Spektakelökonomie. In: Brosziewski, A./ T.S. Eberle/ Ch. Maeder (Hg.): Moderne Zeiten. Reflexionen zur Multioptionsgesellschaft. Konstanz 2001

Bourdieu, P.: Rede und Antwort. Frankfurt/Main 1992

Bourdieu, P.: Die feinen Unterschiede. Kritik der gesellschaftlichen Urteilskraft. Frankfurt/ Main 1999, 11. Aufl.

Bowie, F.: The Anthropology of Religion. An Introduction. Oxford/ Massachusetts 2000

Braun, I./ B. Joerges: Körper-Technik. Die Wiederkehr des Körpers durch technische Erweiterung. Berlin 1988

Brockers, W.: Karate – Zen, Philosophie und Karate-Dô. Lüneburg 1998

Brosziewski, A./ T.S. Eberle/ Ch. Maeder (Hg.): Moderne Zeiten. Reflexionen zur Multioptionsgesellschaft. Konstanz 2001

Brooks, A.: "Under the Knife and Proud of It": An Analysis of the Normalization of Cosmetic Surgery. In: Critical Sociology 30, 2, 2004

Bruce, S.: God is Dead. Secularization in the West. Malden, Massachusetts 2002

Brüntrup, G.: Das Leib-Seele-Problem. Eine Einführung. Stuttgart/ Berlin/ Köln 1996

Brumberg, J.J.: The Body Project. An Intimate History of American Girls. New York 1997

Bruner, J.: Sinn, Kultur und Ich-Identität. Zur Kulturpsychologie des Sinns. Heidelberg 1997

Bry, C.C.: Verkappte Religionen. Kritik des kollektiven Wahns. Hrsg. u. m. Vorwort versehen von M. Gregor-Dellin. Nördlingen 1988

Bryld, M./ J. Caron/ S.E. Larsen/ N. Lykke/ N. K. Nielsen (ed.): Bodyscapes. Body and Discourse. Odense 1994

Büchele, H.: SehnSucht nach der Schönen neuen Welt. Thaur 1993. 2. Aufl.

Bühler, K.-W.: Der Warenhimmel auf Erden. Trivialreligion im Konsum-Zeitalter. Wuppertal 1973

Bürkle, H.: Geleitwort. In: Peisl, A./ A. Mohler (Hg.): Kursbuch der Weltanschauungen. Frankfurt/Main/ Berlin/ Wien 1980

Burton, J.W.: Culture and the Human Body. An Anthropological Perspective. Prospect Heights, Illinois 2001

C

Castañeda, C.: Robotic skin: the future of touch? In: Ahmed, S./ J. Stacey: Thinking Through the Skin. London/ New York 2001

Caysa, V.: Körperkult und Körperkapitalisierung. Von der biopolitischen Körpertechnologisierung zur selbsttechnologischen Körperindustrialisierung. In: Berliner Debatte INITIAL 14, 4/5, 2003

Cipriani, R.: Sociology of Religion. An Historical Introduction. New York 2000

Connell, R.W.: Der gemachte Mann. Konstruktion und Krise von Männlichkeiten. Opladen 1999

Cooley, Ch.H.: Social Organization. A Study of the Larger Mind. Glencoe, Illinois 1956

Coupland, J./ R. Gwyn (ed.): Discourse, the Body, and Identity. London/ New York et al. 2003

Cousineau, M. (ed.): Religion in a Changing World. Comparatives Studies in Sociology. Westport, Connecticut/ London 1998

Cunningham-Burley, S./ K. Backett-Milburn (ed.): Exploring the Body. Houndmills/ New York 2001

D

Dawson, L.L.: Comprehending Cults. The Sociology of New Religious Movements. Toronto/ Oxford/ New York 1998

Dery, M.: Cyber. Die Kultur der Zukunft. Berlin 1996

Deuser, K./ E. Gläser/ D. Köppe: 90 – 60 – 90. Zwischen Schönheit und Wahn. Berlin 1995

Deutsche Gesellschaft für Freizeit (DGF): Freizeit in Deutschland. Freizeittrends 2000plus. DGF-Jahresgutachten. Erkrath 1999

Devi, I.: Ein neues Leben durch Yoga. Leistungsfähiger, beweglicher und schlanker durch natürliche Methoden. Genf 1965. 5.Aufl.

Dissanayake, E.: Homo Aestheticus. Where Art Comes From and Why. New York 1992

Dittmann-Kohli, F.: Das persönliche Sinnsystem. Ein Vergleich zwischen frühem und spätem Erwachsenenalter. Göttingen u.a. 1995

Dormeyer, D./ H. Mölle/ Th. Ruster (Hg.): Lebenswege und Religion. Biographie in Bibel, Dogmatik und Religionspädagogik. Münster u.a. 2000

Douglas, M.: Ritual, Tabu und Körpersymbolik. Sozialanthropologische Studien in Industriegesellschaft und Stammeskultur. Frankfurt/Main 1998. 6.–7. Tausend

Dreitzel, H.P.: Der Körper als Medium der Kommunikation. In: Imhof, A.E. (Hg.): Der Mensch und sein Körper. Von der Antike bis heute. München 1983

Dropsy, J.: Lebe in deinem Körper. Kreativität und menschliche Beziehungen durch *Expression Corporelle*. München 1982

Dumont, L.: Individualismus. Zur Ideologie der Moderne. Frankfurt/Main 1991

Dunning, E. (ed.): The Sociology of Sport. A Selection of Readings. London 1971

Durkheim, E.: Die Regeln der soziologischen Methode. Herausgegeben und eingeleitet von René König. Darmstadt/ Neuwied 1976. 5. Aufl.

Durkheim, E.: Die elementaren Formen des religiösen Lebens. Frankfurt/Main 1984. 3. Aufl.

Dux, G.: Wie der Sinn in die Welt kam und was aus ihm wurde. Zur Deontologisierung des Sinns im historischen Bewußtsein der Gegenwart.
In: Zentrum für interdisziplinäre Forschung der Universität Bielefeld: Forschungsgruppe *Historische Sinnbildung. Interdisziplinäre Untersuchun-*

gen zur Struktur, Logik und Funktion des Geschichtsbewußtseins im interkulturellen Vergleich. Report 4, 1995

E

Eckert, M.: Transzendieren und immanente Transzendenz. Die Transformation der traditionellen Zweiweltentheorie von Transzendenz und Immanenz in Ernst Blochs Zweiseitentheorie. Wien 1981

Eickelpasch, R./ A. Nassehi: Utopie und Moderne. Frankfurt/Main 1996

Eley, L.: Transzendentale Phänomenologie und Systemtheorie der Gesellschaft. Zur philosophischen Propädeutik der Sozialwissenschaften. Freiburg 1972

Eliade, M.: Das Okkulte und die moderne Welt. Zeitströmungen aus der Sicht der Religionsgeschichte. Salzburg 1978

Eliade, M.: Das Heilige und das Profane. Vom Wesen des Religiösen. Frankfurt/Main 1985. 2. Aufl.

Eliade, M. (chief ed.): The Encyclopedia of Religion. New York 1987. Vol. 5

Eliade, M.: Schamanismus und archaische Ekstasetechnik. Frankfurt/Main 1989. 6. Aufl.

Elias, N.: The Civilizing Process. The History of Manners. Oxford 1978. Vol. 1

Elias, N./ E. Dunning: Sport im Zivilisationsprozeß. Studien zur Figurationssoziologie (hrsg. von W. Hopf). Münster 1984

Elias, N./ E. Dunning: Quest for Excitement. Sport and Leisure in the Civilizing Process. Oxford/ New York 1986

Elias, N.: Über den Prozeß der Zivilisation: Soziogenetische und psychogenetische Untersuchungen. Frankfurt/Main 1999. 22. Aufl.

Ellis, K./ H. Dean (ed.): Social Policy and the Body. Transitions in Corporeal Discourse. London/ New York et al. 2000

Ellrich, L.: Der verworfene Computer – Überlegungen zur personalen Identität im Zeitalter der elektronischen Medien. In: Becker, B./ I. Schneider (Hg.):

Was vom Körper übrig bleibt. Körperlichkeit – Identität – Medien. Frankfurt/Main 2000

Engelbach, B.: Zwischen Body Art und Videokunst. Körper und Video in der Aktionskunst um 1970. München 2001

Enomiya-Lassalle, H.M.: Leben im neuen Bewußtsein. Ausgewählte Texte zu Fragen der Zeit. Hg. u. erl. von R. Ropers. München 1986

Erikson, E.H.: Identität und Lebenszyklus. Frankfurt/Main 1997. 16. Aufl.

Esposito, E.: Illusion und Virtualität: Kommunikative Veränderungen der Fiktion. In: Rammert, W. (Hg.): Soziologie und künstliche Intelligenz. Produkte und Probleme einer Hochtechnologie. Frankfurt/Main/ New York 1995

F

Falk, P.: The Consuming Body. London/ Thousand Oaks, California 1994

Faßler, M./ W.R. Halbach (Hg.): Cyberspace. Gemeinschaften, Virtuelle Kolonien, Öffentlichkeiten. München 1994

Featherstone, M.: The Body in Consumer Culture. Written 1982. In: Featherstone, M./ M Hepworth/ B.S. Turner (ed.): The Body. Social Process and Cultural Theory. London/ Newbury Park/ New Delhi 1991

Featherstone, M.: Consumer Culture and Postmodernism. London/ Newbury Park/ New Delhi 1991

Featherstone, M./ M Hepworth/ B.S. Turner (ed.): The Body. Social Process and Cultural Theory. London/ Newbury Park/ New Delhi 1991

Featherstone, M. (ed.): Body Modification. London/ Thousand Oaks/ New Delhi 2000

Featherstone, M./ R. Burrows (ed.): Cyberspace/ Cyberbodies/ Cyberpunk. Cultures of Technological Embodiment. London/ Thousand Oaks/ New Delhi 1995

Featherstone, M./ S. Lash (ed.): Spaces of Culture. City, Nation, World. London/ Thousand Oaks/ New Delhi 1999

Featherstone, M./ A. Wernick (ed.): Images of Aging. Cultural representations of later life. London/ New York 1995

Fechtner, K./ M. Haspel (Hg.): Religion in der Lebenswelt der Moderne. Stuttgart/ Berlin/ Köln 1998

Fehr, W./ J. Fritz: Computerspiele zwischen Faszination und Gewalt. Bundeszentrale für politische Bildung. Kurzinformation 58 – 67. 1997

Fehr, W./ J. Fritz: Netzwerk-Spiele. Bundeszentrale für politische Bildung. Netzwerkspiele auf dem Prüfstand 76 – 83. 1998

Feyerabend, P./ Ch. Thomas (Hg.): Wissenschaft und Tradition. Zürich 1983

Flanagan, K./ P.C. Jupp (ed.): Postmodernity, Sociology and Religion. London/ New York 1996

Fohrbeck, K.: Lebensformen, Life-Style, Stil: zwischen Kult und Kommerz. In: Brock, B./ H.U. Reck (Hg.): Stilwandel als Kulturtechnik, Kampfprinzip, Lebensform oder Systemstrategie in Werbung, Design, Architektur, Mode. Köln 1986

Foucault, M.: Technologien des Selbst. In: Martin, L.H./ H. Gutman/ P.H. Hutton (Hg.): Technologien des Selbst. Frankfurt/Main 1993

Fraunhofer-Gesellschaft zur Förderung der angewandten Forschung e.V. (FhG): Broschüre „Informations- und Kommunikationstechnik. Systeme Projekte Perspektiven". München 2002

Fritz, J.: Ich chatte also bin ich. Virtuelle Gemeinschaften zwischen Identitätsarbeit und Internetsucht. Bundeszentrale für politische Bildung. Bonn 2003

Fritz, J./ W. Fehr (Hg.): Computerspiele. Virtuelle Spiel- und Lernwelten. Bundeszentrale für politische Bildung. Bonn 2003

Froy, F.: Indeterminacy in Cyberspace. In: Segal, N./ L. Taylor/ R. Cook: Indeterminate Bodies. Houndsmills/ New York 2003

Fuchs, Th.: Leib, Raum, Person. Entwurf einer Phänomenologischen Anthropologie. Stuttgart 2000

Fürstenberg, F./ I. Mörth: Religionssoziologie. In: Fürstenberg, F./ I. Mörth/ W. Strzelewicz/ M. Pflanz/ R. König: Religion – Bildung – Medizin. Stuttgart 1979. 2. Aufl.

Fürstenberg, F.: Die Zukunft der Sozialreligion. Konstanz 1999

Funken, Ch.: Körper Online?! In: Hahn, K./ M. Meuser (Hg.): Körperrepräsentationen. Die Ordnung des Sozialen und der Körper. Konstanz 2002

Fuß, D.: „Bedürfnis nach Heil". Zu den ästhetischen Projekten von Peter Handke und Botho Strauß. Bielefeld 2001

G

Gans, E.: The Body Sacrificial. In: Siebers, T. (ed.): The Body Aesthetic. From Fine Art to Body Modification. Michigan 2003. 4th edition

Gascard, J.R.: Neue Jugendreligionen. Zwischen Sehnsucht und Sucht. Freiburg/ Basel/ Wien 1984

Gates, B.: Der Weg nach vorn. Die Zukunft der Informationsgesellschaft. In Zusammenarbeit mit N. Myhrvold u. P. Rinearson. Hamburg 1995

Geertz, C.: Dichte Beschreibung. Beiträge zum Verstehen kultureller Systeme. Frankfurt/Main 1983

Gehlen, A.: Urmensch und Spätkultur. Philosophische Ergebnisse und Aussagen. Frankfurt/Main/ Bonn 1964. 2. Aufl.

Gehlen, A.: Anthropologische und sozialpsychologische Untersuchungen. Reinbek bei Hamburg 1986

Georg, W.: Soziale Lage und Lebensstil. Eine Typologie. Opladen 1998

Gethmann-Siefert, A.: Einführung in die Ästhetik. München 1995

Giddens, A.: Konsequenzen der Moderne. Frankfurt/Main 1996

Giddens, A.: Jenseits von Links und Rechts. Die Zukunft radikaler Demokratie. Frankfurt/Main 1997

Giles, D.: Illusions of Immortality. A Psychology of Fame and Celebrity. Houndmills/ Basingstoke/ Hampshire/ London 2000

Glaser, P.: Online-Universum. Düsseldorf/ München 1996

Görland, I.: Transzendenz und Selbst. Eine Phase in Heideggers Denken. Frankfurt/Main 1981

Goetz, R.: Spirituelle Gemeinschaften. Ein Wegweiser für das Neue Zeitalter. Katzenelnbogen 1985. 2. Aufl.

Goffman, E.: Stigma. Frankfurt/Main 1975

Goffman, E.: Geschlecht und Werbung. Frankfurt/Main 1981

Goffman, E.: Das Individuum im öffentlichen Austausch. Frankfurt/Main 1982

Goffman, E.: Wir alle spielen Theater. Die Selbstdarstellung im Alltag. München 2003. 11. Aufl.

Graf, F.W.: Die Wiederkehr der Götter. Religion in der modernen Kultur. Bundeszentrale für politische Bildung. Bonn 2004

Greeley, A.: Religion in der Popkultur. Musik, Film und Roman. Graz/ Wien/ Köln 1993

Gregor-Dellin, M.: Vorwort. In: Bry, C.C.: Verkappte Religionen. Kritik des kollektiven Wahns. Hrsg. u. m. Vorwort versehen von M. Gregor-Dellin. Nördlingen 1988

Griffiths, P.J.: On Being Mindless: Buddhist Meditation And The Mind-Body Problem. La Salle, Illinois 1987

Grogan, S.: Body Image. Understanding body dissatisfaction in men, women and children. London/ New York 1999

Gross, P.: Die Multioptionsgesellschaft. Frankfurt/Main 1994

Gross, P.: Ich-Jagd. Im Unabhängigkeitsjahrhundert. Frankfurt/Main 1999

Gruber, E./ S. Fassberg: New-Age-Wörterbuch. Freiburg i. Breisgau 1986

Grüter, B.: Der Sinn des Rechners. Über die *andere* Seite des formalen Denkens. In: Schachtner, Ch. (Hg.): Technik und Subjektivität. Das Wechselverhältnis zwischen Mensch und Computer aus interdisziplinärer Sicht. Frankfurt/Main 1997

Gugutzer, R.: Der Leib, die Nonne und der Mönch. Zur leiblich-affektiven Konstruktion religiöser Wirklichkeit. In: Hahn, K./ M. Meuser (Hg.): Körperrepräsentationen. Die Ordnung des Sozialen und der Körper. Konstanz 2002

Gugutzer, R.: Soziologie des Körpers. Bielefeld 2004

H

Hacking, I.: Multiple Persönlichkeit. Zur Geschichte der Seele in der Moderne. Frankfurt/Main 2001

Hager, F./ H. Schwengel: Wer inszeniert das Leben? Modelle zukünftiger Vergesellschaftung. Frankfurt/Main 1996

Hahn, A.: Religion und der Verlust der Sinngebung. Identitätsprobleme in der modernen Gesellschaft. Frankfurt/Main/ New York 1974

Hahn, A./ V. Kapp: Selbstthematisierung und Selbstzeugnis: Bekenntnis und Geständnis. Frankfurt/Main 1987

Hahn, A.: Biographie und Religion. In: Soeffner, H.-G. (Hg.): Kultur und Alltag. Soziale Welt: Sonderband 6. Göttingen 1988

Hahn, A.: Handschrift und Tätowierung. In: Gumbrecht, H.U./ K.L. Pfeiffer (Hg.): Schrift. München 1993

Hahn, A./ R. Jacob: Der Körper als soziales Bedeutungssystem. In: Fuchs, P./ A. Göbel (Hg.): Der Mensch - das Medium der Gesellschaft? Frankfurt/Main 1994

Hahn, K./ M. Meuser (Hg.): Körperrepräsentationen. Die Ordnung des Sozialen und der Körper. Konstanz 2002

Halfmann, J.: Die gesellschaftliche „Natur" der Technik. Eine Einführung in die soziologische Theorie der Technik. Opladen 1996

Haller, M./ H.-J. Hoffmann-Nowotny/ W. Zapf (Hg.): Kultur und Gesellschaft. Verhandlungen des 24. Deutschen Soziologentags, des 11. Österreichischen Soziologentags und des 8. Kongresses der schweizerischen Gesellschaft für Soziologie in Zürich 1988. Frankfurt/Main/ New York 1989

Hamberg, E.M./ T. Pettersson: Religious Markets: Supply, Demand, and Rational Choices. In: Jelen, T.D. (ed.): Sacred Markets, Sacred Canopies. Essays on Religious Markets and Religious Pluralism. Lanham/ Boulder/ New York/ Oxford 2002

Hancock, P. et al. (ed.): The Body, Culture and Society. An Introduction. Buckingham/ Philadelphia 2000

Haneberg, B.: Leib und Identität. Die Bedeutung der Leiblichkeit für die Bildung der sozialen Identität. Würzburg 1995

Haneke, B./ K. Huttner (Hg.): Spirituelle Aufbrüche. New Age und »Neue Religiosität« als Herausforderung an Gesellschaft und Kirche. Regensburg 1991

Haraway, D.J.: Simians, Cyborgs, and Women. The Reinvention of Nature. London 1991

Harré, R.: Physical Being. A Theory for a Corporeal Psychology. Oxford/ Cambridge 1991

Hasenfratz, H.-P.: Erscheinungsformen und Gestalten des »Heiligen«. In: Kerber, W. (Hg.): Personenkult und Heiligenverehrung. München 1997

Hasselmann, K./ S. Schmidt/ C. Zumbusch (Hg.): Utopische Körper. Visionen künftiger Körper in Geschichte, Kunst und Gesellschaft. München 2004

Hauser-Schäublin, B./ V. Kalitzkus, I. Petersen, I. Schröder: Der geteilte Leib. Die kulturelle Dimension von Organtransplantation und Reproduktionsmedizin in Deutschland. Frankfurt/Main/ New York 2001

Heidegger, M.: Vom Wesen des Grundes. Frankfurt/Main 1983. 7. Aufl.

Hein, P.U.: Protestkultur und Jugend. Ästhetische Opposition in der Bundesrepublik Deutschland. Münster 1984

Heitmeyer, W. : Was treibt die Gesellschaft auseinander ? Frankfurt/Main 1997

Hemminger, H. (Hg.) : Die Rückkehr der Zauberer. New Age. Eine Kritik. Reinbek b. Hamburg 1988. 9.-12. Tausend

Hengstenberg, H.-E.: Autonomismus und Transzendenzphilosophie. Dettelbach 1996. 2. Aufl.

Hergemöller, B.-U.: Weder - Noch. Traktat über die Sinnfrage. Hamburg 1985

Herzog, M. (Hg.): Fußball als Kulturphänomen. Kunst – Kult – Kommerz. Stuttgart 2002

Hesse-Biber, S.: Am I Thin Enough Yet? The Cult of Thinness and the Commercialization of Identity. New York/ Oxford 1996

Hietzge, M.C.: Kaleidoskope des Körpers. Rituale des Sports. Opladen 2002

Hillmann, K.-H.: Wertwandel. Zur Frage soziokultureller Voraussetzungen alternativer Lebensformen. Darmstadt 1989. 2. Aufl.

Hitzler, R.: Der Körper als Gegenstand der Gestaltung. Über physische Konsequenzen der Bastelexistenz. In: Hahn, K./ M. Meuser (Hg.): Körperrepräsentationen. Die Ordnung des Sozialen und der Körper. Konstanz 2002

Hodosi, O.: Yoga. Der Schrei nach Leben. Westliche Lebensdynamik - Östliche Lebensschau. Wien u.a. 1990

Hondrich, K.O./ R. Vollmer (Hg.): Bedürfnisse im Wandel. Theorie, Zeitdiagnose, Forschungsergebnisse. Opladen 1983

Honer, A./ R. Kurt/ J. Reichertz (Hg.): Diesseitsreligion. Zur Deutung der Bedeutung moderner Kultur. Konstanz 1999

Howson, A.: The Body in Society. An Introduction. Cambridge/ Oxford/ Malden 2004

Huber, E.: (Hg.): Technologien des Selbst. Zur Konstruktion des Subjekts. Offenbach/ Frankfurt/Main/ Basel 2000

I

Ibrahim, S.: ig ist anders als RL. Spieler des MMORPGs „Ultima Online“ über das Leben im Spiel und außerhalb. Bundeszentrale für politische Bildung. Bonn 2003

Imhof, A.E. (Hg.): Der Mensch und sein Körper. Von der Antike bis heute. München 1983

Institut der deutschen Wirtschaft Köln: Deutschland in Zahlen. Ausgabe 2004. Köln 2004

Ivanceanu, V./ J. Schweikhardt: ZeroKörper: Der abgeschaffte Mensch. Wien 1997

J

Jagger, E.: Consumer Bodies. In: Hancock, P. et al. (ed.) : The Body, Culture and Society. An Introduction. Buckingham/ Philadelphia 2000

James, W.: Die Vielfalt religiöser Erfahrung. Eine Studie über die menschliche Natur. Übers., hg. u. m. Nachwort versehen von E. Herms. Olten 1979.

Janetzki, H.-J. (Hg.): Urban Games. Die Straßen von FunWorld. Paris 1999

Jelen, T.D. (ed.): Sacred Markets, Sacred Canopies. Essays on Religious Markets and Religious Pluralism. Lanham/ Boulder/ New York/ Oxford 2002

Jenkis, H.: Sozialutopien – barbarische Glücksverheißungen? Zur Geistesgeschichte der Idee von der vollkommenen Gesellschaft. Berlin 1992

Jennrich, P.: Die Okkupation des Willens. Macht und Methoden der neuen Kultbewegungen. Hamburg 1985

Joerges, B./ H. Weßels: Körper-Technik. Vorschlag zur ökologisch-soziologischen Analyse der Technisierung alltäglicher Körperverhältnisse. Berlin 1987

Johnson, J.P.: Pfad der Meister. Der Weg nach Innen durch den Yoga des Klangstroms

Jung, Th.: Esoterik und Konservatismus. Konstanz 2002

Junghanns, W.-D.: Körpergegenwart: Sinnlicher Eindruck und symbolischer Ausdruck im Sport. In: Berliner Debatte INITIAL 10, 6, 1999

K

Kahlcke, Th.: Lebensgeschichte als Körpergeschichte. Studien zum Bildungsroman im 18. Jahrhundert. Würzburg 1997

Kaltenborn, O.: Das Künstliche Leben. Die Grundlagen der Dritten Kultur. München 2001

Kaminski, W.: Stoffe, aus denen Computerspiele sind. Die Funktion mythisch-märchenhafter Elemente in Computerspielen. Bundeszentrale für politische Bildung. Bonn 2003

Kamper, D./ V. Rittner (Hg.): Zur Geschichte des Körpers. München/ Wien 1976

Kamper, D./ Ch. Wulf (Hg.): Die Wiederkehr des Körpers. Frankfurt/Main 1982

Kamper, D./ Ch. Wulf (Hg.): Der Andere Körper. Berlin 1984

Kamper, D./ Ch. Wulf (Hg.): Das Heilige. Seine Spur in der Moderne. Frankfurt/Main 1987

Kamper, D./ Ch. Wulf (Hg.): Tranfigurationen des Körpers. Spuren der Gewalt in der Geschichte. Berlin 1989

Kaufmann, F.-X.: Auf der Suche nach den Erben der Christenheit. In: Haller, M./ H.-J. Hoffmann-Nowotny/ W. Zapf (Hg.): Kultur und Gesellschaft. Verhandlungen des 24. Deutschen Soziologentags, des 11. Österreichischen Soziologentags und des 8. Kongresses der schweizerischen Gesellschaft für Soziologie in Zürich 1988. Frankfurt/Main/ New York 1989

Keenan, W.J.F. (ed.): Dressed to Impress. Looking the Part. Oxford/ New York 2001

Kehl, M.: Eschatologie. Würzburg 1996. 3. Aufl.

Kehrer, G.: Personenkult nichtkirchlicher Gruppen in der Bundesrepublik Deutschland. In: Kerber, W. (Hg.): Personenkult und Heiligenverehrung. München 1997

Kemper, P. (Hg.): Macht des Mythos – Ohnmacht der Vernunft? Frankfurt/Main 1989

Kerber, W. (Hg.): Personenkult und Heiligenverehrung. München 1997

Kessler, U.: Die Wiederentdeckung der Transzendenz. Ordnung von Mensch und Gesellschaft im Denken Eric Voegelins. Würzburg 1995

Kluge, N./ G. Hippchen/ E. Fischinger: Körper und Schönheit als soziale Leitbilder. Ergebnisse einer Repräsentativerhebung in West- und Ostdeutschland. In: Kluge, N. (Hg.): Studien zur Sexualpädagogik. Band 13. Frankfurt/Main 1999

Knoblauch, H.: Das unsichtbare neue Zeitalter. „New Age", privatisierte Religion und kultisches Milieu. In: Kölner Zeitschrift für Soziologie und Sozialpsychologie 41, 1989

Knoblauch, H.: Kommunikationskultur. Die kommunikative Konstruktion kultureller Kontexte. Berlin/ New York 1995

Knoblauch, H./ V. Krech/ M. Wohlrab-Sahr (Hg.): Religiöse Konversion. Systematische und fallorientierte Studien in soziologischer Perspektive. Konstanz 1998

Knoblauch, H.: Religionssoziologie. Berlin/ New York 1999

Knoblauch, H.: „Jeder sich selbst sein Gott in der Welt". Subjektivierung, Spiritualität und der Markt der Religion. In: Hettlage, R./ L. Vogt: Identitäten in der modernen Welt. Opladen 2000

Knoblauch, H.: Ekstatische Kultur. Zur Kulturbedeutung der unsichtbaren Religion. In: Brosziewski, A./ T.S. Eberle/ Ch. Maeder (Hg.): Moderne Zeiten. Reflexionen zur Multioptionsgesellschaft. Konstanz 2001

Koch, A.: Der Sport. Eine säkulare Religion? In: Stimmen der Zeit Februar 2002. Überarbeitete Abhandlung von Koch, A.: Der moderne Sport – eine säkularisierte Religion? In: Schwank (u.a. Hg.): Begegnung. Schriftenreihe zur Geschichte der Beziehung von Christentum und Sport. Band 2. Aachen 2000

Koch, G.: Spiritualität in Bewegung. Tanz als Gestalt religiösen Lebens. Viersen 2002

Köhler, Th.: Das Selbst im Netz. Die Konstruktion sozialer Identität in der computervermittelten Kommunikation. Wiesbaden 2003

Kohli, M./ G. Robert (Hg.): Biographie und soziale Wirklichkeit. Neue Beiträge und Forschungsperspektiven. Stuttgart 1984

Kon, I.S.: Die Entdeckung des Ichs. Köln 1983

Korff, G.: Personenkult und Kultpersonen. Bemerkungen zur profanen »Heiligenverehrung« im 20. Jahrhundert. In: Kerber, W. (Hg.): Personenkult und Heiligenverehrung. München 1997

Korff, G.: Ersatzheilige? Überlegungen zur *imitatio* und *invocatio* im Personenkult der Gegenwart. In: Becker, S./ A.C. Bimmer/ K. Braun/ J. Buchner-Fuhs/ S. Gieske/ Ch. Köhle-Hezinger (Hg.): Volkskundliche Tableaus. Eine Festschrift für Martin Scharfe zum 65. Geburtstag von Weggefährten, Freunden und Schülern. Münster/ New York/ München/ Berlin 2001

Krappmann, L.: Soziologische Dimensionen der Identität. Strukturelle Bedingungen für die Teilnahme an Interaktionsprozessen. Stuttgart 1969

Krause, B.: Fremdkörper - fremde Körper - Körperfremde: Kultur- und literaturgeschichtliche Studien zum Körperthema. Stuttgart 1992

Krauß, Th.: Der gleiche Andere: Geklonte Differenz. In: Krause, B.: Fremdkörper - fremde Körper - Körperfremde: Kultur- und literaturgeschichtliche Studien zum Körperthema. Stuttgart 1992

Kroll, J.: Gott spüren? Eine Spurensuche zum Zusammenhang von Körpererfahrung und Religiosität. In: Rohr, E. (Hg.): Körper und Identität. Gesellschaft auf den Leib geschrieben. Königstein/Taunus 2004

Krüger, O.: Gnosis im Cyberspace? Die Körperutopien des Posthumanismus. In: Hasselmann, K./ S. Schmidt/ C. Zumbusch (Hg.): Utopische Körper. Visionen künftiger Körper in Geschichte, Kunst und Gesellschaft. München 2004

L

Lanczkowski, G.: Die neuen Religionen. Frankfurt/Main 1974

Langel, H.: Destruktive Kulte und Sekten. Eine kritische Einführung. Landsberg am Lech 1995. 2. Aufl.

Latour, B.: Body, Cyborgs and the Politics of Incarnation. In: Sweeney, S./ I. Hodder (ed.): The Body. Cambridge u.a. 2002

Leitner, U.: Lange leben: Die Praxis von Altersbildern. In: Bellebaum, A./ K. Barheier (Hg.): Lebensqualität. Ein Konzept für Praxis und Forschung. Opladen 1994

Lenoir, T.: The Virtual Surgeon: Operating on the Data in an Age of Medialization. In: Thurtle, P./ R. Mitchell (ed.): Semiotic Flesh: Information & the Human Body. Seattle 2002

Levinson, D./ M. Ember (ed.): Encyclopedia of Cultural Anthropology. Vol. 3. New York 1996

Lewis, D.: Die Identität von Körper und Geist. Frankfurt/ Main 1989

Lindemann, G.: Zeichentheoretische Überlegungen zum Verhältnis von Körper und Leib. In: Barkhaus, A./ M. Mayer/ N. Roughley/ D. Thürnau: Identität, Leiblichkeit, Normativität: Neue Horizonte anthropologischen Denkens. Frankfurt/Main 1996

Loccumer Protokolle: Religion und Gesellschaftlicher Wandel 8, 1984

Lohmann, R.: Das Haus des Leibes. Yoga-Übungen für das Bewußtsein. Düsseldorf 1972

Luckmann, Th.: Religion in der modernen Gesellschaft. In: Wössner, J. (Hg.): Religion im Umbruch. Soziologische Beiträge zur Situation von Religion und Kirche in der gegenwärtigen Gesellschaft. Stuttgart 1972

Luckmann, Th.: Lebenswelt und Gesellschaft. Grundstrukturen und geschichtliche Wandlungen. Paderborn u.a. 1980

Luckmann, Th.: Die „massenkulturelle" Sozialform der Religion. In: Soeffner, H.-G. (Hg.): Kultur und Alltag. Soziale Welt: Sonderband 6. Göttingen 1988

Luckmann, Th.: Die unsichtbare Religion. Frankfurt/Main 1991

Luckmann, Th. (Hg.): Moral im Alltag. Sinnvermittlung und moralische Kommunikation in intermediären Institutionen. Gütersloh 1998

Luckmann, Th.: Sinn in Sozialstruktur. In: Brosziewski, A./ T.S. Eberle/ Ch. Maeder (Hg.): Moderne Zeiten. Reflexionen zur Multioptionsgesellschaft. Konstanz 2001

Luckmann, Th.: Wissen und Gesellschaft. Ausgewählte Aufsätze 1981 – 2002. Hg., teilw. übers. u. eingel. von H. Knoblauch, J. Raab u. B. Schnettler. Konstanz 2002

Lüdtke, H.: Expressive Ungleichheit. Zur Soziologie der Lebensstile. Opladen 1989

Luhmann, N.: Frauen, Männer und George Spencer Brown. In: Zeitschrift für Soziologie 8, 1, 1988

Luhmann, N.: Jenseits von Barbarei. In: Miller, M./ H.-G. Soeffner (Hg.): Modernität und Barbarei - Soziologische Zeitdiagnose am Ende des 20. Jahrhunderts. Frankfurt/Main 1996

Lumme, Ch.: Höllenfleisch und Heiligtum. Der menschliche Körper im Spiegel autobiographischer Texte des 16. Jahrhunderts. Frankfurt/Main u.a. 1996

Lysebeth, A. van: Durch Yoga zum eigenen Selbst. München und Bern 1973

M

Martin-Jung, H.: Die große Bühne der Einsamen. In: Süddeutsche Zeitung 39, 17.02.2005

Maslow, A.H.: Motivation and Personality. New York 1970

Maslow, A.H.: Motivation and Personality. New York u.a. 1987. 3. Aufl.

Matthiesen, U.: Outfit & Ichfinish. Zur beschleunigten Wandlungstypik der gegenwärtigen Bekleidungsmoden. In: Soeffner, H.-G. (Hg.): Kultur und Alltag. Soziale Welt: Sonderband 6. Göttingen 1988

Mauss, M.: Sociology and Psychology: Essays. London/ Boston/ Henley 1979

Mead, G.H.: Geist, Identität und Gesellschaft. Aus der Sicht des Sozialbehaviorismus. Frankfurt/Main 1998. 11. Aufl.

Mehta, R.: The Secret of Self-Transformation. A Synthesis of Tantra and Yoga. Delhi u.a. 1987

Meiser, H.C.: Die jungen Achtzigjährigen. Plädoyer für ein Leben ohne Grenzen. Eine Provokation. Frankfurt/ Main 1994. 2. Aufl.

Mellor, P.A./ Ch. Shilling: Re-forming the Body. Religion, Community and Modernity. London/ Thousand Oaks/ New Delhi 1997

Merta, S.: Wege und Irrwege zum modernen Schlankheitskult. Diätkost und Körperkultur als Suche nach neuen Lebensstilformen 1880-1930. Wiesbaden 2003

Meulemann, H.: Werte und Wertewandel. Zur Identität einer geteilten und wieder vereinten Nation. Weinheim/München 1996

Meyer-Drawe, K.: Das exzentrische Selbst. In: Straub, J./ J. Renn (Hg.): Transitorische Identität. Der Prozesscharakter des modernen Selbst. Frankfurt/ New York 2002

Meyer, B./ P.Geschiere (ed.): Globalization and Identity. Dialectics of Flow and Closure. Oxford/ Malden 2003

Miller, M./ H.-G. Soeffner (Hg.): Modernität und Barbarei - Soziologische Zeitdiagnose am Ende des 20. Jahrhunderts. Frankfurt/Main 1996

Mills, S. (Hg.): Wegweiser Heilmethoden. Akupunktur, Chiropraktik, Kräutermedizin, Osteopathie und Allgemeinmedizin im Vergleich. Zürich 1994. 2. Aufl.

Mongardini, C.: Über die soziologische Bedeutung des magischen Denkens: Magie und Religion. In: Zingerle, A./ C. Mongardini (Hg.): Magie und Moderne. Berlin 1987

Montserrat, D. (ed.): Changing Bodies, Changing Meanings. Studies on the human body in antiquity. London/ New York 1998

N

Neckel, S.: Status und Scham. Zur symbolischen Reproduktion sozialer Ungleichheit. Frankfurt/Main/ New York 1991

Neckel, S.: Die Macht der Unterscheidung. Essays zur Kultursoziologie der modernen Gesellschaft. Frankfurt/Main 2000

Neckel, S./ H. Berking: Distinktionen. Der Protest gegen das Allgemeine. Über Politik und Lebensstil (1986). In: Neckel, S.: Die Macht der Unterscheidung. Essays zur Kultursoziologie der modernen Gesellschaft. Frankfurt/Main 2000

Nefiodow, L.A.: Der sechste Kondratieff. Wege zur Produktivität und Vollbeschäftigung im Zeitalter der Information. Sankt Augustin 1999. 3. Aufl.

Nelson, G.K.: Der Drang zum Spirituellen. Über die Entstehung religiöser Bewegungen im 20. Jahrhundert. Olten 1991

Neusüss, A. (Hg.): Utopie. Begriff und Phänomen des Utopischen. Neuwied/ Berlin 1972. 2. Aufl.

Nickel, E.: Der Sinn des Ganzen. Erfahrungen zwischen Wissen und Glauben. Freiburg/Schweiz 1998

O

Oberländer, K.: »Wird einmal ein Wunder geschehen?« Erlösungserwartung - Erlösungserfahrung. In: Bock, M./ S. Schmidtlein/ U. Eichler/ J. Heimbach/ M. Renninger (Hg.): Un-verschämtes Glück. Auf der Suche nach dem Heil im Leben. Gütersloh 2002

Ogilvy, D.: Ogilvy über Werbung. Düsseldorf/ Wien 1984

O'Neill, J.: Five Bodies. The Human Shape of Modern Society. Ithaca/ London 1985

O'Neill, J.: Five Bodies. Re-figuring Relationships. London/ Thousand Oaks/ New Delhi 2004

Ovid (Ovidius Naso, P.): Metamorphosen. Herausgegeben und übersetzt von G. Fink. Düsseldorf/ Zürich 1999

P

Packard, V.: Die geheimen Verführer. Der Griff nach dem Unbewußten in jedermann. Düsseldorf 1974

Peeples, S.E.: The Emperor Has a Body. Beauty-Politics in the Between. Tucson 1999

Peisl, A./ A. Mohler (Hg.): Kursbuch der Weltanschauungen. Frankfurt/Main/ Berlin/ Wien 1980

Penz, O.: Metamorphosen der Schönheit. Eine Kulturgeschichte moderner Körperlichkeit. Wien 2001

Peppers, C.: "I've Got You Under My Skin": Cyber(sexed) Bodies in Cyberpunk Fictions. In: Wilson, D.S./ C.M. Laennec (ed.): Bodily Discursions. Genders, Representations, Technologies. Albany 1997

Petzold, H.: Leibzeit. In: Kamper, D./ Ch. Wulf (Hg.): Die Wiederkehr des Körpers. Frankfurt/Main 1982

Pietraß, M.: Starkult. Mediale Leitbilder für Jugendliche? München 2002

Plake, K. (Hg.): Sinnlichkeit und Ästhetik. Soziale Muster der Wahrnehmung. Würzburg 1992

Pope, H.G. jr./ K. A. Phillips/ R. Olivardia: Der Adonis-Komplex. Schönheitswahn und Körperkult bei Männern. München 2001

Popenoe, R.: Feeding Desire. Fatness, beauty, and sexuality among a Saharan people. London/ New York 2004

Popitz, H.: Autoritätsbedürfnisse. Der Wandel der sozialen Subjektivität. In: Kölner Zeitschrift für Soziologie und Sozialpsychologie 39, 3, 1987

Posch, W.: Körper machen Leute. Der Kult um die Schönheit. Frankfurt/Main 1999

Prahl, H.-W.: Soziologie der Freizeit. Paderborn u.a. 2002

Prahl, H.-W./ K.R. Schroeter: Soziologie des Alterns. Eine Einführung. Paderborn/ München/ Wien/ Zürich 1996

Preissler, B.: Ein Genre macht ernst. In: Die Welt 7, 19.02.2005

Prokop, O./ W. Wimmer: Der moderne Okkultismus. Parapsychologie und Paramedizin. Magie und Wissenschaft im 20. Jahrhundert. Stuttgart/ New York 1987. 2. Aufl.

R

Reese-Schäfer, W. (Hg.): Identität und Interesse. Der Diskurs der Identitätsforschung. Opladen 1999

Renn, J./ J. Straub: Transitorische Identität. In: Straub, J./ J. Renn (Hg.): Transitorische Identität. Der Prozesscharakter des modernen Selbst. Frankfurt/ New York 2002

Ridder, P.: Einführung in die Medizinische Soziologie. Stuttgart 1988

Riesman, D./ R. Denney/ N. Glazer: Die einsame Masse. Eine Untersuchung der Wandlungen des amerikanischen Charakters. Reinbek 1967. 79.-85. Tausend

Rittner, V.: Krankheit und Gesundheit. Veränderungen in der sozialen Wahrnehmung des Körpers. In: Kamper, D./ Ch. Wulf (Hg.): Die Wiederkehr des Körpers. Frankfurt/Main 1982

Ritzer, G.: Die McDonaldisierung der Gesellschaft. Frankfurt/Main 1995

Röll, F.J.: Mythen und Symbole in populären Medien. Der wahrnehmungsorientierte Ansatz in der Medienpädagogik. Frankfurt/Main 1998

Rötzer, F.: Vom zweiten und dritten Körper oder: Wie es wäre, eine Fledermaus zu sein oder einen Fernling zu bewohnen? Ein Essay. In: Krämer,S. (Hg.): Medien, Computer, Realität: Wirklichkeitsvorstellungen und Neue Medien. Frankfurt/Main 1998

Rohr, E. (Hg.): Körper und Identität. Gesellschaft auf den Leib geschrieben. Königstein/Taunus 2004

Rohr, E.: Schönheitsoperationen. Eine neue Form der Körpertherapie? In: Rohr, E. (Hg.): Körper und Identität. Gesellschaft auf den Leib geschrieben. Königstein/Taunus 2004

Rupp, A.: Religion als normativer Horizont und die legitimierende Evidenz des Vordergründigen. In: Mitteilungen für Anthropologie und Religionsgeschichte 6, 1991

Ruppert, H.-J.: Durchbruch zur Innenwelt. Spirituelle Impulse aus New Age und Esoterik in kritischer Beleuchtung. Stuttgart 1988

S

Saher, P.J. (Hg.): Die verborgene Weisheit (Wege zum transzendentalen Bewußtsein). Ratingen/ Wuppertal/ Kastellaun 1971

Salkin, J.: Body Ego Technique. An Educational and Therapeutic Approach to Body Image and Self Identity. Springfield/ Illionois/ U.S.A. 1973

Saltman, K. J.: Embodied Promise: The Pedagogy of Market Faith in Bodybuilding. In: Shapiro, Sh./ S. Shapiro (ed.): Body Movements. Pedagogy, Politics and Social Change. Cresskill, New Jersey 2002

Sandvoss, E.R.: Geschichte der Philosophie. Mittelalter. Neuzeit. Gegenwart. München 2001. 2. Aufl.

Sarasin, Ph.: Reizbare Maschinen. Eine Geschichte des Körpers 1765 - 1914. Frankfurt/ Main 2001

Sault, N. (ed.): Many Mirrors. Body Image and Social Relations. New Brunswick/ New Jersey 1994

Scaligero, M.: Traktat über das lebende Denken. Ein Weg zur Überwindung der abendländischen Philosophien, des Yoga und des Zen. Stuttgart 1993

Scott, A.: The Storyteller's Paradox: Homeopathy in the Boderlands. In: Cunningham-Burley, S./ K. Backett-Milburn (ed.): Exploring the Body. Houndmills/ New York 2001

Segal, N./ L. Taylor/ R. Cook: Indeterminate Bodies. Houndsmills/ New York 2003

Seifert, A.: Körper, Maschine, Tod. Zur symbolischen Artikulation in Kunst und Jugendkultur des 20.Jahrhunderts. Wiesbaden 2004

Sennett, R.: Verfall und Ende des öffentlichen Lebens. Die Tyrannei der Intimität. Frankfurt/Main 1998

Seyfarth, C.: Religionssoziologische Aspekte der Wertwandelsproblematik. Theoretische Überlegungen. In: Loccumer Protokolle 8, 1984

Shilling, Ch.: The Body and Social Theory. London/ Newbury Park/ New Delhi 1993

Shusterman, R.: Die Sorge um den Körper in der heutigen Kultur. In: Kuhlmann, A. (Hg.): Philosophische Ansichten der Kultur der Moderne. Frankfurt/Main 1994

Siebers, T. (ed.): The Body Aesthetic. From Fine Art to Body Modification. Michigan 2003. 4th edition

Simpson, J.H.: Religion and the Body: Sociological Themes and Prospects. In: Swatos, W.H. (ed.): A Future for Religion? New Paradigms for Sociological Analysis. Newbury Park/ London/ New Delhi 1993

Soeffner, H.-G. (Hg.): Kultur und Alltag. Soziale Welt: Sonderband 6. Göttingen 1988

Soeffner, H.-G.: Die Ordnung der Rituale. Die Auslegung des Alltags 2. Frankfurt/Main 1992

Soeffner, H.-G.: Das >>Ebenbild<< in der Bilderwelt – Religiosität und die Religionen. In: Sprondel, W.M. (Hg.): Die Objektivität der Ordnungen und ihre kommunikative Konstruktion. Frankfurt/Main 1994

Spangenberg, P.M.: Moderne Identitätskonstruktionen und vernetzte Kommunikation. In: Becker, B./ I. Schneider (Hg.): Was vom Körper übrig bleibt. Körperlichkeit – Identität – Medien. Frankfurt/Main 2000

Springhorn, H.: Immanenz Gottes und Transzendenz der Welt. Eine Analyse zur systematischen Theologie von Karl Rahner und Wolfhart Pannenberg. Dissertation zur Erlangung der theologischen Doktorwürde der Evangelisch-Theologischen Fakultät der Westfälischen Wilhelms-Universität. Münster 1996

Sprondel, W.M. (Hg.): Die Objektivität der Ordnungen und ihre kommunikative Konstruktion. Frankfurt/Main 1994

Sukale, M.: Alles und Nichts. Zur Sozio-Theologie der Multioptionsgesellschaft. In: Brosziewski, A./ T.S. Eberle/ Ch. Maeder (Hg.): Moderne Zeiten. Reflexionen zur Multioptionsgesellschaft. Konstanz 2001

Synnott, A.: The Body Social. Symbolism, Self and Society. London/ New York 1993

Swatos, W.H. (ed.): A Future for Religion? New Paradigms for Sociological Analysis. Newbury Park/ London/ New Delhi 1993

Sweeney, S./ I. Hodder (ed.): The Body. Cambridge et al. 2002

Sch

Schlicht, W.: Körperwelten: Gesundheit: Immer weniger nur das Gegenteil von Krankheit. In: Barz, H./ W. Kampik/ Th. Singer/ S. Teuber (Hg.): Neue Werte – neue Wünsche: Future Values: Wie sich Konsummotive auf Produktentwicklung und Marketing auswirken. Düsseldorf/ Berlin 2001

Schmid, W.: Philosophie der Lebenskunst. Eine Grundlegung. Frankfurt/ Main 1999. 3. Aufl.

Schmidt-Bergmann, H.: Futurismus. Geschichte, Ästhetik, Dokumente. Reinbek bei Hamburg 1993

Schneider, I.: Anthropologische Kränkungen – Zum Zusammenhang von Medialität und Körperlichkeit in Mediendiskursen. In: Becker, B./ I. Schneider (Hg.): Was vom Körper übrig bleibt. Körperlichkeit – Identität – Medien. Frankfurt/Main 2000

Schorsch, Ch.: Die New-Age-Bewegung. Utopie und Mythos der Neuen Zeit. Eine kritische Auseinandersetzung. Gütersloh 1988

Schroer, M.: Ethos des Widerstands. Michel Foucaults postmoderne Utopie der Lebenskunst. In: Eickelpasch, R./ A. Nassehi: Utopie und Moderne. Frankfurt/Main 1996

Schroer, M.: Körper und Raum – Grenzverläufe. In: Leviathan 31, 3, 2003

Schröter, S. (Hg.): Körper und Identitäten. Ethnologische Ansätze zur Konstruktion von Geschlecht. Hamburg 1998

Schubert, H.-J.: Demokratische Identität. Der soziologische Pragmatismus von Charles Horton Cooley. Frankfurt/Main 1995

Schürmann, V. (Hg.): Menschliche Körper in Bewegung. Philosophische Modelle und Konzepte der Sportwissenschaft. Frankfurt/Main 2001

Schütz, A.: Gesammelte Aufsätze I: Das Problem der Sozialen Wirklichkeit. Den Haag 1971

Schulze, G.: Alltagsästhetik und Lebenssituation. Eine Analyse kultureller Segmentierungen in der Bundesrepublik Deutschland. In: Soeffner, H.-G. (Hg.): Kultur und Alltag. Soziale Welt - Sonderband 6. Göttingen 1988

Schulze, G: Das Projekt des schönen Lebens. Zur soziologischen Diagnose der modernen Gesellschaft. In: Bellebaum, A./ K. Barheier (Hg.): Lebensqualität. Ein Konzept für Praxis und Forschung. Opladen 1994

St

Statistisches Bundesamt (Stat. Bundesamt): In the Spotlight: Population of Germany today and tomorrow. Wiesbaden 2003

Statistisches Bundesamt (Stat. Bundesamt) (Hg.): Datenreport 2004. Zahlen und Fakten über die Bundesrepublik Deutschland. In Zusammenarbeit mit dem Wissenschaftszentrum Berlin für Sozialforschung (WZB) und dem Zentrum für Umfragen, Methoden und Analysen, Mannheim (ZUMA). Bonn 2004

Stenger, H.: Der „okkulte“ Alltag. Beschreibungen und wissenssoziologische Deutungen des „New Age“. In: Zeitschrift für Soziologie. Jg. 18, Heft 2, 1989

Stenger, H.: Die soziale Konstruktion okkulter Wirklichkeit. Eine Soziologie des „New Age“. Opladen 1993

Stephenson, G. (Hg.): Der Religionswandel unserer Zeit im Spiegel der Religionswissenschaft. Darmstadt 1976

Sterbling, A.: Sehen und Nichtgesehenwerden. Soziologische Blickwinkel.

In: Plake, K. (Hg.): Sinnlichkeit und Ästhetik. Soziale Muster der Wahrnehmung. Würzburg 1992

Sterbling, A.: Widersprüchliche Moderne und die Widerspenstigkeit der Traditionalität. Hamburg 1997

Stivers, R.: Technology as Magic. The triumph of the Irrational. New York 1999

Stolz, F.: Weltbilder der Religionen. Kultur und Natur/ Diesseits und Jenseits/ Kontrollierbares und Unkontrollierbares. Zürich 2001

Straub, J./ J. Renn (Hg.): Transitorische Identität. Der Prozesscharakter des modernen Selbst. Frankfurt/ New York 2002

Strauss, A.: Körperliche Störungen und Alltagsleben? Oder Körper, Handlung/Leistung und Alltagsleben? In: Soeffner, H.-G. (Hg.): Kultur und Alltag. Soziale Welt: Sonderband 6. Göttingen 1988

T

Tambornino, J.: The Corporeal Turn. Passion, Necessity, Politics. Lanham/ Boulder/ New York/ Oxford 2002

Tenbruck, F.H.: Wissenschaft und Religion. In: Wössner, J. (Hg.): Religion im Umbruch. Soziologische Beiträge zur Situation von Religion und Kirche in der gegenwärtigen Gesellschaft. Stuttgart 1972

Thacker, E.: Performing the Technoscientific Body: RealVideo Surgery and the Anatomy Theater. In: Featherstone, M. (ed.): Body Modification. London/ Thousand Oaks/ New Delhi 2000

Thies, Ch.: Die Krise des Individuums. Zur Kritik der Moderne bei Adorno und Gehlen. Reinbek bei Hamburg 1997

Thurtle, P./ R. Mitchell (ed.): Semiotic Flesh: Information & the Human Body. Seattle 2002

Tibon-Cornillot, M.: Die transfigurativen Körper. Zur Verflechtung von Techniken und Mythen. In: Kamper, D./ Ch. Wulf (Hg.): Die Wiederkehr des Körpers. Frankfurt/Main 1982

Tisdale, S.: Ein Gewicht, an dem Frauen zu tragen haben, oder Der Zwang, in einer ausgehungerten Kultur Diät zu halten. In: Foster, P. (Hg.): Spiegelbilder. Essays über den weiblichen Körper. Reinbek bei Hamburg 1996

Topitsch, E.: Gottwerdung und Revolution. Beiträge zur Weltanschauungsanalyse und Ideologiekritik. Pullach bei München 1973

Trutwin, W. (Hg.): Glück und Heil. Düsseldorf 1975. 4. Aufl.

Turkle, S.: Leben im Netz. Identitäten in Zeiten des Internet. Reinbek bei Hamburg 1998

Turner, B.S.: The Discourse of Diet. In: Featherstone, M./ M Hepworth/ B.S. Turner (ed.): The Body. Social Process and Cultural Theory. London/ Newbury Park/ New Delhi 1991

Turner, B.S.: Regulating bodies. Essays in medical sociology. London/ New York 1992

Turner, B.S.: The Body and Society. Explorations in Social Theory. London/ Thousand Oaks/ New Delhi 1996. 2. Aufl

Tyrell, H./ V. Krech/ H. Knoblauch (Hg.): Religion als Kommunikation. Würzburg 1998

V

Varga, I.: The Body – The New Sacred? The Body in Hypermodernity. In: Current Sociology 53, 2, 2005

Vester, H.-G.: Kollektive Identitäten und Mentalitäten. Von der Völkerpsychologie zur kulturvergleichenden Soziologie und interkulturellen Kommunikation. Frankfurt/Main 1996

Vivekananda, S.: Jnana-Yoga. Der Pfad der Erkenntnis. Zürich 1949. 2.Aufl.

W

Waldenfels, B.: Das leibliche Selbst. Vorlesungen zur Phänomenologie des Leibes. Frankfurt/ Main 2000

Walsh, R.N./ F. Vaughan (Hg.): Psychologie in der Wende. Grundlagen, Methoden und Ziele der Transpersonalen Psychologie – Eine Einführung in die Psychologie des Neuen Bewußtseins. Bern/ München/ Wien 1985

Walter, F.: Der Leib und sein Recht im Christentum. Eine Untersuchung des Verhältnisses moderner Körperkultur zur christlichen Ethik und Askese. Donauwörth 1910

Weber, M.: Wirtschaft und Gesellschaft. Die Wirtschaft und die gesellschaftlichen Ordnungen und Mächte. Nachlaß. Teilband 2: Religiöse Gemeinschaften. In: Max Weber Gesamtausgabe. Herausgegeben von H. Baier/ M.R. Lepsius/ W.J. Mommsen/ W. Schluchter/ J. Winkelmann. Tübingen 2001

Weidkuhn, P.: Prestigewirtschaft und Religion. Überlegungen eines Ethnologen. In: Stephenson, G. (Hg.): Der Religionswandel unserer Zeit im Spiegel der Religionswissenschaft. Darmstadt 1976

Weis, K.: Im Laufschritt zur Erleuchtung? Vom Sport als Kultersatz und anderen Ungereimtheiten. In: Kunst und Kirche 2, 2004

Wetz, F.J.: Die Gleichgültigkeit der Welt. Philosophische Aufsätze. Frankfurt/Main 1994

Wetzstein, Th.A./ H. Dahm/ L. Steinmetz/ A. Lentes/ St. Schampaul/ R. Eckert: Datenreisende. Die Kultur der Computernetze. Opladen 1995

Widl, M.: Sehnsuchtsreligion. Neue religiöse Kulturformen als Herausforderung für die Praxis der Kirchen. Frankfurt/Main u.a. 1994

Wiehn, E.R./ K.U. Mayer: Soziale Schichtung und Mobilität. Eine kritische Einführung. München 1975

Wilkinson, R.: Minds and Bodies. An introduction with readings. London/ New York 2000

Willems, H./ A. Hahn: Identität und Moderne. Frankfurt/ Main 1999

Williams, S.J./ G. Bendelow: The Lived Body. Sociological themes, embodied issues. London/ New York 1998

Wilson, D.S./ C.M. Laennec (ed.): Bodily Discursions. Genders, Representations, Technologies. Albany 1997

Winter, M.: Ende eines Traums. Blick zurück auf das utopische Zeitalter Europas. Stuttgart/ Weimar 1992

Wössner, J. (Hg.): Religion im Umbruch. Soziologische Beiträge zur Situation von Religion und Kirche in der gegenwärtigen Gesellschaft. Stuttgart 1972

Wohlrab-Sahr, M. (Hg.): Biographie und Religion. Zwischen Ritual und Selbstsuche. Frankfurt/Main/ New York 1995

Wolf, N.: The Beauty Myth. London 1990

Wuketits, F.M.: Naturkatastrophe Mensch. Evolution ohne Fortschritt. Düsseldorf 1998

Wulf, Ch.: Der Körper der Götter. In: Kamper, D./ Ch. Wulf (Hg.): Transfigurationen des Körpers. Spuren der Gewalt in der Geschichte. Berlin 1989

Wust, P.: Ungewissheit und Wagnis. München 1962. 7. Aufl.

Z

Zahlmann, S.: Vom Bonvivant zum Ironman. 100 Jahre Männerkörper in der deutschen Konsumwerbung. In: Wischermann, C./ S. Haas (Hg.): Körper mit Geschichte. Der menschliche Körper als Ort der Selbst- und Weltdeutung. Stuttgart 2000

Zingerle, A./ C. Mongardini (Hg.): Magie und Moderne. Berlin 1987

Quellen aus dem Internet:

Institut für Kommunikation und Kultur (IKK): Mythos und Ritual. Wiederverzauberung der Welt. Luzern 2000. http://www.unikk.ch/forum/index.htm

Rappe, M.: Zum Phänomen des Stars. http://www.michael-rappe.de/downloads/zumphaenomendesstars.pdf

Schatz, A.: Was ist Kinesiologie? Deutsche Gesellschaft für Angewandte Kinesiologie e.V.: http://www.dgak.de

http://www.astrosurf.org/lombry/Documents/star-trek-data-androide.jpg

http://www.classicscentral.com/hold1/ti-acclaim.jpg

http://www.google.com (Google Image)

http://hometown.aol.de/koalsj/sport/religion.html

http://home.rhein-zeitung.de/~rdober/relkrit/ekdreli.html

http://www.popmodern.de/

http://www.prosieben.de/lifestyle_magazine/swan/showinfo/

Anhang: Tabellen, Abbildungen und Grafiken

Tabelle VII – 1a: Gesundheitszustand, gesundheitliche Beeinträchtigungen und Inanspruchnahme von medizinischen Leistungen nach Altersgruppen in Westdeutschland

Westdeutschland	Altersgruppen					
	17 – 59 Jahre	60 – 64 Jahre	65 – 69 Jahre	70 – 74 Jahre	75 – 79 Jahre	80 – 99 Jahre
	in %					
Gesundheitszustand gegenwärtig						
Sehr gut	13	3	3	3	1	3
Gut	45	29	23	18	17	10
Zufrieden stellend	30	41	47	47	43	44
Weniger gut	10	20	22	24	28	28
Schlecht	2	6	5	8	11	15
Gesundheitszustand beim Treppensteigen						
Stark beeinträchtigt	5	17	22	25	39	48
Ein wenig beeinträchtigt	22	44	45	50	45	42
Gar nicht beeinträchtigt	73	39	33	25	15	11
Gesundheitszustand bei anstrengenden Tätigkeiten						
Stark beeinträchtigt	8	25	27	34	40	53
Ein wenig beeinträchtigt	29	47	50	48	47	40
Gar nicht beeinträchtigt	62	28	23	18	13	7
Niedergeschlagen in den letzten 4 Wochen	17	14	13	14	15	21
Körperliche Schmerzen in den letzten 4 Wochen	9	21	22	22	27	34
Einschränkung sozialer Kontakte wg. gesundheitlicher Beeinträchtigung	6	8	9	9	12	18
Arztbesuche in den letzten 3 Monaten	62	76	83	84	88	91
Krankenhausaufenthalt im letzten Jahr	10	15	16	17	27	25

***Datenbasis*: Sozio-oekonomisches Panel (SOEP) 2002**

Quelle: Stat. Bundesamt 2004: 569

Tabelle VII – 1b: Gesundheitszustand, gesundheitliche Beeinträchtigungen und Inanspruchnahme von medizinischen Leistungen nach Altersgruppen in Ostdeutschland

Ostdeutschland	Altersgruppen					
	17 – 59 Jahre	60 – 64 Jahre	65 – 69 Jahre	70 – 74 Jahre	75 – 79 Jahre	80 – 99 Jahre
	in %					
Gesundheitszustand gegenwärtig						
Sehr gut	10	3	0	1	1	2
Gut	47	26	22	14	11	8
Zufrieden stellend	31	41	51	46	51	45
Weniger gut	10	21	22	31	31	32
Schlecht	2	9	5	8	6	13
Gesundheitszustand beim Treppensteigen						
Stark beeinträchtigt	5	24	21	33	33	46
Ein wenig beeinträchtigt	27	50	51	54	58	38
Gar nicht beeinträchtigt	68	26	28	13	10	16
Gesundheitszustand bei anstrengenden Tätigkeiten						
Stark beeinträchtigt	7	28	27	37	39	52
Ein wenig beeinträchtigt	37	52	56	53	54	38
Gar nicht beeinträchtigt	55	20	17	10	8	9
Niedergeschlagen in den letzten 4 Wochen	17	14	15	21	24	23
Körperliche Schmerzen in den letzten 4 Wochen	9	20	23	29	33	36
Einschränkung sozialer Kontakte wg. gesundheitlicher Beeinträchtigung	5	11	8	17	18	24
Arztbesuche in den letzten 3 Monaten	63	87	90	94	95	91
Krankenhausaufenthalt im letzten Jahr	10	15	16	27	18	23

***Datenbasis*: Sozio-oekonomisches Panel (SOEP) 2002**

Quelle: Stat. Bundesamt 2004: 570

Tabelle VII - 2: Bevölkerungsprognose[1]

Jahr	Bevölkerung	15-64	65 und älter	Alters-Quotient[2]	Durchschnittsalter[3]
	in Millionen				in Jahren
2002	82,5	55,7	14,4	25,9	37,4
2010	82,2	54,5	16,6	30,5	38,9
2020	80,8	52,2	18,4	35,2	40,8
2030	78,0	46,6	21,9	47,0	42,5
2040	74,2	42,5	23,2	54,6	44,0
2050	69,7	39,3	22,6	57,5	45,0

[1] 10. koordinierte Bevölkerungsvorausberechnung des StBA (Variante 7 mit einer Nettozuwanderung von 100.000 Personen pro Jahr, Geburtenrate 1,4 und Lebenserwartung bei Geburt von 82,6 Jahren bei Jungen bzw. 88,1 Jahren bei Mädchen, Basis: 31.12.2001); Werte für 2002 aus der Prognose;

[2] 65-Jährige und Ältere in Prozent der 15- bis 64-Jährigen;

[3] gewichtetes arithmetisches Mittel

Ursprungsdaten: StBA

Quelle: Institut der deutschen Wirtschaft Köln 2004: 7

Abbildung VII – 3: Die Kondratieff-Zyklen

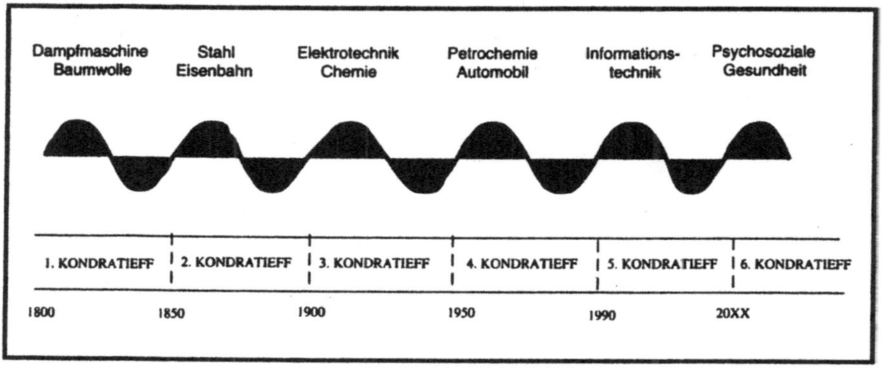

Quelle: Nefiodow 1999: 131

Kolibri 360 GmbH
Ferdinand-Jühlke-Straße 7
99095 Erfurt, Deutschland
produktsicherheit@kolibri360.de

Druck:
CPI Druckdienstleistungen GmbH
im Auftrag der
Kolibri 360 GmbH
Ferdinand-Jühlke-Str. 7
99095 Erfurt